Management-Reihe Corporate Social Responsibility

Herausgegeben von
René Schmidpeter
Dr. Jürgen Meyer Stiftungsprofessur für
Internationale Wirtschaftsethik und CSR
Cologne Business School (CBS)
Köln, Deutschland

Das Thema der gesellschaftlichen Verantwortung gewinnt in der Wirtschaft und Wissenschaft gleichermaßen an Bedeutung. Die Management-Reihe Corporate Social Responsibility geht davon aus, dass die Wettbewerbsfähigkeit eines jeden Unternehmens davon abhängen wird, wie es den gegenwärtigen ökonomischen, sozialen und ökologischen Herausforderungen in allen Geschäftsfeldern begegnet. Unternehmer und Manager sind im eigenen Interesse dazu aufgerufen, ihre Produkte und Märkte weiter zu entwickeln, die Wertschöpfung ihres Unternehmens den neuen Herausforderungen anzupassen sowie ihr Unternehmen strategisch in den neuen Themenfeldern CSR und Nachhaltigkeit zu positionieren. Dazu ist es notwendig, generelles Managementwissen zum Thema CSR mit einzelnen betriebswirtschaftlichen Spezialdisziplinen (z.B. Finanz, HR, PR, Marketing etc.) zu verknüpfen. Die CSR-Reihe möchte genau hier ansetzen und Unternehmenslenker, Manager der verschiedenen Bereiche sowie zukünftige Fach- und Führungskräfte dabei unterstützen, ihr Wissen und ihre Kompetenz im immer wichtiger werdenden Themenfeld CSR zu erweitern. Denn nur, wenn Unternehmen in ihrem gesamten Handeln und allen Bereichen gesellschaftlichen Mehrwert generieren, können sie auch in Zukunft erfolgreich Geschäfte machen. Die Verknüpfung dieser aktuellen Managementdiskussion mit dem breiten Managementwissen der Betriebswirtschaftslehre ist Ziel dieser Reihe. Die Reihe hat somit den Anspruch, die bestehenden Managementansätze durch neue Ideen und Konzepte zu ergänzen, um so durch das Paradigma eines nachhaltigen Managements einen neuen Standard in der Managementliteratur zu setzen.

Weitere Bände in dieser Reihe
http://www.springer.com/series/11764

Katrin Hansen
(Hrsg.)

CSR und Diversity Management

Erfolgreiche Vielfalt in Organisationen

2. Auflage

Herausgeber
Katrin Hansen
Westfälische Hochschule
Gelsenkirchen, Deutschland

ISSN 2197-4322 ISSN 2197-4330 (electronic)
Management-Reihe Corporate Social Responsibility
ISBN 978-3-662-54086-2 ISBN 978-3-662-54087-9 (eBook)
DOI 10.1007/978-3-662-54087-9

Die Deutsche Nationalbibliothek verzeichnet diese Publikation in der Deutschen Nationalbibliografie; detaillierte bibliografische Daten sind im Internet über http://dnb.d-nb.de abrufbar.

Springer Gabler
© Springer-Verlag GmbH Deutschland 2014, 2017
Das Werk einschließlich aller seiner Teile ist urheberrechtlich geschützt. Jede Verwertung, die nicht ausdrücklich vom Urheberrechtsgesetz zugelassen ist, bedarf der vorherigen Zustimmung des Verlags. Das gilt insbesondere für Vervielfältigungen, Bearbeitungen, Übersetzungen, Mikroverfilmungen und die Einspeicherung und Verarbeitung in elektronischen Systemen.
Die Wiedergabe von Gebrauchsnamen, Handelsnamen, Warenbezeichnungen usw. in diesem Werk berechtigt auch ohne besondere Kennzeichnung nicht zu der Annahme, dass solche Namen im Sinne der Warenzeichen- und Markenschutz-Gesetzgebung als frei zu betrachten wären und daher von jedermann benutzt werden dürften.
Der Verlag, die Autoren und die Herausgeber gehen davon aus, dass die Angaben und Informationen in diesem Werk zum Zeitpunkt der Veröffentlichung vollständig und korrekt sind. Weder der Verlag noch die Autoren oder die Herausgeber übernehmen, ausdrücklich oder implizit, Gewähr für den Inhalt des Werkes, etwaige Fehler oder Äußerungen. Der Verlag bleibt im Hinblick auf geografische Zuordnungen und Gebietsbezeichnungen in veröffentlichten Karten und Institutionsadressen neutral.

Einbandabbildung: Michael Bursik

Gedruckt auf säurefreiem und chlorfrei gebleichtem Papier

Springer Gabler ist Teil von Springer Nature
Die eingetragene Gesellschaft ist Springer-Verlag GmbH Deutschland
Die Anschrift der Gesellschaft ist: Heidelberger Platz 3, 14197 Berlin, Germany

Vorwort des Reihenherausgebers: Diversity – Einheit in Vielfalt!

Unsere Gesellschaft lebt von der Offenheit gegenüber Neuem und vom Pluralismus der Meinungen, Einstellungen und Kompetenzen. Diese Vielfalt ist es, welche es uns immer wieder erlaubt uns neu zu erfinden und konstruktiv weiter zu entwickeln. Diese Vielfalt erlaubt auch die Frage nach der Verantwortung breit zu diskutieren und unterschiedliche Positionen zu integrieren. Damit wird auch dem Management von Diversity in den Unternehmen eine ganz besondere Rolle zu Teil. Geht es doch darum gemeinsam Verantwortung für das Ganze zu tragen, dabei jedoch die Verschiedenheit und Einzigartigkeit jedes einzelnen zu respektieren bzw. positiv in die Gesamtorganisation zu integrieren.

Diese Sichtweise ist auch für die aktuelle CSR-Diskussion in Europa maßgeblich. Die gesellschaftlichen und wirtschaftlichen Herausforderungen in den Regionen Europas sind ganz unterschiedlich. Daher spielen auch beim Thema Gesellschaftliche Verantwortung von Unternehmen (CSR) Fragen der Vielfalt eine außerordentliche Rolle. Verantwortungsbewusste Unternehmen sehen sich für alle Auswirkungen ihres Handelns in den jeweiligen Regionen verantwortlich und unterstützen die Einheit in Vielfalt. Insbesondere Unternehmen die auf internationalen Märkten agieren, merken schnell, dass der jeweilige Kontext ganz unterschiedlich sein kann. Dann braucht es verschiedenartige Kompetenzen und MitarbeiterInnen mit ganz unterschiedlichen Erfahrungen. Spätestens dann ist ein systematisches Management von Diversität ein Erfolgskriterium für den wirtschaftlichen Erfolg als auch ganz eng mit der CSR-Strategie des Unternehmens verknüpft.

Die Erfahrungen und Konzepte aus dem Diversitätsmanagement sind daher auch für die aktuelle CSR-Diskussion gewinnbringend. Geht es doch in beiden Diskussionen darum, ohne ideologische Überhöhung die Fragen der Verantwortung und der Gemeinschaft (im Sinne: Einheit durch Vielfalt) zu beantworten. Dies kann und darf in einer pluralistischen Gesellschaft nicht auf Kosten einer Minderheit oder auf Kosten von Menschen mit anderen Sichtweisen gehen. Vielmehr geht es darum in der gelebten Verschiedenheit die gemeinsame Win-Win Situation zu sehen und so gemeinsam Verantwortung für den jeweils anderen und somit für das ganze zu tragen. So verstanden ist es auch notwendig in der CSR Diskussion verschiedene Positionen zu zulassen und einer ideologisierten Debatte vorzubeugen.

CSR richtig verstanden wird so zu einem Dach unter dem auch das Diversitätsmanagement seinen angestammten Platz findet! In der Management Reihe Corporate Social Responsibility schafft die nun vorliegende Publikation mit dem Titel „CSR und Diversitätsmanagement" das notwendige Grundwissen für die Verknüpfung der Ansätze aus dem Diversitätsmanagement und der aktuellen Corporate Social Responsibility Diskussion (CSR als Managementansatz). Darauf aufbauend erörtert das Buch konkrete Instrumente für ein modernes, nachhaltigkeitsorientiertes Diversitätsmanagement, welches auf eine erfolgreiche CSR-Strategie in den Unternehmen einzahlt. Alle LeserInnen sind nun herzlich eingeladen, die in der Reihe dargelegten Gedanken aufzugreifen und für die eigenen beruflichen Herausforderungen zu nutzen sowie mit den Herausgebern, Autoren und Unterstützern dieser Reihe intensiv zu diskutieren. Ich möchte mich last but not least sehr herzlich bei der Herausgeberin Frau Prof. Dr. Katrin Hansen für ihr großes Engagement, bei Michael Bursik vom Springer Gabler Verlag für die gute Zusammenarbeit sowie bei allen Unterstützern der Reihe aufrichtig bedanken und wünsche Ihnen, werte Leserinnen und werter Leser, nun eine interessante Lektüre.

Dr. René Schmidpeter

Vorwort

Die sich überschneidenden Konzepte CSR und Diversity, die in diesem Buch systematisch analysiert werden, berühren Fragestellungen, die für die nordrhein-westfälische Landesregierung insgesamt und die Hochschul- und Wissenschaftspolitik im Besonderen wichtige Anliegen sind.

Die Landesregierung knüpft bei der Förderung von CSR an die von der EU-Kommission und der Bundesregierung formulierten Ziele und Strategien an, indem verantwortlich wirtschaftende Unternehmen in ihrer Vorbildrolle gestärkt, Anreize zur Übernahme gesellschaftlicher Verantwortung gegeben, die Umsetzung von CSR in Branchen und Regionen unterstützt und nicht zuletzt CSR-Kooperationen zwischen Unternehmen und Hochschulen voran gebracht werden sollen. Gerade Hochschulen und Wissenschaft spielen hier eine besonders wichtige Rolle: bei der Entwicklung von technischen und sozialen Antworten auf die Zukunftsfragen, müssen sie stets auch die sozialen und ökologischen Folgen berücksichtigen und dabei den hohen Anforderungen an die ethische Verantwortung von Wissenschaft genügen. Nicht zuletzt ist es Aufgabe der Hochschulen, den zukünftigen Fach- und Führungskräften dieses Verantwortungsbewusstsein zu vermitteln.

Bezogen auf die nordrhein-westfälische Hochschul- und Wissenschaftspolitik ist für mich ein reflektierter Umgang mit Diversity ein Kernanliegen. Dabei steht für mich vor allem die Bildungsgerechtigkeit im Fokus, ein chancengerechter Zugang zu den Hochschulen und eine insgesamt breitere Teilhabe an Bildungschancen. Zum zentralen Anliegen von Diversity Management gehört nach meinem Verständnis, Vielfalt sichtbar und fruchtbar zu machen. Dabei werden persönliche, aber auch gesellschaftliche und institutionelle Vorstellungen und Erwartungen hinterfragt: Auf welche Studienbedingungen treffen Menschen mit körperlicher Behinderung an den Hochschulen in NRW? Begegnen homo-, bi- oder transsexuelle Studierende einem wertschätzenden Umgang an ihrer Hochschule? Haben Frauen an den Hochschulen Nordrhein-Westfalens die gleichen Chancen, Karriere zu machen wie Männer? Wie weit öffnen die Hochschulen sich Studieninteressierten, die als erste ihrer Familie ein Studium aufnehmen? Welche Orientierung finden ausländische Studierende?

Die Berücksichtigung dieser und weiterer Aspekte von Vielfalt ist unverzichtbar für ein gerechtes und leistungsfähiges Hochschulsystem und damit für den Studienerfolg der Studierenden.

Sowohl CSR als auch Diversity sind Konzepte, die auf einen Kulturwandel und einen bewussten Umgang mit sozialer Verantwortung zielen. Beide Konzepte können dazu beitragen, die Sensorik und die Reaktionsfähigkeit für die Herausforderungen des Wandels in Organisationen, wie Unternehmen und Hochschulen, zu erhöhen – und sich dabei an ethischen Leitlinien zu orientieren. Die facettenreichen Analysen dieses Bandes können hierbei aus unterschiedlichen Perspektiven Orientierung bieten.

Svenja Schulze
Ministerin für Innovation, Wissenschaft und Forschung des Landes NRW

Die Herausgeberin

Prof. Dr. Katrin Hansen ist seit 1994 Professorin an der Westfälischen Hochschule. Seit 2008 ist sie dort Vizepräsidentin für Planung, Finanzen und Internationales, seit 2014 Vizepräsidentin für Lehre, Studium und Internationales. Forschungsprojekte im Bereich Diversity Management, Interkulturelle Zusammenarbeit, Cross-Cultural Learning, Entrepreneurship, hierzu zahlreiche Veröffentlichungen und Vorträge. Mitherausgeberin der Zeitschrift ARBEIT. Mitglied in AoM und in EURAM.

Inhaltsverzeichnis

CSR und Diversity 1
Katrin Hansen

Teil I Zur Beziehung zwischen Diversity und CSR

**Corporate Social Responsibility und Diversity Management –
eine Win-Win-Situation** 63
Günther Vedder und Florian Krause

**CSR als Beitrag zur Inklusions- und Diversitätsdebatte?
Positionierungsversuche in der Dynamik von Ignoranz, Integration, Inklusion** . 83
Iris Koall und Verena Bruchhagen

Un/geklärte Verhältnisse? 103
Andrea D. Bührmann

Die Charta der Vielfalt: Verantwortung für Vielfalt übernehmen 117
Aletta Gräfin von Hardenberg und Kerstin Tote

Teil II Vielfalt leben

Die Hälfte der Macht 135
Cordula Meier und Mona Blanche Mönnig

**Talentförderung an der Westfälischen Hochschule: Diversity-Management
nach dem „Inclusion & Transformation"-Ansatz** 159
Katrin Hansen, Lena Kreppel, Frank Meetz und Angelika Dorawa

Diversitätsgerecht Lehren und Lernen 177
Frank Linde und Nicole Auferkorte-Michaelis

**Chance und Herausforderung: Diversity Management und CSR
am Beispiel internationaler Unternehmen** 219
Christopher Stehr und Markus Vodosek

Teil III   Inclusion in der Unternehmenspraxis

Wertschöpfung durch Wertschätzung 239
Astrid Bosten

Vielfalt als Stärke: Diversity bei der Ford-Werke GmbH 253
Brigitte Kasztan

Teil IV   Diversity-Praxis nachhaltig gestalten

Diversity in der Praxis: Die Quote allein reicht nicht 265
Carola Eck-Philipp und Angelika Krämer

**Women Up! – Handlungsempfehlungen des Bundesverbands
der Personalmanager (BPM)
zur erfolgreichen Implementation von Gender Diversity** 279
Christa Stienen

**Mehr Frauen in Führung ist machbar – Wie der Frauen-Karriere-Index (FKi)
in Unternehmen das Diversity Management fördern kann** 289
Barbara Lutz

Vielfalt und Wertschätzung – aus Überzeugung handeln 307
René Behr

Beratung in der Diversity Praxis für Unternehmen 311
Hans W. Jablonski

Diversity Management im Auditierungsprozess 325
Daniela De Ridder

AutorInnenverzeichnis

Nicole Auferkorte-Michaelis Zentrum für Hochschul- und Qualitätsentwicklung, Universität Duisburg-Essen, Duisburg, Deutschland

René Behr Zürich, Schweiz

Astrid Bosten Neuss, Deutschland

Verena Bruchhagen Fakultät für Soziologie und Erziehungswissenschaft, Arbeitsbereich Gender & Diversity, TU Dortmund, Dortmund, Deutschland

Andrea D. Bührmann Universität Göttingen, Göttingen, Deutschland

Daniela De Ridder CEDIN-Consulting, Belm, Deutschland

Angelika Dorawa Meine Talentförderung/ Talente_schreiben, Westfälische Hochschule Gelsenkirchen Bocholt Recklinghausen, Gelsenkirchen, Deutschland

Carola Eck-Philipp Wege in den Aufsichtsrat, Bonn, Deutschland

Aletta Gräfin von Hardenberg Charta der Vielfalt e.V., Berlin, Deutschland

Katrin Hansen Westfälische Hochschule, Gelsenkirchen, Deutschland

Hans W. Jablonski jbd BUSINESS DIVERSITY, Köln, Deutschland

Brigitte Kasztan NY/M-1167, Ford-Werke GmbH, Köln, Deutschland

Iris Koall Zentrum für Weiterbildung, Bergische Universität Wuppertal, Wuppertal, Deutschland

Angelika Krämer Düren, Deutschland

Florian Krause Institut für interdisziplinäre Arbeitswissenschaft, Leibniz Universität Hannover, Hannover, Deutschland

Lena Kreppel Meine Talentförderung/ Talente_schreiben, Westfälische Hochschule Gelsenkirchen Bocholt Recklinghausen, Gelsenkirchen, Deutschland

Frank Linde Institut für Informationswissenschaft, Technische Hochschule Köln, Köln, Deutschland

Barbara Lutz Frauen-Karriere-Index, Barbara Lutz Index Management GmbH, München, Deutschland

Frank Meetz TalentKolleg Ruhr, Westfälische Hochschule Gelsenkirchen Bocholt Recklinghausen, Herne, Deutschland

Cordula Meier Institut für Kunst- und Designwissenschaft, Folkwang Universität der Künste, Essen, Deutschland

Mona Blanche Mönnig Institut für Kunst- und Designwissenschaft, Folkwang Universität der Künste, Essen, Deutschland

Christopher Stehr German Graduate School of Management and Law (GGS), Heilbronn, Deutschland

Christa Stienen Bundesverband der Personalmanager (BPM), Berlin, Deutschland

Kerstin Tote Charta der Vielfalt e.V., Berlin, Deutschland

Günther Vedder Institut für interdisziplinäre Arbeitswissenschaft, Leibniz Universität Hannover, Hannover, Deutschland

Markus Vodosek German Graduate School of Management and Law (GGS), Heilbronn, Deutschland

CSR und Diversity

Katrin Hansen

In welchem Verhältnis stehen Corporate Social Responsibility (CSR) und Diversity? Stellt Diversity ein betriebswirtschaftliches Gegenkonzept dar, das „primär im Kontext von Globalisierung und Internationalisierung von Unternehmen verwendet" (Dietze et al. 2012, S. 8) wird und Diversity-Management-Ansätze impliziert, „innerhalb derer Fragen der Gerechtigkeit und Chancengleichheit nicht mehr gestellt werden" (Dietze et al. 2012, S. 11)? Trifft dann nicht auf Diversity zu, was Ursula Hansen für CSR feststellt: „Wer von CSR nur etwas als Business Case versteht, versteht auch davon nichts." (Hansen und Schrader 2012, S. 166)? Sollte Diversity nicht vielmehr als Bestandteil von CSR konzeptioniert werden (vgl. Schneider 2012, S. 26; ähnlich Grieshuber 2012, S. 378)? Oder sind Diversity-Management und CSR als Konzepte zu betrachten, die auf gleicher Ebene anzusiedeln sind und sowohl Unterschiede als auch Gemeinsamkeiten aufweisen (vgl. Hanappi-Egger 2012, S. 184 ff.; Stuber 2009)? Welche Synergien können dann erwartet und mit welchen Umsetzungskonzepten sollten solche Synergien in der Praxis realisiert werden?

Zu erwarten ist, dass unterschiedliche Antworten auf diese Fragen erhebliche Auswirkungen auf Theorie und Praxis des Umganges mit Diversity haben werden. Um diese Auswirkungen fundiert abschätzen zu können, werden zunächst die Konzepte von CSR und Diversity bzw. des Umgangs mit Diversity näher beleuchtet und dabei nach Ansatzpunkten einer sinnvollen Verknüpfung der Konzepte gesucht. Dann werden Eckpunkte eines CSR-orientierten Umgangs mit Diversity dargestellt. Schließlich werden die möglichen Beziehungen zwischen beiden Konzepten weiter diskutiert und die Beiträge der folgenden Kapitel positioniert.

K. Hansen (✉)
Westfälische Hochschule
Neidenburger Str. 43, 45877 Gelsenkirchen, Deutschland
E-Mail: katrin.hansen@w-hs.de

1 Verständnis von Corporate Social Responsibility

Diesem Buch liegt ein CSR-Verständnis zu Grunde, das der Definition und dem Ansatz der Europäischen Union folgt.[1] Diese Definition werde ich kurz darstellen, um dann einige weitere damit verbundene Ansätze und Konzepte zu betrachten, die sich auf Inhalte von CSR und daraus resultierende Aktivitäten richten, um dort nach Beziehungen zu Diversity suchen zu können.

Zuvor werde ich einen forschungsorientierten Ansatz vorstellen, der ein Analyseraster für sehr unterschiedliche CSR- (und Diversity-)Konzepte vorschlägt und durch die Fokussierung auf ein Prozessmodell der Sinngebung einen innovativen Zugang zum Verständnis von CSR ermöglicht.

1.1 CSR als Prozessmodell der Sinngebung in Organisationen

Basu und Palazzo (2008) schlagen vor, CSR als Derivat organisationaler Sinngebung zu analysieren:

> Thus, we can define CSR as the process by which managers within an organization think about and discuss relationships with stakeholders as well as their roles in relation to the common good, along with their behavioral disposition with respect to the fulfillment and achievement of these roles and relationships (Basu und Palazzo 2008, S. 124, i. Orig. tw. hervorgeh.).

Kernelement sind demnach die Beziehungen zu den Stakeholdern und der Umgang mit öffentlichen Gütern. Dies ist kompatibel mit der Definition der EU. Den Autoren geht es aber nicht um den Inhalt von CSR-Konzepten sondern um deren Verankerungen in Organisationen und dies insbesondere im Feld der Management-Entscheidungen.

Nach dem Verständnis von Basu und Palazzo werden CSR-Aktivitäten nicht unmittelbar durch äußeren Druck bzw. Anforderungen der Umwelt (also z. B. EU-Richtlinien) hervorgerufen, sondern sie werden durch interne Prozesse des „Sensemaking" vermittelt. In den Organisationen herrschende mentale Modelle beeinflussen die Interpretation externer und interner Anforderungen. Dies führt dann zu einem sehr unterschiedlichen Umgang mit CSR und zu ebenso unterschiedlichen Ergebnissen. Es sollten daher verschiedene Profile oder sogar Typen von CSR-Konzepten gebildet, diskutiert und ggf. bewertet werden (vgl. Basu und Palazzo 2008, S. 131 f.). Dieser differenzierte Ansatz erscheint mir auch für die Analyse der Praxis von Konzepten zum Umgang mit Diversity ausgesprochen fruchtbar, da diese ebenfalls über Managemententscheidungen vermittelt sind, die ihrerseits auf Prozessen der Sinngebung beruhen.

---

[1] Eine grundlegende Auseinandersetzung mit der Entwicklung des Konzeptes CSR findet sich in dem Beitrag von Vedder in diesem Band. Vgl. auch den Beitrag von Koall und Bruchhagen.

Die Autoren nutzen drei Kategorien von Prozessen der Sinngebung:

- Kognitive Prozesse, also das Denken über die Beziehungen der Organisation zu ihrer Umwelt, die Ansicht über die Umwelt und die Sinnhaftigkeit von CSR-Aktivitäten unter rationalen Gesichtspunkten („What firms think"; Basu und Palazzo 2008, S. 125).
- Linguistische Prozesse, also die Erklärung und Begründung der Haltung zu CSR und von CSR-Aktivitäten („What firms say"; Basu und Palazzo 2008, S. 125).
- Konative Prozesse, also die Haltung gegenüber CSR-Aktivitäten, deren Konsistenz und das Commitment der Organisation („How firms tend to behave"; Basu und Palazzo 2008, S. 125).

Die Orientierung dieser Prozesse kann sehr unterschiedlich sein. Aus der Kombination der jeweiligen Varianten ergibt sich der spezifische Charakter des CSR-Konzeptes einer Organisation bzw. lässt sich dessen Stärke und Effektivität vermuten.

Es ergibt sich folgendes Analyseschema (Tab. 1).

Zum besseren Verständnis seien hier die Dimensionen kurz erläutert. Bei den kognitiven Prozessen („What we think") geht es um die Argumentation hinsichtlich der Beziehungen zwischen Organisation und deren Umwelt und bezüglich der Sinnhaftigkeit von CSR (und Diversity)-Aktivitäten. So würden bei einer relationalen Orientierung der Identität (kognitiv) partnerschaftliche Beziehungen der Organisation zu ihren Stakeholdern das

Tab. 1 Kategorien von Sinngebungsprozessen. (Nach Basu und Palazzo 2008, S. 125)

Prozesskategorie	Dimensionen	Ausprägungen
Kognitiv	Orientierung der Identität	Individualistisch Relational Kollektivistisch
	Legitimität	Pragmatisch Kognitiv Moralisch
Linguistisch	Rechtfertigung	Gesetzlich Wissenschaftlich Ökonomisch Ethisch
	Transparenz	Balanciert (positive und negative Aspekte) Einseitig („biased")
Konativ	Haltung	Verteidigend Provisorisch Offen
	Konsistenz	Strategisch konsistent Strategisch inkonsistent In sich konsistent In sich inkonsistent
	Commitment	Instrumental Normativ

vorherrschende Denken über CSR (und Diversity) prägen. Eine individualistische Orientierung würde auf die Rechte und Freiheiten einzelner Individuen abheben, während eine kollektivistische Orientierung die Interessen sozialer Gruppen fokussiert (vgl. Basu und Palazzo 2008, S. 125 f.). Die Legitimität geht im pragmatischen Ansatz davon aus, dass die Organisation ihre Umwelt beeinflusst. Überzeugung wird hier durch demonstrative Aktionen oder intensive Kommunikation erreicht. Beispiele können hier öffentliche Aktivitäten zum Diversity-Tag oder am Equal Pay Day sein. Kognitive Legitimität basiert hingegen auf der Anpassung der Organisation an gesellschaftliche Erwartungen, Gesetze, Normen, wie beispielsweise EU-Richtlinien oder das AGG. Der moralisch basierte Ansatz schließlich versucht über pro-aktives soziales Engagement in einer komplexen Situation gemeinsam mit Stakeholdern Normen zu gestalten (vgl. Basu und Palazzo 2008, S. 126).

Linguistische Prozesse („What we say"/„how we talk") beziehen sich auf Erklärungen und Rechtfertigungen von CSR und zugehörigen Maßnahmen. „Justification" (Rechtfertigung) signalisiert hierbei den generellen Umgang mit Sprache während Transparenz die Inhalte der Kommunikation betrifft. Es werden vier Ansätze der Rechtfertigung unterschieden: Gesetzliche Rechtfertigung bezieht sich auf Gesetze, Codes of Conduct, Sanktionen und ähnliches. Wissenschaftlich basierte Rechtfertigung stützt sich auf Expert*innenmeinungen und ökonomische Rechtfertigung fokussiert den „Business Case". Alle drei Linien nehmen spezifische Perspektiven ein und können eher zur Ruhigstellung kritischer Dialoge führen als zur Aufnahme von Dialogen (Vgl. Basu und Palazzo 2008, S. 127). Als ein verlässlicheres Fundament für CSR (und Diversity) sehen die Autoren ethische Rechtfertigungsmuster an, die nach höheren Interessen über und jenseits der akuten Wünsche von Stakeholdern suchen. Dies bildet die vierte Gruppe der Rechtfertigungslinien. Die Dimension Transparenz bezieht sich auf Kommunikationsinhalte: balancierte Transparenz liegt vor, wenn sowohl positive als auch negative Aspekte oder Resultate kommuniziert werden; „biased" ist die Transparenz, wenn problematische oder negative Aspekte ausgeblendet oder unterdrückt werden („green or bluewashing", Basu und Palazzo 2008, S. 128).

Konative Prozesse beziehen sich auf die Haltung einer Organisation zu CSR (und Diversity), auf Konsistenz und Commitment der Organisation („How we act"; Basu und Palazzo 2008, S. 125). Hinsichtlich der Haltung unterscheidet das Raster eine verteidigende Haltung ohne Feedback-Möglichkeiten, mit Beharrung auf dem einmal eingeschlagenen Weg und Verzicht auf Suche nach zusätzlichen Informationsquellen von einer tentativen Haltung, die durch Unsicherheit, Unklarheit und das Fehlen bewährter Instrumente gekennzeichnet ist. Als dritte mögliche Ausprägung findet sich die offene Haltung mit ihrer Lernorientierung und der Bereitschaft, eigene Wahrnehmung intern und extern zu diskutieren und andere Perspektiven aufzunehmen. Konsistenz betrifft die strategische Konsistenz von CSR mit der Organisationsstrategie insgesamt sowie interne Konsistenz, die dann vorliegt, wenn CSR-Maßnahmen zu abgestimmten Bündeln geschnürt werden. Werden beide Konsistenzformen in starker Ausprägung miteinander verbunden, sind hohe Glaubwürdigkeit und Effektivität der CSR-Konzepte zu erwarten (Basu und Palazzo 2008, S. 130). Das Commitment wird als wesentlicher Antrieb und Stabilisator für Aktivitäten angesehen und daher der konativen Prozesskategorie zugeordnet (vgl. Basu und Palazzo 2008, S. 130). Der instrumentelle Ansatz versteht sich als Reaktion auf äußeren Druck (z. B. Medienberichte über Arbeitsbedingungen in „sweat-shops" der Textilindustrie, Arbeitnehmer- oder Frauen-Quoten in Aufsichtsräten). Bei rein instrumentellem Commitment besteht die Gefahr, dass die dadurch angestoßenen Prozesse in das Tagesgeschäft nicht integriert werden und daher nur begrenzte bzw. oberflächliche Wirkungen zeigen. Normatives Commitment hingegen wird durch interne, vor allem moralisch basierte Überzeugungen gespeist. Hier werden nachhaltigere Prozesse und Wirkungen erwartet. Dieser Gedanke wird weiter unten bei der Diskussion eines sinnvollen Umgangs mit Diversity wieder aufgegriffen, wenn die verschiedenen, in der Literatur beschriebenen Paradigmen des Umgangs mit Diversity (vgl. Thomas und Ely 1996, 2001; sowie Bührmann in diesem Band) kritisch beleuchtet werden.

Die linguistische Kategorie wird in jüngster Zeit näher erforscht und von einer institutionalen Perspektive her diskutiert: Unter dem Label „communicative institutionalism" (Cornelissen et al. 2015) formiert sich ein neuer Ansatz. Kommunikation wird als Prozess gesehen, in dem kollektive Formen wie Institutionen in und durch Interaktion konstruiert werden (Cornelissen et al. 2015, S. 14). Nach diesem Ansatz entsteht ein gemeinsames Verständnis in komplexen Interaktionen und konstituiert, erhält und verändert dabei Institutionen. „In this view actors make sense of institutional logics via discourses and use these discourses in their interactions" (Cornelissen et al. 2015, S. 22).

Ocasio et al. (2015) konzentrieren sich auf Kommunikationsprozesse als Grundlage von Institutionenlogiken. Sie schlagen ein Modell vor, das Prozesse der Koordination, der Sinngebung, des Übersetzens und der Theoriebildung umfasst. Diese Prozesse werden als brückenbildend zwischen Theorie und Praxis angesehen und erfüllen damit verschiedene Funktionen (vgl. Ocasio et al. 2015, S. 33 ff.), die ich jeweils an einem Beispiel illustriere:

- Koordinationsfunktionen spezifizieren, wie individuelle und kollektive Akteur*innen miteinander und mit Praktiken in einer Organisation und im institutionellen Feld interagieren: Stakeholder-Ansprüche werden in vielschichtigen Aushandlungsprozessen in die Strategie von Unternehmen oder andere Organisationen integriert.
- Bei der Sinngebung kommunizieren die Akteur*innen ihre Interpretation von Ereignissen und Praktiken und beeinflussen damit weitere Koordinationsprozesse: Abrücken von der Defizitthese hinsichtlich Schüler*innen aus hochschulfernen Schichten und Entwicklung eines regional verankerten Talentmanagements.
- Übersetzen beinhaltet die Anwendung von Praktiken und Narrativen in neue Kontexte und gestaltet dabei das übermittelte Verständnis um: Nutzung von Erfahrungen aus der Genderpolitik in CSR-Kontexten und umgekehrt durch Zusammenarbeit von CSR- und DiM-Verantwortlichen.
- Theoriebildung fokussiert die abstrakte Ebene, generalisiert und geht damit über die Betrachtung besonderer Situationen hinaus: Stereotype Threat, Critical Mass oder Glass Cliff werden als Erklärungsmuster für Phänomene der Inklusion und Exklusion (nicht nur von Frauen) in Vorständen und Aufsichtsräten herangezogen.

Ocasio et al. (2015) gehen davon aus, dass die vier genannten Prozesse eng miteinander verknüpft und besonders mächtig sind, wenn sie konvergieren. Nur dann kann erwartet werden, dass institutionale Logiken nachhaltig verändert werden.

Vorschlag zur Beziehungsklärung CSR und Diversity können als Prozesse der Sinngebung interpretiert werden, da beide nicht unmittelbar durch äußeren Druck bzw. durch Anforderungen der Umwelt hervorgerufen, sondern durch Managemententscheidungen und damit durch interne Prozesse des „Sensemaking" vermittelt werden. Dies führt zu einem sehr unterschiedlich ausgeprägten Umgang mit CSR bzw. Diversity, der jeweils wirksamen institutionalen Logiken folgt (Ocasio et al. 2015). Daher kann das oben vorgeschlagene Analyseraster auch zur Systematisierung der Diversity-Praxis genutzt werden und damit gleichzeitig eine Klammer zwischen Diversity und CSR herstellen.

Konzepte werden nach diesem Raster als tendenziell erfolgreicher angesehen, wenn sie durch folgende Ausprägungen gekennzeichnet sind:

- Proaktiv moralisch orientierte Legitimität („cocreating acceptable norms of behavior with relevant stakeholders"; Basu und Palazzo 2008, S. 126),
- ethisch basierte Rechtfertigung, die die Aktivitäten der Organisation mit übergeordneten Interessen verbindet,
- balancierte Transparenz, in der auch Schwierigkeiten und Negativeffekte kommuniziert werden,
- offene Haltung („An open posture allows the organization to be ready to share not simply solutions but also its perception of the issue with others and to debate and discuss the nature of the transformation, both internal and external, that might be necessary to bring about real change"; Basu und Palazzo 2008, S. 129),
- strategische und interne Konsistenz, die auch die Konvergenz kommunikativer Funktionen umfasst,
- normatives Commitment, welches das (CSR- und/oder Diversity-)Konzept nachhaltig in die Prozesse des Tagesgeschäftes integrieren hilft.

1.2 CSR-Verständnis der EU

Die EU definierte 2011 CSR als „the responsibility of enterprises for their impacts on society" (Europäische Kommission 2011, S. 6) und führte dann weiter aus, dass das Respektieren von gesetzlichen Vorgaben und kollektiven Vereinbarungen zwischen den Sozialpartnern lediglich eine Voraussetzung für CSR darstellt, weiterhin aber Prozesse erforderlich sind, die soziale, umweltorientierte, ethische Belange, Menschenrechte und Belange der Konsumenten systematisch mit der Unternehmensstrategie und den Geschäftsprozessen verbinden und dies in enger Kooperation mit den Stakeholdern (ebd., S. 6) erfolgen soll (vgl. auch Europäische Kommission o. J.). Hier ist die von Schmidpeter geforderte proaktive Überwindung des Gegensatzdenkens von Wirtschaft und Gesellschaft klar angelegt (vgl. Schmidpeter 2013), die auch U. Hansen und Schrader betonen (2012, S. 163, vgl. auch Hansen 2012). Bei Nutzung des oben vorgeschlagenen Analyserasters ergibt sich die Forderung nach einer (auch) kollektivistischen Identitätsorientierung, nach einer Rechtfertigung, die über gesetzliche Anforderungen hinausgeht, nach einer zumindest kognitiven Legitimisierung und nach interner Konsistenz von CSR-Konzepten.

Als Kernziele von CSR werden durch die EU die folgenden verankert:

- die Maximierung der Schaffung gemeinsamen Mehrwerts („shared value") für Eigentümer/Shareholder, für andere Stakeholder und die Gesellschaft insgesamt;
- Identifikation, Vorbeugen und Mildern möglicher nachteiliger Wirkungen unternehmerischen Handelns.

Kernbestandteil von CSR ist damit die umfassende Übernahme von Verantwortung für das eigene unternehmerische Handeln oder, wie Hansen und Schrader formulieren: „Das Bekenntnis zu CSR bedeutet insofern das Anerkennen vorhandener Handlungsspielräume und drückt die Bereitschaft aus, diese Spielräume zum Wohle der vom unternehmerischen Handeln betroffenen Akteure zu nutzen" (2012, S. 145). Dies entspricht einer offenen Haltung als konativer Komponente (vgl. Abschn. 1.1).

Die konkrete Form und auch das Ausmaß einer Verantwortungsübernahme erfolgt betriebsindividuell und kontextuell:

> CSR ist also nicht etwas, was ein Unternehmen „macht" oder nicht; was jeweils in Frage steht, ist das Ausmaß der übernommenen gesellschaftlichen Verantwortung. Die Diskussion über mögliche Chancen von CSR ist demnach eine Erörterung der Folgen überdurchschnittlich ausgeprägter gesellschaftlicher Verantwortungsübernahme (Hansen und Schrader 2012, S. 149).

Der Unterschiedlichkeit der Bedingungen in Unternehmen wird auch seitens der EU Rechnung getragen:

> The complexity of that process will depend on factors such as the size of the enterprise and the nature of its operations. For most small and medium-sized enterprises, especially microenterprises, the CSR process is likely to remain informal and intuitive (ebd., S. 6).

Die Differenzierung hebt insbesondere auch auf besondere Risiken ab:

> To identify, prevent and mitigate their possible adverse impacts, large enterprises, and enterprises at particular risk of having such impacts, are encouraged to carry out riskbased due diligence, including through their supply chains (ebd., S. 6).

Konsequenterweise werden Handreichungen geliefert für KMU[2] auf der einen Seite und für große, multinationale Unternehmen[3] auf der anderen Seite. Dieser differenzierte Ansatz hat sich auch im Hinblick Diversity-Konzepten als geeignet erwiesen.

Parallelen finden sich ebenfalls bei der klaren Verortung von CSR (und Diversity) auf der strategischen Ebene:

> To maximise the creation of shared value, enterprises are encouraged to adopt a long-term, strategic approach to CSR, and to explore the opportunities for developing innovative products, services and business models that contribute to societal wellbeing and lead to higher quality and more productive jobs (ebd., S. 6).

Hier werden strategische und interne Konsistenz ebenso gefordert wie moralisch basiertes Commitment („internal and largely moral considerations"; Basu und Palazzo 2008, S. 130), eine Kombination aus ökonomischen und ethischen Überlegungen der Rechtfertigung von CSR (vgl. Abschn. 1.1).

Das Konzept des „Shared Value" basiert auf der Annahme einer Wechselwirkung zwischen der Wettbewerbsfähigkeit eines Unternehmens und dem Wohlstand der Gesellschaft (Porter und Kramer 2012), geht also von einer prinzipiellen Win-Win-Situation aus.[4] Dabei wird der „Eigennutz" (ebd., S. 138) des Unternehmens, also dessen Streben nach Marktanteilen und Gewinn und damit die ökonomische Rechtfertigung, als mächtiger Treiber gewürdigt, der nicht im Widerspruch zu gesellschaftlichen und politischen Überlegungen (ethische Rechtfertigung) steht sondern diese verstärkend ergänzt: „Die Schaffung von gesellschaftlichem Mehrwert wird dabei als integraler Bestandteil bei der Entwicklung eines Wettbewerbsvorteils gesehen." (ebd., S. 141) Und auch Devinney, der insgesamt eine kritische Haltung zu CSR von Unternehmen einnimmt, konstatiert: „Hence, we can conclude that CSR is good because it unleashes the entrepreneurial self-interest of inventors, firms, managers, and investors to solve social problems." (2009, S. 49) Auch hier finden wir wieder Parallelen zu betriebswirtschaftlich orientierten Ansätzen, Diversity und den Umgang damit in Unternehmen zu begründen und systematisch als Wettbewerbsvorteil (z. B. im „War for Talents") zu gestalten. Eine solche „integrative" Position nehmen z. B. auch Krell und Sieben ein (vgl. Krell und Sieben 2011, S. 164).

Die EU-Kommission adressiert einige der klassischen Diversity-Dimensionen und stellt auch direkte Bezüge zu Diversity insgesamt her:

---

[2] So werden in der Handreichung „Human Rights SME Guide" die folgenden Kernaktivitäten dargelegt und in ihrer Umsetzung erläutert, die in KMU als kontinuierlicher Prozess angelegt werden sollten: 1) Commit to respect human rights and embed the commitment in your business. 2) Identify your human rights risks. 3) Take action to avoid and address the risks you identify. 4) Enable remedy for those affected, if you are directly involved in a negative impact. 5) Track your progress. 6) Communicate about what you are doing (GLOBAL CSR and BBI International o.J.).
[3] Vgl. OECD Guidelines for Multinational Enterprises, ILO Tri-partite Declaration of Principles on Multinational Enterprises and Social Policy.
[4] Eine kritisch-hinterfragende Haltung zur CSR von Unternehmen nimmt Devinney ein (2009). Vgl. auch die ausführliche Auseinandersetzung im Beitrag von Vedder in diesem Band.

…, CSR at least covers human rights, labour and employment practices (such as training, **diversity, gender equality** and employee health and well-being), environmental issues (such as biodiversity, climate change, resource efficiency, life-cycle assessment and pollution prevention), and combating bribery and corruption.

Community involvement and development, the **integration of disabled persons**, and consumer interests, including privacy, are also part of the CSR agenda. The promotion of social and environmental responsibility through the supply-chain, and the disclosure of non-financial information, are recognised as important cross-cutting issues. The Commission has adopted a communication on EU policies and volunteering in which it acknowledges employee volunteering as an expression of CSR (Europäische Kommission 2011, S. 7, Hervorhebung durch Autorin).

Vorschlag zur Beziehungsklärung Diversity wird durch die EU-Kommission in der Säule der sozialen Verantwortung verortet und kann damit als Bestandteil von CSR interpretiert werden. Aus Sicht der Diversity kann dies aber auch als Schnittmenge interpretiert werden: bestimmte Aspekte von Diversity werden durch CSR abgedeckt, nicht aber das Konzept insgesamt.

Bei Nutzung des oben vorgeschlagenen Analyserasters ergibt sich die Forderung nach einer (auch) kollektivistischen Identitätsorientierung, nach einer Rechtfertigung, die über gesetzliche Anforderungen hinausgeht und ökonomische Überlegungen mit ethischen verbindet. Erkennbar ist die Forderung nach einer zumindest kognitiven Legitimisierung, nach moralisch basiertem Commitment und nach strategischer wie interner Konsistenz von CSR-Konzepten.

CSR-Aktionsplan der EU-Kommission
Der Aktionsplan der EU-Kommission bietet gute Ansatzpunkte für einen systematischen Umgang mit Diversity in Unternehmen und Non-Profit-Organisationen bzw. entspricht dort üblichen Verfahren. Er umfasst acht Felder, die auf der Website der Kommission wie folgt formuliert sind:[5]

1. „CSR ins Blickfeld rücken und bewährte Verfahren verbreiten: Dies umfasst die Einführung eines europäischen Preises und die Einrichtung branchenspezifischer Plattformen für Unternehmen und Stakeholder zur Bekanntmachung der eingegangenen Verpflichtungen und gemeinsamen Überwachung der Fortschritte."
Da CSR-Maßnahmen und deren Kommunikation generell mit der „Misstrauensproblematik" behaftet sind (vgl. Hansen 2012, S. 309), kann eine solche kommunikative Strategie nach dem Motto „tue Gutes und lass andere darüber reden." (Hansen 2012, S. 312) sehr hilfreich sein. Dies trifft sich mit den guten Erfahrungen der Diversity-Praxis mit Auszeichnungen einzelner Unternehmen durch angesehene und interessenneutrale Juries und dem Beitritt zur Charta der Vielfalt.[6]

---
[5] Vgl. http://ec.europa.eu/enterprise/policies/sustainable-business/corporate-social-responsibility/index_de.htm, vgl. auch EU-Kommission 2011, S. 6 ff.
[6] Vgl. hierzu die Ausführungen von von Hardenberg und Tote sowie die Erfahrungsberichte der Unternehmen in diesem Band.

2. „Das den Unternehmen entgegengebrachte Vertrauen verbessern und dokumentieren: Die Kommission wird eine öffentliche Debatte über die Rolle und das Potenzial von Unternehmen einleiten und Erhebungen über das Vertrauen der Bürgerinnen und Bürger in Unternehmen durchführen."

Dabei geht es zum einen um die Reputation des einzelnen Unternehmens, die als wesentlicher Hebel im Wirkungsgefüge der CSR-Anstrengungen anzusehen ist. Die betrifft mögliche Vorteile im War for Talents, geht aber auch darüber hinaus: „Reputation durch CSR gilt als eine Art Good-Will-Puffer in Krisenzeiten und kann auch als Absicherung gegen Angriffe auf die *licence to operate* einer Unternehmung dienen." (Hansen und Schrader 2012, S. 160, Hervorhebung im Original). Gleichzeitig geht es um die Reputation der Wirtschaft insgesamt und um eine Verbesserung des Unternehmerbildes (vgl. Hansen und Schrader 2012, S. 166), von der dann alle Unternehmen profitieren. Auch hier lassen sich wieder Parallelen zu erwarteten Effekten eines erfolgreichen Diversity Managementes ziehen und diese Überlegungen passen insbesondere zur Strategie der Charta der Vielfalt, die durch die Staatssekretärin Maria Böhmer mit initiiert wurde.

3. „Selbst- und Koregulierungsprozesse verbessern: Die Kommission schlägt die Ausarbeitung eines Verhaltenskodexes für künftige Selbst- und Koregulierungsprojekte vor."
In der Charta der Vielfalt ist auch dies angelegt. Diversity und CSR können hier viel voneinander lernen.

4. „CSR durch den Markt stärker belohnen: Die EU sollte sich für Maßnahmen in den Bereichen Verbrauch, öffentliches Auftragswesen und Investitionen einsetzen, um stärkere Marktanreize für CSR zu schaffen."
In den USA gibt es langjährige Erfahrungen mit der Verknüpfung der Vergabe öffentlicher Aufträge und der Diversity-Politik der Lieferanten.

5. „Offenlegung von sozialen und ökologischen Informationen durch die Unternehmen verbessern: Die Kommission beabsichtigt, einen Vorschlag für eine Rechtsvorschrift in diesem Bereich zu unterbreiten."
Zu den sozialen Informationen könnten und sollten Informationen aus dem Feld der Diversity gehören. Da CSR aber grundsätzlich über das gesetzlich geforderte hinausgeht, wären mit einer solchen Rechtsvorschrift Grenzen von CSR erreicht.

6. „CSR stärker in Aus- und Weiterbildung sowie Forschung integrieren: Die Kommission wird Bildungs- und Ausbildungsmaßnahmen im Bereich CSR weiter finanziell unterstützen und Möglichkeiten zur Finanzierung weiterer Forschungsaktivitäten ausloten".
In innovativen Unternehmen ist Diversity zum festen Bestandteil der Personalentwicklung geworden[7]. Diversity-Forschung weckt in Deutschland und anderen Ländern der EU in den letzten Jahren zunehmendes Interesse und wird heute, anders als noch zu Beginn des Jahrtausends, als Forschungsfeld auch in der Betriebswirtschaftslehre akzeptiert. Das gleiche gilt für die CSR-Forschung. Ein noch unerforschtes Feld ist

---

[7] Vgl. die Ausführungen von Bosten et al. in diesem Band.

hingegen das Zusammenspiel von CSR und Diversity. Das vorliegende Buch will dazu beitragen, diese Lücke zu schließen.

7. „Die Bedeutung von CSR-Strategien auf nationaler und subnationaler Ebene hervorheben: Die Kommission fordert die EU-Länder auf, bis Mitte 2012 eigene Pläne zur CSR-Förderung zu erstellen oder zu aktualisieren."
Dies könnte auch Diversity neuen Schub verleihen. Für beide Themen gilt aber, dass es keine Normierung der Aktivitäten geben darf sondern der kontextuelle Bezug und die Vielfalt der Ansätze erhalten bleiben müssen.

8. „Europäische und globale CSR-Konzepte besser aufeinander abstimmen."
Von den hier aufgeführten Konzepten werden zwei mit besonderer Relevanz für den Zusammenhang von CSR mit Diversity ausgewählt und unten näher erläutert. Dies sind die Leitprinzipien der Vereinten Nationen für Unternehmen und Menschenrechte und die ISO-Norm 26000 zur sozialen Verantwortung.

Leitprinzipien der Vereinten Nationen für Unternehmen und Menschenrechte Die „Leitprinzipien der Vereinten Nationen für Unternehmen und Menschenrechte" fokussieren explizit einige zentrale Diversity-Aspekte:

> For instance, enterprises should respect the human rights of individuals belonging to specific **groups or populations that require particular attention**, where they may have adverse human rights impacts on them. In this connection, United Nations instruments have elaborated further on the rights of **indigenous peoples; women; national or ethnic, religious and linguistic minorities; children; persons with disabilities; and migrant workers and their families** (OHCR 2011, S. 14, Hervorhebung durch Hansen).

Auch hier wird wieder deutlich hervorgehoben, dass die Vorbeugung von Menschenrechtsverletzungen prioritär ist. Dabei wird klargestellt, dass die Verantwortung von Unternehmen sich nicht auf die direkten Folgen des eigenen Handeln einengen lässt sondern dass sie auch Verantwortung für das Handeln von Geschäftspartnern übernehmen müssen (OHCR 2011, S. 14). Zu beachten sind aus Diversity-Sicht also z. B. die Arbeitsbedingungen bei Zulieferfirmen und dort ggf. zu beseitigende Diskriminierungsmechanismen. Gelingt die umfassende Vorbeugung nicht, muss Wiedergutmachung erfolgen:

> Where business enterprises identify that they have caused or contributed to adverse impacts, they should provide for or cooperate in their remediation through legitimate processes (OHCR 2011, S. 24).

Vorschlag zur Beziehungsklärung CSR und Diversity weisen Schnittmengen auf.

ISO 26000 Auch die ISO 26000 hat hohe Relevanz für die Diskussion von CSR und Diversity. Sie bezieht sich auf „Social Responsibility" (SR) und formuliert deren Ziel mit den Worten: „The objective of social responsibility is to contribute to sustainable development" (ISO 2010, S. 2). Als Kernthemen sind die folgenden sieben benannt (ISO 2010,

S. 4), von denen die Punkte 2., 3. und 7. einen engem Zusammenhang mit Diversity aufweisen:

1. Organizational Governance
2. **Human Rights**
3. **Labour Practices**
4. The Environment
5. Fair Operating Practices
6. Consumer issues
7. **Community Involvement and Development**

Die Erzielung von Wettbewerbsvorteilen durch erfolgreiche SR wird als wichtige Motivation für unternehmerische Aktivitäten in diesem Feld direkt adressiert. SR wird in der ISO 26000 oberhalb der reinen Compliance angesiedelt und soll andere Initiativen und Instrumente nicht ersetzen sondern ergänzen. Dabei wird einer umfassenden Diversity im Anwenderfeld Rechnung getragen:

> In applying ISO 26000, it is advisable that an organization take into consideration **societal, environmental, legal, cultural, political and organizational diversity, as well as differences in economic conditions**, while being consistent with international norms of behavior (ISO 2010, S. 3).

Gleichzeitig wird betont, dass die ISO 26000 nicht zertifizierungsfähig ist, da es sich nicht um einen Standard für Managementsysteme handelt[8]:

> Any offer to certify, or claims to be certified, to ISO 26000 would be a misrepresentation of the intent and purpose and a misuse of this International Standard (ISO 2010, S. 4).

Vielmehr sind die Unternehmen aufgefordert, sich die beiden grundlegenden Praktiken der SR zu eigen zu machen, nämlich Anerkennung der sozialen Verantwortlichkeit im Einflussbereich und Stakeholder-Engagement („recognizing its social responsibility within its sphere of influence, and identifying and engaging with its stakeholders" (ISO 2010, S. 8)) und diese Prinzipien voll in die Unternehmensprozesse zu integrieren. CSR kann in diesem Sinne als Organisationsreform („organizational reform" vgl. Jutterström und Norberg 2013, S. 5 f.) verstanden werden, in deren Zuge Prozesse dem Wunsch nach mehr Verantwortlichkeit angepasst werden. Den Kern bilden damit in und durch Unternehmen gelebte Werthaltungen und Praktiken, die in ihrer konkreten Ausformung sehr unterschiedlich sein können und sollen.[9] Auch hier lassen sich wieder Parallelen zu Diversity und dem Um-

---

[8] Vgl. auch die Stellungnahme der Spitzenverbände zur Nichtzertifizierbarkeit der Iso 26000. Vgl. ferner die Diskussion bei Jutterström und Norberg (2013, S. 6 f.).
[9] Dies gilt insbesondere auch im internationalen Vergleich. So stellen Matten und Moon fest, dass „liberal market economies" eher zu expliziter CSR tendieren, während „coordinated market economies" eher implizite CSR aufweisen (vgl. Matten und Moon 2008).

gang damit herstellen. Inwieweit und vor allem wie Diversity-Praktiken dennoch sinnvoll auditiert werden können, wird von De Ridder in ihrem Beitrag zu diesem Band diskutiert.

Vorschlag zur Beziehungsklärung Es finden sich deutliche inhaltliche Überschneidungen der Konzepte CSR und Diversity. Beide Ansätze können voneinander lernen und Synergien realisieren. CSR und Diversity sind interpretierbar als Organisationsreform. Sie sind als solche nicht zertifizierbar. Bei beiden ist nach Grenzen der Auditierbarkeit zu fragen und ggf. nach innovativen Formen der Auditierung zu suchen.

Zunächst aber gilt es, nach der Diskussion von CSR, ein umfassendes Verständnis für Diversity zu entwickeln und die vielfältigen Ansätze zum Umgang mit Diversity zu systematisieren. Bereits dort wird die Beziehung beider Konzepte zueinander diskutiert.

2 Verständnis von Diversity

Ich werde zunächst die Entwicklung in den USA kurz zusammenfassen, um dann auf das vorherrschende Diversity-Verständnis in Deutschland und dessen Entwicklung einzugehen. Weiterhin werden die verschiedenen Dimensionen von Diversity dargelegt und deren Intersektionalität diskutiert.

2.1 Entwicklung des Verständnisses von Diversity in den USA

Diversity hat seine Wurzeln in den USA. Bereits seit den 80er-Jahren wird Diversity dort im Zusammenhang mit „Affirmative Action" vor allem in der feministischen und der Critical Race-Forschung und -Bewegung thematisiert (vgl. Walgenbach 2012a, 2012b). Gender und Race standen und stehen im Mittelpunkt und die Kombination dieser Merkmale in Identitätsgruppen („Intersection" vgl. Crenshaw 1989, 1991) wurde ebenfalls analysiert. Mitte der 90er-Jahre brach sich in den USA eine wirtschaftlich orientierte Auffassung Bahn mit der Tendenz, Diversity sehr weit zu fassen: „Diversity refers to *any* mixture of items characterized by differences and similarities", erklärte R.R. Thomas in seinem Buch „Redefining Diversity" (1996, S. 5). D. A. Thomas und Ely forderten „A radically new understanding of the term, for starters" (1996, S. 79).

Diese und andere Autor_innen versuchten damals bewusst, über die demographische Unterschiedlichkeit und die reine Orientierung an gesellschaftlichen Identitätsgruppen (Gender, sexuelle Identität, Alter, Behinderung, Ethnizität, Religion) hinauszugehen und öffneten damit die Diskussion für weitere Facetten von Diversity, die gerade in betrieblichen Arbeitszusammenhängen von großer Bedeutung sein können, wie z. B. fachliche und überfachliche Kompetenzen, Arbeits- und Führungsstile, Arbeitshaltungen und Erfahrungen. Sehr bald aber wurde klar, dass in diesem sehr weiten Begriff ganz unterschiedliche Dimensionen und Konzepte miteinander vermischt wurden: die empirischen Ergebnisse der Diversity-Forschung ergaben „mixed results" – inwieweit Diversity eine Chance oder

Gefahr für Unternehmen darstellt, wurde intensiv erforscht und diskutiert, allerdings mit extrem unterschiedlichem Ausgang (Boerner et al. 2012; King et al. 2011; Harrison und Klein 2007; Gebert 2004).

So weisen aktuelle Studien darauf hin, dass die klassischen, zumeist als offenbare Charakteristika behandelten, Dimensionen weiter zu differenzieren sind. Als Ergebnis einer Meta-Analyse von Diversity-Effekten auf die Leistungsfähigkeit von Teams kommen Horwitz und Horwitz zu dem Schluss: „... that different types of team diversity indeed have different effects on team performance" (2007, S. 1006). Gebert, Boerner und Chatterjee zeigen nachdrücklich die Notwendigkeit auf, diskutierbare von tabuisierter Diversity zu unterscheiden. So macht es einen großen Unterschied, ob sexuelle Identität, Religion oder ethnische Zugehörigkeit thematisiert werden dürfen oder aber die Unternehmens- oder auch die Landeskultur dies tabuisieren: wenn Konflikte in diesem Feld nicht offen angesprochen werden dürfen, besteht die Gefahr der Konfliktverschiebung (Gebert et al. 2011).

Die Unklarheit der Ergebnislage führte zu der Forderung, „Diversity" in ihrer Diversität präziser zu fassen und einen konsistenten theoretischen Bezugsrahmen zu entwickeln. Gleichzeitig ist festzuhalten, dass Verantwortungsübernahme im Feld der Diversity, genau wie dies auf CSR zutrifft (vgl. Schmidpeter 2013), zwar vom Charakter her freiwillig ist, nicht aber beliebig sein darf. Dieses Anliegen prägt den aktuellen Diskurs zum Thema auch in Deutschland, ist bislang aber noch nicht erfüllt worden.

2.2 Die neuere Diversity-Debatte und ihre Reflektion in Deutschland

Diversity war noch bis Ende der 1990er-Jahren für viele deutsche Unternehmen ein Fremdwort, wie ich in einer mit Müller und Belinszki gemeinsam durchgeführten Studie herausfand (vgl. Belinszki et al. 2003). „Das war ein unbekannter Begriff. 1996 konnte niemand in Deutschland mit ‚Diversity' etwas anfangen, weder bei Ford noch außerhalb" (Borghoff 2003, S. 315). So nutzte man die Arbeiten und Erfahrungen aus dem angloamerikanischen Raum: „Die amerikanischen Kolleg/innen kannten Diversity, auch für die Mitarbeiter/innrn in England waren Diversity Ansätze zum größten Teil bekannt. In Deutschland war Diversity ein unbeschriebenes Blatt." (Hardenberg und Girg 2003, S. 295) Es ging darum, ein gemeinsames Verständnis von Diversity und dem geeigneten Umgang damit zu entwickeln:

> Kolleginnen und Kollegen aus den USA, aus Südafrika und aus Deutschland arbeiteten zusammen über die Fragen, was Diversity bedeutet, welche Aktivitäten und Programme es zzt. gibt und welche Pläne für die Zukunft anvisiert werden können. Damit fing die Diversity-Diskussion für das Unternehmen DaimlerChrysler in Deutschland 1998 an (Tyrtania 2003, S. 280).

Großunternehmen berichteten, dass die Initiative von amerikanischen Mutterunternehmen bzw. amerikanischen Kooperationsverbünden ausging:

Der Anstoß kam aus der US-Amerikanischen Muttergesellschaft. Dort wurde Diversity sehr erfolgreich umgesetzt. Einen konkreten „Auslöser" gab es in Deutschland nicht, sondern die Erwartung war naheliegend, die Erfolge aus den USA auch hier zu übernehmen. [...] Obwohl der Impuls aus den USA kam, wurde von Anfang an festgelegt, dass wir hier in Deutschland selbst entscheiden, was in welcher Form umgesetzt wird, und die Arbeit an die deutschen Gegebenheiten anpassen (Borghoff 2003, S. 314; vgl. auch Peters 2003, S. 338/341).

Und zu den „deutschen Gegebenheiten" gehört die Fokussierung auf den Genderaspekt: „Auch in Deutschland wurde die Notwendigkeit von Diversity Management erkannt. Wir haben u. a. festgestellt, dass der Anteil von Frauen unter den Führungskräften gering ist, da viele Frauen das Unternehmen verlassen haben, bevor sie eine Top-Position erreicht haben. Innerhalb der Diversity-Initiative wurde der Schwerpunkt auf Gender gelegt" (Peters 2003, S. 338).

In der betrieblichen Praxis in Deutschland wächst den primären Diversity-Dimensionen, zu denen in vorderster Linie auch Gender gehört, durch das Allgemeine Gleichbehandlungsgesetz besondere Bedeutung zu. Das AGG verbietet Benachteiligung wegen Geschlecht, Alter, Behinderung bzw. Leistungsfähigkeit, Rasse/Ethnizität, Religion/Weltanschauung und sexueller Identität. Diese Dimensionen sind den Menschen mitgegeben und können nicht willentlich verändert werden. Sie stellen darüber hinaus Bezüge zu gesellschaftlichen Identitätsgruppen her. Mitarbeitende sind vor Diskriminierung im Hinblick auf diese Dimensionen zu schützen.

Die sichtbaren Formen von Diversity gelten als besonders konfliktträchtig, da entlang ihrer „faultlines" (Bruchlinien) entstehen können. Diese Bruchlinien basieren auf sichtbaren Unterschieden zwischen den Mitarbeitenden, die ihre Zugehörigkeit zu bestimmten sozialen Gruppen markieren. Gerade bei der Neubildung von Gruppen werden diese Merkmale zur Kategorisierung herangezogen, mit der Folge, dass (hierarchisierte) Subgruppen entstehen, die Kommunikationsfluss und Kohäsion in der Gruppe beeinträchtigen, zu Konflikten führen und damit die Leistung der Gruppe reduzieren (Lau und Murnighan 1998, 2005; Joshi 2006; vgl. auch Li und Hambrick 2005). Im Kontext der „critical mass"-Diskussion erhalten Bruchlinien entlang der Geschlechtergrenzen besondere Relevanz in Top-Management-Teams und in Aufsichtsräten (vgl. z. B. Boone et al. 2004; Torchia und Calabrò 2009; vgl. auch Huse et al. 2013; Groysberg und Bell 2013).

Negative Effekte können noch durch das Phänomen des **„Stereotype Threat"** (Roberson und Kulik 2007) verstärkt werden. Denn bereits die Erwartung, mit Stereotypen konfrontiert zu werden und Vorurteilen ausgesetzt zu sein, führt häufig zu einer Leistungsminderung, insbesondere bei leistungsmotivierten Mitarbeitenden aus marginalisierten Gruppen, die schwierige Aufgaben erfüllen. Dies richtet den Blick auf die Tatsache, dass Unternehmen nicht als losgelöste Einheiten fungieren, sondern in den gesellschaftlichen Kontext mit seinen Strukturen und Machtverhältnissen als Subsystem eingebettet sind (Roberson und Kulik 2007; Joshi 2006; Prasad et al. 2006; Litvin 2006; Benshop 2006).

Eine divers zusammengesetzte Mitarbeiterschaft bietet Unternehmen, die in der Lage sind, diese proaktiv zu managen, wertvolle Potentiale, die in den USA bereits seit langem gesehen und genutzt werden (Cox und Blake 1991), seit Ende der 90er-Jahre aber auch zunehmend handlungsleitend für deutsche Unternehmen geworden sind. Einen Startpunkt dieser Debatte bildet meiner Ansicht nach der 1999 publizierte Artikel von S. Balser „Abschied von der Monokultur: Diversity als Spiegel der Welt", in dem die demographische Spiegelung der Umwelt in der Mitarbeitendenschaft des Unternehmens gefordert wird (Balser 1999).

Bei betriebswirtschaftlichen Konzepten von Diversity geht es darum, die Vielfalt der Einstellungen, Kompetenzen und Handlungsweisen, die Menschen im Unternehmen realisieren können bzw. dürfen oder sogar sollen, als Ressource zu nutzen (vgl. Hansen und Aretz 2011; Hansen 2007; Aretz und Hansen 2002). Hintergrundhypothese ist, dass aus der Zugehörigkeit zu einer bestimmten sozialen Gruppe spezifische Einstellungen und Verhaltensweisen mit hoher Berufsrelevanz resultieren und die Zugehörigkeit zu Identitätsgruppen damit für Unternehmen Chancen und Gefahren hervorrufen kann. In Abhängigkeit davon, ob eher Chancen oder Gefahren vermutet werden, nehmen Individuen und ganze Organisationen spezifische Haltungen zu Diversity ein.

Eine positive Haltung zu Diversity versteht diese als Facettenreichtum. Unterschiedlichkeit wird aus dieser Perspektive als Potenzial zu einer synergetischen Nutzung vielfältiger Alternativen begriffen. Eher negativ mutet ein hierarchisch geprägtes Diversity-Verständnis an, in dem Vielfalt hierarchisch gegliedert wird. Aus Sicht der dominanten Gruppe wird das „Anders-Sein" im defizitären Sinne als Außenseitertum empfunden, als Nichtangepasstheit oder auch Nichtanpassbarkeit des „Anderen" (an eigene Werte und Standards). Es werden Stereotype und Vorurteile wirksam, häufig ohne dass dies den Beteiligten bewusst würde (vgl. Ibarra et al. 2013, S. 30).

Beispielhaft sei hier aus einer Studie von Groysberg und Bell zitiert. Eine Finanzexpertin berichtet über ihre Erfahrungen im Board eines großen börsennotierten Unternehmens aus den USA:

> Tatsächlich hatten der CEO und Chairman und andere männliche Directors sie mehrmals zur Seite genommen und gebeten, „weniger laut" zu sein und bei Meetings nicht auf ihrer Ansicht zu beharren. Eine ähnliche Haltung zeigte sich ihrer Erinnerung nach auch bei den Treffen selbst: Bei einem habe sie eine Reihe von Fragen zu einer strategischen Entscheidung gestellt, als ein männlicher Kollege sie unterbrach und ausrief: „Sie benehmen sich wie meine Tochter! Sie diskutieren zu viel, hören Sie endlich auf damit!" (2013, S. 43)

Dies ist kein Einzelfall. McDonald und Westphal (2013) konstatieren vielmehr, dass es ungeschriebene, aber wohldefinierte Regeln für die Partizipation von externen Direktor_innen an den Verfahren in Boards gibt, deren Verletzung erhebliche Konsequenzen haben kann: Eine zu stark kontrollierende Haltung verhindert offenbar die Berufung in weitere Boards. Und eine solche Haltung wird von klug beratenen Direktor_innen auch geschickt vermieden. So stellt einer der in der Board-Arbeit erfahrenen Interviewpartner fest,

> … if I think we should discuss some strategic matter in a board meeting, I would not just [raise it as a concern] in the meeting. That would be too controlling – the CEO should have

the ultimate say over what we discuss. So as a good director I would clear the issue with the CEO in advance. If he says it's a go, I mention it in the meeting ... if he doesn't think it's worth discussing, I don't raise it (zit. in McDonald und Westphal 2013, S. 1172 f.).

Ein unerfahrenes Board-Mitglied hingegen berichtet:

... there were instances where veteran directors raised concerns about [the current strategy] in meetings, and so I did it too ... what I didn't realize is they had "cleared" them with the CEO in advance. I think I rubbed some managers and probably others the wrong way (zit. in McDonald und Westphal 2013, S. 1173).

Die Autoren empfehlen informelles Prozess-Mentoring als gut geeignetes Mittel, solche ungeschriebenen Regeln zu erkennen und Strategien eines effektiven Umganges mit ihnen zu entwickeln („learn the ropes", McDonald und Westphal 2013, S. 1173). Das Risiko abweichenden Verhaltens („risk of participating in nonnormative ways" ebd., S. 1174) ist für Frauen und Minoritäten erheblich höher, da sie signifikant weniger in informelles Prozess-Mentoring eingebunden sind. Damit gestaltet sich der erste Eindruck, den sie als Board-Mitglieder auf die dominante Gruppe machen, deutlicher negativer und diesen Nachteil holen sie nie wieder auf. Gleichzeitig kann dieses Verhalten ihrem Geschlecht oder anderen sichtbaren Merkmalen zugeschrieben und damit dann als für diese gesamte Gruppe als typisches oder „natürliches" Verhalten eingeordnet werden („Wie meine Tochter", s. o.).

Hier wird deutlich, dass Diversity nicht einfach existiert oder passiert. Diversity ist vielmehr als Konstrukt zu verstehen (vgl. Krell und Sieben 2011, S. 157). Unterschiede, ihre Interpretation und Bedeutung werden in sozialen Prozessen in Gruppen und Organisationen innerhalb eines jeweils spezifischen gesellschaftlichen Kontextes ausgehandelt. Tatsächlich können Unterschiede gerade durch Aktivitäten des Diversity Managements und deren Kommunikation diskursiv erzeugt und in den Fokus gerückt werden, was mit Krell und Sieben als problematisch anzusehen ist und einen kritisch-konstruktiven Umgang mit Diversity Management erfordert (Krell und Sieben 2011, S. 169).

In den letzten Jahren rückt Gender (nicht nur) in Deutschland in den Mittelpunkt der wettbewerblich ausgerichteten Diversity-Debatte.[10] Insbesondere McKinsey stellt mit seinen Reports „Women Matter" einen wichtigen und einflussreichen Beteiligten an dieser Debatte dar. Seit 2007 veröffentlicht diese Unternehmensberatung zur Unterstützung des „Business Case" empirische Ergebnisse aus dem Feld ihrer Klientel unter dem Label „Women Matter". 2012 zieht der Report das Fazit, dass der Zusammenhang zwischen dem Anteil von Frauen in hohen Führungspositionen und dem Unternehmenserfolg gesichert sei (Women Matter 5, S. 3). Wie dieser Zusammenhang erklärt und begründet werden kann, ist Gegenstand der früheren Reporte 1–3.

In diesen ersten Reporten wird auf statistische Zusammenhänge abgehoben. Es stellt sich die Frage, ob hier tatsächlich Kausalzusammenhänge bestehen oder nicht vielmehr

---

[10] Zur Bedeutung der Genderfrage in Führungspositionen vgl. z. B. Krell 2011 sowie Braun und Kestel 2013.

Faktoren, wie z. B. die Unternehmenskultur dazu führen, dass einerseits mehr Frauen in Führungspositionen gelangen und andererseits auf Basis dieser Kultur eine verbesserte Unternehmensleistung erreicht wird. Immer wieder wird auch kritisch angemerkt, dass nicht „gender per se" sondern die (häufig eher untypischen) Erfahrungen, die Frauen z. B. in Aufsichtsräte mitbringen, deren Performance beeinflussen und im Übrigen moderierende Variablen wie z. B. Haltung des Aufsichtsratsvorsitzenden bzw. der Einsatz von Praktiken zur besseren Entfaltung von Board-Prozessen erkennbar sind (vgl. Huse 2008; vgl. auch Nielsen und Huse 2010; sowie Groysberg und Bell 2013). Dennoch werden die Studien der Beratungshäuser von der Unternehmenspraxis immer wieder als Beleg dafür herangezogen, dass es wichtig und betriebswirtschaftlich sinnvoll ist, mehr Frauen im Top-Management zu positionieren[11] und sie besitzen hohe Überzeugungskraft für die Praxis. Beziehen wir dies auf das oben eingeführte Analyseraster (vgl. Abschn. 1.1), so lässt sich hier die linguistische Dimension der Sinngebungsprozesse in wissenschaftlicher Ausprägung erkennen.

Die Betonung des Genderaspektes wird aus Sicht des „Business Case" durchaus auch kritisch kommentiert, wie der Diversity-Report der Unternehmensberatung Roland Berger zeigt: „Der einseitige Fokus auf Frauen lässt Zweifel am Nutzen der aktuellen D&I-Programme entstehen und wirft verstärkt die Frage der Messbarkeit des Programmerfolgs auf." (2012, S. 6). Hier tritt die völlige Loslösung betriebswirtschaftlicher Erwägungen von gesellschaftlichen Entwicklungen deutlich zu Tage. Dies entspricht der ökonomischen Rechtfertigung als linguistischer Dimension der Sinngebungsprozesse.

Aus Sicht des „Social Case" (ethische Rechtfertigung) wird diese weitere Ökonomisierung der Debatte heftig kritisiert. Insbesondere die Ausblendung von Machtverhältnissen und die Ignoranz der Historie der Debatte in ihrer Verknüpfung mit anderen politischen und sozialen Bewegungen werden angeprangert. Aus einer gesellschaftskritischen Perspektive wird gefordert, die in diesen Bewegungen entwickelten Theorien und Erkenntnisse zu würdigen, Gender als interdependente Kategorie anzulegen und die Genderdebatte durch „eine selbstkritische Reflexion von Weißsein, Männlichkeit, Heteronormativität und Zweigeschlechtlichkeit, die Zugehörigkeit zu einer gehobenen sozialen Schicht, einer privilegierten Arbeitsstufe oder normgerechter Befähigung" (Dietze et al. 2012, S. 11) zu ergänzen.

---

[11] Wie dies geschehen soll, betrachten Women Matter 4 und 5. Diese Reports weisen auf die Bedeutung der Unternehmenskultur und den Einfluss der Unternehmensspitze hin. http://www.mckinsey.de/html/publikationen/women_matter/2010/women_matter_4.asp (download 04.03.13) http://www.mckinsey.de/html/publikationen/women_matter/2012/20120305_women_matter_5.asp (download 04.03.13) http://www.mckinsey.de/html/publikationen/women_matter/2012/20120305_women_matter_5.asp (download 04.03.13).

2.3 Kategorien von Diversity und deren Intersektionalität

Aus meiner Sicht ist die Konzeptualisierung von Diversity als ein Mehr-Ebenen-Konstrukt unerlässlich, um dem komplexen Charakter von Diversity gerecht zu werden und den Umgang mit den verschiedenen Dimensionen und Kategorien der Vielfalt adäquat zu gestalten.[12] Dies gilt auch für Gender.

> Was bspw. als „weiblich", „männlich" oder „älter" gilt, welche Zuschreibungen und sozialen Ordnungsvorstellungen mit diesen Kategorien verbunden sind, ist nicht unabhängig von den in den Organisationen und Gesellschaften herrschenden Verhältnissen und damit auch geprägt von den herrschenden Weiblichkeits-, Männlichkeits- und Altersdiskursen (Krell und Sieben 2011, S. 158).

So wäre es zu kurz gegriffen, Gender vorrangig auf der Mikro-Ebene (individuelles Verhalten von Frauen und Männern) anzusiedeln, ohne die kulturell-gesellschaftliche Dimension von „doing gender" und generell die in einer Gesellschaft vorherrschenden Geschlechterarrangements und Machtverhältnisse zu berücksichtigen. Als vermittelnder Bereich zwischen Miko- und Makro-Ebene wirkt die Meso-Ebene: Berufliches Verhalten und vor allem „Eignung" von Frauen und Männern kann ganz unterschiedlich interpretiert werden (vgl. Krell und Sieben 2011; vgl. auch Hansen et al. 2012 am Beispiel von Aufsichtsräten), je nachdem in welcher Branche das Unternehmen angesiedelt ist, um welche Berufssparte es geht und um welche Positionen innerhalb der Hierarchie. Der Diversitätsgrad von Teams, die Kultur, die dort und im Unternehmen überhaupt herrscht, können zu ganz unterschiedlichen Interpretationen und Bewertungen von „doing gender" führen und damit zu sehr unterschiedlichen Handlungsspielräumen. Und ebenso unterschiedlich können die Effekte von Gender Diversity auf die Leistungsfähigkeit und Kultur von Organisationen sein. Ganz ähnlich sieht es mit anderen Diversity-Dimensionen aus, wie z. B. Alter und kulturelle Herkunft/Ethnizität, die in Organisationen ganz unterschiedlich bewertet und als Ressource oder aber Erschwernis verstanden werden.

Daher verwende ich hier ein Mehrebenen-Modell, welches über das von Ployhart und Moliterno (2011) vorgeschlagenen 2-Ebenen-Modell zur Analyse des Human-Kapitals noch hinausgeht. Mein Modell modifiziert das von Devinney (2013) vorgeschlagene 3 Ebenen-Konzept (Strategische Ebene, Team-Ebene und Individualebene) leicht und ergänzt es um die beiden Makro-Ebenen (national und transnational) und eine weitere Mikro-Ebene, da ich sichtbares Verhalten der Individuen (z. B. Impression Management) von intra-personalen Prozessen (z. B. Stereotype Threat) unterscheiden möchte. Eine solche Modifikation und Ergänzung wird von Devinney explizit zugelassen (2013, S. 82). Insgesamt ergeben sich so drei Hauptebenen, die jeweils zwei Teil-Ebenen beinhalten. Dieses Modell repräsentiert eine generelle Perspektive auf organisationale Prozesse und

---

[12] Die Diskussion um Mehrebenenkonzepte wird derzeit (2013) in der internationalen Scientific Community im Zusammenhang mit der Bedeutung von „Microfoundations" für die Management-Theorie und – Praxis intensiv geführt (vgl. Devinney 2013). Ich nutze diese Debatten für das bessere Verständnis von CSR- und Diversity-Theorien und Konzepten.

kann daher auch auf andere Fragestellungen, z. B. auch CSR, angewendet werden. Tatsächlich wurden ähnliche Überlegungen bereits in den 80ger und der 90er-Jahren in den Erziehungswissenschaften entwickelt. So wurde und wird das „Strukturmodell der Sozialisation" von Geulen und Hurrelmann (1980) als Ausgangsbasis zur Analyse von Sozialisationsprozessen verwendet. Nestvogel ergänzte dieses Modell um die Ebene des „Weltsystems" (1999, S. 389). Walgenbach weist auf die transnationale Dimension struktureller Dominanzverhältnisse hin (2012b). Dies entspricht dem von Nestvogel formulierten Anliegen, einen Bezugspunkt zu konstituieren

> ..., über den der Standort der einzelnen Gesellschaften in ihrem Verhältnis zueinander sowie das Zusammenwirken von exogenen und endogenen Faktoren innerhalb eines jeweiligen Landes näher bestimmt werden können (Nestvogel 1999, S. 391).

Insofern nutze ich das Modell von Nestvogel, verändere aber die Terminologie.

Ich schlage ferner vor, dieses Modell um eine sechste Ebene zu ergänzen, indem die Mikroebene des Individuums weiter unterteilt wird in die Ebene des sichtbaren Handels und in die Ebene der intra-personalen Prozesse, innerhalb derer z. B. Diskriminierungserfahrungen kognitiv und emotional verarbeitet werden. So zeigen Kulik und Roberson, dass spezifische Dispositionen von Individuen zu sehr unterschiedlichen Verarbeitungsmustern und Effekten von „Stereotype Threat" führen können. Insbesondere hochmotivierte Personen sind betroffen. Gleichzeitig handelt es sich um ein situatives Phänomen: „In summary, these conditions make stereotype threat more likely for members of negatively stereotyped groups:

- The employee is invested in doing well, on:
- a difficult, stereotype relevant task, where:
- the context reinforces the stereotype" (Roberson und Kulik 2007, S. 32).

Wichtig ist also, die verschiedenen Ebenen nicht isoliert sondern in ihrem Zusammenspiel zu erfassen: „... we can now begin asking very interesting and important questions about what goes on between and across the levels of analysis" (Devinney 2013, S. 82) Dies beinhaltet die Verbindung von Theorien, die auf einzelne Ebenen fokussieren, wie Theorien der Volkswirtschaft (Wirtschaftspolitik, Makro-Ökonomie), der Betriebswirtschaft (Strategisches Management, Unternehmensführung), Organizational Behaviour und der Psychologie (Teamentwicklung, Entwicklungspsychologie). Phänomene, die in der Debatte um Gender-Diversity hohe Relevanz haben, wie Faultlines, Glass Ceiling, Leaking Pipeline, Glass Cliff, Stereotype Threat können durch eine Kombination von Theorien mit komplexeren Erklärungsmustern unterlegt und so angemessenere Lösungsansätze entdeckt werden (Abb. 1).

Die Diversity-Strategie von Organisationen verbindet als Kombination von „Inside-Out" (z. B. Marktanforderungen, Druck durch die EU) – mit „Outside-In" (Stärken und Schwächen, Einflussnahme auf die Umwelt z. B. durch Druck auf die Politik oder auch

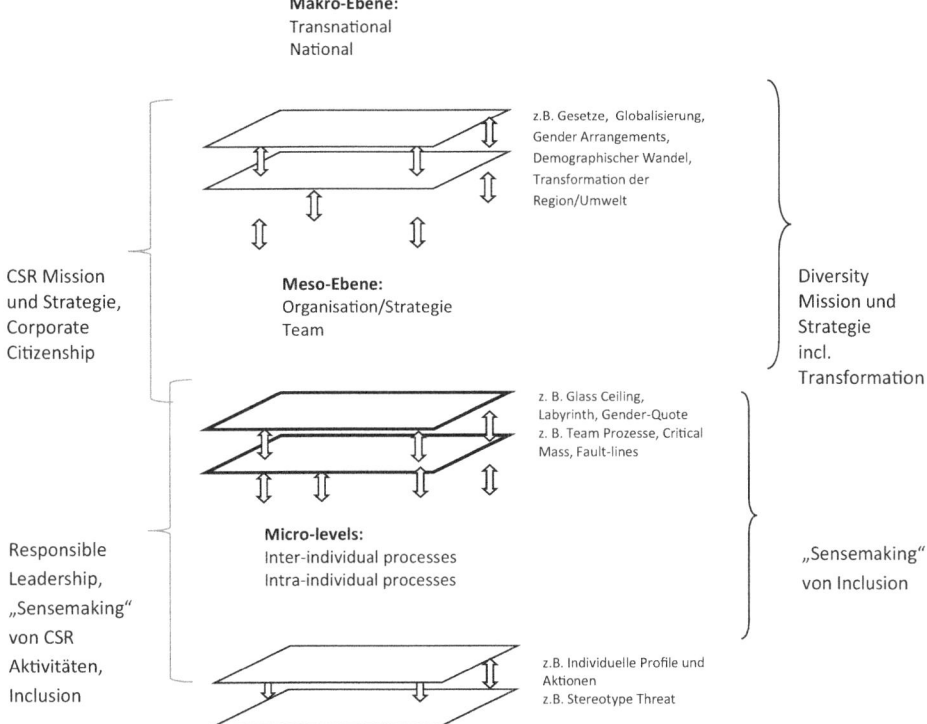

Abb. 1 Diversity als Mehrebenen-Konzept

Mitgestaltung von Normen, Corporate Citizenship) – Überlegungen Makro- und Meso-Ebene. Inclusion hingegen verbindet die Meso-Ebenen (Strategien, Strukturen, Kultur, Teamprozesse) mit der Mikro-Ebene des Handelns von Individuen und deren (De-)Konstruktionen. Dabei erfolgt auch Inclusion vor dem Hintergrund gesellschaftlicher Entwicklungen und die Grundlagen und Effekte der Diversity-Strategie auf der Mikro-Ebene sollten als „Mikro-Foundations" Beachtung finden.

Auch CSR lässt sich durch dieses Modell erfassen. Wie Siegel (2014) darlegt, hat die Erforschung der „Social Responsibility" (SR) sich lange Zeit auf die Ebene der Organisation bzw. des Unternehmens konzentriert. Er schlägt vor, SR-Forschung mit RL-Forschung zu verbinden und dies als Ansatzpunkt für „cross-level" Forschung zu nutzen (Siegel 2014, S. 221). Auch kann das Konzept der „Responsible Leadership" (RL) mit Inclusion im Rahmen des DiM verglichen werden; den es verbindet Mikro- und Meso-Ebene:

> Despite the broad domain of RL, processes associated with individuals exerting leadership influence are at its core. This makes it impossible to frame RL without considering individuals in terms of their behaviors and decisions. Although the CEO would seem to be most applicable, other organizational members might also come into play, such as other top ma-

nagement team members, board members, and so forth. Consequently, the domain of RL cannot be thoroughly considered without a focus on individuals. Stated another way, when specifically considering RL, it is not about whether organizations act responsibly, but about how individuals act and make decisions (Waldman und Balven 2014, S. 224).

Ich folge diesem Pfad und lasse mich hierbei von Stahl und Sully de Luque leiten, die „Responsible Leader Behavior" (RLB) definieren als „capacity to align the interest of various stakeholders and to integrate ethical considerations into effective decision making under various situational constraints" (Stahl and Sully de Luque 2014, S. 239). RLB bedeutet „Tue Gutes!" plus „Vermeide Schaden!" und ist konzeptualisiert „as a function of both the person and the environment in which that behaviour takes place" (Stahl and Sully de Luque, 2014, S. 239). Hierbei werden der weitere („distal") Kontext (vergleichbar mit dem Makro-Level) vom näheren („proximal") Kontext (vergleichbar mit dem Meso-Level) unterschieden. Auch der Mikro-Level ist berücksichtigt: Charakteristika der Führenden werden als Voraussetzungen („antecedents") für RLB betrachtet, die durch die Situationsstärke moderiert werden: Situationale Stärke gewährt mehr oder weniger Raum für individuelles Entscheiden und agieren. Gleichzeitig wirkt die situationale Stärke als Mediator durch das Setzen von Incentives für RLB (vgl. Stahl und Sully de Luque 2014, S. 246 f.) Hier wird deutlich, wie wichtig es ist, Effekte auf bzw. von unterschiedlichen Ebenen zu beachten.

Doh und Quigley entwickeln ein Mehr-Ebenen-Konzept für SR und RL, das gut zu meinem Modell passt. Ihre Analyse fokussiert zwei Pfade, die Effekte auf mehreren Ebenen hervorrufen (2014, S. 260 ff.) und für DiM ebenfalls bzw. gleichzeitig genutzt werden können:

1. Der psychologische Pfad, welche Vertrauen, Verantwortung („ownership") und Commitment betont,
2. der wissens-basierte Pfad, welcher auf Optionen, Kreativität, Teilen von Wissen baut.

Auch Doh und Quigley verbinden RL mit Inclusion und zeigen, dass Effekte auf einer Ebene weitere Effekte auf anderen Ebenen hervorrufen können. Sie argumentieren, dass

> ... the responsible leader creates a cascade of positive influence from the top down by being inclusive with various stakeholder groups; this inclusive, open culture is then reinforced from the bottom up as employees of the organization feel the impact of this leadership approach. Over time, [...], this culture will both be an extension of and reinforce the connections that the responsible leader has made with the broader community of stakeholders (Doh and Quigley 2014, S. 262).

Die für CSR und Diversity dargestellten „Brücken" entfalten ihre volle Kraft nur in der Gemeinsamkeit und müssen sich aus Theorien der unterschiedlichen Ebenen speisen:

> Rather than looking for the gaps in existing narrow theories or inconsistencies across theories at a single level of analysis, microfoundations motivate us to look how theories at different

levels of analysis differ in their conclusions and whether these theories relate to one another (and how they may relate) (Devinney 2013, S. 84).

So wird es möglich, die Trennung zu überwinden, die in der Literatur über CSR und über Diversity zu finden ist.

Viele in der Diversity Literatur dokumentierte Ansätze fokussieren insbesondere die Mikro- und die Meso-Ebenen. So schlagen Harrison und Klein (2007) vor, Diversity von den Individuen zu lösen und als „unit-level construct" auf der Ebene der Organisationseinheit zu untersuchen. Sie unterscheiden drei grundlegende Formen von Diversity:

- **„Separation"** als horizontale Entfernung zwischen Positionen oder Meinungen, Haltungen und Werten. Opposition wird mit dieser Kategorie erfasst. Räumliche Entfernung und Sprachbarrieren gehören ebenfalls in diese Kategorie. Hieraus ergeben sich Gefahren für Gruppenzusammenhalt und Gruppenleistung. Der Umgang mit dieser Art der Diversity konzentriert sich auf Prozesse der Meso-Ebene, die die Überwindung dieser Entfernung zum Ziel haben (z. B. Video-Konferenzen oder Sprachtraining).
Meines Erachtens muss eine CSR-orientierte Diversity-Politik hier aber bereits kritisch nach Ansätzen zur Hierarchiebildung Ausschau halten: entstehen vertikale Unterschiede durch Sprachbarrieren und unterschiedlich große Entfernungen zu den Machtzentren der Organisation? Welche Sprache dominiert in der Organisation und wird daher trainiert? Wo besteht die Gefahr, dass „Separation" in „Disparity" umschlägt?
- **„Variety"** als Unterschiede hinsichtlich Art und Zugang zu Informationen, Wissen, Erfahrungen. Funktionaler, Ausbildungs- und Erfahrungshintergrund werden mit dieser Kategorie erfasst. Hier liegen Chancen wie Kreativität, Problemlösungsqualität, Flexibilität und Innovationsfähigkeit. Allerdings können auch Konflikte hinsichtlich der Vorgehensweise bei Aufgabenerfüllung zu Reibungsverlusten führen, deren Überwindung aber gerade zu nachhaltiger Sicherung der erwähnten positiven Effekte führt. „Variety" ist die Diversity-Kategorie, die bspw. durch die McKinsey-Studien „Women Matter" fokussiert wird. Die Öffnung von männlich dominierten Organisationsbereichen für Frauen wird als Chance gesehen, einem männlich dominierten Team neue Perspektiven zu vermitteln, sofern diese Frauen denn spezifische Erfahrungen, Karrierewege und Netzwerke einbringen (können/dürfen). Es geht um kritisches Hinterfragen bisheriger Antworten, Vorgehensweisen und Lösungen, Kreativität, Reflektions- und Problemlösungsqualität, zusammenfassend als „Teaming"-Kompetenz der gesamten Gruppe beschrieben (Edmondson 2012). Hier liegt der „sweet spot" (Schmidpeter 2013, S. 16), der die verschieden Perspektiven auf CSR und Diversity in einer „Win-Win-Situation" verknüpft und den Unternehmen bzw. anderen Organisationen wichtige Innovationsfelder eröffnet. Zu betonen ist hier insbesondere die Fähigkeit dieser Organisationen durch erfolgreiche Bewältigung von Diversity-induzierten Konflikten zu lernen, neue Prozesse zu installieren und insgesamt die Systemflexibilität zu steigern.

- **"Disparity"** als vertikale Entfernung zwischen dem Besitz und Zugangsmöglichkeiten zu gesellschaftlich geschätzten Ressourcen und Assets. Einkommen, Status, Prestige Einflussmöglichkeiten werden in dieser dritten Kategorie erfasst. Hier ist der klare Bezug zur gesellschaftlichen, der Makro-Ebene erkennbar. Effekte auf der Meso-Ebene sind Verteilungskämpfe innerhalb der Einheiten bis hin zum Rückzug von Minoritäten. Gender-Arrangements in einer Gesellschaft, das Ansehen des Alters, eine Hierarchisierung ethnischer Zugehörigkeiten weisen sozialen Gruppen bestimmte Positionen an der gesellschaftlichen Wertschätzung und Teilhabe zu. In der Verknüpfung von CSR und Diversity sind diese Effekte mit ihren Rückwirkungen auf die Makro-Ebene zu betrachten, die z. B. in der Stabilisierung der gesellschaftlichen Macht- und Positions-Verhältnisse oder sogar in der Verschärfung von Positionsunterschieden und Differenzen im Ressourcenzugang bestehen können. Hierfür müssen CSR-taugliche Unternehmen Verantwortung übernehmen, vorbeugen bzw. Wiedergutmachung leisten.

Diese drei Kategorien sind in der Praxis häufig miteinander verflochten. Es müssen diese Beziehungen und ggf. sogar Interdependenzen innerhalb der gelebten Vielfalt berücksichtigt werden, um effektiv damit umzugehen (vgl. Harrison und Klein 2007; Stewart et al. 2008).

Ferner sind Kombinationen von Diversity-Dimensionen zu beachten: So betont auch Ashcraft, dass soziale Identitäten miteinander unausweichlich verknüpft sind („inevitably entangled and mutually dependent"; 2013, S. 9) und die Interpretation einer Dimension immer im Lichte der Gesamtkombination erfolgt. Wir sind niemals „nur" Frau oder Mann, und damit von ganz unterschiedlichen „ismen" (Herrschaftsverhältnissen) betroffen, auch wenn Gender als Kategorisierung häufig dominiert. Es werden heteronormative Zuweisungen mit Gender verbunden (Zweigeschlechtlichkeit, Legitimität von heterosexuellen Paarbeziehungen, vgl. Winker und Degele 2010, S. 46), deren Verletzung sanktioniert wird. Uns wird gleichzeitig ein bestimmter gesellschaftlicher Status zugeordnet (Klasse, Schicht, Milieu), über den wir als mit spezifischen Ressourcen (ökonomisches, kulturelles, soziales Kapital; vgl. Bourdieu 1982/1987) versorgt gelten, es faktisch häufig auch sind – oder eben auch und gerade nicht. Herrschaftsverhältnisse auf dieser Basis werden als „Klassismen" bezeichnet und durch Rekurs auf persönlich zurechenbare Leistungen legitimiert (vgl. Winker und Degele 2010, S. 44) In den USA und U.K. wird der Rasse als weiterer, involvierter Dimension eine besondere Bedeutung zugemessen. In Deutschland kommt der Migration ein sehr hohes Gewicht zu und diese kann damit als dritte Strukturkategorie aufgefasst werden, mit der „Rassismen" verbunden sind, die mit Rekurs auf Naturhaftigkeit legitimiert werden (vgl. Winker und Degele 2010, S. 49).

„Körper" (Alter, körperliche Verfasstheit, Gesundheit und Attraktivität) wird als vierte Strukturkategorie von Winker und Degele (2010) vorgeschlagen. „Körper" wird als gestaltbar angesehen. „Gesundheit gilt nicht mehr als göttliche Gabe, sondern als durch individuelle Lebensführung erlangbares Gut. Körper sind unter Optimierungszwänge gefallen, hier schlägt das Leistungsprinzip durch wie sonst nur bei Klasse." (Winker und Degele 2010, S. 49) Die Kategorie „Körper" hat mit ihrer Sichtbarkeit Signalwirkung.

„Denn wenn sich Status und Prestige an Körpern ablesen lassen, dient dies auch der raschen und einfachen Sortierung des gesellschaftlichen Personals. Gesellschaftlich relevant sind dabei vor allem Abweichungen von einer wie auch immer konstruierten Norm." (Winker und Degele 2010, S. 50) Körperbezogene hierarchische Verhältnisse werden von den Autorinnnen mit der Bezeichnung „Bodyismen" belegt.

Mit dem Ansatz der „Intersektionalität", der in den USA bereits vor über 30 Jahren durch Crenshaw entwickelt wurde (1989, 1991), nimmt Diversity die Kombination dieser Strukturmerkmale in den Blick. Von Crenshaw wurde die Metapher der Wegeskreuzung eingeführt als eines Ortes, an dem Subordinationsprozesse stattfinden (1989, 1991).[13] An diesen Kreuzungen wird in gesellschaftlichen Aushandlungsprozessen ein jeweils spezifischer Kontext hergestellt. Sie weisen ein unterschiedliches Gefährdungspotenzial auf; es gelten sehr unterschiedliche Verkehrsregeln und es stehen ebenfalls unterschiedliche Ressourcen zur Verfügung. Dies heißt aber auch, dass einzelne Diversity-Dimensionen durchkreuzt und somit quasi gebrochen werden durch andere Merkmale, die mit ihnen eine (unauflösbare) Kombination eingehen. So lässt sich die Situation einer arbeitslosen und illegal im Lande befindlichen Migrantin kaum mit der Situation einer, gleichwohl diskriminierten, Vorstandsfrau in einer gefährdeten „Glass Cliff"-Position (Ryan und Haslam 2007) vergleichen. Dennoch stellt sich die Situation beider anders dar als die von Männern in gleichen Umständen. Die Verbindung von Beruf bzw. beruflichem Status und anderen sozialen Identitäten bezeichnet Ashcraft als „Glass Slipper", den wir unweigerlich tragen, auch wenn er drückt (2013).

Ashcrafts Ausgangspunkt zum Verständnis der „Glass Slipper"-Situation sind verkörperte soziale Identitäten („embodied social identities", 2013, S. 9) als soziale Konstruktionen, die zu schnellen Kategorisierungen von Menschengruppe führen und in Prozessen des Alltagslebens – wie zuschreiben, ausleben, widerstehen, verändern u. a. – verhandelt werden. Bei der Betrachtung von Berufen und deren gesellschaftlicher Einordnung geht es dann nicht mehr darum, was dort gearbeitet wird und welche Anforderungen damit verbunden sind, sondern darum, wer diese Arbeit üblicherweise ausübt, wer diese Berufe ergreift: „At issue here is, who actually does the work or, more exactly, which socially coded bodies (e. g. women or men, white or Latino/a)." (Ashcraft 2013, S. 8) Damit erhalten Berufe ihrerseits soziale Identitäten. Es geht also nicht nur um die Frage, wer tut was, sondern auch um die Frage, mit wem eine Tätigkeit üblicherweise verbunden bzw. durch wen erfolgreich ausgeübt angesehen wird (ebd., S. 15). Exklusion gesellschaftlich unterlegener sozialer Identitätsgruppen rückt damit in das Blickfeld:

> …, we can say that occupational identity evolves through alignment with and *distance from* embodied social identities. That is, ostensibly *excluded* embodied social identities are actually *included* as the silent Other, the foil against which an occupation becomes a profession (ebd., S. 17).

---

[13] Vgl. die kritische Auseinandersetzung damit bei Walgenbach (2012a, 2012b), die den Vorschlag interdependenter Kategorien entwickelt. Hier werden also gesamte Straßenverläufe oder sogar Stadtviertel betrachtet statt allein auf die Kreuzung zu fokussieren.

Dabei werden Professionen den Bedürfnissen und Stärken der dominanten Gruppe angepasst:

> Hence, the easy occupational fit enjoyed by certain embodied social identities is a manufactured match. There is nothing natural about slipping comfortably into a shoe designed exclusively for your foot (ebd., S. 17).

Ashcraft illustriert ihr Modell am Beispiel der Flugpiloten in den USA (2013, S. 22), in der „ladybirds" den Status von Piloten bedrohten, mit der Konsequenz, dass das Berufsbild „Pilot" strategisch umgestaltet, technischer geprägt wurde und gleichzeitig die Frauen aus dem Cockpit in die Kabinen und in dienende Funktion gedrängt wurden.

Mit dem „Glass Slipper"-Ansatz und der hier beleuchteten Schlacht um die soziale Konstruktion von Berufsidentitäten („social construction battle over the work-body relation"; Ashcraft 2013, S. 22) lassen sich Arbeitsmarktsegregationen erklären und z. B. auch die hohe emotionale Aufladung von Quotendiskussionen in Deutschland: Wenn in einer Gesellschaft mit hierarchisierten Geschlechterverhältnissen traditionell ausschließlich mit Männern besetzte Berufe oder Positionen (Militär, Vorstände und Aufsichtsräte) durch gesetzliche Quoten für Frauen geöffnet werden, wird die Angst vor gesellschaftlicher Abwertung massiv mobilisiert – bei den bislang privilegierten Männern und ebenso bei den Frauen, die hoffen selber als eine der wenigen Frauen Zugang zu diesen exklusiven und gesellschaftlich hochgeachteten Bereichen zu erhalten. Denn mit einer gesetzlichen Öffnung ist der Exklusivitätsanspruch des Feldes substantiell gefährdet. „Quotenfrauen" in größerer Zahl könnten einen Feminisierungsprozess in Vorständen und Aufsichtsräten einläuten, die dadurch generell an Wert verlieren. Die harte Diskussion um eine gesetzlich verankerte Geschlechterquote kann damit als Kampf um soziale Privilegien verstanden werden, der über die Konstruktion und Kontrolle von Professionsidentitäten ausgetragen wird, die ihrerseits bei der privilegierten Gruppe verbleiben muss.[14] Mitglieder anderer Identitätsgruppen im Sonderfall und freiwillig zuzulassen, wäre unschädlich, da die Definitionsmacht bei der dominanten Gruppe verbliebe. Wenn allerdings eine Quote gesetzlich vorgegeben wird und sich in der Folge als „unschädlich" für die Performance erweist[15], die ja, wie oben dargelegt, eine wesentliche Legitimationsgrundlage für Statuszuweisungen darstellt, werden die tradierten Professionsidentitäten sehr grundsätzlich in Frage gestellt und damit auch die gesellschaftliche Position und Herausgehobenheit der traditionell üblichen („normalen") Stelleninhaber.

Die Perspektive der Intersektionalität wurde erst mit großer zeitlicher Verzögerung aus den USA kommend in Deutschland aufgegriffen. In der Literatur werden vor allem Klinger und Knapp als Rezipientinnen dieser „traveling theory" an herausgehobener Stelle genannt und Parallelen zu Lenzens Theorie der dreifachen Vergesellschaftung gezogen

---

[14] Vgl. hierzu die Argumentation und die Forschungsregebnisse für Deutschland in Buehrmann et al. (2015).
[15] Vgl. hierzu die langanhaltende Diskussion um „Women on Boards" in Norwegen. Dargestellt z. B. in Machold et al. (2013).

(vgl. Lorey 2008; Walgenbach 2012a, 2012b; Buche und Gottburgsen 2012). Der Ansatz wird seither intensiv und auch sehr kritisch diskutiert. Walgenbach et al. (2012) setzen Intersektionalität aus einer integralen Perspektive der Interdependenz dezidiert als Gegenentwurf zu „wettbewerbsorientierten *Diversity-Management-Ansätzen*, innerhalb derer Fragen der Gerechtigkeit und Chancengleichheit nicht mehr gestellt werden" (Dietze et al. 2012, S. 11). Sie stellen ihrerseits hingegen die Frage, „inwiefern die *Gender Studies* im deutschsprachigen Raum eine privilegierte Sprecher_innenposition für vor allem weiße Stimmen ist …" (ebd., S. 21)

Knapp konstatiert hinsichtlich des Standes der theoretischen und methodologischen Auseinandersetzung um Intersektionalität kürzlich, es scheine sich

> … ein Konsens herauszubilden, wonach beides, die Definition der Eigenständigkeit bzw. Eigentümlichkeit der jeweiligen Verhältnisbestimmungen von Geschlecht, Klasse, Ethnizität usw. und die Bestimmung ihres Zusammenhangs zugleich erfolgen soll (Knapp 2011, S. 79).

Ich denke, Diversity-Forschung und Gender-Forschung sind gut beraten, diese Diskussion aufzunehmen und sie, aber auch ihre eigenen Argumentationslinien, kritisch zu reflektieren.

Vorschlag zur Beziehungsklärung In der Debatte um Diversity finden sich viele tragfähige Ansatzpunkte zur Verknüpfung mit CSR. Diversity kann von einem CSR-Verständnis profitieren, dass „Business Case" und „Social Case" miteinander verknüpft. Für CSR kann der Ansatz der Intersektionalität konzeptionell bereichernd wirken und innovative CSR-Strategien anregen. CSR und Diversity können sinnvoll durch ein Mehr-Ebenen-Modell erfasst und auf Gemeinsamkeiten, Konflikte und Synergien hin untersucht werden.

3 Umgang mit Diversity

Der Gebrauch des Labels „Diversity Management" legt nahe, den Umgang mit Diversity als Management-Tool zu interpretieren. Diversity Management umfasst dann die Gesamtheit der Maßnahmen, die zu einem Wandel der Unternehmenskultur führen, in der Diversity anerkannt, wertgeschätzt und als positiver Beitrag zum Erfolg eines Unternehmens genutzt wird (vgl. Cox und Blake 1991). Für die Personalführung bedeutet dies, die Fähigkeiten der unterschiedlichen Mitarbeitenden so zu entwickeln, dass sie ihre Leistung in der Verfolgung der Unternehmensziele erbringen können, ohne dabei durch Geschlecht, Alter, ethnische Zugehörigkeit etc. behindert zu werden oder sich in interpersonellen Kämpfen zu verlieren. Sie sollen vielmehr Unterschiede in Erfahrungen, Sichtweisen oder auch Kenntnissen, Fähigkeiten und Kontakten Nutzen stiftend in das Unternehmen einbringen, damit dieses Vielfalt als Ressource nutzen kann (vgl. Aretz und Hansen 2002). Dabei kann die Haltung der Unternehmen bzw. der Organisationen und ihres Managements durch sehr unterschiedliche Legitimationen eines gezielten Umganges mit Diversity getragen werden, die Diversity und CSR näher zueinander rücken oder aber voneinander trennen.

Nach Thomas und Ely lässt sich das Spektrum dieser Haltungen in drei Paradigmen des Diversity Managements strukturieren (Thomas und Ely 1996; Ely und Thomas 2001), welche zu sehr unterschiedlichen Effekten auf die Mitarbeitenden und das Unternehmen insgesamt führen. Diese Ansätze werden im folgenden Abschnitt kurz dargestellt und kritisch im Hinblick auf den Zusammenhang zwischen CSR und Diversity diskutiert.[16]

3.1 „Fairness and Discrimination Approach"

Motivierend wirken in diesem Ansatz gesetzliche Rahmenbedingungen (instrumentales Commitment) und gesellschaftliche Forderungen, denen die Organisationen aus ethischen oder strategischen Gründen folgen (instrumentales und normatives Commitment). Es werden Problemfelder für mögliche Diskriminierungen identifiziert, benannt und einer Konfliktbewältigung unterzogen. So werden Angehörige rassischer oder kultureller Minderheiten, Frauen und Menschen mit Behinderungen im Unternehmen bspw. in Höhe einer politisch korrekten Quote repräsentiert – und präsentiert („biased" Transparenz, vgl. Abschn. 1.1). Doch sie sind nicht wirklich integriert. Die bekannte „Gläserne Decke" (Morisson et al. 1987) ist ein ebenso bekannter Effekt wie der starke Assimilationsdruck, der auf Personen in Minderheitspositionen ausgeübt wird, solange das Unternehmen im Rahmen des „Fairness and Discrimination Approach" agiert.

An dieser Stelle lässt sich auch das Phänomen des „Glass Cliffs" verorten: In Anlehnung an die Metaphern der gläsernen Decke, die Frauen mit subtilen und daher schwer erkennbaren Diskriminierungsmechanismen von Top-Positionen fernhält, und des gläsernen Aufzugs, der Männer in Organisationen mit hohem Frauenanteil an diesen vorbei in der Hierarchie besonders schnell hinaufträgt (Williams 1992) entwickeln Ryan und Haslam die Metapher des „Glass Cliffs" (2007). Als Glass Cliff bezeichnen sie nur scheinbar attraktive, in Wirklichkeit aber prekäre Führungspositionen, die mit einem besonderen Risiko des Scheiterns verbunden sind und Frauen als ein Bestandteil von Fördermaßnahmen (z. B. im Rahmen von Diversity Management) eröffnet werden.

> At the same time, by appearing to support women but actually giving them inferior positions with limited opportunities for development, those in power can deny charges of overt discrimination while ensuring that any change does not dramatically challenge the gender-based status hierarchy or rock the organizational boat too hard (Ryan und Haslam 2007, S. 558).

Gläsern sind diese Situationen auch, weil die Positionsinhaber_innen sehr sichtbar sind für Kommentator_innen der Situation, wie auch für andere Frauen. Die Gefahr des Glass Cliffs besteht nicht nur darin, dass Frauen mit riskanten Führungspositionen betraut werden, sondern auch darin, dass sie bei ihrem sehr sichtbaren Absturz vom Cliff stärker als männliche Führungskräfte mit negativen Konsequenzen unter anderem in Form von

---

[16] Ein weiterer Ansatz („Inclusive & transformative") wird von Buehrmann in ihrem Beitrag zu diesem Band dargestellt.

Kritik und Schuldzuweisungen konfrontiert sind und die Beobachtung dieser Konsequenzen andere Frauen vom Einstieg in Top-Positionen abhalten. Hierdurch lässt sich bspw. die Abneigung insbesondere jüngerer qualifizierter Frauen vor der Situation der „Quotenfrau" erklären. In diesem Sinne stellen Glass Cliffs eine zweite, subtile Diskriminierungsschwelle über der gläsernen Decke dar, die bestehende Machtverhältnisse schützt und stabilisiert.

Das Unternehmen öffnet sich neuen Denk- und Handlungsweisen nicht wirklich (defensive Haltung, vgl. Abschn. 1.1), verliert Potenzialträgerinnen bzw. – träger, die mehr oder weniger schnell feststellen, dass sie sich nicht wirklich effektiv einbringen können. Die Organisationen, die diesem Ansatz folgen, vergeben damit wertvolle Lernchancen für alle Beteiligten. Dennoch ist als positiver Effekt festzuhalten, dass Minoritäten auf interne Positionen zugelassen werden, vorzeigbare Programme etabliert werden und ein „politisch korrekter" Ton herrscht. Dies kann ein erster Schritt sein, kann insgesamt aber nicht befriedigen; denn diese Akteur_innen haben nicht die Chance, im beruflichen Alltag wirklich authentisch zu handeln und sind daher in ihrer persönlichen und beruflichen Weiterentwicklung behindert (Roberts 2005).

Diversity wird nicht wirklich als wertschätzende Grundhaltung in den Organisationszielen verankert, weist weder strategische noch interne Konsistenz auf und kann auch kein Bestandteil der Organisationskultur werden. Daher ist immer wieder mit aufbrechenden Widerständen aus den dominanten Gruppen zu rechnen. Dies belegt bspw. die Forschung von Chatman und O'Reilly, die bzgl. der Gender-Dimension feststellen, dass männliche Fachkräfte eine Tendenz zur (Wieder-)Herstellung männlich dominierten Strukturen in den Unternehmen aufwiesen:

> Men were more eager to remain members of homogeneous or male-dominated groups and also most eager to leave balanced and female-dominated groups – that is, they were more eager to leave their work groups as the proportions of women in their groups increased (2004, S. 202).

Die Verschleierung von Machtverhältnissen im Fairness & Discrimination-Paradigma und die dort häufig anzutreffende „colour-blind ideology" (Ely und Thomas 2001, S. 256) führen dazu, dass den Mitgliedern der Minoritäten-Gruppe zweideutige Signale übermittelt werden, in denen diese Zugehörigkeit einerseits als unproblematisch dargestellt wird, andererseits aber mehr oder weniger subtil Anpassungsleistungen gefordert werden. Das Class Cliff stellt quasi die Spitze dieses Eisberges dar.

Zwischenfazit: Mit CSR im Sinne der substanziellen Definition verbindet dieser Ansatz des Diversity Managements wenig. Denn CSR geht deutlich über die gesetzlichen Anforderungen hinaus, zielt auf volle Integration benachteiligter Gruppen ab, will und muss negativen Auswirkungen unternehmerischen Handelns auf Mitglieder dieser Gruppen vorbeugen und sie selbst zu Akteur_innen machen. Beim Einsatz des Analyseschemas zeigt sich, dass eine Tendenz zur kollektivistischen Identitätsorientierung erkennbar wird, gekoppelt mit kognitiv hergestellter Legitimität, Betonung der gesetzlichen Rechtfertigung, defensiver Haltung und sowohl strategischer als auch interner Inkonsistenz. Es zeigt sich hier eine Ansammlung von Faktoren, die gegen nachhaltigen Erfolg sprechen.

3.2 „Access and Legitimacy Approach"

Als zweites Paradigma im Umgang mit personeller Vielfalt entwickelte sich der „Access and Legitimacy Approach" auf der Grundlage einer am Markt orientierten Sichtweise. Nicht die Soziodemographie, sondern die spezifische marktabhängige Demographie wird hier zu spiegeln versucht. Die Leitidee ist, in Entwicklung, Produktion und Marketing über die Nähe von Mitarbeitenden und Kunden oder sogar die Gleichartigkeit beider hinsichtlich einzelner Dimensionen, Märkte zu erschließen und Marktanteile zu sichern Der Kundenkreis soll seine Spiegelung im Mitarbeiterkreis finden. Es wird erwartet, dass dieser Mitarbeiterkreis auf Basis des „Fits" geeignete Ideen entwickeln wird, um den Markt zu öffnen und erfolgreich zu bearbeiten. Es wird davon ausgegangen, dass soziale Nähe im Kundenkontakt einen Erfolgsfaktor darstellt (Ökonomische Rechtfertigung, relationale Identitätsorientierung). Gleichzeitig soll die Legitimitätsgrundlage der unternehmerischen Aktivitäten durch eine divers zusammengesetzte Mitarbeiter_innenschaft gestärkt werden. Dies lässt sich als pragmatischer Ansatz charakterisieren (vgl. Abschn. 1.1).

So wird z. B. argumentiert, dass Frauen mit ihrem Einfluss auf Kaufentscheidungen ein wichtiges Potenzial für Unternehmen darstellen, das gezielt erschlossen werden muss, um seine volle Wirksamkeit zu entfalten. Diese Erkenntnis wurde in den USA bereits frühzeitig von Popcorn und Marigold wie folgt auf den Punkt gebracht:

> Sehen wir den Tatsachen ins Gesicht: Schwämmen wir noch im lauen Badewasser der 1950er und Frauen bildeten lediglich eine kleinen Teil der Ökonomie, würde sich niemand darum kümmern. Doch wir leben im nächsten Jahrhundert und Frauen sind die beherrschende wirtschaftliche Kraft im Land .... Die Macht, die von dieser Gruppe ausgeht, ist spannend ... (Popcorn und Marigold 2001, S. 18).

Entsprechend kann hinsichtlich der „Silvermarkets" räsoniert werden und auch Ethnomarketing und Queer-Marketing können hier verortet werden. Eine moderne Variante repräsentiert L'Oreal:

> Als bei L'Oreal die Spannungen zwischen globalen und lokalen Anforderungen zunahmen, entschärfte das Unternehmen die Probleme, indem es Fachkräfte mit multikulturellem Hintergrund für die Produktentwicklung einstellte, die wichtigste Quelle für Wettbewerbsvorteile (Hong und Doz 2013, S. 40).

Diese multikulturellen Mitarbeitenden nehmen fünf, aus Unternehmenssicht entscheidende Funktionen wahr:

- Chancen für neue Produkte erkennen,
- Übersetzungsfehler verhindern,
- Außenseiter integrieren,
- Zwischen Entscheidern vermitteln,
- Gegensätze überbrücken (Hong und Doz 2013, 43 f.).

Das Unternehmen geht hier über den ethnozentrischen Ansatz des A&L Ansatzes hinaus und nutzt die Fähigkeiten der Mitarbeitenden, um in globalen Netzwerken komplexes Wissen verschiedener Kulturen zu teilen.

Diversity orientiert sich in diesem Ansatz durchaus an Stakeholdern und bezieht diese ggf. in die Gestaltung von Produkten, Dienstleistungen und des Marketing ein. Entscheidend für das unternehmerische Interesse an einer Identitätsgruppe ist aber nicht etwa deren soziale Bedürfnislage sondern sind vielmehr deren Kaufkraft und damit ihre Marktrelevanz. Insofern lässt sich über den „Shared Value"-Gedanken ein strategisch verankertes Diversity Management nach dem „Access-and Legitimacy"-Ansatz (strategische Konsistenz) in die Nähe von CSR rücken. Marktanreize zu nutzen und sogar zu stärken zählt auch zu den CSR-Aktivitätsfeldern der EU, wie oben dargestellt wurde. Allerdings sind auch die Grenzen dieses Diversity-Ansatzes klar aufzuzeigen und kritisch zu betrachten. So ist Devinney zu zitieren, der hinsichtlich CSR feststellt:

> ..., corporations are not representative of the society at large. For lack of a better analogy, corporations are urban upper middle class. They do not represent the poor and disadvantaged of a society, nor do they represent the geographic spread of a society (Devinney 2009, S. 51).

Und dies gilt auch hinsichtlich eines Umgangs mit Diversity, der proklamiert, ein Spiegel der Welt sein zu wollen, tatsächlich aber nur ein Spiegel der Märkte ist.

Problematisch an diesem Ansatz ist vor allem, dass er zur Stereotypisierung einlädt, da Mitarbeitende auf ihre Zugehörigkeit zu einer bestimmten sozialen Gruppe reduziert und „gruppentypische" Einstellungen und Verhaltensweisen erwartet bzw. gefordert werden. Die Diversität, die in den Menschen, ihrer facettenreichen Persönlichkeit und ihren unterschiedlichen Rollen und Funktionen liegt, wird hier ignoriert bzw. geleugnet. Der Wert „diverser" Mitarbeitender für das Unternehmen liegt hier in erster Linie in ihrer Zugehörigkeit zu einer sozialen Gruppe, die damit nach wie vor dominantes Merkmal bleibt. Komplexe Gleichheit (Walzer 2000, S. 195) wird in diesem Ansatz nicht erreicht sondern vielmehr durch die Betonung des dominanten Merkmals in ihrer Entwicklung behindert.

Mitarbeitende aus Minoritäten sind nicht wirklich akzeptiert, sondern werden in diesem Ansatz lediglich funktionalisiert. Gleichzeitig wird ihnen die Verantwortung für die Bedürfnisbefriedigung der Kunden, deren Gruppe sie zugeordnet werden, einseitig zugeschoben oder sie werden für bestimmte wünschenswerte Effekte innerhalb der Organisation verantwortlich gemacht. Wie sie damit umgehen, bleibt ihnen selbst überlassen (provisorische Haltung, interne Inkonsistenz; vgl. Abschn. 1.1).

In deutschen Unternehmen finden wir diesen Ansatz auf der Genderdimension bzw. dann, wenn die Notwendigkeit der Beschäftigung von Frauen in technischen Bereichen mit einer „Klima-Verbesserung" begründet wird (Hansen und Goos 1997). Dies setzt Frauen unter den Druck, nicht nur fachlich erfolgreich zu sein, sondern sich auch weiblichen Stereotypen entsprechend zu verhalten. „Frauen in männerdominierten Umfeldern sind mit den Weiblichkeitserwartungen dieser Kollegen konfrontiert, ebenso wie mit den – möglicherweise anders gelagerten – Weiblichkeitserwartungen der Kolle*ginnen*." (Müller

2002, S. 7) Die Organisation kann sich ihrer Verantwortung entziehen und lernt auch nur bedingt. Die nachhaltige Tragfähigkeit dieses Konzeptes ist somit in Zweifel zu stellen.

Dennoch ist auch hier als Positivum festzuhalten, dass Minoritäten in einem größeren Umfang zu attraktiven Positionen vor allem im Marketing, aber auch in der Produktentwicklung zugelassen sind, als es in Unternehmen der Fall ist, die Diversity gar nicht zu ihrem Thema gemacht haben. Auf der anderen Seite entgehen diese Positionen der dominanten Gruppe, woraus sich Widerstände ergeben können, die vor allem dann das Konzept des Diversity Managements gefährden können, wenn die zuvor erwarteten, positiven Effekte nicht oder in geringerem Maße realisiert werden. Boone et al. zeigen, dass in den Niederlanden zuvor divers zusammen gesetzte Top Management Teams „die Reihen schließen", wenn die Unternehmensumwelt komplexer wird und der Druck auf das Unternehmen steigt. Wenn diesen Teams die Möglichkeit dazu gegeben wird, nimmt die Ähnlichkeitsselektion zu und „dissimilar" Manager verlassen das Team (vgl. Boone et al. 2004). Derartige Tendenzen sind mit einem CSR-Verständnis, wie es diesem Buch zu Grunde liegt, nicht zu vereinbaren.

Zwischenfazit Der marktorientierte Diversity-Ansatz ist durch CSR im hier verstandenen Sinne von der Substanz her nicht abgedeckt. Der Einsatz des Analyseschemas zeigt, dass das Profil durch relationale Identitätsorientierung an Kundengruppen, durch pragmatische Legitimität in Verbindung mit ökonomischer Rechtfertigung und provisorischer Haltung gekennzeichnet ist. Der M&A-Ansatz basiert eindeutig auf instrumentalem Commitment, ist strategisch konsistent aber in sich inkonsistent.

„Learning and Effectiveness Approach"
Im Rahmen des „Learning and Effectiveness Approach" wird Diversity Management als ganzheitliches organisationales Lernen interpretiert. In diesem Konzept wird Raum geschaffen, in dem jeder Mitarbeitende individuelle Kenntnisse und Erfahrungen, seine oder ihre Persönlichkeit mit deren sozialen und kulturellen Bezügen in die Organisation einbringen kann und soll. Es soll erreicht werden, dass Mitarbeitende ihre Eigenart und Eigenständigkeit nicht Homogenisierungs-Strategien unterwerfen, sondern vielmehr Diversity in ihrem Verhalten und in ihren Entscheidungen auch am Arbeitsplatz produktiv einsetzen. Gesellschaftlichen Hierarchien von Identitätsgruppen soll hier bewusst und gezielt entgegengewirkt werden. Dafür hat sich heute auch in Deutschland der Begriff der „Inclusion", häufig bewusst in der amerikanischen Schreibweise (vgl. hierzu den Beitrag von Bosten in diesem Band) durchgesetzt. Inclusion lässt sich nicht managen wie z. B. ein Projekt. Es wird vielmehr ein ganzheitlicher Wandlungsprozess der Organisation und insbesondere ihrer Kultur benötigt. In jüngster Zeit wird daher von der Benennung dieses Prozesses mit „Diversity Management" zunehmend abgerückt.

Im L&E-Ansatz wird Minoritäten eine Stimme gegeben; jede Person erhält die Chance, „sich selbst auszudrücken, also zu *zeigen,* in welcher Weise sie von dem kategorialen Mittelwert des Stereotyps (,typisch Mann, typisch Amerikaner, typisch Schwarzer' usw.) abweicht" (Gebert 2004, S. 424). „Decategorization" nennt *Roberts* diese individuelle

Strategie, welche „personal uniqueness" hervorhebt und die Gefahr der Abwertung durch negative Stereotype reduziert (2005, S. 696 f.) Als alternative Strategie zur Dekategorisierung identifiziert sie „Integration", welche die positiven Charakteristika der Identitätsgruppe betont, „… challenging others' simplistic or negative stereotypes of that group" (Roberts 2005, S. 696). Beide „Bottom-up-Tactics" können dem hier betrachteten, „Learning and Effectiveness Approach" zugerechnet werden, in welchem alle Organisationsmitglieder gefordert sind, sich umfassend zu äußern, die Rahmenbedingungen ihres Handelns kritisch zu reflektieren und zu gestalten, denn nur dann lernt die Organisation ihre Effektivität in einer komplexen Umwelt zu verbessern.

Inclusion stellt sich nicht selbsttätig ein. Sie ist das Ergebnis gezielten und systematischen Umgangs mit Diversity. Insbesondere muss eine positive Haltung zum notwendig steigenden Ausmaß der Komplexität im Unternehmen vorliegen bzw. immer wieder hergestellt werden. Hier findet sich eine große Nähe zum Ansatz der CSR als Organisationsreform. Inclusion kann nur unter Beachtung der gesellschaftlichen (Makro-)Ebene, der betrieblichen bzw. organisatorischen (Meso-)Ebene und der Ebene der Individuen (der Mikro-Ebene) erfolgreich sein, wobei die Veränderung der Meso-Ebene sicherlich das kritischste Unterfangen darstellt. In der aktuellen internationalen Forschung wird Diversity auf der Teamebene daher mit besonderer Aufmerksamkeit betrachtet (vgl. bspw. Nederveen Pieterse et al. 2013; Edmondson 2012; Harrison und Klein 2007; aber auch bereits DiStefano und Maznewski 2000) und Gebert konstatiert:

> Der Hebel zum Unterlaufen negativer Stereotypisierungen auf der Basis von diversity liegt damit letztlich in der Entwicklung der Norm „diversity ist erwünscht". Kann man in einem Team diese Norm freisetzen, so erweist sich demographische diversity im Prinzip als ein Gewinn (Gebert 2004, S. 424).

Hier wird deutlich auf Sinngebungsprozesse verwiesen.

Insbesondere wird der Identifikation mit dem Team (Bacharach et al. 2005) und der Entwicklung eines Klimas der Unterstützung zum Aufbau positiver Beziehungen innerhalb divers zusammengesetzter Gruppen eine besondere Bedeutung zugemessen. Dies gilt vor allem dann, wenn diese Gruppen durch demographische Bruchstellen („faultlines", vgl. insbesondere Lau und Murnighan 2005) in Subgruppen zerfallen, zwischen denen Synergien nicht genutzt und innerhalb derer Vorurteile eher gepflegt als abgebaut werden. So tendieren bspw. Studierende dazu, Diversity-geprägte Situationen zu umgehen, wobei diese soziale Gruppe noch die größte Offenheit erwarten lässt (Avery und Thomas 2004). In Unternehmen, in denen ein Ausweichen nicht oder nur schwer möglich ist, können Spannungen, Konflikte und eine zumindest zeitweise reduzierte Produktivität mit ansteigender Diversity verbunden sein (Aretz und Hansen 2003a, 2003b; Gebert 2004; Lau und Murnighan 2005; Bacharach et al. 2005).

Gruppenprozesse in kulturell divers zusammengesetzten Teams werden seit einigen Jahren intensiv durch Forschende der Erasmus Universität Rotterdam untersucht. Dort wurde das CEM (Categorization-Elaboration-Model) entwickelt (Knippenberg et al. 2004). In einer neuen Studie (vgl. Nederveen Pieterse et al. 2013) wird gezeigt, dass die

„information elaboration", also der Austausch, die Diskussion und Integration aufgabenrelevanter Informationen und Perspektiven (vgl. ebd. S. 782) und die damit verbundene Anerkennung von Diversity als Ressource den Erfolg von kulturell divers zusammengesetzten Teams entscheidend moderiert. Gleichzeitig zeigen die Forscher_innen, dass der Erfolg dann größer ist, wenn das Teamklima durch hohe Orientierung an der Weiterentwicklung von Wissen und Fähigkeiten bzw. am Erwerb zusätzlicher Kenntnisse und durch niedrige vermeidungsbetonte Leistungsorientierung geprägt ist, dies im Sinne der dominanten Orientierung an der Vermeidung von Situationen, die die Person selber vergleichsweise inkompetent erscheinen lassen (ebd., S. 784 f., 796 f.). Dies kann einerseits durch die Auswahl entsprechend orientierter Teammitglieder gefördert werden. Anderseits können und sollen diese Orientierungen durch den Kontext beeinflusst werden. Basierend auf dem CEM kann damit die Bedeutung der Führung divers zusammengesetzter Teams belegt werden und die entscheidende Rolle einer als psychologisch sicher empfundenen Arbeitssituation, in der Fehler als Chancen zum Lernen gewertet, nicht aber bestraft werden (vgl. Nederveen Pieterse et al. 2013, S. 789).

Eine Haltung aufrechtzuerhalten, die Vielfalt wertschätzt und synergetisch nutzt, verlangt also einen fruchtbaren Umgang mit Spannungen, die aus der Vielfalt und auch Gegensätzlichkeit von Einstellungen, Erfahrungen und Handlungen erwachsen. Um diese Spannungen produktiv zu überwinden, bedarf es eines systematischen Umgangs mit Diversity:

> That is, our findings suggest that organizations focusing on encouraging peer support and helping as a diversity tool may more successfully facilitate the emergence of supportive intergroup relations than organizations simply seeking to increase opportunities for intergroup contact (Bacharach et al. 2005, S. 635).

DiStefano und Maznevski schlagen hierzu einen Prozess mit den drei Schritten des „Map, Bridge, Integrate" (2000, S. 48; vgl. auch Lane und Maznevski 2014, S. 71 ff.) vor. Kreative Teams werden aufgefordert, sich zunächst der Diversität innerhalb der Gruppe und der Bedeutung dieser Diversität für Gruppenprozesse und Arbeitsergebnisse bewusst zu werden. Die Überbrückung der Unterschiede erfolgt in komplexen Kommunikations- und Aushandlungsprozessen, die eine ausreichende Motivationsbasis erfordern und das Zutrauen, Schwierigkeiten überwinden zu können. Die Kommunikationsprozesse orientieren sich am Prinzip der Inclusion:

> To decenter, members of the team take what they know about each other's differences from mapping and apply it to adapt their own behavior and thinking. They change their conversation style and adapt their interaction behaviors according to the culture of the people they're working with (DiStefano und Maznewski 2000, S. 51).

Gleichzeitig werden spontane Beurteilungen, die schnell in Verurteilungen des „Anderen" abgleiten können, bewusst ausgesetzt und durch ebenso bewussten Perspektivenwechsel abgelöst. Hierzu werden im Team Spielregeln verabredet. Darauf basiert dann der Schritt des Integrierens, das Partizipation sichert, Missverständnisse und Konflikte löst und die Weiterentwicklung von Ideen und Lösungen ermöglicht.

Insbesondere im Schritt des Bridging finden sich Parallelen zur „Ethic of Care" (vgl. Lawrence und Maitlis 2012), die als soziale Praktiken in Kommunikationsprozessen ausgelebt wird, welche sich an den konkreten Bedürfnissen der beteiligten Menschen und ihrer individuellen Entwicklung orientieren, und die durch Emotionen getragen wird, die in diesen Prozessen entstehen: „Care involves attending to other's struggles and helping those we care for manage, cope with, and overcome them" (Lawrence und Maitlis 2012, S. 646). Auch hier wird den diskursiven Praktiken in Teams besondere Bedeutung zugemessen.

Vorschlag zur Beziehungsklärung Das MBI-Konzept und insgesamt der „L&E"-Ansatz weisen eine deutliche Nähe zu CSR als Organisationsreform auf. Ein „Shared Value" ist klar erkennbar und liegt in der Gestaltung einer Arbeitssituation, die Gegensätze und Ausgrenzung überwindet, Lernen ermöglicht und die Produktivität steigert. Dies geschieht in partizipativer Weise. Unternehmensstrategie, CSR und Diversity gehen hier über die Inclusion eine innere Verbindung ein. Dieser Ansatz zeichnet sich durch eine komplexe Verknüpfung der oben eingeführten Prozesse der Sinngebung aus: Die Identität orientiert sich hier an individualistischen und an kollektivistischen Bezügen. Kognitive und moralische Legitimität werden bemüht. Auch die Rechtfertigung kombiniert mehrere mögliche Ausprägungen. Die Haltung ist offen, die Kommunikation balanciert; das Commitment basiert vor allem auf normativen Überlegungen und die Konzepte müssen strategisch und in sich konsistent sein, um den Anforderungen des L&E-Paradigmas zu genügen.

Noch enger ist die Verbindung zwischen CSR und einem Umgang mit Diversity, welcher dem „Inclusive & transformative" Ansatz entspricht, dessen Anliegen es ist, die Organisation inclusiver zu gestalten und gleichzeitig die Umwelt gerechter zu machen. DiM übernimmt in diesem Ansatz Verantwortung für die Gestaltung der Organisationsumwelt, was als CSR interpretiert werden kann. Dieser Zusammenhang wird in dem Beitrag von Buehrmann zu diesem Band im Detail diskutiert. Hansen et al. zeigen in ihrem Beitrag Möglichkeiten der praktischen Umsetzung auf.

3.3 Eckpunkte eines systemischen Umgangs mit Diversity

Personelle Vielfalt erfordert ein systematisches Diversity Management, wenn das Unternehmen die Potenziale einer diversen Mitarbeiterschaft freisetzen, deren Zufriedenheit im Arbeitsalltag verbessern und beides synergetisch nutzen will. Insbesondere Inclusion nach dem L&E-Ansatz geht darüber noch hinaus und erfordert einen umfassenden kulturellen Wandel hin zur Wertschätzung von Diversity über rein ökonomisch-strategische Erwägungen hinaus.

Dass ein nachhaltig erfolgreicher Umgang mit Diversity mit kulturellem Wandel verbunden sein muss, lässt sich mit einem Modell erklären, das Bissels et al. in Anlehnung an Cox entwickelt haben (vgl. Bissels et al. 2001) und das die folgenden drei Entwicklungsphasen beinhaltet:

- **Monolithische Organisation:** Externe Filter wehren Minoritäten ab und erhalten Homogenität aufrecht. Ziel eines Diversity Managements in dieser Phase ist es, Minoritäten Zugang zur Organisation insgesamt und zu den verschiedenen Hierarchiestufen zu schaffen. Repräsentanz kann hier ein Türöffner sein und der Umgang mit Diversity kann sich zunächst am Projektmanagement orientieren.
- **Plurale Organisation:** Interne Filter verhindern, dass Minoritäten sich wirksam einbringen können. Zwar sind Minoritäten repräsentiert, aber von informellen Netzwerken und von der Beteiligung an wichtigen Entscheidungen bleiben sie faktisch ausgeschlossen. Ein bekanntes Beispiel sind hier die oben bereits dargestellten Phänomene der „Gläsernen Decke", des „Glass Cliff" und des „Glass Slipper" sowie die von Kanter bereits vor vielen Jahren beschriebene „Token"-Situation (Kanter 1977). Besonders belastend für Organisationsmitglieder im Minoritäten-Status ist, dass sie keiner offensichtlichen Diskriminierung ausgesetzt sind, sondern subtilen Mechanismen, die sich kaum benennen und belegen lassen. Dieses „Problem with No Name" (Meyerson und Fletcher 2002) erfordert ein gänzlich anderes Vorgehen als dies für die erste Phase zutrifft, nämlich den kulturellen Wandel in vielen kleinen Schritten der Überzeugung. Schnelle Erfolge sind hier nicht zu erwarten, sondern es bedarf eines langen Atems und der Standfestigkeit. Und einer ganzheitlich angelegten Strategie der Inclusion.
- **Multikulturelle Organisation:** Synergie-Effekte können erst hier realisiert werden, da erst in dieser Situation alle Organisationsmitglieder ihre besonderen Fähigkeiten gleichberechtigt einbringen. Es herrscht eine Kultur der Inclusion, in der sich Diversity, CSR und Unternehmensstrategie eng verbinden und komplementär unterstützen.

Unter Berücksichtigung der praktischen Erfahrungen und Empfehlungen von Organisationen kommen Hansen und Aretz (2002) zu dem Ergebnis, dass nur ein mehrdimensionales Konzept der „kleinen Schritte" einen solchen kulturellen Wandel zu initiieren, zu begleiten und nachhaltig zu gestalten vermag. Ausgehend von einem strukturfunktionalistischen Systemansatz werden Erkenntnisse aus der CSR-Forschung integriert und ein Vorgehen mit den folgenden vier Eckpunkten empfohlen[17]:

- Ressourcen bereitstellen,
- Ziele managen,
- Integration sicherstellen,
- Kulturellen Wandel realisieren.

Ressourcen bereitstellen Der systemische Umgang mit Diversity ist immer mit einem gewissen Aufwand verbunden. U. Hansen empfiehlt eine Institutionalisierung von CSR,

---

[17] Eine inhaltliche Ausfüllung dieses Konzeptes am Beispiel der Talentförderung findet sich im Beitrag von Hansen et al. in diesem Band.

was ich hier für Diversity übernehme „die möglichst an prominenter Stelle anzusiedeln ist und für eine kompetente und inhaltlich durchgängige Ausrichtung und Kontrolle der CSR-Strategie steht." (Hansen 2012, S. 310). Dies bedeutet, dass Diversity zur „Chefsache" werden und durch Führungskräfte der Top-Ebene thematisiert, geleitet und verantwortet werden muss und entspricht der Forderung nach interner Konsistenz und normativem Commitment.

Vielfach erfolgt das Engagement motivierter Mitarbeitenden für Diversity, z. B. in Netzwerkaktivitäten[18], ehrenamtlich. Dennoch muss zumindest ein kleines Diversity Team, welches Analysen und Maßnahmen initiiert, koordiniert, die Erfolge beobachtet und darüber an das Top-Management und die Unternehmensöffentlichkeit berichtet, eingerichtet und dauerhaft finanziert werden. Dieses Team versorgt sich und andere mit Informationen und muss seine Diversity-Kompetenz aufbauen und pflegen, bspw. durch Kontakte zu „Best" oder „Good Practice"-Betrieben, durch Seminare und Besuch von Tagungen. Hierfür sind seitens der Organisation Ressourcen bereit zu stellen. Auf allen Ebenen des Unternehmens muss Diversity-Kompetenz aufbaut werden. Dies darf dies nicht etwa auf vereinzelte „Awareness" und „Skill-Building" Seminare reduziert werden, die bei isolierter Anwendung wenig effektvoll oder sogar kontraproduktiv sein können (Kravitz 2007). Vielmehr sind weitere Maßnahmen wir Coaching und Prozessbegleitung vorzusehen, die das Unternehmen an die Erfordernisse von Diversity anpassen (Adaption, offenen Haltung).

- **Ressourcen werden mobilisiert, indem „mächtige" Personen Verantwortung für Diversity übernehmen, öffentlich und nachhaltig Commitment demonstrieren und den Prozess materiell und immateriell fördern.**

Ziele managen Um das dauerhafte Engagement des Unternehmens und die Effektivität des Diversity-Managements sicher zu stellen, muss der Nutzen von Diversity für das Unternehmen herausgearbeitet und es muss ein harmonisiertes Zielsystem aufgebaut werden (Strategische Konsistenz).[19] Es bietet sich eine Nutzung des Balanced Scorecard – Gedankens an (vgl. Hansen und Aretz 2011). Diversity ist auf der Ebene des Lernens und des Wachstums anzusiedeln und kann als Asset dem Human-Kapital zugeordnet werden während das Diversity Management bzw. Konzepte der Inclusion selbst ebenfalls Asset-Charakter erhalten und zum „Organizational Capital" mit den Dimensionen Kultur, Teamwork, Führung, „Alignment" (Kaplan und Norton 2004) gehören. Sofern eine BSC mit der zugehörigen Strategischen Landkarte im Unternehmen Anwendung findet, kann Diversity hierin relativ einfach integriert werden. Dies impliziert dann auch eine Integration in das Controlling-System des Unternehmens und eine Einbindung von Diversity in das Anreizsystem. Ist das nicht der Fall, sollte eine entsprechende Diversity-BSC entwickelt werden, die den direkten Zusammenhang mit den Unternehmenszielen herstellt und damit die Grundlagen für eine Integration in Anreiz- und Controllingsysteme legt. Dies sollte

---

[18] Vgl. zu Netzwerkaktivitäten insbesondere den Beitrag von Kasztan in diesem Band.
[19] Vgl. hierzu insbesondere die Beiträge von Jablonski und Stienen in diesem Band.

nicht dem Diversity-Team überlassen sondern einer interfunktional zusammengesetzten Arbeitsgruppe mit direkter Berichterstattung an die Unternehmensleitung übertragen werden.

Tatsächlich wird CSR (tw. auch inclusive „Corporate Citizenship", die Einfluss nehmen will auf die gerechtere Gestaltung der Unternehmensumwelt) in manchen Unternehmen bereits als eigenständige Perspektive oder integriert in die üblichen Perspektiven der BSC über dieses Instrument gesteuert. Es bietet sich an, dies mit Diversity zu verbinden. Eine Diskussion dazu findet sich in den Praxisberichten in diesem Band.

- **Die Zielerreichung wird gewährleistet, indem die Organisation Diversity „einen Rahmen gibt", also klare Verantwortlichkeiten festgelegt werden, Erfolge gemessen und die Nachhaltigkeit der Bemühungen gesichert wird. Hier findet klassisches Diversity Management seinen wichtigen Platz.**

Integration sicherstellen So wichtig wie die Integration des Diversity-Management auf der Sachebene sind dessen kontext-sensible Einbettung und die Schaffung von Vertrauen. Das Unternehmen steht hier vor der Aufgabe, die situativ relevanten Dimensionen in ihrem Zusammenspiel zu identifizieren und intersektional zu fokussieren. Die Bedeutung von Diversity für das Erreichen konkreter Unternehmensziele (z. B. auch von CSR-Zielen) ist immer wieder transparent zu machen (Ökonomische und Ethische Rechtfertigung, Moralische Legitimität). Dabei sollten Initiativen in der Mitarbeiterschaft und relevante Mitarbeitenden-Netzwerke genutzt bzw. initiiert werden. Dies kann durch das Diversity-Team geschehen; Unternehmensleitung bzw. die Leitung der Organisation sowie wichtige und mächtige Stakeholder können und sollen dies ebenfalls in ihre Aktivitäten, insbesondere in der Kommunikation nach innen und außen systematisch berücksichtigen. Ein Austausch oder sogar die Zusammenarbeit mit den CSR-Verantwortlichen kann sinnvoll sein.

Zur Schaffung von Vertrauen ist es erfolgskritisch, Win-Win-Situationen zu schaffen und zu kommunizieren. Auch hier muss das Diversity-Team mit Entscheidungsträgern in der Linie und mit den PR-Verantwortlichen zusammenarbeiten, damit Diversity sich durch die Kommunikation des Unternehmens nach innen und außen zieht.

Dabei sollten aber auch Schwierigkeiten und Probleme im Sinne einer balancierten Transparenz kommuniziert werden. Schwierigkeiten und Reibungsverluste dürfen nicht verdeckt werden: Integration umfasst auch Skeptiker und ggf. Gegner. U. Hansen empfiehlt für CSR die Anwendung von Unternehmensdialogen, was ich hier für Diversity übernehme „..., in denen ein aktiver Interessenaustausch und -ausgleich stattfinden kann und Gelegenheit besteht, in Konfliktfällen gegenseitiges Verständnis für unbeeinflussbare Sachzwänge herbeizuführen." (Hansen 2012, S. 310) Es sind Kommunikationsforen zu schaffen, in denen Erfahrungen mit Diversity erhoben bzw. ausgetauscht und Problemlösungen entwickelt werden, die dann ihrerseits in die Weiterbildung von Mitarbeitenden und Führungskräften einfließen (Offene Haltung). Hierfür können Mitarbeiter_innenbefragungen, Qualitätszirkel, Foren im Intranet genutzt werden.

- Die Integrationsfunktion wird gesichert, indem die Organisation eine Grundhaltung zu Diversity entwickelt, die ein Abspalten einzelner Dimensionen verhindert, einen gemeinsamen Nutzen definiert und Erfolge kommuniziert werden. Eine Verknüpfung mit CSR (Integration auf der Konzeptebene) könnte beiden Ansätzen zu mehr und stabilerem Schwung verhelfen.

Kulturellen Wandel realisieren Deutsche Unternehmen sind heute meist durch pluralistische Kulturen gekennzeichnet, in denen externe Filter (Diskriminierung in der Rekrutierungsphase) zunehmend abgebaut wurden. Dieser Prozess wird sehr stark durch die Gesetzgebung gestaltet (AGG). Allerdings bedeutet dies noch keine wirkliche Öffnung gegenüber Diversity, wie Phänomene wie die Glasdecke zeigen, die einer subtilen Aufstiegsdiskriminierung entspricht, oder das bereits diskutierte „Glass Cliff", das sich sogar noch in den Mantel der Frauenförderung (ver-)hüllen kann. Zu fordern ist daher eine über gesetzliche Erfordernisse hinausgehende Rechtfertigung[20].

Ein grundlegender kultureller Wandel erfordert einen längeren Zeitraum und das Engagement der Unternehmensspitze über diesen Zeitraum hinweg. Kommunikation und symbolische Führung sind dabei ein sehr wichtiger Aspekt. Kultur entwickelt sich in den Köpfen der Organisationsmitglieder im gemeinsamen Tun und dessen Reflexion (normatives Commitment). Insofern muss eine materielle Basis für den Kulturwandel gelegt werden und daher kann das Zusammenspiel der Aktivitäten in den zuvor dargestellten Bereichen ebenfalls als ein Beitrag zum kulturellen Wandel angesehen werden. Auch dies muss aber wiederum in diskursive Praktiken vermittelt werden. So schlagen Lawrence und Maitlis drei narrative Praktiken der „Care" vor (2012, S. 651 ff.), die für Diversity hohe Relevanz besitzen:

- „Constructing history of sparkling moments": Von bestehenden Defizit-Thesen wird abgerückt und es werden die Kompetenzen und Potentiale der divers zusammengesetzten Mitarbeitendenschaft betont (strategische Konsistenz).
- „Contextualizing people's struggles": Probleme werden entpersonalisiert und gesellschaftliche Wurzeln, Zusammenhänge und Bedingungsgefüge werden transparent gemacht. Gleichzeitig werden Ansatzpunkte zum aktiven und gemeinschaftlichen Umgang mit den Problemen aufgezeigt und somit „collective agency" (Lawrence und Maitlis 2012, S. 653), also verantwortliches gemeinschaftliche Engagement ermöglicht (Kombination individualistischer mit kollektivistischer Identitätsorientierung).
- „Constructing polyphonic future-oriented stories": eine positive Zukunftsvision wird entwickelt, aber nicht konkret festgeschrieben. Vielmehr werden Pfade eröffnet, die von den Organisationsmitgliedern mitgestaltet und genutzt werden können, um die Zukunft (in) der Organisation mitzuformen. Dies entspricht einer offenen Haltung.

---

[20] Vgl. hierzu die Argumentation von Eck-Philipp und Krämer in diesem Band.

- Insgesamt wird die Funktion der latenten Strukturerhaltung durch eine Diversity-Vision erfüllt, die den Werten der Organisation entspricht, für die Organisation insgesamt attraktiv und realistisch ist. „Generell ist davon auszugehen, dass CSR [bzw. Diversity (Einfügung durch K. Hansen)] in der Wissenschaft – genau wie in der Praxis – dann erfolgreich sein wird, wenn die Beschäftigung mit dem Thema einerseits individuelle Erfolgsaussichten verspricht, andererseits aber auch von der Überzeugung motiviert ist, etwas Wichtiges und Richtiges für die Gesellschaft zu tun." (Hansen und Schrader 2012, S. 167) Dies verweist auf die Bedeutung eines Ansatzes der „Inclusion & Transformation", welcher alle drei Ebenen verbindet und individuelle Aktionen mit den Zielen der Organisation und Umweltbelangen verbindet und damit CSR und DiM eng verknüpft.

Vorschlag zur Beziehungsklärung Wird der Umgang mit Diversity als Organisationsreform angelegt, erscheinen beide Konzepte gut miteinander vereinbar, insbesondere wenn der Kontext im Sinne regionaler und gesellschaftlicher Verantwortung struktureller Bestandteil des DiM ist. Erfahrungen aus der Debatte um CSR können von Diversity-Akteur_innen genutzt werden und umgekehrt.

Wie CSR-Konzepte werden Konzepte zum Umgang mit Diversity bei Nutzung des in Abschn. 1. vorgestellten Rasters als tendenziell erfolgreicher angesehen, wenn sie durch folgende Ausprägungen gekennzeichnet sind:

- Proaktiv moralisch basierte Legitimität,
- ethisch basierte Rechtfertigung,
- balancierte Transparenz, in der auch Schwierigkeiten und Negativeffekte kommuniziert werden,
- offene Haltung,
- strategische und interne Konsistenz,
- normatives Commitment, das das (CSR- und/oder Diversity-)Konzept nachhaltig in die Prozesse des Tagesgeschäftes integrieren hilft,
- Rechtfertigung über gesetzliche Notwendigkeiten hinaus und
- komplexe Identitätsorientierung, die im Sinne eines Mehrebenen-Konstruktes individuelle Überlegungen mit den Organisationszielen und regionalen bzw. gesellschaftlichen Interessen verbindet.

4 CSR, Diversity und Diversity Management. Eine Einordnung der Beiträge

Die nun folgenden Beiträge aus Theorie und Praxis werden in vier Gruppen eingeteilt, die sich unterschiedlichen Leitfragen widmen. Die erste Gruppe widmet sich der Frage:

In welcher Beziehung stehen CSR und Diversity/Diversity Management bzw. in welcher Beziehung zueinander können oder sollten sie stehen?
Diese Beiträge fokussieren vor allem Fragestellungen der Meso-Ebene, der Organisation, ihrer Strategie, Kultur und Struktur, aber sie thematisieren auch die Position der relevanten Akteur_innen ein und stellen den Bezug zur Makro-Ebene her.

Sowohl Diversity Management als auch CSR sind durch eine Vielfalt von Ansätzen und durch Vielfalt in der praktischen Umsetzung charakterisiert. Es kann daher keine generelle Antwort darauf gefunden werden, welches Verhältnis Diversity bzw. Diversity Management und CSR eingehen können oder sollen. Deutlich wurde aber bereits im einleitenden Kapitel, dass einige Konzepte wie insbesondere „Shared Value" und das Verständnis von CSR und Diversity Management als Organisationsreform bzw. organisationalem Lernen deutliche inhaltliche Überschneidungen zeigen und auch Parallelen in den Umsetzungsprozessen nahelegen. Ausführlich stellen Günther Vedder und Florian Krause in ihrem Beitrag zu diesem Band diese und weitere Gemeinsamkeiten dar. Insbesondere weisen sie auf eine sehr hohe Zielkompatibilität auf allen Ebenen hin.

Bei einer abgestimmten Zusammenarbeit von Diversity- und CSR-Verantwortlichen ist angesichts dieser Nähe von der Existenz relevanter Synergien auszugehen, die zurzeit in den Unternehmen aber offensichtlich nicht gehoben werden. Aletta von Hardenberg und Kerstin Tote führen dies auf die strukturelle und organisatorische Trennung beider Ansätze trotz inhaltlicher Übereinstimmung zurück. Vedder und Krause konstatieren in ihrem Beitrag sogar „Berührungsängste", die in erster Linie von der Diversity-Seite auszugehen scheinen und dort durch Ängste vor einer Vereinnahmung durch die bereits stärker verankerten CSR-Aktivitäten geschürt werden. Sie

> …plädieren stattdessen für eine eigenständige Bearbeitung beider Themenfelder bei gleichzeitiger Vernetzung der Aktivitäten um mögliche Konflikte zu vermeiden und Synergien besser nutzen zu können (Vedder und Krause in diesem Band).

Ähnlich argumentieren von Hardenberg und Tote:

> CSR und Diversity Management können voneinander durch eine stärkere Vernetzung in der Zusammenarbeit und dem Implementieren eines einbeziehenden Ansatzes von Vielfalt, wie er von der Charta der Vielfalt vertreten wird, voneinander profitieren. Dabei bringt die Verdeutlichung von gesellschaftlichem Engagement zu Vielfalt und der Diversity Management Praxis auch die Charta der Vielfalt näher an das Handlungsfeld CSR heran (Hardenberg und Tote in diesem Band).

Eine systemische Perspektive nehmen Iris Koall und Verena Bruchhagen ein. Sie unterscheiden die Ebene der Interaktion von Personen, die intermediale Ebene von Gruppen oder Teams, die Ebene der Organisation und die gesellschaftliche Präsenz. Ihr Anliegen ist es, Impulse für eine kritische Nutzung von Differenz und sozialer Vielfalt im Rahmen der CSR zu setzen („diversityoffene CSR"). Dies bedeutet, ethisches und betriebswirtschaftliches Denken nicht als Gegensätze zu konstituieren sondern Mitverantwortung im Eigeninteresse erfolgreich agierender Unternehmen anzusiedeln.

Als paradoxe Herausforderung impliziert dies: wie können nicht im Gegensatz zu, sondern im Kontext von marktlogischen Strukturbedingungen Alternativen inkludiert werden. [...] was kostet die Orientierung auf Antidiskriminierung, Inklusion, Nachhaltigkeit und CSR, bzw. was kostet ihre Vermeidung? (Koall und Bruchhagen in diesem Band)

Diversity wird dabei als Irritation oder „Zumutung" für die Organisation interpretiert:

Diversity gelangt als Umwelt des Systems auf mindestens zwei Wegen in die Organisation: zum einen über menschliche Vielfalt, die als Zumutung in Interaktionen aktiviert und in langwierigen Aushandlungsprozessen in anschlussfähige Programme umgewandelt wird; bis sie innerhalb der Organisation wirksam werden kann, zum anderen durch eine programmatisch wirksame, extern herangetragene strukturelle Rahmenbedingung (Gesetze, Erlasse, Besteuerungsregeln) (Koall und Bruchhagen in diesem Band).

Die damit verbundenen Sinnkonstruktionen sind kritisch zu beleuchten und auf die Veränderung der Tiefenstruktur zu fokussieren:

Ein Managing Diversity, welches bisher Minorisiertes inkludieren will, muss – so unsere Annahme – Bezug auf die Veränderung der Tiefenstruktur nehmen. Dabei sind Überlegungen zur Dekonstruktion einer besonders ausgezeichneten „Normalität" bzw. zur Rekonstruktion ihrer geschichtlichen Entstehung ein erster Schritt (Koall und Bruchhagen in diesem Band).

Koall und Bruchhagen stellen sich die Frage,

wie eine mögliche Verbindung von ökonomischer Rationalität und politischem Anspruch zur Regelung sozialer Ungleichheit nicht nur zu überbrücken, sondern und im besten Fall produktiv zu nutzen ist (Koall und Bruchhagen in diesem Band).

Sie kommen zu dem Schluss, dass bei dieser Analyse neue Themen auftauchen und sich aus dem Umgang damit weitere, wichtige Fragen ergeben:

Wenn CSR als Beitrag zur Inklusions- und Diversitätsdebatte genutzt werden soll, ist schließlich nicht nur ein kritischer Blick auf die Ökonomisierung des Sozialen möglich; auch umgekehrt kann der drängenden, aber durchaus attraktiven Frage nach einer Sozialisierung des Ökonomischen Raum gegeben werden ... ebenso den dadurch entstehenden Dynamiken und Irritationen (Koall und Bruchhagen in diesem Band).

Andrea D. Bührmann stellt ihre Überlegungen zum Verhältnis zwischen (Corporate) Social Responsibility und Diversity Management aus der Perspektive der reflexiven Diversitätsforschung an. Sie beginnt mit der Skizzierung von zentralen Bestimmungsmomenten einer reflexiven Diversitätsforschung, um dann die unterschiedlichen Problematisierungen des CRS und DiM vor- und ihre unterschiedlichen Konzeptionen darzustellen. Anschließend bestimmt sie unterschiedliche Verhältnisse zwischen diesen Konzeptionen mit dem Ziel, einen Beitrag zu einer differenzierte/re/n Verhältnisbestimmung zwischen CRS und DiM zu leisten.

Bührman kommt zu dem Fazit:

> Aus der Perspektive der reflexiven Diversitätsforschung wird also deutlich, dass es bei einem Vergleich zwischen den DiM- und CSR Dispositiven sinnvoll ist, zwischen unterschiedlichen Typen zu unterscheiden und diese systematisch zu vergleichen, ohne sofort das eine Dispositiv in das andere „fallen" zu lassen von deren Eigenlogiken zu abstrahieren. Dabei geht es eben nicht darum, zwischen einem reiferen oder weniger reifen, einem besseren oder schlechteren oder gar einem einfachen oder komplexen Modell zu differenzieren. Vielmehr sollten theoretisch diskutierte und empirisch praktisch umgesetzte Konzeptionen mit Blick auf ihre Zielsetzungen, Strategien und Taktiken systematisch miteinander ins Verhältnis gesetzt werden. Dieses differenzierende Vorgehen im Vergleich der beiden Dispositive legt die reflexive Diversitätsforschung nahe. Dabei geht es nicht nur darum, dass eine Register der Kritik und so auch die eigenen Kriterien des Vergleichs zu explizieren, sondern auch darum, die eigenen methodologischen „blinden Flecken" zu reflektieren (Bührmann in diesem Band).

In der zweiten Gruppe der Beiträge geht es um Diversity aus Sicht der Menschen; aber diese werden nicht als isolierte Individuen gesehen sondern in Bezug zur Gesellschaft gesetzt. Es wird hier also der Bogen gespannt von der Mikro-Ebene der Individuen bis zur Makro-Ebene der Gesellschaft, mit deren Kultur, Gesetzen (und auch Märkten). Dies geschieht unter der Fragestellung.

Wie wird Vielfalt heute (in Deutschland) gelebt? Welche Forderungen ergeben sich daraus an die Gesellschaft und an Organisationen, die ihrer gesellschaftlichen Verantwortung im Sinne der CSR gerecht werden wollen? Wie gehen international ausgerichtete Unternehmen damit um?

Diese Fragen werden aus der Perspektive der Wissenschaft und der Kunst, der Bildung und der Erziehung beleuchtet und es werden sehr facettenreiche Antworten angeboten.

Cordula Meier und Mona Blanche Mönnig legen einen wunderschönen Beitrag zur Betrachtung der Diversity-Dimension Gender aus Sicht der Kunst vor. Sie zeigen auf, dass es unter den wirtschaftlich erfolgreichen Künstler_innen durchaus auch Frauen gibt – allerdings nach wie vor in klarer Minoritätenposition. Anhand des Beispiels von Louise Bourgois, die zu den Bestplatzierten im betrachteten Feld gehört, zeigen die Autorinnen, wie und unter welchen Bedingungen professioneller Erfolg und eine feministische Perspektive miteinander zu verbinden sind:

> Der rezeptionsästhetische Blick auf ausgewählte Arbeiten gibt Aufschluss über die Art und Weise ihrer Auseinandersetzung mit patriarchaler Doktrin und deren Bearbeitung, die letztlich zu der Auflösung der Kategorie Geschlecht führt. Dass ihr Werk derartige Präsenz auf dem Kunstmarkt besitzt, ist bedeutungsschwer und zeigt feministische Strategien und deren Wechselspiel mit der bildenden Kunst auf und ist daher für eine Betrachtung von besonderem Interesse (Meier und Mönnig in diesem Band).

Konstatiert wird:

> Das Analysieren und Auflösen verschiedener Geschlechtermuster ist für die Konstruktion ihrer Identität konstitutiv (Meier und Mönnig in diesem Band).

Meier und Mönnig weiten den Blick auf internationale Aktivitäten von Künstlerinnen aus, wie z. B. auf die Kiewer Gruppe Femen, die sie als „.. ein Beispiel für das bewusste Einsetzen einer weiblicher Ästhetik mit dem Hintergrund eines feministisch motivierten Aktivismus" (Meier und Mönnig in diesem Band) ebenso auswählen und darstellen wie die New Yorker Guerilla Girls.

Schließlich werden die Arbeiten von Ulrike Rosenbach betrachtet und aus der Analyse der Debatte um diese und andere Künstlerinnen heraus einerseits festgestellt:

> Durch die Verortung in sogenannten frauenthematischen Feldern, despektierlich auch „Tamponkunst" genannt [Isabelle Graw, 1994], wird sie verharmlost und nimmt ihr die Brisanz, sie ist somit weniger gefährlich für die Dominanz männlicher Strukturen z. B. im Kunstmarkt. Einem künstlerischen Oeuvre, welches sich mit sogenannten Genderfragen auseinander zu setzen scheint, ist der Platz in den oberen Etagen der Wertigkeit verwehrt (Meier und Mönnig in diesem Band).

Es wird aber auch die Hoffnung formuliert, es dürften

> viele der sogenannten feministischen Aktivistinnen „[...]" im kunstwissenschaftlichen Diskurs sicher noch eine Re-Rezeption erwarten (Meier und Mönnig in diesem Band).

Frank Linde und Nicole Auferkorte-Michaelis wenden sich in ihrem Beitrag der Situation von Studierenden und Lehrenden an Hochschulen zu, verstanden als „Kerngeschäft der Bildungseinrichtung Hochschule", das „nicht isoliert von gesellschaftlichen und hochschulischen Entwicklungsprozessen betrachtet werden" kann (Linde und Auferkorte-Michaelis in diesem Band). Sie diskutieren Parallelen und Unterschiede zu CSR und Diversity in Unternehmen, schlagen ein spezifisches USR (University Social Responsibility), aufgefasst als spezielle Ausprägung der Corporate Social Responsibility vor und identifizieren hochschulische Diversity-Konzepte als Bestandteil dieser USR.

Die Autor_innen berichten historische Quellen des Umgangs von Diversity an Hochschulen im internationalen Raum und zeigen Ansatzpunkte einer als notwendig identifizierten University Social Responsibility auf. Ihrer Analyse nach ist dieses Feld in Deutschland noch nicht ausreichend erforscht und bedarf auch noch sehr deutlicher der Weiterentwicklung in der Praxis. Sie fordern ein strategisches Gesamtkonzept, dessen Kern ein umfassender kultureller Wandel hin zu einer Wertschätzung von Vielfalt ist und das durch eine Vielzahl abgestimmter Maßnahmen mit Leben erfüllt werden muss. Dabei weisen sie auf Diversity als Inhalt des Lehren und Lernens (fachimmanent und fachübergreifend) hin, zeigen aber auch die hohe Bedeutung einer Diversity-Orientierung bei der Gestaltung von Strukturen und Organisation des Studiums hin sowie auf die Notwendigkeit der Entwicklung von Diversity-Kompetenz der Akteur_innen. Inclusion wird in ihrem Konzept nicht nur in der Lehre (incl. Beratung und Curriculumdesign) sondern auch darüber hinaus, z. B. in der Gestaltung von Prüfungen zur Leitidee.

In ihrem Beitrag wird Diversity der Lernenden durch die Diversity der Lehrenden ergänzt:

In Lehrveranstaltungen sind nicht nur Studierende divers, auch Lehrende unterscheiden sich – selbst bei großer äußerlicher Homogenität – in vielerlei Hinsicht voneinander. Für erfolgreiche Lehr- Lernprozesse richtet sich der Blick auf gelingende Interaktionen, daher erweitern wir an dieser Stelle den Blick auf die Diversität der Lehrenden und ihre sehr unterschiedlichen Perspektiven, Aufgaben und Kompetenzen im Bereich Studium und Lehre (Linde und Auferkorte-Michaelis in diesem Band).

Ihre Vision erfolgreicher gelebter USR formulieren Linde und Auferkorte-Michaelis mit den Worten:

Gelingt es Lehrenden, mit den einzelnen Studierenden ein „Bündnis für das gemeinsam Lernen" zu etablieren, winkt ein nachhaltiges Engagement als zu erwartender Erfolg. Studieninhalte, die für Studierende bedeutungsvoll sind, steigern die Chancen für ein vertieftes akademisches Lernen (Linde und Auferkorte-Michaelis in diesem Band).

Die Reflektion eines Praxisbeispiels wird von der Westfälischen Hochschule berichtet. Katrin Hansen, Lena Kreppel, Frank Meetz und Angelika Dorawa orientieren ihre Darstellung am eingangs dargelegten Mehr-Ebenen-Modell. Sie zeigten, dass ein Ansatz, der die soziale Verpflichtung der Hochschule eng mit ihren Kernaufgaben verbindet, Synergien zwischen CSR und DiM herstellt. „Talentförderung" wird so zu einem Konzept, das konsequent von einer Defizit-These im Hinblick auf Vielfalt abrückt und bewusst auf die Herstellung von Win-Win-Situationen abstellt. Das Vorgehen wird anhand zweier Projekte der Talentförderung detailliert beschrieben und erläutert. Im Sinne einer „balancierten Transparenz" thematisiert und analysiert der Beitrag auch Schwierigkeiten bei der Implementierung und markiert erfolgskritische Bereiche. Hierzu gehört auch das Team selber:

Für die Teamentwicklung von Talente_schreiben ist normatives Commitment von besonderer Bedeutung. Dafür ist die Verinnerlichung des innerhalb der Talentförderung verwendeten Talentgedankens ausschlaggebend: die wertschätzende Haltung, die im Tagesgeschäft den Studierenden entgegengebracht wird (Hansen et al. in diesem Band).

Diese Haltung kann allerdings nicht vorausgesetzt sondern muss immer wieder erarbeitet werden.
Zusammenfassend kommen die Autor*innen zu der Aussage:

Rückblickend auf acht Jahre Entwicklungsarbeit am Thema Talentförderung lässt sich konstatieren, dass Diversity und CSR in der Hochschullandschaft eine förderliche Verbindung eingehen können. Wissenschaftlicher und sozialer Auftrag der Hochschulen können durch einen solchen Ansatz, der bewusst von der Defizitthese Abstand nimmt und die Talententfaltung in einer sehr divers zusammengesetzten Studierendenschaft fokussiert, synergetisch erfüllt werden. Hierdurch ergibt sich auch eine Ausstrahlkraft auf die relevanten Akteur*innen im Umfeld: Schulen, Unternehmen Kommunal-, Regional-Landespolitik. Der WH ist es damit gelungen, in die Gestalterrolle zu kommen und in die vierte Phase des Umgangs mit Diversity einzutreten (Hansen et al. in diesem Band).

Ausgehend von der These, dass CSR und Diversity „konzeptionelle Schnittmengen" aufweisen, verfolgen Christopher Stehr und Markus Vodosek in ihrem Beitrag die Fragen:

> Inwieweit gelingt es insbesondere in der unternehmerischen Praxis durch Diversity Management [...] einen betriebswirtschaftlichen Mehrwert, zu generieren und damit den mittel- und langfristigen Erfolg des Unternehmens zu sichern? Oder reicht der ethisch-moralische und philanthropische Impetus des Unternehmers aus der Debatte um Corporate Social Responsibility (CSR) für die Implementierung von Diversity Management und Diversity-Maßnahmen bereits aus? (Stehr und Vodosek in diesem Band)

Die Autoren sehen „Diversity Controlling" als entscheidendes Thema bei der Ermittlung des Mehrwerts von Diversity und der Messbarkeit von Diversity-Maßnahmen an und betonen, dass Unternehmen mittels Diversity Controlling ihre Diversity-Maßnahmen situativ anzupassen haben.

Stehr und Vodosek bieten in ihrem Beitrag auf Basis einer umfassenden Analyse der aktuellen Literatur wichtige Erkenntnisse zu den positiven und negativen Effekten von Diversity in verschiedenen Unternehmensclustern (große internationale Konzerne), aber auch international agierende KMU, die „oft über implizite ‚Diversity-Aktivitäten' aufgrund ihrer Eigentümer- oder Familienstruktur" verfügen (Stehr und Vodosek in diesem Band) und geben eine Übersicht der einschlägigen Maßnahmen, die in den Unternehmen ergriffen werden. Als zentrale Aktionsbereiche identifizieren sie Unternehmenskultur, Personal-Management und die Erschließung neuer Kunden- und Arbeitsmärkte im Zuge der Globalisierung.

In ihrem Fazit wird betont.:

> Vor allem mittelständische Unternehmen, in denen der ethisch-moralische Ansatz von CSR aufgrund der intrinsischen Motivation des Unternehmers oder Eigentümers bereits gelebt wird, haben strategische Vorteile bei der weiteren Implementierung von Diversity-Maßnahmen, weil der unternehmerische Mehrwert dieser Maßnahmen ‚unternehmerisch intuitiv' erfasst wird und es in diesem Bereich inhaltliche und operative Überschneidungen gibt zwischen den beiden Konzepten von Diversity und CSR (Stehr und Vodosek in diesem Band)

Die dritte Gruppe von Beiträgen fokussiert den Umgang mit Vielfalt in Unternehmen und setzt sich daher in besonderem Maße mit der Frage nach dem „Business Case" auseinander. Dabei verfolgt es die Fragestellungen.

Welche Bedeutung nimmt CSR in unternehmerischen Diversity-Konzepten ein bzw. welche Bedeutung kann sie einnehmen? Welche Empfehlungen geben Unternehmen, die langjährige Erfahrungen mit Diversity und Diversity Management besitzen?

Diese Autorinnen gehen detailliert auf die Frage nach der erfolgreichen Umsetzung von Diversity-Management in der Wirtschaft ein. Sie konzentrieren sich dabei auf die Meso-Ebene, machen von dieser ausgehend aber durchaus auch Ausflüge auf die Makro- und die Mikro-Ebene. Die hier vertretenen Unternehmen stellen in diesem Feld wichtige und anerkannte „Best-Practices" des Umgangs mit Vielfalt dar. Insofern stellt sich den Leser_innen die Frage, was sie aus den Erfahrungen dieser Praxisbeispiele für CSR und Diversity lernen wollen und lernen können.

Astrid Bosten stellt unter dem Motto „Wertschöpfung durch Wertschätzung" den Ansatz der Henkel AG zum Umgang mit Diversity vor, das sich vor allem der „Marktreflektion und -legitimierung" verpflichtet fühlt. Zentrales Ziel des Henkel-Ansatzes ist die langfristige Weiterentwicklung des Unternehmens hin zu einer Organisation mit einer offenen und wertschätzenden Unternehmenskultur.

Auch hier bilden globale Megatrends den Bezugsrahmen für ein betriebsspezifisches, holistisches Konzept, das Diversity eng mit Inclusion verbindet:

> Die Inclusion- und Diversity-Konzepte sind sich gegenseitig bedingende, jedoch gleichwertige Konzepte. Ist die Herstellung einer vielfältigen Mischung (Diversity) der erste, wichtige Schritt bei der Umsetzung des Konzepts, stellt Inclusion den zweiten, wesentlicheren Schritt dar: der Schritt der bewussten Nutzung und Potenzialentfaltung (Bosten in diesem Band).

Die Autorin erläutert Organisation und Implementierung des D&I-Ansatzes bei Henkel und betont erneut dessen ökonomische Relevanz:

> Primäre ökonomische Ziele, die Henkel mit dem Einsatz des Diversity-Managements verfolgen, sind u. a. die Generierung eines komparativen Wettbewerbsvorteils durch eine bessere Antizipation von Marktentwicklungen und -bedürfnissen, die Steigerung der Innovationskraft und der Problemlösungskompetenz des Gesamtunternehmens, sowie Ziele der Personalbeschaffung und -attrahierung (Bosten in diesem Band).

Damit und mit der vorrangig extern orientierten (karitativen) Ausrichtung der CSR-Aktivitäten von Henkel verbindet die Autorin die Forderung nach einer strikten Trennung von Diversity und CSR:

> Die Fokussierung auf ökonomische Ziele im Diversity-Bereich einerseits, und der philantrophische Ansatz der CSR-Aktivitäten andererseits bedingen die strikte Trennung beider Ansätze im Unternehmen (Bosten in diesem Band).

Als eigentliche Herausforderung sieht Bosten die Inclusion an. Während Diversity bei ihr eher mit einem bunten Blumenstrauß verglichen wird, verlangt Inclusion eine grundlegende Veränderung der Haltung aller Beteiligten, individuell und als Mitarbeiterschaft insgesamt. Dies aber ist nur schwer zu erreichen, da unterbewusste psychologische Prozesse wirksam werden, die sich der direkten Ansteuerung entziehen. Bosten schlägt aus ihrer Praxiserfahrung Instrumente wie Tests, Trainings und Workshops mit der Zielgruppe vor, die individuelle Wahrnehmungsfilter und Vorurteile vor allem bei Entscheidungsträgern und Führungskräften bewusst und bearbeitbar machen. Sie konstatiert abschließend:

> Henkel befindet sich nun, nach der Phase der Awareness-Bildung, in der Phase der Mitarbeiterbefähigung. Das Diversity-Konzept ist mittlerweile im Unternehmen angekommen und etabliert. Jetzt und in Zukunft geht es vor allem darum, diese Kenntnisse in konkrete Handlungen und Verhaltensweisen zu übersetzen (Bosten in diesem Band).

Brigitte Kasztan berichtet aus der Perspektive eines „First Movers" in Deutschlands Diversity-Landschaft:

> Die Vielfalt in unserem Unternehmen ist zum Teil bereits Geschichte: In den 50er und 60er-Jahren hat Ford Diversity Maßnahmen ergriffen, ohne dass dies seinerzeit so genannt wurde. Durch Anwerbemaßnahmen von Mitarbeitern und Mitarbeiterinnen aus anderen Ländern ist das Unternehmen seit langem durch eine große nationale bzw. ethnische Vielfalt gekennzeichnet (Kasztan in diesem Band).

Und sie stellt fest: „Viele der damals eingeführten Anpassungshilfen gibt es auch heute noch" (ebd.).

Seit 1996 wird bei Ford Deutschland das Label Diversity verwendet. Initiiert wurde das durch den amerikanischen Mutterkonzern und den Hintergrund bildeten dort Gleichbehandlungs- und Anti-Diskriminierungsüberlegungen. Die Autorin zeichnet die Schritte der Entwicklung des Diversity-Managements bei Ford in Deutschland und Europa nach und erläutert das dort entwickelte und implementierte Organisationskonzept. Hier wird eine hierarchische Struktur sichtbar; insgesamt lebt das Konzept aber in und durch Netzwerke, die durch Sponsoren auf der Ebene des europäischen Managements gestützt werden.

Diversity wird aus unternehmerischen Perspektive betrachtet, die aber CSR durchaus und sehr hohe Relevanz zuspricht:

> Die praktische Bedeutung von Diversity Management bemisst sich daran, welchen Beitrag die Maßnahmen zum unternehmerischen Erfolg leisten. Dies wird bei Ford in vier Feldern gesehen: der innovativen Produktgestaltung, der Nähe zu aktuellen und potentiellen Kundengruppen (Marketingmaßnahmen und Ansprache Stile), der internen Kommunikation einer offenen Unternehmenskultur im Hinblick auf das Humankapital (wertschätzende Haltung) und Corporate Social Responsibility/Community Involvement (Kasztan in diesem Band).

Generell sieht Ford keinen Widerspruch zwischen unternehmerischem und sozialem Engagement sondern sieht die Übernahme gesellschaftlicher Verantwortung als integralen Bestandteil der Unternehmenspolitik „großartiger" Unternehmen und als Unterscheidungsmerkmal dieser „großartigen" von „guten" Unternehmen an. Das nach außen gerichtete „Community Involvement" wird auch und gerade durch Netzwerke initiiert und getragen, die sich aus dem Diversity-Gedanken heraus gebildet haben. Diversity und CSR nehmen hier eine sehr praktische Verbindung zueinander auf.

Insgesamt kommt die Autorin zu dem Fazit:

> Ford ist der Auffassung, dass sich Diversity Management in all seinen Facetten für das Unternehmen lohnt. Dies wird durch die Mitarbeiterinnen und Mitarbeiter in den jährlichen Mitarbeiterumfragen bestätigt, in der Fragen zu Diversity sehr hohe positive Wertungen erhalten (Kasztan in diesem Band).

Die vierte Gruppe der Beiträge ist aus der Sicht externer Akteur_innen verfasst. Hier kommen ein Unternehmensverband, ein Berufsverband und zwei Beratungsunternehmen mit sehr unterschiedlichen Ausrichtungen zu Wort. Die Leitfrage dieser Beiträge lässt sich wie folgt formulieren.

Wie kann ein nachhaltig erfolgreicher Umgang durch Einbeziehung externer Akteur_innen unterstützt werden?

Den Anfang macht der Beitrag von Carola Eck-Philip und Angelika Krämer. Sie gehen von der Grundthese aus, dass sowohl Diversity als auch CSR das Potenzial wirtschaftlichen Erfolges für Unternehmen bergen. Sie zeigen am Beispiel von Frauen in Top-Management-Positionen im deutschsprachigen Raum auf, wie Diversity dort hergestellt werden kann – oder eben auch nicht. Dabei gehen sie den Fragen nach, was der Auslöser war und warum und Frauen eine Position im Aufsichtsrat anstreben, wieviel Zeit sie investieren und wie sie vorgegangen sind, welche Erfahrungen sie mit männlichen und weiblichen Unterstützern gemacht haben, welche persönlichen Erfolge sie errungen haben, welche Hindernisse sie erfahren haben, welche Auswirkungen der Quote sie spüren sowie, was sie auf dem bisherigen Weg überrascht hat.

Die Autorinnen entwickeln konkrete Empfehlungen an Frauen auf dem Weg in oder bereits in Aufsichtsräten und Vorständen, an die Politik („Die Quote allein reicht nicht!") und an die Unternehmen:

> Für Unternehmen heisst es Diversity auf allen Ebenen, insbesondere aber im Vorstand und Aufsichtsrat zu etablieren, als sichtbares Zeichen, dass die Unternehmensführung es verstanden hat, das Potential von Frauen zu nutzen. Auch die CSR Initiativen der Unternehmen werden dadurch unterstützt und tragen zur Arbeitgeberattraktivität entscheidend bei (Eck-Philipp und Krämer in diesem Band).

Christa Stienen argumentiert aus Sicht des Verbandes der Personalmanager. Sie geht von der folgenden Erkenntnis aus, die sie auch in der eigenen Praxis als Personalmanagerin bestätigt findet:

> Nur wer ausreichend weibliche Fachkräfte in einem frühen Karrierestadium gewinnt und diese im mittleren Management gezielt fördert, kann später bei der Besetzung von Top-Positionen auf Frauen zurückgreifen. Insgesamt ist die Förderung von Gender Diversity – ohne andere Gruppen dabei vernachlässigen zu wollen – damit eine der wesentlichen Herausforderungen für das Personalmanagement (Stienen in diesem Band).

Diese Herausforderung muss vom Personalmanagement angenommen und im eigenen Unternehmen kontextuell angemessen umgesetzt werden. Der Bund der Personalmanager verfolgt das Anliegen, dies effektiv zu unterstützen und hat die folgende Strategie entwickelt:

> Der BPM hat dazu in der Arbeitsgruppe „Women Up" konkrete Handlungsempfehlungen erarbeitet, die Personalmanager bei der nachhaltigen Implementation von Gender Diversity im Unternehmen unterstützen sollen. Voraussetzung für die Fortentwicklung des Frauenanteils in Leitungspositionen bildet zunächst die Analyse des Status Quo und der Entwicklungsperspektiven. Der Dynamic Gender Index® (DGI) des BPM ist dafür ein geeignetes Berechnungstool, um die Entwicklung des Frauenanteils im Unternehmen und einzelnen Unternehmensbereichen zu prognostizieren (Stienen in diesem Band).

Stienen erläutert das Prinzip und Vorgehen des DGI in ihrem Beitrag und schlägt zur Umsetzung eine 10-Punkte-Plan vor. Dieser „10-Punkte-Plan zur Verwirklichung von mehr Gender Diversity" (Stienen in diesem Band) umfasst die folgenden Schritte:

1. Allgemeine Bewusstseinsschärfung,
2. Herausarbeiten der Vorteile für das eigene Unternehmen,
3. Sensibilisierung des Top-Managements,
4. Verknüpfung mit der Unternehmens- und Personalstrategie,
5. Interne Umfeldanalyse,
6. Situationsanalyse,
7. Die Selbstverpflichtung,
8. Konzeptentwicklung und Zusammenstellung des Maßnahmen-Mix,
9. Evaluation der Maßnahmen,
10. Anpassung der Maßnahmen.

Generell stellt die Autorin fest:

> Unabhängig vom Ausgang der Quotendiskussion sollten sich Führungskräfte und Personalverantwortliche für Geschlechtergerechtigkeit und die Erhöhung der Zahl weiblicher Führungskräfte in ihren Organisationen engagieren. Personaler sind sich dieser Verantwortung bewusst. Dabei gilt es, passgenaue Modelle für Unternehmen unterschiedlicher Größen und Branchen zu entwickeln und die variierenden Ausgangssituationen zu berücksichtigen. Tools wie der Dynamic Gender Index® (DGI) unterstützen Personalmanager dabei, eine realistische Einschätzung zur Erhöhung des Frauenanteils abzugeben und eine zielorientierte Selbstverpflichtung einzugehen (Stienen in diesem Band).

Die Autorin bezieht ihren Ansatz zwar nicht explizit auf CSR, ihre Ausführungen sind aber direkt anschlussfähig an die CSR-Konzeption der EU, wie sie einleitend dargestellt wurden. Insofern sollte dieser Beitrag als konsequente Darstellung eines Business Case gewürdigt werden, der im Sinne eines „Shared Value"-Konzeptes mit CSR hochkompatibel ist.

Auch Barbara Lutz nimmt Frauenkarrieren in den Blick. In ihrem Beitrag werden Arbeitsweise und Ziele des Frauen-Karriere-Index (FKi) vorgestellt:

> Mit dem FKi wurde daher ein faktenbasiertes Instrument entwickelt, um Unternehmen zu unterstützen, die sich aktiv und strukturiert mit dem Thema Frauen in Führungspositionen auseinandersetzen möchten. Der FKi liefert relevante Kennzahlen, welche den Unternehmen praktische Hilfestellung geben, um mehr Frauen in Führungspositionen zu bringen (Lutz in diesem Band).

Dabei werden drei Bereich fokussiert und dort Teilindizes entwickelt:

A. **Status und Dynamik:** dokumentiert den aktuellen Zustand und die tatsächliche Entwicklung des Unternehmens.

B. **Commitment:** bestimmt das Gewünschte, die Stärke der Absichten und die Fähigkeit, diese Absichten im Unternehmen umzusetzen.
C. **Rahmenbedingungen:** definiert das kurzfristig Machbare und den Rahmen, in dem die Umsetzung stattfindet.

Die Autorin stellt den methodischen Hintergrund der Datenerhebung und die Entwicklung des FKi seit seiner Einführung in 2012 dar und betrachtet seine Wirkungsweise genauer. Dabei beantwortet sie die folgenden Fragen: Wie erfolgen dauerhafte Veränderungen in den Unternehmen? Welchen Einfluss hatten die erhobenen Zahlen, Daten und Fakten in den Unternehmen? Wie haben sich die Schwerpunkte in den Unternehmen verändert? Welche Maßnahmen werden ergriffen und wie effektiv sind sie? Es werden Entwicklungen und Trends aufgezeigt und bewertet und die wichtigsten Erfahrungen nach 4 Jahren Forschung und über 140 Analysen zu einzelnen Unternehmen dargelegt.

Dabei kommt Barbara Lutz zu einem Ergebnis, das auch in anderen Beiträgen zu diesem Band (vgl. z. B. Bosten) angesprochen wird:

> Zudem zeigte sich im Frauen-Karriere-Index 2015 die Bedeutung des Themas „Unconscious Bias" für viele Unternehmen. Der „Unconscious Bias" steht für die im Unterbewusstsein verankerten Stereotypen, aus denen Vorurteile und in der Konsequenz unterschiedliche Arten von Benachteiligungen resultieren. Überholte Denkmuster nehmen beispielsweise Einfluss auf Teamzusammenstellungen, Projektvergaben und Beförderungen. Und dies geschieht nicht nur zum Nachteil von Frauen, sondern auch von Männern (Lutz in diesem Band).

Ein weiterer Beitrag wird von Rene Behr vorgelegt, der die Sichtweise des Völklinger Kreises auf CSR und Diversity darlegt. Der Völklinger Kreis versteht sich als Berufsverband schwuler Führungskräfte. Er vertritt ein umfassendes Verständnis von Diversity, in welchem alle Dimensionen von Diversity wie sexuelle Orientierung und geschlechtliche Identität, Alter, Behinderung, Geschlecht, Herkunft, Kultur und Religion Berücksichtigung finden.

Der Völklinger Kreis ist der Überzeugung, dass ein solches ganzheitliches Konzept zu „Vielfalt & Wertschätzung" weitreichende Vorteile für alle Wirtschaftssubjekte mit sich bringt. So hat sich der VK auch im Rahmen der Charta der Vielfalt zu einem wertschätzenden und respektvollen Umgang mit Vielfalt unter seinen Mitgliedern, seinen Kooperationspartner/-innen und anderen gegenüber verpflichtet. Der Völklinger Kreis stärkt die Persönlichkeit und eigene Positionierung seiner Mitglieder insbesondere am Arbeitsplatz. Er begleitet sie bei ihrer beruflichen Entwicklung und sucht gleichzeitig die Zusammenarbeit und den Dialog mit Unternehmen, Institutionen und Verwaltungen. Insofern zeigt Behr in diesem Beitrag die Bedeutung einer Verbindung aller Ebenen, von der Mikro-Ebene bis zur Makro-Ebene, auf und weist auf die besonderen Chancen einer solchen ganzheitlichen Perspektive hin.

Hans Jablonski erläutert vor dem Hintergrund seiner langjährigen Praxiserfahrung als Diversity-Verantwortlicher in Unternehmen und als Berater die Funktion von Beratungen bei der Entwicklung und Umsetzung von Konzepten zum geeigneten Umgang mit Diversity. So stellt er fest: „Es bedeutet eine große Herausforderung, verständlich zu machen, dass Diversity Management ein komplexer und eher langfristig angelegter Ansatz ist" (Jablonksi in diesem Band). Die Entwicklung eines solchen Verständnisses ist der erste Schritt einer Zusammenarbeit zwischen Unternehmen und Beratung. Jablonski berichtet weiterhin:

> es ... bedarf ... allgemeingültiger Botschaften: Was wird im Unternehmen unter Diversity & Inclusion (Wertschätzung) verstanden, warum wird Diversity Management eingeführt und wie soll das Thema umgesetzt werden? Beratungen unterstützen Unternehmen bei der Entwicklung einer individuellen Diversity-Vision, einer praktikablen Definition und einer Zielsetzung (Jablonksi in diesem Band).

In der Unterstützung des Unternehmens bei der Gestaltung der Kommunikation dieser Botschaften liegt ein sehr wesentliches Beratungsfeld für externe Expert_innen.

Jablonski stellt weitere sinnvolle Einsatzfelder externer Beratungskompetenz dar, wie z. B. die Unterstützung bei der Erfassung des Status quo in quantitativer und qualitativer Hinsicht:

> Bei der Analyse der qualitativen Daten spielen externe Beratungen eine besondere Rolle. Zum einen ist mit der externen Perspektive häufig eine Neutralität der Untersuchung verbunden. Ebenso wird die Spiegelung externer Sichtweisen als Bereicherung empfunden, die vor Betriebsblindheit schützt. Externe Beratungen können außerdem garantieren, dass Antworten und Ergebnisse der Befragten nicht zum Nachteil im Unternehmen verwendet werden. Auch bei der Befragung der Kundschaft ist eine anonyme Erhebung gegeben – sowohl in Richtung der Kundschaft als auch in Richtung des Unternehmens (Jablonksi in diesem Band).

Hilfreich kann die Einbeziehung von Beratungen aber auch bei der Begleitung der Umsetzung und vor allem dem Aufbau eines Diversity-Controllings sein. Hier empfiehlt Jablonski die Entwicklung von Diversity Score Cards bzw. von Diversity Cockpits.

Jablonski schlägt die folgenden Kriterien zur Entscheidung für oder gegen die Beauftragung von Beratungsunternehmen in Diversity-Fragen vor (Jablonksi in diesem Band):

- „Welche anderen Unternehmen wurden bisher mit welchen Inhalten beraten?
- Wie lange berät das Unternehmen zu Diversity Management?
- Gibt es erfolgreiche Referenzen von anderen Unternehmen?
- Hat das Beratungsunternehmen selbst erfolgreiche Schritte zur Umsetzung von Diversity Management unternommen, zum Beispiel durch die Unterzeichnung der Charta der Vielfalt?[21]
- Wie verbindlich ist das Unternehmen im eigenen Diversity Management? Spiegelt sich in den Produkten des Beratungsunternehmens das Thema Vielfalt wider?
- Hat die Beratung die Kapazität, um die beschriebenen Leistungen im genannten Zeitraum zu erfüllen?"

---

[21] www.charta-der-vielfalt.de.

Daniela De Ridder stellt am Beispiel des Auditierungsverfahren „Vielfalt gestalten in NRW" dar, inwieweit und in welcher Form Diversity-Konzepte sinnvoll auditierbar sind. Das hier dargestellte Projekt

> verfolgt den Ansatz, die Hochschulen mit einem holistischen Konzept bei einem Veränderungsprozess zu begleiten, der Vielfalt ermöglicht, vorhandene Strukturen produktiv nutzt und eine Kultur der Wertschätzung von Vielfalt schafft. Darüber hinaus sollten die unterschiedlichen Ressourcen der Studierenden und Beschäftigten in den Lernkulturen, Lehrstrukturen und in der gesamten Organisation von Studium und Lehre sowie den flankierenden Service- und Beratungsleistungen der Hochschulen Berücksichtigung finden. Dieses Programm stellt somit auch hohe Anforderungen an die interne Kommunikation der Hochschulleitungen und aller anderen mitwirkenden HochschulakteurInnen (De Ridder in diesem Band).

Die Autorin stellt die Besonderheit hochschulpolitischer Diversitykonzepte heraus und betont hierbei insbesondere die Bedeutung kulturellen Wandels, der auch angesichts identifizierbarer generell wirksamer Trends (wachsendes Interesse an Bildung, demographischer Wandel, Internationalisierung) die Spezifität der jeweiligen Hochschule dringend berücksichtigen muss. Dies macht Diversity auch an Hochschulen zur „Chefsache". Das von der Autorin mitentwickelte Auditierungsverfahren verknüpft konsequent gesellschaftspolitische mit hochschulpolitischen Zielen und nimmt dabei sowohl die Perspektive der Lehrenden als auch der Lernenden ein.

Der Kern dieses Beitrages lässt sich mit folgenden Worten zusammenfassen:

> Handlungsleitend ist dabei die zentrale Frage, wie eine Hochschule zukünftig mit Menschen umgehen will, die nicht ins normative Schema, nicht in die gängige Normalitätserwartung der Hochschulen passen. Sollen Ressourcen und Potenziale eingebunden und erschlossen werden, kann das Anderssein von Personen jedenfalls nicht mehr als Abweichen von einer impliziten Norm oder gar als Defizit wahrgenommen werden (De Ridder in diesem Band).

In ihrer Gesamtheit zeigen die hier vorgestellten Beiträge die große Vielfalt der Beziehungen auf, die CSR und Diversity zueinander eingehen können. Es wird deutlich, dass beide Konzepte voneinander profitieren können, diese Potentiale bislang, aus den verschiedensten Gründen heraus, aber noch nicht ausgeschöpft werden. Insofern eröffnet der hier vorgelegte Band der Diskussion in Wissenschaft und Praxis jeweils für sich, aber auch dem transdisziplinären Diskurs, der nicht nur verschiedene Disziplinen miteinander sondern diese auch mit der Praxis verbindet, neue Felder, die zu beackern sind, um CSR und Diversity nachhaltig erfolgreich zu machen.

Literatur

Aretz HJ, Hansen K (2002) Diversity und Diversity Management im Unternehmen. Eine Analyse aus systemtheoretischer Sicht. LIT, Münster

Aretz HJ, Hansen K (2003a) Erfolgreiches Management von Diversity. Die multikulturelle Organisation als Strategie zur Verbesserung einer nachhaltigen Wettbewerbsfähigkeit. ZfPF 17(1):9–36

Aretz HJ, Hansen K (2003b) Diversity Management – ein Konzept für den Umgang mit Vielfalt und Komplexität. ZfO 72(4):192–198

Ashcraft KL (2013) The Glass Slipper. „Incorporating" occupational identity in management studies. Aom Rev 38(1):6–31

Avery DR, Thomas KM (2004) Blending Content and Contact: The Roles of Diversity Curriculum and Campus Heterogeneity in Fostering Diversity Management Competency. Acad Manag Learn Educ 3(4):380–396

Bacharach S, Bamberger PA, Vashdi D (2005) Diversity and homophily at work: supportive relations among White and African-American peers. Aom J 48(4):619–644

Balser S (1999) Abschied von der Monokultur: Diversity als Spiegel der Welt. Personalführung 29(5):14–16

Basu K, Palazzo G (2008) Corporate Social Responsibilty: A Process Model of Sensemaking. AMR 33(1):122–136

Belinszki E, Hansen K, Müller U (Hrsg) (2003) Diversity Management. Best Practices im internationalen Feld. LIT, Münster

Benshop Y (2006) Of small steps and the longing for giant leaps: research on the intersection of sex and gender within work and organizations. In: Konrad AM, Prasad P, Pringle JK (Hrsg) Handbook of workplace diversity. Sage, London, S 273–298

Bissels S, Sackmann S, Bissels T (2001) Kulturelle Vielfalt in Organisationen. Ein blinder Fleck muss sehen lernen. Soziale Welt 52:403–426

Boerner S, Keding H, Hüttermann H (2012) Gender Diversity und Organisationserfolg – Eine kritische Bestandsaufnahme. ZfbF 64:37–70

Boone C, Olffen W van, Witteloostuijn A van, Brabander B de (2004) The genesis of top management team diversity: selective turnover among top management teams in Dutch Newspaper Publishing 1970-94. Aom J 47(5):633-656

Borghoff W (2003) Ford Werke Deutschland. Ein Gespräch mit Wilma Borghoff. In: Belinszki E, Hansen K, Müller U (Hrsg) Diversity Management, Best Practices im Internationalen Feld. LIT, Münster, S 313–325

Bourdieu P (1982/1987) Die feinen Unterschiede. Kritik der gesellschaftlichen Urteilskraft. Suhrkamp, Frankfurt a. M.

Braun G, Kestel C (2013) Zutritt verwehrt. Harv Bus Manag 50–58

Buche A, Gottburgsen A (2012) Migration, soziale Herkunft und Gender: „Intersektionalität" in der Hochschule. In: Pielage P, Proes L, Schultze G (Hrsg) Soziale Ungleichheit in der Einwanderungsgesellschaft. Tagungsdokumentation im Auftrag der Abteilung Wirtschafts- und Sozialpolitik der Friedrich Ebert-Stiftung. Friedrich-Ebert-Stiftung, Bonn, S 113–126

Buermann AD, Hansen K, Biele Mefebue A, Rosenbaum M, Thiele-Manjali U, Mielke A (2015) Frauen in Top-Management-Teams. Zur Bedeutung ‚geglückter' Sichtbarkeit eines ‚angemessenen' Habitus. LIT, Berlin

Chatman JA, O'Reilly CA (2004) Asymmetric Reactions to Work Group Sex Diversity Among Men and Women. AoMJournal 47(2):193–208

Cornelissen JP, Durand R, Fiss PC, Lammers JC, Vaara E (2015) Putting Communication Front and Center in Institutional Theory and Analysis. Aom Rev 40(1):10–27

Cox TH, Blake St (1991) Managing cultural diversity. Aom Exec 5(3):45–55

Crenshaw K (1989) Demarginalizing the intersection of race and sex: a black feminist critique of antidiscrimination doctrine. Univ Chic Leg Forum 139–167

Crenshaw K (1991) Mapping the margins. Intersectionality, identitiy politics, and violence against women of color. Stanf Law Rev 43(6):1241–1299

Devinney TM (2009) Is the socially responsible corporation a myth? The good, the bad, and the ugly of corporate social responsibility. Aom Perspect 23(2):44–56

Devinney TM (2013) Is microfoundational thinking critical to management thought and practice? Aom Perspec 27(2):81–84

Dietze G, Hornscheidt L, Palm K, Walgenbach K (2012) Einleitung zu Walgenbach, K. et al, S 7–22

DiStefano JJ, Maznewski ML (2000) Creating value with diverse teams in global management. Organ Dyn 29(1):45–63

Doh JP, Quigley NR (2014) Responsible Leadership and Stakeholder Management: Influence Pathways and Organizational Outcomes. Aom Perspec 28(3):255–274

Edmondson AC (2012) Teaming. How Organizations Learn, Innovate and Compete in the Knowledge Economy. Jossey Bass, San Francisco

Ely RJ, Thomas DA (2001) Cultural Diversity at Work. The Effects of Diversity Perspectives on Work Group Processes and Outcomes. Adm Sci Q 46(2):229–273

Europäische Kommission (o.J.) Sustainable and responsible business Corporate Social Responsibility (CSR). http://ec.europa.eu/enterprise/policies/sustainable-business/corporate-social-responsibility/index_en.htm. Zugegriffen: 09. Mai 2013

Europäische Kommission (2011) Communication from the Commission to the European Parlament, the Council, the European Economic and Social Committee and the committee of the Regions. http://eur-lex.europa.eu/LexUriServ/LexUriServ.do?uri=COM:2011:0681:FIN:EN:PDF. Zugegriffen: 9. Mai 2013

Gebert D (2004) Durch diversity zu mehr Teaminnovativität? DBW 64(4):412–430

Gebert D, Boerner S, Chatterjee D (2011) Diversity – diskutieren oder tabuisieren? Eine explorative Studie in Indien. ZfM 6:287–314

Geulen D, Hurrelmann K (1980) Zur Programmatik einer umfassenden Sozialisationstheorie. In: Hurrelmann K, Ulich D (Hrsg) Handbuch der Sozialisationsforschung. Juventa, Weinheim, S 51–67

GLOBAL CSR and BBI International (o.J.) My business and human rights. http://ec.europa.eu/enterprise/policies/sustainable-business/files/csr-sme/human-rights-sme-guide-final_en.pdf. Zugegriffen: 09. Mai 2013

Grieshuber E (2012) CSR als Hebel für ganzheitliche Innovation. In: Schneider A, Schmidpeter R (Hrsg) Corporate social responsibility: Verantwortungsvolle Unternemensführung in Theorie und Praxis. Springer, Berlin, S 371–384

Groysberg B, Bell D (2013) Fehlfunktion im Führungsgremium. Harv Bus Manag 35–49

Hanappi-Egger E (2012) Diversitätsmanagement und CSR. In: Schneider A, Schmidpeter R (Hrsg) Corporate social responsibility. Springer, Berlin, S 177–190

Hansen K (2007) Diversity – ein Beitrag zur Geschlechtergerechtigkeit? In: Steinmetz B, Vedder G (Hrsg) Diversity Management und Antidiskriminierung. Springer, Weimar, S 25–35

Hansen U (2012) Glaubwürdigkeit und Sichtbarkeit von Corporate Social Responsibility. In: Hansen U, Schoenheit I (Hrsg) Corporate Social Responsibility. Auf dem weg zu Akzeptanz und Glaubwürdigkeit. Imug, Hannover, S 301–316

Hansen K, Aretz HJ (2011) Diversity Management. In: Wollert A, Knauth P (Hrsg) Human Ressource Management Symposion. Digitale Fachbibliothek, Düsseldorf

Hansen K, Goos G (1997) Frauenorientiertes Personalmarketing. Chancen – Wege – Perspektiven. Verlag Wissenschaft und Praxis Dr. Brauner, Sternenfels

Hansen U, Schrader U (2012) Corporate Social Responsibility als aktuelles Thema der Betriebswirtschaftslehre. In: Hansen U, imug, Schoenheit I (Hrsg) Corporate social responsibility. Auf dem Weg zu Akzeptanz und Glaubwürdigkeit. imug, Hannover, S 141–176

Hansen K, Ladegard G, Bührmann AD (2012) What constitutes an appointable board room candidate? An explorative study in Germany and Norway. Paper presented on the EURAM Annual Meeting, Rotterdam, June 2012.

Hardenberg A von, Girg E (2003) Deutsche Bank AG. Ein Gespräch mit Aletta von Hardenberg und Elisabeth Girg. In: Belinszki E, Hansen K, Müller U (Hrsg) Diversity management: best practices im internationalen Feld. Springer, Münster, S 293–312

Harrison DA, Klein KJ (2007) What is the difference? Diversity constructs as separation, variety, or disparity in organizations. Aom Rev 32(4):1199–1228

Hong H-J, Doz Y (2013) Kulturelle Vielfalt als Strategie. Harv Bus Manag 38–45

Horwitz SK, Horwitz IB (2007) The effects of team diversity on team outcomes: a meta-analytic review of team demography. JoM 33(6):987–1015

Huse M (2008) Women directors and the „black box" of board behavior. In: Vinnicombe S, Singh V, Burke RJ, Bilimoria D, Huse M (Hrsg) Women on corporate boards of directors. Edward Elgar, Northampton, S 140–151

Ibarra H, Ely R, Kolb D (2013) Aufstieg mit Hindernissen. Harv Bus Manag 24–32

ISO (2010) Discovering ISO 26000. http://www.iso.org/iso/discovering_iso_26000.pdf. Zugegriffen: 09. Mai 2013

Joshi A (2006) The influence of organizational demography on the external networking behavior of teams. Aom Rev 31(3):583–595

Jutterström M (2013) Similarities and differences between management ideas. In: Jutterström M, Norberg P (Hrsg) CSR as a management idea. Edward Elgar, Cheltenham, S 16–35

Jutterström M, Norberg P (2013) CSR as a management idea. In: Jutterström M, Norberg P (Hrsg) CSR as a management idea. Edward Elgar, Cheltenham, S 1–15

Kanter RM (1977) Men and women in the corporation. Minorities and majorities; contributions to practice. Basic Books, New York

Kaplan RS, Norton DP (2004) Strategy maps. Harvard Business School Press, Boston

King EB, Dawson JF, West MA, Gilrane VL, Peddie CI, Bastin L (2011) Why organizational and community diversity matter: representativeness and the emergence of incivility and organizational performance. AoM J 54(6):1103–1118

Knapp GA (2011) Gleichheit, Differenz, Dekonstruktion und Intersektionalität: Vom Nutzen theoretischer Ansätze der Frauen- und Geschlechterforschung. In: Krell G, Ortlieb R, Sieben B (Hrsg) Chancengleichheit durch Personalpolitik. Springer, Wiesbaden:, S 71–82

Knippenberg D van, Dreu CKW de, Homann AC (2004) Work group diversity and group performance: an integrative model and research agenda. J Appl Psychol 89:1008–1022

Kravitz DA (2007) Can we take the guesswork out of diversity practice selection? AOM Perspect 21(2):80–81

Krell G (2011) Geschlechterungleicheiten in Führunhgspositionen. In: Krell G, Ortlieb R, Sieben B (Hrsg) Chancengleichheit durch Personalpolitik. Gabler, Wiesbaden, S 403–422

Krell G, Sieben B (2011) Diversity Management: Chancengleichheit für alle und auch als Wettbewerbsvorteil. In: Krell G, Ortlieb R, Sieben B (Hrsg) Chancengleichheit durch Personalpolitik. Gabler, Wiesbaden, S 155–174

Lane HW, Maznevski ML (2014) International Management Behavior. Global and Sustainable Leadership, 7. Aufl. Wiley, Chichester

Lau DC, Murnighan JK (1998) Demograhic diversity and faultlines: the compositional dynamics of organizational groups. AoM Rev 23(2):325–340

Lau DC, Murnighan JK (2005) Interactions within groups and subgroups: the effects of demographic faultlines. AoM J 48(4):645–660

Lawrence TB, Maitlis S (2012) Care and possibility: enacting an ethic of care through narrative practice. AoM Rev 37(4):641–663

Li J, Hambrick DC (2005) Factional groups: a new vantage on demographic faultlines, conflict, and disintegration in work teams. AoM J 48(5):794–813

Litvin DR (2006) Diversity: make space for a better case. In: Konrad AM, Prasad P, Pringle JK (Hrsg) Handbook of workplace diversity. Sage, London, S 75–94

Lorey I (2008) Kritik und Kategorie. Zur Begrenzung politischer Praxis durch neuere Theoreme der Intersektionalität, Interdependenz und Kritischen Weißseinsforschung. http://eipcp.net/transversal/0806/lorey/de. Zugegriffen: 8. März 2013

Machold S, Huse M, Hansen K, Brogi M (2013) Getting women on to corporate boards: a snowball starting in Norway. Edward Elgar, Northampton

Matten D, Moon J (2008) "Implicit" and "Explicit" CSR: a conceptual framework for a comparative understanding of corporate social responsibility. AoM Rev 33(2):404–424

McDonald ML, Westphal JD (2013) Access denied: low mentoring of women and minority first-time directors and its negative effects on appointment to additional boards. AoM J 56(4):1169–1198

Meyerson DE, Fletcher JK (2002) A modest manifesto for shattering the glass ceiling. Harvard Business Review on Managing Diversity, Boston, S 67–93 (Erstdruck HBM 2000)

Morisson AM, White RP, Velsor E van (1987) Breaking the glass ceiling: can women reach the top of America's largest corporations? Addison-Wesley, MA

Müller U (2002) Geschlecht im Management – ein soziologischer Blick. Wirtschaftspsychologie 4(1):5–10

Nederveen Pieterse A, Knippenberg D van, Dierendonck D van (2013) Cultural diversity and team performance: the role of team member goal orientation. AoM J 56(3):782–804

Nestvogel R (1999) Sozialisation im „Weltsystem". ZSE 19(4):388–404

Nielsen S, Huse M (2010) Women directors' contribution to board decision-making and strategic involvement: the role of equality perception. Eur Manag Rev 7(1):16–29

Ocasio W, Loewenstein J, Nigam A (2015) How Streams of Communication Reproduce and Change Institutional Logics: The Role of Categories. AoM Rev 40(1):28–48

OHCR (2011) Guiding principles on business and human rights. http://www.ohchr.org/Documents/Publications/GuidingPrinciplesBusinessHR_EN.pdf. Zugegriffen: 09. Mai 2013

Peters O (2003) Procter & Gamble Deutschland. Ein Gespräch mit Olaf Peters. In: Belinszki, Hansen, Müller (Hrsg) Diversity Management. Best Practices im internationalen Feld. LIT, Münster, S 338–350

Ployhart RE, Moliterno TP (2011) Emergence of the human capital resource: a multilevel model. AoM Rev 36(1):127–150

Popcorn F, Marigold L (2001) EVAlution. Die neue Macht des Weiblichen. Wilhelm Heyne, München

Porter ME, Kramer MR (2012) Shared Value. Die Brücke von Corporate Social Responsibility zu Corporate Strategy. In: Schneider A, Schmidpeter R (Hrsg) Corporate Social Responsibility: Verantwortungsvolle Unternehmensführung in Theorie und Praxis. Springer, Berlin, S 137–154

Prasad P, Pringle JK, Konrad AM (2006) Examining the contours of workplace diversity: concepts, contexts and challenges. In: Konrad AM, Prasad P, Pringle JK (Hrsg) Handbook of workplace diversity. Sage, London, S 1–22

Roberson L, Kulik CT (2007) Stereotype threat at work. AoM Perspect 21(2):24–40

Roberts LM (2005) Changing Faces: Professional Image Construction in Diverse Organizational Settings. Acad Manag Rev 30(4):685–711

Roland Berger Strategy Consultants (2012) Diversity & Inclusion. Eine betriebswirtschaftliche Investition. http://www.rolandberger.de/media/pdf/Roland_Berger_Diversity_and_Inclusion_D_20120716.pdf. Zugegriffen: 07. Juni 2013

Ryan MK, Haslam SA (2007) The glass cliff: exploring the dynamics. Surrounding the appointment of women to precarious leadership positions. AoM Rev 32(2):549–572

Schmidpeter R (2013) Das Gegensatzdenken proaktiv überwinden. http://www.verantwortungzukunft.com/sites/verantwortungzukunft.de/files/images/VZ_Magazin_Ausgabe_2_2013_Titel-story.pdf. Zugegriffen: 07. Juni 2013

Schneider A (2012) Reifegradmodell CSR – eine Begriffsklärung und -abgrenzung. In: Schneider A, Schmidpeter R (Hrsg) Corporate Social Responsibility – Verantwortungsvolle Unternehmensführung in Theorie und Praxis. Springer, Berlin, S 17–38

Schneider A, Schmidpeter R (Hrsg) (2012) Corporate social responsibility. Springer, Berlin

Siegel DS (2014) Responsible Leadership. AoM Perspect 28(3):221–223

Stahl GK, Sully de Luque M (2014) Antecedents of Responsible Leader Behavior: a Research Synthesis, Conceptual Framework, and Agenda for Future research. AoM Perspect 28(3):235–254

Stewart MM, Crary M, Humberd BK (2008) Teaching value in diversity: on the folly of espousing inclusion, while practicing exclusion. AMLE 7(3):374–386

Stuber M (2009) Wirtschaftliches und soziales Engagement im Einklang. Personalwirtschaft (3):39–41. http://www.diversity-wissen.de/downloads/Div-09-mrz-Personalwirtschaft-CSRundDiversity. Zugegriffen: 09. Mai 2013

Thomas RR (1996) Redefining diversity. Amacon, New York

Thomas DA, Ely RJ (1996) Making differences matter. Harv Bus Rev 79–91

Torchia M, Calabrò A (2009) A critical mass perspective on the contribution of women directors on board tasks. Paper presented at the AOM Annual Meeting, Chicago, August.

Tyrtania H (2003) Ein Gespräch mit Heike Tyrtania. In: Belinszki E, Hansen K, Müller U (Hrsg) Diversity Management. Best Practices im internationalen Feld. LIT, Münster, S 280–292

Waldman DA, Balven RM (2014) Responsible Leadership: Theoretical Issues and Research Directions. AoM Perspectives 28(3):224–234

Walgenbach K (2012a) Gender *als* interdependente Kategorie. In: Walgenbach et al (Hrsg) Gender als interdependente Kategorie. Neue Perspektiven auf Intersektionalität, Diversiät und Heterogenität, 2. Aufl. Barbara Budrich, Opladen, S 23–64

Walgenbach K (2012b) Intersektionalität – Eine Einführung. www.portal-intersektionalität.de. Zugegriffen: 29. Jan. 2013

Walgenbach K, Dietze G, Hornscheidt L, Palm K (Hrsg) (2012) Gender als interdependente Kategorie. Neue Perspektiven auf Intersektionalität, Diversiät und Heterogenität, 2. Aufl. Barbara Budrich, Opladen

Walzer M (2000) Komplexe Gleichheit. In: Krebs A (Hrsg) Gleichheit oder Gerechtigkeit. Texte der neuen Egalitarismuskritik. Suhrkamp, Frankfurt/M, S 172–214

Wiliams CL (1992) The glass escalator: hidden advantages for men in the „female" professions. Soc Probl 39(3):253–267

Winker G, Degele N (2010) Intersektionalität. Zur Analyse sozialer Ungleichheiten, 2. Aufl. transcript, Bielefeld

Prof. Dr. Katrin Hansen ist seit 1994 Professorin an der Westfälischen Hochschule. Seit 2008 ist sie dort Vizepräsidentin für Planung, Finanzen und Internationales, seit 2014 Vizepräsidentin für Lehre, Studium und Internationales. Forschungsprojekte im Bereich Diversity Management, Interkulturelle Zusammenarbeit, Cross-Cultural Learning, Entrepreneurship, hierzu zahlreiche Veröffentlichungen und Vorträge. Mitherausgeberin der Zeitschrift ARBEIT. Mitglied in AoM und in EURAM.

Teil I
Zur Beziehung zwischen Diversity und CSR

Günther Vedder und Florian Krause
Iris Koall und Verena Bruchhagen
Andrea D. Bührmann
Aletta Gräfin von Hardenberg und Kerstin Tote

Einleitung
In welcher Beziehung stehen CSR und Diversity bzw. in welcher Beziehung zueinander können oder sollten sie stehen?

Diese Beiträge fokussieren vor allem Fragestellungen der Meso-Ebene, der Organisation, ihrer Strategie, Kultur und Struktur, aber sie thematisieren auch die Position der relevanten Akteur_innen ein und stellen den Bezug zur Makro-Ebene (Wirtschaft, Gesellschaft, Politik) her.

Sowohl Diversity als auch CSR sind durch eine Vielfalt von Ansätzen und durch Vielfalt in der praktischen Umsetzung charakterisiert. Es kann daher keine generelle Antwort darauf gefunden werden, welches Verhältnis Diversity und CSR eingehen können oder sollen. Deutlich wurde aber bereits im einleitenden Kapitel, dass einige Konzepte wie insbesondere „Shared Value" und das Verständnis von CSR und Diversity als Organisationsreform bzw. organisationalem Lernen deutliche inhaltliche Überschneidungen zeigen und auch Parallelen in den Umsetzungsprozessen nahelegen. Ausführlich stellen Günther Vedder und Florian Krause in ihrem Beitrag zu diesem Band diese und weitere Gemeinsamkeiten dar. Insbesondere weisen sie auf eine sehr hohe Zielkompatibilität auf allen Ebenen hin.

Bei einer abgestimmten Zusammenarbeit von Diversity- und CSR-Verantwortlichen ist angesichts dieser Nähe von der Existenz relevanter Synergien auszugehen, die zurzeit in den Unternehmen aber offensichtlich nicht gehoben werden. Aletta von Hardenberg und Kerstin Tote führen dies auf die strukturelle und organisatorische Trennung beider Ansätze trotz inhaltlicher Übereinstimmung zurück. Vedder und Krause konstatieren in ihrem Beitrag sogar „Berührungsängste", die in erster Linie von der Diversity-Seite auszugehen scheinen und dort durch Ängste vor einer Vereinnahmung durch die bereits stärker verankerten CSR-Aktivitäten geschürt werden.

Eine systemische Perspektive nehmen Iris Koall und Verena Bruchhagen ein. Sie unterscheiden die Ebene der Interaktion von Personen, die intermediale Ebene von Gruppen oder Teams, die Ebene der Organisation und die gesellschaftliche Präsenz. Ihr Anliegen ist es, Impulse für eine kritische Nutzung von Differenz und sozialer Vielfalt im Rahmen der CSR zu setzen („diversityoffene CSR"). Dies bedeutet, ethisches und betriebswirtschaftliches Denken nicht als Gegensätze zu konstituieren sondern Mitverantwortung im Eigeninteresse erfolgreich agierender Unternehmen anzusiedeln. Diversity wird dabei als Irritation oder „Zumutung" für die Organisation interpretiert.

Andrea D. Bührmann stellt ihre Überlegungen zum Verhältnis zwischen (Corporate) Social Responsibility und Diversity Management aus der Perspektive der reflexiven Diversitätsforschung an. Sie skizziert zentrale Bestimmungsmomente einer reflexiven Diversitätsforschung, um dann die unterschiedlichen Problematisierungen des CRS und DiM vor- und ihre unterschiedlichen Konzeptionen darzustellen. Ihre Analyse unterschiedlicher Verhältnisse zwischen diesen Konzeptionen nutzt sie, um einen Beitrag zu einer differenzierte/re/n Verhältnisbestimmung zwischen CRS und DiM zu leisten.

Corporate Social Responsibility und Diversity Management – eine Win-Win-Situation

Günther Vedder und Florian Krause

1 Hinführung zum Thema

In den letzten 30 Jahren wurde das Spektrum der Managementkonzepte um Corporate Social Responsibility (CSR) und Diversity Management (DiM) erweitert. Obwohl es sich um artverwandte Vorgehensweisen handelt, wurden die Gemeinsamkeiten und Unterschiede der Konzepte bisher nur selten herausgearbeitet (vgl. Stuber 2009b; Hanappi-Egger 2012). Folgende Fragen blieben dabei meist unbeantwortet: Ist DiM ein Teil von CSR? Oder CSR ein Element von DiM? Existieren beide Konzepte relativ unverbunden nebeneinander? Oder gibt es eine mehr oder weniger große Schnittmenge? Lässt sich eine Win-Win-Situation herstellen, wenn Organisationen beide Konzepte parallel anwenden?

Dieser Artikel beschäftigt sich mit den Ursprüngen, gesellschaftlichen Treibern, Zielsetzungen, Instrumenten sowie der Implementierung und Erfolgsmessung der beiden Managementkonzepte. In Abschn. 2 wird zunächst ein systematischer Konzeptvergleich zwischen CSR und DiM vorgenommen. Anschließend widmet sich Abschn. 3 der Frage, in welcher Beziehung die beiden Konzepte zueinander stehen. Weiterhin geht es um mögliche Konflikte und Synergien zwischen DiM und CSR. Ausführungen zu den Rahmenbedingungen der Herstellung einer Win-Win-Situation runden den Beitrag ab.

G. Vedder (✉) · F. Krause
Institut für interdisziplinäre Arbeitswissenschaft, Leibniz Universität Hannover
Schlosswender Str. 7, 30159 Hannover, Deutschland
E-Mail: guenther.vedder@wa.uni-hannover.de

F. Krause
E-Mail: florian.krause@wa.uni-hannover.de

2 Ein systematischer Konzeptvergleich zwischen DiM und CSR

Bereits eine kurze Gegenüberstellung von zentralen Elementen der beiden Managementkonzepte verdeutlicht, dass es sowohl auffällige Gemeinsamkeiten als auch Unterschiede gibt (vgl. Tab. 1). In beiden Fällen handelt es sich um Verpflichtungen, die freiwillig eingegangen werden, deren Umfang ganz unterschiedlich ausfallen und an die Rahmenbedingungen der jeweiligen Organisation angepasst werden kann.

Sowohl die Legitimationen als auch die gesellschaftlichen Treiber weisen Differenzen, aber auch einen gemeinsamen thematischen Kern auf. Um diese Zusammenhänge zu verstehen, macht es Sinn, die historische Entwicklung von CSR und DiM sowie einzelne Elemente der Konzepte systematisch miteinander zu vergleichen.

2.1 Wo liegen die Ursprünge von DiM und CSR?

Die historischen Wurzeln von DiM reichen zu den sozialen Protesten der US-amerikanischen Bürgerrechtsbewegung in die 1950er und 1960er-Jahre zurück. In deren Folge wurden in den USA diverse Anti-Diskriminierungs-Gesetze verabschiedet, die zwar Mindestanforderungen definierten, aber kaum echte Fortschritte für die Gleichberechtigung unterschiedlicher Personengruppen in Organisationen mit sich brachten. Präsident Ronald Reagan entschärfte die juristischen Vorgaben zur Herstellung von Chancengleichheit ab 1981 sogar wieder und brachte damit die Equal Employment Opportunity-Bewegung gegen sich auf (vgl. Vedder 2006). Vor diesem Hintergrund entwickelten DiM-Pioniere wie Elsie Cross, Taylor Cox Jr., Susan Jackson, Roosevelt Thomas Jr., Judy Rosener und Marilyn Loden Mitte der 1980er-Jahre ein Konzept, das die Arbeitgeber mit *moralischen, juristischen und vor allem ökonomischen Argumenten* vom Nutzen eines konstruktiven Umgangs mit personeller Vielfalt in Organisationen überzeugen sollte. Es ging ihnen einerseits um Toleranz, Respekt, Verantwortung von Vorgesetzten und der Realisierung von Wettbewerbsvorteilen. Andererseits warnten sie vor den negativen Folgen von Vorurteilen, Diskriminierung, unbearbeiteten Konflikten und ungenutzten Marktchancen (vgl. Thomas

Tab. 1 Gemeinsamkeiten und Unterschiede von DiM und CSR. (Quelle: Eigene Darstellung in Anlehnung an Hanappi-Egger 2012, S. 184)

	Diversity Management	Corporate Social Responsibility
Organisation	Offenes System	Offenes System
Verpflichtung	Freiwillig	Freiwillig
Gesellschaftliche Treiber	Demografischer Wandel, Wertewandel, Internationalisierung, Innovationsdruck, rechtliche Grundlagen	Anforderungen der Stakeholder, ökologische Nachhaltigkeit, Fairness und Gerechtigkeit
Legitimation	Ökonomischer Nutzen und systematische Anti-Diskriminierung	Soziale, ökonomische und ökologische Verantwortung

2001). Einen besonderen Schub erhielt die noch junge DiM-Bewegung 1987 durch die Publikation *Workforce 2000* zur Entwicklung des US-amerikanischen Arbeitsmarktes (vgl. Johnston und Packer 1987). Dieser Bericht prognostizierte, dass der Anteil weißer Männer an der Erwerbsbevölkerung im 21. Jahrhundert deutlich zurückgehen wird und die *high potentials* vermehrt innerhalb der Minderheitengruppen zu finden sein werden. Vor allem jene Organisationen, die einerseits Angst vor Rekrutierungsproblemen hatten und andererseits die spezifischen Bedürfnisse ihrer vielfältigen Beschäftigten besser berücksichtigen wollten, wandten sich daraufhin dem DiM zu. Über multinationale Unternehmen (z. B. Ford, IBM, Hewlett-Packard) kam das Konzept Mitte der 1990er-Jahre schließlich nach Deutschland, wo es vor allem von großen Arbeitgebern (z. B. Daimler, Lufthansa, Deutsche Bank) aufgegriffen wurde (vgl. Vedder 2006).

Die ersten Ansätze zu CSR werden von Carroll (1999) auf die 1950er-Jahre datiert. Damals wurden die unter dem Konstrukt gefassten Thematiken jedoch noch nicht konsequent unter dem Begriff CSR geführt, dieser war vielmehr einer von vielen. Einschlägig war zu dieser Zeit z. B. Bowen (1953) *Social Responsibility of the Businessman*. In Deutschland gibt es ebenfalls eine Fülle von Begriffen, vom „ehrbaren Kaufmann" über „Nachhaltigkeit" bis zur „Sozialen Verantwortung", die heute häufig unter dem Konzept CSR subsumiert werden, streng genommen jedoch eigene Ansätze darstellen. Zu einem dominanten Label wurde CSR erst in den 1990er-Jahren, u. a. durch Carroll (1991), dessen CSR-Pyramide in der CSR-Literatur häufig zitiert wird. Trotz der Präsenz des Begriffs bleibt CSR, global betrachtet, ein nur schwer eindeutig zu definierender Dachterminus, dessen jeweilige Interpretation abhängig ist vom kulturellen Kontext, nationalen Business System und auch der individuellen Organisation (vgl. Höllerer 2013). In Deutschland breit akzeptiert ist die Definition der Europäischen Kommission, nach der CSR ein System ist, „das den Unternehmen als Grundlange dient, auf freiwilliger Basis soziale Belange und Umweltbelange in ihre Unternehmenstätigkeit und in die Wechselbeziehungen mit den Stakeholdern zu integrieren" (2001). Etwas später definiert die EU als CSR „die Verantwortung von Unternehmen für ihre Auswirkungen auf die Gesellschaft" (2011). Für den Zweck dieses Kapitels wird unter CSR die Übernahme freiwilliger gesellschaftlicher Verantwortung von Unternehmen, über ihre rechtliche Pflichten und gesellschaftliche Erwartungen hinaus verstanden.

Die Auseinandersetzung mit der eigenen gesellschaftlichen und ökologischen Verantwortung losgelöst von gesetzlichen Vorgaben unter dem Label CSR kam in Deutschland erst durch das Grünbuch der EU Kommission und (bei multinationalen Konzernen) durch Anforderungen ausländischer Fonds in Fahrt. Diese relativ späte Thematisierung von CSR hat ihre Wurzeln wohl zu einem gewissen Teil darin, dass die öffentliche Kommunikation sozialer Verantwortung ungewöhnlich ist, da die Konformität von Unternehmen mit gesellschaftlichen Rahmenbedingungen durch die vorhandenen Institutionen sichergestellt wird. Darüber hinaus gehende freiwillige Aktivitäten unter dem Begriff „soziale Verantwortung" sind hierzulande im Vergleich etwa zu den USA nur in geringerem Umfang vorhanden. Dies ist auch bedingt durch die korporatistische Struktur der hiesigen Wirtschaft, den vergleichsweise guten Sozialsystemen, starken gesetzlichen Regulierungen zum Arbeitsschutz und Umweltstandards sowie der seit den 1880er-Jahren durch die Einführung von Sozialsystemen in der Gesellschaft gewachsenen Perspektive auf den Staat als Problemlöser. Gewerkschaften sehen in der Propagierung freiwilliger Selbstverpflichtungen mit CSR daher auch ein Hemmnis für einen Ausbau verbindlicher Gesetze zum Arbeitsschutz, zur Mitbestimmung etc. (vgl. Haunschild und Krause 2014). Die damit zumindest implizit verbundene Vorstellung, dass Unternehmen selbst stark definieren, was ihre soziale Verantwortung ist, erscheint fremd in einem System, in dem traditionell die Gesellschaft die Felder unternehmerisches Handeln jenseits der Produktion festlegt (z. B. das duale Ausbildungssystem) (vgl. ebenda). Matten und Moon (2008) haben dieses Problem dahingehend gelöst, dass sie zwischen implizitem und explizitem CSR unterscheiden. Danach ist in Deutschland CSR als explizites Element von Managementstrategien weniger verbreitet, wohingegen implizit CSR durch die Rolle des Unternehmens in der Gesellschaft vorhanden ist.

2.2 Was sind die gesellschaftlichen Treiber von DiM und CSR?

Die Verbreitung von DiM wird maßgeblich durch einige wirtschaftliche Megatrends beeinflusst, die weltweit wirken und Organisationen vor neue Herausforderungen stellen. Dazu gehört die *Internationalisierung* der Geschäftstätigkeit, die zu mehr Interaktionen zwischen Menschen aus verschiedenen Ländern führt (vgl. Vedder 2011). Sprachkenntnisse, kulturelle Kompetenzen sowie das Wissen um Unterschiede und Gemeinsamkeiten werden zum Konkurrenzvorteil, der durch das DiM-Konzept gefördert wird. Aus der Globalisierung resultiert ein starker *Innovationsdruck,* um das Produktportfolio im internationalen Wettbewerb permanent anpassen zu können. Echte Innovationen entstehen in der Regel nicht, wenn eine homogene Gruppe mit ähnlichen Kenntnissen und Denkweisen an einem Problem arbeitet. Sie erfordern vielmehr divers zusammengesetzte Teams, in denen ganz unterschiedliche Kompetenzen und Herangehensweisen zu neuen Ideen führen können. *Unternehmenszusammenschlüsse und - übernahmen* gehören wie die Kooperation in strategischen Allianzen zum beruflichen Alltag vieler Beschäftigter (vgl. Stuber 2009a). In diesen Kontexten treffen unterschiedliche Organisationskulturen aufeinander und es bedarf einer guten Vorbereitung, um die zukünftige Zusammenarbeit erfolgreich zu gestalten. Das DiM-Konzept kann dazu beitragen, unterschiedliche Stärken wertzuschätzen, Konflikte zu vermindern sowie sich mit Respekt und Akzeptanz zu begegnen. Neben den wirtschaftlichen Megatrends wirkt in Deutschland vor allem der *demografische Wandel* als DiM-Treiber. Den Arbeitgebern wird zunehmend klar, dass der Rekrutierungspool kleiner wird, ältere Beschäftigte länger arbeiten und Arbeitsmarktreserven ausgeschöpft werden müssen (vgl. Schulz 2009). Dieser gesellschaftliche Trend geht mit einem *allgemeinen Wertewandel* einher, der unter anderem zu veränderten Lebenszielen führt. Diverse Angehörige der Generation Y erwarten flexiblere Arbeitsplätze, individuelle Karrierewege und interessante Tätigkeiten in einer modernen Unternehmenskultur (vgl. Stuber 2009b). Als letzter gesellschaftlicher DiM-Treiber seien noch die gesetzlichen Rahmenbedingungen in Deutschland erwähnt. Insbesondere das 2006 in Kraft getretene *Allgemeine Gleichbehandlungsgesetz* (*AGG*) hat die individuelle Entfaltung bei Achtung von Vielfalt sowie die Verhinderung von Benachteiligungen in den Mittelpunkt des Interesses gerückt (vgl. Krell und Sieben 2011).

Als gesellschaftliche Treiber von CSR wird häufig ein gestiegenes Bewusstsein der Verbraucher für die Themen sozialer und ökologischer Nachhaltigkeit über gesetzliche Vorgaben hinaus angesehen. Auch die Notwendigkeit zur Füllung von Lücken in den staatlichen und suprastaatlichen Regulierungsrahmen durch freiwillige Selbstverpflichtungen von Unternehmen (so genannte *Soft Laws*) wird als Grund für die Notwendigkeit angegeben, sich mit der sozialen und ökologischen Verantwortung von Unternehmen zu befassen. Die Gesellschaft fragt in der Regel dann nach der Verantwortung von Unternehmen, wenn diese den ihnen von der Gesellschaft zugewiesenen Handlungsrahmen übertreten haben und ihre *Licence to operate* in Frage steht. Hierauf reagieren unterschiedliche Business Systems in unterschiedlicher Art: In Deutschland stehen häufig die Rahmenbedingungen im Fokus, welche solches Handeln ermöglichen. Meist werden hier Regulierungslücken oder ein Versagen bestimmter Institutionen angeführt. In den USA wird eher die individuelle Schuld des Unternehmens in den Vordergrund gestellt, da z. B. die Rolle des Staates als legitimer Setzer von Rahmenbedingungen nicht so ausgeprägt ist. Argumente, warum CSR in Deutschland als explizites Konzept letztendlich doch Fuß gefasst hat, können, neben der Thematisierung durch die EU-Kommission, vor allem bei multinationalen Konzernen gefunden werden. Diese unterliegen nicht zuletzt den Anforderungen internationaler Shareholder, die häufig eine explizite CSR-Strategie (in der Regel in Form eines Berichtes) einfordern oder die Einhaltung bestimmter Internationaler Standards zur sozialen Verantwortung. Auch die Bundesregierung zeigte in den letzten Jahren Engagement im Bereich CSR, was u. a. in der Einrichtung des nationalen CSR-Forums durch das Bundesministerium für Arbeit und Soziales, des Labels „CSR-Made in Germany" und unterschiedlicher Best-Practice Initiativen, einer Nationalen Nachhaltigkeitsstrategie und eines „Aktionsplan CSR der Bundesregierung" (2010) mündete. Allgemein werden die Stakeholder eines Unternehmens als Treiber von CSR verstanden. Hierzu zählen neben den ArbeitnehmerInnen bzw. deren VertreterInnen auch NGOs, lokale BürgerInnen oder Initiativen, KundInnen etc. Im *Stakeholder Dialogue* können diese ihre Ansprüche an das Unternehmen formulieren und CSR-Aktivitäten einfordern. Gleichzeitig können relevante Gruppen so über Unternehmensziele informiert werden, um Konflikte bereits im Vorfeld zu vermeiden oder zu lösen, um möglichen medialen Protest zu vermeiden (EU-Kommission 2004).

2.3 Welche Zielsetzungen verfolgen DiM und CSR?

Das DiM-Konzept verfolgt das Ziel, den Bedürfnissen der vielfältigen Beschäftigten sowie Kundinnen und Kunden durch angepasste Angebote noch besser als bisher Rechnung zu tragen. Im Personalbereich geht es dabei um eine Differenzierung wenn nicht gar *In-*

dividualisierung von Personalpolitik (z. B. für einen Auszubildenden aus Spanien). Die besonderen Chancen vielfältig zusammengesetzter Belegschaften sollen genutzt und die spezifischen Risiken minimiert werden (vgl. Vedder 2011). Den DiM-Organisationen geht es um die Steigerung ihrer Arbeitgeberattraktivität, um bessere Rekrutierungschancen und damit auch um eine *Entschärfung des Fachkräftemangels.* Im Bereich der diversen Produktentwicklung entstehen neue Ideen für unterschiedliche Zielgruppen (z. B. Senioren-Handys, Reisen speziell für Schwule und Lesben), die mit Hilfe von *Diversity-Marketing* beworben werden. Die Kampagnen arbeiten immer seltener mit Durchschnittstypen, sondern greifen gesellschaftliche Trends in Richtung Vielfalt und Individualität zielgruppenorientiert auf (vgl. Stuber 2009a). Über allem stehen die juristisch-moralischen Ziele, niemanden zu diskriminieren, weitgehende *Chancengleichheit* herzustellen, fair und tolerant mit diversen Menschen umzugehen. Gemeinsamkeiten und Unterschiede sollen wahrgenommen, anerkannt, wertgeschätzt und als positive Beiträge zum Erfolg einer Organisation konstruktiv genutzt werden. Beim DiM handelt es sich nicht um ein fix und fertig existierendes, klar beschriebenes Konzept, das in der immer gleichen Form auf Unternehmen angewendet werden kann. Es wird vielmehr diskursiv erzeugt und erst vor Ort durch Betroffene und Beteiligte interpretiert bzw. angepasst (vgl. Krell und Sieben 2011). Als gemeinsame DiM-Zielsetzung hat sich seit seiner Entwicklung in den 1980er-Jahren durchgesetzt, die Kerndimensionen Gender, Ethnizität, Alter, Behinderung, Religion und sexuelle Orientierung zu bearbeiten (vgl. Loden und Rosener 1993). Deutsche Organisationen nehmen teils noch andere relevante Themen wie Familie/Work-Life-Balance und soziale Herkunft mit hinzu (vgl. Gleichstellungsbüro der LUH 2013). Welche Ziele sie in den Bereichen anstreben, ist weitgehend ihnen überlassen – insofern gibt es eine große Vielfalt an DiM-Systemen in unterschiedlichen Organisationen.

Ideell gesprochen soll mit CSR ein Beitrag zur Erfüllung gesellschaftlicher Ziele geleistet werden wie Umweltschutz, Gerechtigkeit, Beseitigung sozialer Missstände oder die Förderung von Kultur. Etwas konkreter betrachtet können Unternehmen verschiedene Zielsetzungen mit CSR verfolgen, deren Reihung hier keine Gewichtung oder Verbreitung zum Ausdruck bringen soll. Wird etwa Friedmans Perspektive „the social responsibility of business is to increase its profits" (1970) geteilt, so kann CSR Vorteile im Wettbewerb bieten. Es kann ein Marketing-Standbein sein, da Kunden mehr und mehr darauf achten, dass die Unternehmen, deren Produkte sie kaufen, nachhaltig agieren oder sich in einem sozialen oder ökologischen Bereich engagieren. CSR wäre dann ein Instrument zur Kundenbindung und zur Erschließung neuer Kundengruppen. Hier setzen häufig Kritiken am Konzept an, die CSR generell als eine Strategie zum White-, Green-, oder Bluewashing bezeichnen (Priegnitz 2011). CSR leistet demnach einen Beitrag zur Sicherung der *Licence to Operate.* Eine CSR-Strategie kann aber auch als Beitrag zum Risikomanagement angesehen werden: Durch *Corporate Governance,* etwa mittels Compliance-Richtlinien, Verhaltenskodizes, Ethikkodizes, Anti-Korruptionsrichtlinien usw. sollen Skandale, Gerichtsprozesse oder ähnliches vermieden werden. Solche Richtlinien können Imageschäden vorbeugen aber auch auf die allgemeine unternehmensinterne Kultur wirken (Beschorner 2005). Ein weiteres Ziel kann die Akquise und Bindung von Arbeitnehmerinnen und Arbeitnehmern durch *Employer Branding* sein, da mehr und mehr Fach- und Führungskräfte nach dem Engagement ihres Arbeitgebers bzw. dessen Performance in Bereichen sozialer und ökologischer Verantwortung fragen.

Wird in Abgrenzung zu Friedman jedoch eine Perspektive vertreten, nach der Profitmaximierung nicht das einzige Ziel eines Unternehmens sein kann, sondern dieses immer in Relation zu Anforderungen anderer gesellschaftlicher Institutionen gesehen werden muss, stellen sich eher Fragen, inwieweit das Unternehmen ein „guter" Arbeitgeber und sozialer Akteur in der jeweiligen Gesellschaft ist. Hier kann eine Zielsetzung von CSR sein, dass die Einhaltung bestimmter Standards durch Externe (Gewerkschaften, NGOs) sichergestellt werden soll um glaubhaft kommunizierbar zu sein. Die Reflektion über (gesamtgesellschaftliche) Sinnhaftigkeit der angebotenen Produkte, der Angemessenheit und Unbedenklichkeit des Marketings oder die Einhaltung von Standards in den eigenen Einkaufspraktiken setzen ebenfalls Ziele voraus, die über Profitmaximierung hinaus gehen. Eigene ethische Standards und Vorstellungen guter Arbeit können auch als Substitut in einer Umgebung dienen, in denen ein Staat seine Gesetze nicht durchsetzen kann und können somit einen ordnenden oder klärenden Charakter haben.

2.4 Wie erfolgt die Implementierung von DiM und CSR?

DiM zielt auf die *Veränderung der Organisationskultur* ab, so dass die Unterstützung dieses Veränderungsprozesses durch das Management von zentraler Bedeutung ist (vgl. Krell und Sieben 2011). Bei der Implementierung des Konzepts ist weiterhin zu beachten, dass es sich um einen *längerfristigen Prozess und kein begrenztes Projekt* handelt. Wie jeder Kulturwandel ist auch eine DiM-Einführung mit tiefgreifenden Veränderungen verbunden, die sich im individuellen Verhalten, in Gruppennormen und Managementpraktiken niederschlagen sollen. Eine Organisation, die sich auf DiM einlässt, benötigt daher einen langen Atem, da es je nach Schwerpunktsetzung auch um die Umgestaltung von Strukturen und Machtverhältnissen geht. Die Implementierung des Konzepts kann *Top-down* (von den obersten Führungskräften ausgehend) oder *Bottom-up* (von der Belegschaft ausgehend) erfolgen. Idealerweise lassen sich beide Arbeitsrichtungen zu einem effizienten Einführungsprozess kombinieren, um Leitung und Basis von Anfang an mit im Boot zu haben (vgl. Stuber 2009a). Von Anfang an fällt der *DiM-Kommunikation* nach dem Prinzip „Tue Gutes und rede darüber, oder sorge zumindest dafür, dass andere darüber reden" eine besondere Bedeutung zu (vgl. Vedder 2011). Viele DiM-Organisationen treten daher frühzeitig der *Charta der Vielfalt* bei und dokumentieren damit öffentlichkeitswirksam ihr Commitment zu „Diversity als Chance" und einem vorurteilsfreien Arbeitsumfeld (vgl. Gleichstellungsbüro der LUH 2013). Nach einer Bestandsaufnahme der IST-Situation in den Kerndimensionen Alter, Behinderung, Ethnizität, Gender, Religion und sexuelle Orientierung werden für jeden Anwendungsfall zunächst Diversity-Zielsetzungen definiert. Diese Ziele müssen einen klaren Bezug zum Kerngeschäft der Organisation aufweisen. Anschließend geht es um die Entwicklung zusätzlicher Maßnahmen und Strategien zur

Veränderung des aktuellen Zustands in Richtung der gewünschten Zielsetzungen (vgl. Stuber 2009a). Spätestens bei der Umsetzung dieser Maßnahmen stellt sich die Frage, von wem und auf welcher Grundlage die DiM-Thematik mittelfristig bearbeitet werden soll. Während in der Anfangsphase noch informell vorgegangen werden kann (ehrenamtliche DiM-Arbeitsgruppe oder DiM-Beauftragte), geht es dann um eine *professionelle Organisation* durch klare Zuständigkeiten, eigene Budgets und ein funktionierendes Controlling.

Die Implementierung von CSR richtet sich nach dem Verständnis von und Zielsetzungen mit CSR des jeweiligen Unternehmens. Sie erfolgt entweder als Querschnittsaufgabe durch alle Abteilungen, wird einer bestehenden Abteilung zugeordnet (Marketing, Risiko, Strategie, Geschäftsführung) oder es wird eine eigene CSR-Abteilung aufgebaut. Auch CSR als Strategie ist in der Regel kein zeitlich begrenztes Projekt, sondern kann, je nach Verständnis, das Unternehmen tiefgreifend verändern. Die Implementierung kann sowohl Top-down als strategische Entscheidung als auch Top-down und Bottom-up erfolgen. Bei letzterem Vorgehen werden in der Regel die Mitarbeitenden gefragt, wie sich eine Firma nachhaltig organisieren oder engagieren soll. Die Kommunikation mit als relevant eingestuften Stakeholdern ist ebenfalls grundlegend für die Implementierung von CSR, um die Strategie mit für diese und das Unternehmen passenden Inhalten zu füllen.

Häufig erfolgen Aktivitäten im Bereich CSR in Kooperation mit NGOs, deren Auswahl, je nach Schwerpunktsetzung und Zielsetzung des Unternehmens, unterschiedlichen Mustern folgt. Einige NGOs stellen inhaltliche Kriterien für eine Kooperation, andere akzeptieren bereits eine finanzielle Unterstützung durch das Unternehmen als Kooperationsgrundlage. Empirisch am weitesten verbreitet sind Kooperationen mit lokalen Vereinen und Initiativen, Stiftungen (Hermanns und Lemän 2010), Gewerkschaften oder bekannten, zum Teil weltweit agierenden NGOs. Vor allem für multinationale Konzerne von Bedeutung sind globale Standards im Bereich Unternehmensverantwortung, wie etwa die OECD Richtlinien für multinationale Konzerne (2011), der Global Compact der Vereinten Nationen, die Global Reporting Initiative (GRI) oder die ISO 26000. Unternehmen lassen sich nicht selten nach diesen Standards zertifizieren oder schreiben Zulieferern in ihrer Lieferkette bestimmte Zertifizierungen vor. Problematisch hieran ist, dass bestimmte Standards gar nicht zur Zertifizierung bestimmt sind (ISO 26000) oder als Kriterium lediglich einen formalen Bericht haben (Global Compact) (siehe hierzu auch Priegnitz 2011).

2.5 Welche Instrumente kommen bei DiM und CSR zum Einsatz?

Das DiM-Konzept schließt auf der instrumentellen Ebene meist an vorhandene Aktivitäten in den Organisationen an (z. B. flexible Arbeitszeiten, Mentoring-Programme). Kaum ein Arbeitgeber hat im Bereich der sechs Kerndimensionen noch keinerlei spezifische Maßnahmen umgesetzt, wenn er sich dem DiM zuwendet. Je nach Zielsetzung können hier weitere Instrumente genutzt werden (vgl. Gleichstellungsbüro der LUH 2013), wie zum Beispiel:

- *Ethnizität:* gezielte Nutzung von Fremdsprachkompetenzen, Anerkennung ausländischer Bildungsabschlüsse, Förderung kultureller Events, Interkulturelle Trainings;
- *Gender:* Förderung von Equal Pay, diskriminierungsarme Personalrekrutierung, Direktansprache unterrepräsentierter Personen, Sensibilisierung für Rollenmuster;
- *Alter:* Altersstrukturanalysen, altersgemischte Teams, altersgerechte betriebliche Gesundheitsförderung, altersgerechte Weiterbildung, gezielte Nachfolgeplanung;
- *Behinderung:* technische Arbeitshilfen am Arbeitsplatz, Arbeitsassistenz zur Unterstützung schwerbehinderter Beschäftigter, Kostenübernehme für Weiterbildung;
- *Sexuelle Orientierung:* Gleichstellung von Familien und Lebenspartnerschaften, Förderung der Offenheit am Arbeitsplatz, Beschäftigtennetzwerk, Öffentlichkeitsarbeit;
- *Religion:* Gebetsräume für Angehörige unterschiedlicher Religionen, Freistellung an hohen kirchlichen Feiertagen, Angebot von Speisen nach religiösen Vorschriften.

Ganz zentral ist in der Regel der Einsatz von *Diversity-Trainings* für Beschäftigte und insbesondere auch Führungskräfte (vgl. Gieselmann und Krell 2011). Diese können einerseits der Sensibilisierung (Awareness-Trainings) und andererseits dem Kompetenzerwerb (Skill-Building-Trainings) dienen. Zum *DiM-Überbau* gehören zum Beispiel die Gestaltung eines Diversity-Leitbilds, die Verankerung von Diversity in der Organisationskultur, die Kommunikation der Diversity-Aktivitäten, die Evaluation von Diversity-Maßnahmen, die Einrichtung von spezifischen Beratungsstellen oder auch einer DiM-Abteilung (vgl. Süß und Kleiner 2006). In kleinen und mittleren Unternehmen fehlt dieser organisatorische Rahmen häufig und trotzdem werden dort von einzelnen engagierten Beschäftigten teils tolle Diversity-Aktivitäten umgesetzt.

CSR wird mit Hilfe der unterschiedlichsten Instrumente realisiert. Dabei kann es sich um ein einzelnes Instrument handeln, mehrere nebeneinander oder mehrere Instrumente können zu einer Strategie zusammengefasst werden. Beispielsweise können bestehende Aktivitäten des Unternehmens unter CSR-Aspekten strategisch neu gefasst oder nach (eigenen) Vorstellungen von sozialer Verantwortung umgestaltet werden. Auch können beispielsweise Kodizes oder Richtlinien für deren (sozial- und ökologisch verantwortliche) Ausführung oder für das generelle Arbeiten im Unternehmen festgelegt werden. Verbreitet vorzufinden ist *Corporate Giving*, was in der Regel die situative finanzielle Unterstützung bestimmter wohltätiger Einrichtungen, Events oder Projekten meint. Manchmal erhalten auch Mitarbeiter ein Budget, dessen Verwendung für wohltätige Zwecke sie selbst bestimmen können z. B. zur Unterstützung gemeinnütziger Vereine, in denen sie tätig sind. Ein anderes Instrument ist *Corporate Volunteering*. Hier stellt das Unternehmen die Arbeitskraft seiner Mitarbeiter in einem definierten Stundenumfang gemeinnützigen Vereinen oder Projekten zur Verfügung. Ein häufig realisiertes Vorgehen ist die Kooperation mit externen Organisationen als Teil der Strategie. Diese können zum einen gemeinsame kurz-, mittel-, oder langfristige Projekte beinhalten. Zum anderen können solche Kooperationen aber auch vorsehen, dass der externe Partner für Vorgaben und Standards steht, deren Verwirklichung im Unternehmen durch ihn bestätigt wird. In diese Kategorie würden auch von externen Organisationen verliehene Siegel (z. B. Fair Trade) fallen. Je nach Organisation können die Kriterien variieren und deren Einhaltung kann mehr oder weniger streng kontrolliert werden. Da diese Siegel häufig eine wichtige Rolle in der Kommunikation des Unternehmens spielen, bergen diese Kooperationen bei einer Diskreditierung der Partners auch Risiken für die Glaubwürdigkeit der eigenen Strategie. Ebenfalls als Gütesiegel wird die Entsprechung mit globalen Vorgaben, wie dem Global Compact oder der Global Reporting Initiative angesehen. Andere Standards, wie die ISO 26000 sind explizit nicht zur Zertifizierung geeignet (trotzdem existieren derartige Angebote auf dem Markt). Diese Standards beinhalten in der Regel eine Fülle möglicher Instrumente. Die ISO 26000 weist beispielsweise 7 Kernthemen auf, in denen das Unternehmen CSR-Maßnahmen ergreifen kann: Organisationsführung, Menschenrechte, Arbeitspraktiken, Umwelt, faire Betriebs- und Geschäftspraktiken, Konsumentenanliegen sowie Einbindung und Entwicklung der Gemeinschaft. Diese sind jeweils in Handlungsfelder aufgeschlüsselt, für die mehr oder weniger abstrakte Ziele vorgegeben werden.

2.6 Wie werden die Erfolge von DiM und CSR gemessen?

Wie bei allen Managementkonzepten ist es auch beim DiM nicht leicht, den Gesamtnutzen für die Organisation eindeutig zu ermitteln. Insbesondere die Herstellung von kausalen Zusammenhängen zwischen DiM-Aktivitäten und ökonomischen Erfolgsparametern fällt häufig schwer. Ist der Gewinn eines Konzerns deshalb so deutlich gestiegen, weil das Unternehmen seine DiM-Anstrengungen verdoppelt hat? Oder waren dafür die günstige Gesamtkonjunktur, das neue Vertriebssystem, der Personalabbau der letzten Jahre … verantwortlich? Diese Fragen lassen sich nie eindeutig beantworten und daher bleibt immer eine Unsicherheit bzgl. des Nutzens von Managementkonzepten. Trotzdem macht es unbedingt Sinn, mögliche Diversity-Erfolgsdaten zu erheben, wie zum Beispiel: Rückgang der Fluktuation, Steigerung der Arbeitgeberattraktivität, erhöhte Vielfalt der Beschäftigten in den oberen Hierarchieebenen, Verbesserung der Arbeitszufriedenheitswerte, weniger Krankheitstage, Gewinn von Diversity-Auszeichnungen, Reduktion der Kundenbeschwerden, mehr Bewerbungen auf Stellenausschreibungen (vgl. Stuber 2009a). Diesen Erfolgen muss der meist viel besser erfassbare Aufwand des Diversity Managements gegenüber gestellt werden, wie zum Beispiel: Kosten für Publikationen, DiM-Stellen, Trainer-Einsätze, Beratungen und die Umsetzung der DiM-Maßnahmen, aber auch der Zeitaufwand für DiM-Besprechungen sowie ehrenamtliche Tätigkeiten. Bei einigen abgrenzbaren Projekten lassen sich Kosten und Erträge sehr genau messen. Wenn zum Beispiel ein Autohersteller eine besondere Werbekampagne in türkischer Sprache gestaltet und nach einem Jahr exakt nachvollziehen kann, wie viele Kunden von einem sehr spezifischen Angebot Gebrauch gemacht haben. In anderen Fällen ist es schier unmöglich, die positiven Effekte auch nur annähernd zu erfassen (innovativere und kreativere Problemlösungen in heterogen zusammengesetzten Ingenieur-Teams). Vor diesem Hintergrund wird die Frage „Lohnt sich die DiM-Investition?" häufig zur Glaubensfrage. Wenn der Vorstandsvorsitzende daran glaubt, dass sein Unternehmen mit Hilfe von Diversity

Management positive Effekte erzielen kann, dann lassen sich auch Erfolgsparameter als Belege für diese Position finden. In anderen Fällen werden die DiM-Aktivitäten wieder zurückgefahren.

Das Messen von Erfolgen im Bereich CSR setzt die Klärung dessen voraus, was als Erfolg zu werten ist. Wenn es sich um den erfolgreichen Abschluss eines kurzfristigen CSR-Projektes handelt, wenn etwa ein Unternehmen eine Schule in einem strukturschwachen Land gebaut oder eine vom Unternehmen unterstützte gemeinnützige Veranstaltung stattgefunden hat, fällt dies leicht. Wenn die Nachhaltigkeit des Projektes noch zum Erfolg gezählt werden soll, gestaltet sich dies schon schwieriger. Sicher kann auch die Erfüllung eines bestimmten Standards und eine damit verbundene Zertifizierung als ein Erfolg gewertet werden, der CSR zugerechnet wird. Dies trifft umso mehr zu, wenn Handelspartner, Kunden oder andere Stakeholder positive Reaktionen hierauf zeigen. Wenn als Ziel etwa eine Attraktivitätssteigerung als Arbeitgeber anvisiert wurde, so lassen sich ebenfalls die üblichen Indikatoren (Rückgang der Fluktuation, weniger Krankheitstage) beobachten. Eine kausale Rückführung auf CSR Maßnahmen ist jedoch kaum möglich. Auf der anderen Seite ist ein Misserfolg leicht zu identifizieren, wenn etwa gegen Compliance-Richtlinien, professionelle Standards oder gar Gesetze verstoßen wurde. Sollte dies zusätzlich auch nach außen transparent werden, etwa durch eine NGO, und dies Verhaltensänderungen bei Kunden oder Partnern auslösen, kann der Misserfolg sich in einem Rückgang des Umsatzes oder eine Änderung von Geschäftsbeziehungen ausdrücken. Umgekehrt ist eine Umsatzsteigerung bzw. ein erfolgreiches Marketing nur schwer kausal mit den damit verbundenen CSR-Aktivitäten in Verbindung zu bringen. Wie beim Diversity Management ist die Frage „Ist CSR sinnvoll?" eher eine Glaubensfrage, die eine Abwägung von Chancen und Risiken involviert. So kann eine als erfolgreich geltende CSR-Strategie durch eine Diskreditierung eines Kooperationspartners oder Standards relativ schnell den Vorwurf einer Feigenblattstrategie zur Reaktion haben und es zu einem Reputationsverlust kommen.

2.7 DiM und CSR in Unternehmensberichten und Studien

Angaben zum Diversity Management und Corporate Social Responsibility in Organisationen findet man vor allem auf Homepage-Seiten (z. B. bei Lufthansa, Henkel, Deutsche Telekom), in Unternehmensberichten und -broschüren zu den beiden Themen (z. B. Ford, Commerzbank), in organisationsübergreifenden Studien zu jedem einzelnen Konzept (z. B. Süß und Kleiner 2006; Köppel 2012) und in den sehr seltenen DiM-CSR-Vergleichsstudien (Diversity Search 2012). In den beiden erstgenannten Quellen gehen vor allem Großunternehmen darauf ein, welche DiM-Dimensionen sie bearbeiten, welche konkreten Maßnahmen sie anbieten und welche Erfolge sie vorzuweisen haben. Die Commerzbank beschreibt zum Beispiel ausführlich ihre Aktivitäten für Frauen in Führungspositionen, stellt unterschiedliche Mitarbeiternetzwerke vor, betont die Bedeutung der DiM-Kommunikation sowie das umfangreiche Diversity-Engagement seit Ende der

1980er-Jahre (vgl. Commerzbank 2011). Ford greift alle sechs DiM-Kerndimensionen auf, geht intensiv auf die Vereinbarkeitsherausforderungen ein und stellt unter der Überschrift „Corporate Citizenship" vor, in welchem Umfang sich die Beschäftigten für die Mitarbeit in gemeinnützigen Projekten freistellen lassen können (vgl. Ford Motor Company 2016).

Synergy Consult veröffentlicht jährlich eine Studie zum Diversity Management in Deutschland, die sich auf die DAX 30-Unternehmen konzentriert und jeweils einen anderen thematischen Schwerpunkt (z. B. Unternehmenskultur) aufweist. Im Jahr 2012 wurden unter Anderem folgende interessante DiM-Befunde publiziert (vgl. Köppel 2012): Die Wichtigkeit der Kerndimensionen Geschlecht/Gender, Kultur/Nationalität und Alter wurde im Vergleich zu anderen DiM-Themen als besonders hoch eingeschätzt. Von den 30 DAX-Unternehmen konnten 25 mindestens eine zentrale Ansprechperson für Diversity Management benennen und hatten 23 die Charta der Vielfalt (öffentlichkeitswirksam) unterzeichnet. 17 Organisationen konnten bereits auf eine eigene DiM-Strategie verweisen, 10 Unternehmen maßen den DiM-Erfolg mit Key Performance Indicators und 9 Unternehmen mit Hilfe von Mitarbeiterbefragungen. In einem Kapitel widmet sich Petra Köppel der Verbindung zwischen DiM und Corporate Responsibility. Sie kommt zu folgender Einschätzung:

> Keiner der Diversity-Fachbereiche verbindet an dieser oder einer anderen Stelle in unserer Umfrage die beiden Managementansätze CR und Diversity miteinander. CR scheint also kein inhärentes Ziel für die meisten Diversity-Verantwortlichen zu sein. Umgekehrt finden sich gerade in CR-Berichten recht häufig Verweise auf Vielfalt. Dies lässt vermuten, dass viele Unternehmen diese Berichte aufgrund von (Selbst-)Verpflichtungen erstellen und aufgrund der thematischen Nähe zur Mitarbeiterorientierung auch Diversity-Aspekte aufnehmen (vgl. Köppel 2012, S. 17).

Diversity Search, factor D u. a. publizierten im März 2012 eine Studie „Zukunftsfähige Managementstrategien" in der es um DiM und CSR in den 20 österreichischen ATX-Unternehmen ging (ATX = Austrian Traded Index). Mehr als drei Viertel der Organisationen hatten zu diesem Zeitpunkt ein CSR-Konzept verfasst, 38 % konnten ein DiM-Konzept vorweisen. 44 % der Organisationen definierten DiM als gleichwertige Strategie im Verhältnis zu CSR, teils in sich überschneidenden, teils in separaten Strategiefeldern. Jeweils 25 % sahen CSR als Teil von DiM bzw. DiM als Teil von CSR an. Jedes vierte Unternehmen hatte eine(n) DiM-Beauftragte(n) benannt oder verfügte über eine DiM-Abteilung (versus 69 % im Bereich CSR). 44 % der befragten Unternehmen hatten Diversity Management in direkter Berichtslinie mit dem Top-Management verbunden. Bei CSR waren dies mit 75 % deutlich mehr. Auch bei der Erfolgskontrolle gab es mehr CSR-Aktivitäten (in 62 % der Unternehmen) als beim DiM-Controlling (31 % der Unternehmen). Insgesamt war die Corporate Social Responsibility in den österreichischen Großunternehmen also stärker institutionalisiert als das Diversity Management (vgl. insgesamt: Diversity Search u. a. 2012).

Für die Kommunikation von CSR-Aktivitäten veröffentlichen Unternehmen häufig CSR- oder Nachhaltigkeitsberichte (vgl. Commerzbank AG 2015; Daimler AG 2015; Lufthansa AG 2015; Otto Group 2015). In der Regel orientieren sich diese an der Struktur internationaler Berichtsstandards und erfassen unterschiedliche Nachhaltigkeitsdimensionen. Die Global Reporting Initiative sieht die Kategorien ökonomischer, ökologischer und sozialer Nachhaltigkeit vor. Letztere wird nochmal unterteilt in Arbeitsbedingungen und gute Arbeit, Menschenrechte, Gesellschaft und Produkte. Je nach Schwerpunktsetzung und zugrundeliegenden Standards berichtet ein Unternehmen über seine Aktivitäten in ausgewählten oder all diesen Kategorien. Die Berichterstattung reicht von der Kommunikation von Handlungsgrundsätzen und Werten über das Berichten über die Erfüllung gesetzlicher Anforderungen bis hin zur Evaluationen der Erfüllung von Zielen in den Bereichen. Von 30 DAX Unternehmen verfassen aktuell 22 einen CSR-Bericht, die übrigen berichten auf ihren Homepages über das Thema Nachhaltigkeit. Neun lassen ihre Berichte durch Dritte verifizieren (Black Point 2012).

3 Bewertung des Konzeptvergleichs zwischen CSR und DiM

3.1 In welcher Beziehung stehen CSR und DiM zueinander?

Es hat sich gezeigt, dass CSR und DiM in verschiedenen Beziehungen zueinander stehen können. Jeder Managementansatz verfügt zunächst einmal über eine eigene Entwicklungsgeschichte, eigene Schwerpunktsetzungen, Vorgehensweisen, Methoden sowie eigene Protagonisten. Daher kann es vorkommen, dass die Ansätze in Organisationen entweder relativ unverbunden nebeneinander stehen oder dass nur CSR bzw. ausschließlich DiM umgesetzt wird. In deutschen und österreichischen Großunternehmen kommen zunehmend beide Managementkonzepte zum Einsatz, wobei sich CSR-Berichte wesentlich häufiger auch mit Diversity beschäftigen als umgekehrt (vgl. Abschn. 2.7; siehe auch Otto Group 2015; Daimler AG 2015; Lufthansa AG 2015). Mögliche Berührungsängste scheinen also eher von der DiM-Seite auszugehen, was damit zusammen hängen könnte, dass auf der konzeptionellen Ebene das Verständnis „Diversity Management als ein Teil der CSR-Aktivitäten" wesentlich mehr Sinn macht als „Corporate Social Responsibility als Teil des Diversity Managements". Denn ein wichtiger Teil der CSR-Zielsetzungen bezieht sich auf die Beschäftigten des eigenen Unternehmens (Förderung guter Arbeit, mehr Partizipation der Mitarbeiter, Stärkung der Identifikation mit dem eigenen Unternehmen usw.) und hier ließen sich letztendlich auch viele DiM-Maßnahmen subsumieren. Andererseits passt der große CSR-Themenbereich der Nachhaltigkeit, ökologischen Effizienz, Produktsicherheit und des Verbraucherschutzes nicht so recht zum Diversity Management. CSR als Element von DiM könnte man daher kaum inhaltlich, sondern allenfalls über Umwege theoretisch begründen (vgl. Hanappi-Egger 2012, S. 185). Vor diesem Hintergrund hätte die DiM-Seite in jenen Organisationen, die sich mit beiden Konzepten beschäftigen, wesentlich mehr zu verlieren („Eingemeindung" in den CSR-Bereich, Verlust der

Eigenständigkeit, Unterordnung) als umgekehrt, wenn man unterstellt, dass eine Zusammenführung überhaupt sinnvoll und anzustreben wäre. Wir plädieren stattdessen für eine eigenständige Bearbeitung beider Themenfelder bei gleichzeitiger Vernetzung der Aktivitäten um mögliche Konflikte zu vermeiden und Synergien besser nutzen zu können.

3.2 Synergien und Konflikte zwischen CSR und DiM

Es gibt diverse Gemeinsamkeiten zwischen beiden Managementkonzepten, die sich Organisationen bei der Anwendung zu Nutze machen können:

- In beiden Fällen spielt die soziale und gesellschaftliche Verantwortung eine besondere Rolle. Dies gilt sowohl für das Unternehmen und seinen Erfolg, als auch für die Umwelt des Unternehmens (Stakeholder).
- Für CSR und DiM ist die Förderung von Chancengleichheit und Gerechtigkeit ein zentrales Anliegen. Eine werte- und normengeleitete Unternehmensführung soll die Erreichung dieser Ziele unterstützen.
- In beiden Konzepten ist der nachhaltige und ressourcenorientierte Umgang mit den eigenen Beschäftigten besonders wichtig. Diese sollen durch eine geeignete Personalpolitik fair behandelt, motiviert und gehalten werden.
- DiM und CSR interessieren sich sehr für die Vielfalt außerhalb der Organisationen (Kunden, Zulieferer, Geldgeber usw.). Dies gilt besonders im Fall von CSR. Für das externe Diversity Management hat Taylor Cox einmal Folgendes formuliert: *„Just as the workforces of organizations are becoming culturally more diverse, so are their markets"* (Cox 1993, S. 28).
- Beide Konzepte betonen häufig den Business Case ihrer Aktivitäten. Hier geht es um eine betriebswirtschaftliche Perspektive mit der starken Betonung von Kosten-Nutzen-Aspekten. Im DiM ist der Business Case ganz zentral: *„This is not a question of altruism, but rather business necessity"* (Thomas 2006, S. 7).
- Letztendlich sind beide Konzepte auf Langfristigkeit angelegt, auch wenn CSR-Aktivitäten hin und wieder (vielleicht häufiger als DiM-Maßnahmen) in Projektform bearbeitet werden. Eine zukunftsweisende Unternehmenspolitik wird der kurzfristigen Profitmaximierung auf jeden Fall vorgezogen.
- In beiden Fällen ist die Kommunikation der Aktivitäten nach innen und außen (im Sinne von „tue Gutes und rede darüber") von besonderer Bedeutung. Die Arbeitgeberattraktivität soll gesteigert werden und zukünftige Rekrutierungen erleichtern.
- Für CSR und DiM gilt: wer die Themen nur oberflächlich bearbeitet und aus Imagegründen betreibt, läuft Gefahr, dass die öffentliche Wahrnehmung einer anderen Realität in den Unternehmen dem Ansehen wesentlich schaden kann.

Je nachdem, wie DiM- und CSR-Aktivitäten angelegt werden, können sich auf verschiedenen Ebenen allerdings auch Konflikte ergeben, die eine Zusammenarbeit erschweren:

- Faktor GELD: Jeder Euro kann nur einmal ausgegeben werden. Sind die Mittel beschränkt, so kommt es bereits innerhalb von DiM oder CSR zur Konkurrenz um die beste Idee oder die nächste Maßnahme. Wenn beide Konzepte auf ein Budget zugreifen, muss die Frage „Was ist besonders wichtig?" noch häufiger gestellt werden.
- Faktor ANSPRUCH: Nicht alle CSR- oder DiM-Protagonisten haben den gleichen Anspruch an die Fundiertheit ihrer Arbeit. Die einen streben eine systematische Themenbearbeitung an, andere sind unter Umständen bereits mit einer oberflächlichen Maßnahme, die sich gut vermarkten lässt, zufrieden.
- Faktor WIRKUNG: Sind die Wirkungen von CSR- oder DiM-Maßnahmen eher nach innen oder nach außen gerichtet? Welche Zielgruppen sollen damit erreicht werden? Hier kann es zu Konflikten kommen, da beim DiM das Human Resource Management eine wichtigere Rolle spielt als im Bereich der Corporate Social Responsibility.
- Faktor STRATEGIE: Reichen bereits relativ unverbundene Einzelmaßnahmen aus, oder wird ein Gesamtkonzept mit klarem Bezug zur Unternehmensstrategie angestrebt. Wenn im CSR-DiM-Bereich Menschen aufeinander treffen, die unterschiedliche Strategien verfolgen, sind Konflikte absehbar.
- Faktor ZEIT: Werden CSR und DiM als langfristiger Veränderungsprozess angesehen, der tief in die Unternehmenskultur eingreifen soll und immer wieder justiert werden

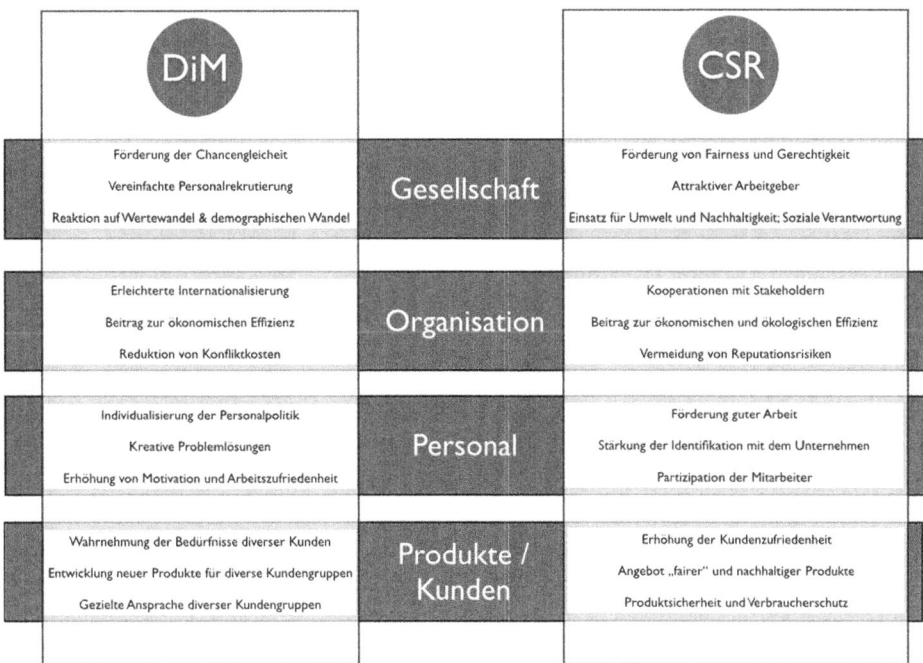

Abb. 1 Wichtige Zielsetzungen von DiM und CSR auf unterschiedlichen Ebenen. (Eigene Darstellung)

muss, oder reichen den Protagonisten kleine Projekte aus, die in unterschiedlichen Feldern zu kurzfristigen Erfolgen führen sollen?

Unternehmen können sich trotz dieser Konfliktlinien in beiden Feldern stark engagieren ohne widersprüchlich zu handeln. Mögliche Differenzen lassen sich kaum aus den Konzepten selbst ableiten. Zu groß ist die Schnittmenge der gemeinsamen Zielsetzungen von Diversity Management und Corporate Social Responsibility, wie Abb. 1 verdeutlicht.

Das Diversity Management ist nicht automatisch langfristiger, strategischer und innenorientierter angelegt als CSR. Es hängt stark von den handelnden Personen ab, wie die Konzepte umgesetzt werden. Schwierig wird es, wenn sehr unterschiedliche Vorstellungen aufeinander prallen, die Synergien nicht erkannt werden und die Konflikte in den Vordergrund rücken. Dass dies überhaupt nicht so sein muss zeigt sich in Unternehmen, die beide Themenfelder auf einem hohen Niveau erfolgreich bearbeiten (z. B. Lufthansa, Commerzbank, Daimler).

3.3 Wie lässt sich eine Win-Win-Situation herstellen?

Wie gezeigt wurde gibt es Möglichkeiten, dass die Konzepte voneinander profitieren. Somit haben beide Ansätze nicht nur das Potential, ein *Shared Value* zwischen Unternehmen und Gesellschaft zu produzieren, sondern auch sich untereinander zu fördern. Für die gemeinsame Nutzung der Konzepte bietet sich auf jeden Fall die Berücksichtigung von DiM in der CSR-Strategie an, da viele CSR-Standards (OECD Guidelines for multinational companies; GRIM; ISO 26000) bereits Diversity-Aspekte vorsehen. Dies schließt überhaupt nicht aus, dass die Diversity-Aktivitäten eigenständig organisiert werden und besonders im Bereich der Beschäftigten und Kunden stark in die Tiefe gehen. Umgekehrt kann CSR bestehende Diversity-Aktivitäten verstärken und durch neue Aspekte wie den Umweltschutz erweitern. Die Kommunikation beider Aktivitäten nach außen sollte stark aufeinander abgestimmt werden.

Wenn eine Organisation bereits im Bereich CSR aktiv ist und sich auch dem Diversity Management zuwenden möchte, dann würden wir für gesonderte DiM-Stellen mit einem Extra-Budget plädieren. Die Diversity ManagerInnen könnten als Change Agents an der Weiterentwicklung der Unternehmenskultur und der HR-Prozesse arbeiten. Im Mittelpunkt ihres Interesses würde ggf. Diversity als wirtschaftlicher Erfolgsfaktor stehen, der durch besondere Maßnahmen der Personal- und Organisationsentwicklung gefördert wird. Eine diskriminierungsfreie Personalpolitik würde durch eine systematische Überprüfung von HR-Instrumenten angestrebt. Auf diesem Weg sollten die internen Konfliktkosten deutlich gesenkt werden können. Die bisherige Kundenorientierung im CSR ließe sich durch die gezielte Ansprache diverser Kundengruppen und die Entwicklung neuer Produkte für diese Kunden sinnvoll ergänzen. Insgesamt würden Kosten-Nutzen-Überlegungen stärker in den Mittelpunkt des Interesses rücken. Hier könnte die CSR-Abteilung unter Umständen von der DiM-Gruppe lernen.

Auch im umgekehrten Fall sollte der CSR-Bereich unbedingt auf eigene Rechnung seine Ideen verwirklichen. Die bisherigen DiM-Aktivitäten könnten durch karitative Projekte in den Bereichen Kunst, Kultur oder Soziales ergänzt werden. Das Employer Branding und das Unternehmensimage würden ggf. noch stärker als bisher gefördert. Die Übernahme von gesellschaftlicher Verantwortung durch Aktivitäten in den Bereichen Umweltschutz, Produktsicherheit und Verbraucherschutz käme neu hinzu. Die DiM-Protagonisten könnten einiges über die ökologische Effizienz des Unternehmens lernen. Andere externe Stakeholder jenseits der Kunden (z. B. Zulieferer, Behörden usw.) würden an Bedeutung gewinnen. Zeitgemäße Sponsoring- und Förderkonzepte könnten die HR-Aktivitäten im Bereich Diversity Management sinnvoll unterstützen. Die glaubwürdige Darstellung von Unternehmenswerten nach außen würde als CSR-Schwerpunkt intensiv bearbeitet werden. Um Doppelungen zu vermeiden wäre ein regelmäßiger Austausch zwischen den Bereichen unabdingbar.

In beiden (fiktiven) Fällen könnte sich leicht eine Win-Win-Situation einstellen. Relativ „weiße Flecken" im CSR oder DiM würden durch Stärken des jeweiligen anderen Konzepts sinnvoll gefüllt. Es blieben für beide hinreichend große Themenfelder um Schwerpunkte zu setzen und sich zu profilieren. Scheitern könnte die Zusammenarbeit allenfalls an der Diversität von Wertvorstellungen, persönlichen Zielsetzungen und Arbeitsweisen der beteiligten Personen. Aber diese Unterschiede sollten im Rahmen von Diversity Management doch effektiv bearbeitet werden können …

Literatur

Beschorner T (2005) Corporate social responsibility, corporate citizenship. Corporate governance. Schillernde Begriffe und ihre Deutung. Ökologisches Wirtschaften 3:40–42

Black Point communications gmbh (2012) Auf den Punkt gebracht: Tue Gutes und schreibe darüber, Studie zu den CSR-Berichten der DAX-Unternehmen. http://dirk.org/wp-content/uploads/2012/03/a83.pdf. Zugegriffen: 27. Sept. 2013

Bowen HR (1953) Social responsibilities of the businessman. Harper, New York

Bundesregierung (2010) Nationale Strategie zur gesellschaftlichen Verantwortung von Unternehmen (Corporate Social Responsibility – CSR – Aktionsplan CSR der Bundesregierung), Berlin. http://www.csr-in-deutschland.de/fileadmin/user_upload/Downloads/BMAS/CSR_Konferenz/Aktionsplan_CSR.pdf. Zugegriffen: 27. Sept. 2013

Carroll AB (1991) The pyramid of corporate social responsibility: toward the moral management of organizational stakeholders. Bus Horizons 34:39–48

Carroll A (1999) Corporate social responsibility: evolution of a definitional construct. Bus Soc 38:268–295

Commerzbank – Group Human Resources – Diversity Management (2011) Vielfalt leben – Diversity Management in der Commerzbank. Zeit online, Frankfurt

Commerzbank AG (2015) Magazin zur unternehmerischen Verantwortung 2015 – Wie nachhaltig kann eine Bank sein? https://www.commerzbank.de/media/nachhaltigkeit/viii__daten___fakten/berichte/2015_CR-Magazin_DE.pdf. Zugegriffen: 23. Mai 2016

Cox T (1993) Cultural diversity in organizations: theory, research and practice. Berrett-Koehler, San Francisco

Daimler AG (2015) Nachhaltigkeitsbericht 2014. http://nachhaltigkeit.daimler.com/dai_nachhaltigkeit2014/static/export/docs/Daimler%20NB%202014%20DE.pdf. Zugegriffen: 23. Mai 2016

Diversity Search, factor D (2012) Zukunftsfähige Marktstrategien – Diversity Management (DiM) & Corporate Social Responsibility (CSR) im Spannungsfeld zwischen Ethik und Betriebswirtschaft. www.diversitysearch.at/presse/120321_DiM_CSR.pdf. Zugegriffen: 27. März 2013

EU-Kommission (2001) Europäische Rahmenbedingungen für die soziale Verantwortung der Unternehmen. Grünbuch, Luxemburg. http://eur-lex.europa.eu/LexUriServ/site/de/com/2001/com2001_0366de01.pdf. Zugegriffen: 27. März 2013

EU-Kommission (2004) Multi-stakeholder forum on corporate social responsibility-Abschlussbericht. http://circa.europa.eu/irc/empl/csr_eu_multi_stakeholder_forum/info/data/en/CSR%20Forum%20final%20report.pdf. Zugegriffen: 9. Sept. 2013

EU-Kommission (2011) Eine neue EU-Strategie (2011–14) für die soziale Verantwortung der Unternehmen (CSR). Brüssel. http://eur-lex.europa.eu/LexUriServ/LexUriServ.do?uri=COM:2011:0681:FIN:DE:PDF. Zugegriffen: 27. März 2013

Ford Motor Company (2016) Accelerating today for a better tomorrow. http://corporate.ford.com/microsites/sustainability-report-2015-16/doc/sr15.pdf. Zugegriffen: 27. Februar 2017

Friedman M (1970) The social responsibility of business is to increase its profits. New York Times Magazine vom 13. September

Gieselmann A, Krell G (2011) Diversity Trainings – Verbesserung der Zusammenarbeit und Führung einer vielfältigen Belegschaft. In: Krell G, Ortlieb R, Sieben B (Hrsg) Chancengleichheit durch Personalpolitik, 6. Aufl. Gabler, Wiesbaden, S 199–218

Gleichstellungsbüro der LUH (2013) Vielfalt und Chancengleichheit – Diversity Management an der Leibniz Universität Hannover. Leibniz Universität Hannover, Hannover

Hanappi-Egger E (2012) Diversitätsmanagement und CSR. In: Schneider A, Schmidpeter R (Hrsg) Corporate social responsibility. Springer, Heidelberg, S 177–190

Haunschild A, Krause F (2014) Germany: Binding agreements better than voluntary CSR. In: Preuss L, Gold M, Rees C (Hrsg) Corporate Social Responsibility and Trade Unions – Perspectives across Europe. Routledge, Oxford/New York, S 66–82

Hermans A, Lemän F (2010) Corporate Social Responsibility und Sponsoring im Fokus. http://www.bbdo-live.com/wp-content/uploads/2011/01/101127_Web_Sponsoring-Trends-2010-Highres.pdf. Zugegriffen: 27. Sept. 2013

Höllerer M (2013) From taken-for-granted to explicit commitment: the rise of CSR in a corporatist country. J Manag Stud 50(4):573–606

Johnston W, Packer A (1987) Workforce 2000 – work and workers for the 21st century. DIANE Publishing, Indianapolis

Köppel P (2012) Diversity management in Deutschland 2012. http://www.synergyconsult.de/index.php?language=de&category=030100. Zugegriffen: 27. März 2013

Krell G, Sieben B (2011) Diversity Management: Chancengleichheit für alle und auch als Wettbewerbsvorteil. In: Krell G, Ortlieb R, Sieben B (Hrsg) Chancengleichheit durch Personalpolitik, 6. Aufl. Gabler, Wiesbaden, S 155–174

Loden M, Rosener J (1993) Workforce America – managing employee diversity as a vital resource. RR Donneley, Homewood

Lufthansa AG (2015) Balance – Das Wichtigste zum Thema Nachhaltigkeit der Lufthansa Group. https://www.lufthansagroup.com/fileadmin/downloads/de/LH-Nachhaltigkeitsbericht-2015.pdf. Zugegriffen: 23. Mai 2016

Matten D, Moon J (2008) "Implicit" and "Explicit" CSR: a conceptual framework for a comparative understanding of corporate social responsibility. Acad Managem Rev 33(2):404–424

OECD (2011) OECD-Leitsätze für multinationale Unternehmen, OECD Publishing. http://www.oecd.org/daf/inv/mne/48808708.pdf. Zugegriffen: 27. Sept. 2013

Otto Group (2015) Unterwegs – Bericht zur Nachhaltigkeit unserer Wertschöpfung 2015. http://www.ottogroup.com/media/docs/de/Nachhaltigkeitsbericht/0001-Otto-Group-CR-Report-2015.pdf. Zugegriffen: 23. Mai 2016

Priegnitz K (2011) Vorwort. In: Burckhardt G (Hrsg) Mythos CSR – Unternehmensverantwortung und Regulierungslücken. Horlemann, Bonn

Schulz A (2009) Strategisches Diversitätsmanagement. Unternehmensführung im Zeitalter der kulturellen Vielfalt. Gabler, Wiesbaden

Stuber M (2009a) Diversity – Das Potenzial-Prinzip. Ressourcen aktivieren – Zusammenarbeit gestalten, 2. Aufl. Luchterhand, Köln

Stuber M (2009b) Wirtschaftlichkeit und soziales Engagement im Einklang. Personalwirtschaft 3:39–41

Süß S, Kleiner M (2006) Diversity Management – Verbreitung in der deutschen Unternehmenspraxis und Erklärungen aus neoinstitutionalistischer Perspektive. In: Krell G, Wächter H (Hrsg) Diversity Management – Impulse aus der Personalforschung. Hampp, München, S 57–80

Thomas R Jr (2001) Management of Diversity. Neue Personalstrategien für Unternehmen. Gabler, Wiesbaden

Thomas R Jr (2006) Building on the promise of diversity. AMCOM, New York

Vedder G (2006) Die historische Entwicklung von Diversity Management in den USA und in Deutschland. In: Krell G, Wächter H (Hrsg) Diversity Management – Impulse aus der Personalforschung. Hampp, München, S 1–24

Vedder G (2011) Die Grundlagen von Diversity Management. In: Vedder G, Göbel E, Krause F (Hrsg) Fallstudien zum Diversity Management. Hampp, München, S 1–17

Dr. Günther Vedder studierte Betriebswirtschaftslehre und Soziologie an der Universität Trier. Er promovierte sich 2001 mit einer Arbeit zur "Zeitnutzung und Zeitknappheit im mittleren Management". Seit 2002 lehrt, forscht und publiziert er zu unterschiedlichen Aspekten des Diversity Managements. Derzeit interessieren ihn insbesondere die Themen Diversity Education, die Diversity-Dimension "Aussehen/Attraktivität" sowie die Unterforderung in Organisationen (Boreout). Seit 2011 arbeitet er am Institut für Interdisziplinäre Arbeitswissenschaft an der Leibniz Universität Hannover.

Florian Krause studierte Volkswirtschaftslehre und Philosophie an der Universität Trier. Seit seinem ersten Abschluss (2010 Diplom Volkswirt) arbeitete er als Wissenschaftlicher Mitarbeiter am Lehrstuhl für Arbeit, Personal und Organisation für Prof. Dr. Axel Haunschild und wechselte 2011 mit ihm an das Institut für Interdisziplinäre Arbeitswissenschaft an die Leibniz Universität Hannover. In seiner Promotion widmet er sich den Themen Unternehmensethik und Rationalität von Unternehmensentscheidungen. Er ist Mitglied der TransatlanticDoctoralAcademy on Corporate Responsibility (TADA).

CSR als Beitrag zur Inklusions- und Diversitätsdebatte? Positionierungsversuche in der Dynamik von Ignoranz, Integration, Inklusion

Iris Koall und Verena Bruchhagen

1 Ökonomische Rationalität und soziale VerAntwortung

In diesem Beitrag[1] möchten wir zur kritischen Nutzung von Differenz und sozialer Vielfalt im Rahmen von Corporate Social Responsibility (CSR) Ansätzen anregen. In Reflexionen zur Wirkung und Reichweite von Diversity-Ansätzen lassen sich derzeitig Perspektivwechsel „von der Problemperspektive zur Potentialperspektive" (Meuser 2013, S. 167) beobachten. Damit wird ein neuralgischer Punkt der CSR Diskussion getroffen, nämlich die Frage, wie eine mögliche Verbindung von ökonomischer Rationalität und politischem Anspruch zur Regelung sozialer Ungleichheit nicht nur zu überbrücken, sondern und im besten Fall produktiv zu nutzen ist (Cox 2001). In diesem Beitrag soll eruiert werden, worauf eine kritisch-reflexive Auseinandersetzung mit Inklusion und Diversity im Kontext von CSR-Programmen achten müsste.

Die Debatte um Inklusion und Diversity impliziert die Teilhabe minorisierter Personen und Gruppen am gesellschaftlichen Erfolg (Kirton und Greene 2000). Vorausgesetzt wird jedoch implizit, dass sie in der Lage sind, sich an die dominante Kultur der Konkurrenz in der Leistungserstellung anzupassen. Diese Anpassungsleistung eröffnet/verspricht die

---

[1] Der normative Bezug der Diversity Debatte wurde von uns bereits entwickelt (vgl. Koall und Bruchhagen 2004).

I. Koall (✉)
Zentrum für Weiterbildung, Bergische Universität Wuppertal
Lise-Meitner-Str. 13, 42119 Wuppertal, Deutschland
E-Mail: koall@uni-wuppertal.de

V. Bruchhagen
Fakultät für Soziologie und Erziehungswissenschaft, Arbeitsbereich Gender & Diversity, TU Dortmund
Emil-Figge-Str. 50, 44227 Dortmund, Deutschland
E-Mail: Verena.bruchhagen@tu-dortmund.de

© Springer-Verlag GmbH Deutschland 2017
K. Hansen (Hrsg.), *CSR und Diversity Management*,
Management-Reihe Corporate Social Responsibility, DOI 10.1007/978-3-662-54087-9_3

Möglichkeit, sich aus einem minorisierten Status heraus entwickeln zu können, vorausgesetzt, es gelingt, die Methoden der sozialen Durchsetzungsfähigkeit und die Formen der Darstellung von Leistungsfähigkeit zu internalisieren, zu aktivieren bzw. zu kopieren (Ferries et al. 1996). Diese Prozesse verfestigen – wie wir im Folgenden erläutern werden – die ethische Fundierung dominanter Normierungsprozesse. Als Hydra erweist sich, dass sowohl die politische Relevanz als auch die ökonomische Funktion von Heterogenität und Diversität mit neoliberalen Ideen und Prozessen der Konkurrenz um Lebenschancen, Entwicklung von Absatzmärkten und Ausschöpfung von Ressourcen verbunden werden kann. Die Mechanismen von Dominanz und Diskriminierung im ökonomischen Prozess zur Nutzung personaler Ressourcen und Erstellung von Gütern und Dienstleistungen werden mit der antidiskriminierenden Intention des Managing Diversity nicht grundsätzlich in Frage gestellt. Eher lässt sich kritisch beobachten, dass der subjektive ökonomische Erfolg zum Maßstab für die gesellschaftliche Integration wird, was wiederum als Aktualisierung und Optimierung „gewohnter/gelernter" Exklusionsmechanismen und -dynamiken und ihrer Plausibilisierung und Normalisierung gesehen werden kann.

Soll CSR nicht nur als äußerlich bleibendes Instrument zur Image-Verbesserung verstanden werden, muss es als Antwort auf Probleme sozialer Verantwortung im Rahmen einer Marktlogik bzw. im Kontext organisationaler Prozesse positioniert werden (Greening und Turban 2000). Während CSR einerseits auf ökonomisierte, d. h. Profit maximierende Intentionen und Interventionen fokussiert, wird das Konzept andererseits auf abgegrenzte Bereiche des nachhaltigen und sozial verträglichen/verantwortlichen unternehmerischen Handelns orientiert. In dieser Gegenüberstellung bleibt zunächst offen, ob und inwieweit eine über die „Oberflächenkosmetik" hinausgehende, die Tiefenstruktur unternehmerischer als auch gesellschaftlicher Inklusionsprozesse berührende Praxis greifen kann. Polemischer gefragt: Bleibt die Gestaltung sozialer Verantwortung eine rhetorische Figur ohne verpflichtende Zurechnungsfähigkeit, ohne Verweis auf mögliche Schuldfähigkeit oder ohne Haftung für Entscheidungen und Handlungen?

2 Tradition wirtschaftsethischer Überlegungen

Ansätze, die ethisches und betriebswirtschaftliches Denken nicht als Gegensätze konstituieren, können sich auf eine lange Tradition wirtschaftsethischer Überlegungen beziehen (Homann und Blome-Drees 1992). Ulrich formuliert bereits 1986 einen Anspruch an die Betriebswirtschaftslehre, sich ihrer sozialen Verantwortung bewusst zu werden, um sich an ethischen Prinzipien der Nachhaltigkeit und Verantwortlichkeit zu orientieren. In Anlehnung an die Habermas'sche Sozialphilosophie ist seines Erachtens dazu erforderlich, die Trennung von System- und Lebenswelt aufzuheben und durch „gedankliche Wiederankopplung des ökonomischen Systems an die Lebenswelt aus dem Blickwinkel der lebensweltlich betroffenen Menschen" die Trennung in einer integrativ-wirtschaftsethischen Perspektive aufzuheben (Ulrich 1986, S. 351). Noch pointierter gibt es nach Thielemann (2003) kein ethikfreies oder wertfreies Wirtschaften.[2]

Kritisch orientiert an diesen Überlegungen unterscheidet Thielemann (2009, S. 208 ff.)[3] drei Theorie-Zugänge zu einer wirtschaftsethischen Diskussion:

(2a) Er nennt das ökonomistische Konzept mit funktionalistischem Ansatz, das sich implizit auf (neo)liberale Ideale der „invisible hand" bezieht, wie sie von Adam Smith in seinem Grundlagenwerk „Wealth of Nations" (1776) beschrieben werden. Solange alle den ökonomischen Eigeninteressen folgen, könne – so Smith – das ethisch Richtige (gefasst als Wachstum der Gütermenge) realisiert werden. Daraus ergebe sich heute – so Thielemann – die (zu kritisierende) Annahme, dass wirtschaftliches Handeln als Kapitalwertmaximierung des Unternehmens per se legitim sei. Unseres Erachtens wird dabei auch von Thielemann vergessen, dass Adam Smith bereits 1759, also schon 17 Jahre früher, die ethischen Grundlagen für sein Werk „Wealth of Nations" (und damit für die Wirksamkeit der ordnenden „invisible hand") genauer beschreibt. In seiner „Theory of Moral Sentiments" (1759) konstruiert er als Voraussetzung für mögliches wirtschaftlich ethisches Handeln eine öffentliche Kontrolle, die sich durch den internalisierten Blick der Anderen („the impartial spectator") auf das Handeln vollzieht.[4]

Thielemann entwickelt zur Beschreibung marktregulierender Kräfte der Smith'schen „invisible hand" die Konstruktion „eines weisen Schöpfergottes..., dessen höhere Vernunft wir uns demütig zu fügen haben, indem wir seiner Weisung folgen" (Thielemann 2009, S. 209). Wird statt dieser eher paternal gedachten Regulierungsfunktion des „weisen Schöpfergottes" eine kulturkritische Perspektive entfaltet, so lässt sich bereits bei Adam Smith aufzeigen, wie die Koordinierung individueller ökonomischer Interessen und Aktivitäten erst durch die Internalisierung eines „kollektiven Über-Ichs" möglich ist.

Auf unsere Diversity-Debatte bezogen, lässt sich festhalten, dass wirtschaftliches, an Eigennutz orientiertes Handeln auch im Rahmen dieses funktionalistischen Ansatzes nur

---

[2] Wir danken Ulrich Thielemann für wichtige Anregungen zur Klärung der Begrifflichkeiten. Die Verantwortung für die Argumentation liegt bei den Autorinnen.

[3] Vgl. auch Thielemann (2009): Der integrative Ansatz der Unternehmensethik – eine knappe Darstellung durch Abgrenzung vom ökonomischen und vom separativen Konzept, in: Maring, M. (Hrsg.) Verantwortung in Technik und Ökonomie, Karlsruhe 2009, S. 207–217. Ökonomik nach der Krise: Das Ende der Marktgläubigkeit, Wirtschaftsdienst 2009, Nr. 7, http://www.mem-wirtschaftsethik.de/fileadmin/user_upload/mem-denkfabrik/Dokumente/%C3%96konomikNachDerKrise.pdf. Gegenüber einer impliziten Ethik plädiert Thielemann für eine Entwicklung zur „explizite(n) Wirtschaftsethik ... ohne gegenüber der Marktlogik voreingenommen zu sein – was übrigens nicht heißt, ‚Präskriptionen' aufzustellen, sondern lediglich, dass der Gegenstand in ethisch angemessenen, nicht von vornherein beschönigenden Begriffen gefasst wird." Kritisch formuliert er: „Eine ... Ökonomik, die mit der Reflexion ihrer eigenen (normativen) Grundlagen abgeschlossen hat, ist als Wissenschaft am Ende." (S. 457).

[4] Hier scheint es u. E. um eine frühe Konzeptionierung der Relevanz von Selbst- und Fremdreferenz zu gehen. Smith stellt eine Innen-/Außenperspektive her, die ggf. geeignet scheint, die Auflösung binärer Spaltungen und der damit einhergehenden, alternativlosen Differenzierungs- und Wahrnehmungsmuster (z. B. Profit-Nonprofit, Wirtschaft-Ethik) zu ermöglichen.

im Kontext einer sozialisierten und sozialisierenden Kontrolle funktionieren kann. Allgemeingültige, sozialisierte Diversity-Normen (etwa die Wertschätzung des/r „Anderen", die Reflexivität der eigenen Begrenztheit u. a.) gelten quasi als kategorische Imperative, die zu verinnerlichen sind. Sie werden allgemein als erforderliche Voraussetzung gesehen, um als Individuum im Kontext einer Gemeinschaft wirtschaftlich sinnvoll handeln zu können.

(2b) Des Weiteren beschreibt Thielemann den Instrumentalismus als Bezugspunkt unternehmensethischer Diskurse, in dem die Ethik, operationalisiert durch die Erfüllung bestimmter „gesellschaftlicher Erwartungen", als notwendiges Instrument der Gewinnmaximierung angesehen wird. „Die Anpassung an den Zeitgeist ist nicht Ausdruck von Integrität, sondern im Gegenteil von Opportunismus. Die instrumentalistische Konzeption konfundiert Akzeptanz (faktische Zustimmung) mit Legitimität (Berechtigung bzw. ethische Richtigkeit)" (Thielemann 2009, S. 210).

(2c) Der dritte Zugang bezieht sich auf die separatistischen Konzepte, sie umfassen (i) die sogenannte Spendenethik und (ii) das Unmöglichkeitstheorem.

(i) Die Spendenethik ist gekennzeichnet durch eine Trennung von wirtschaftlicher Tätigkeit und ethischem Verhalten. Je größer der wirtschaftliche Erfolg ist, der auch mit illegitimen Mitteln erworben werden kann, desto größer ist auch der Anteil, der davon für Spenden der Öffentlichkeit (für ethische Zwecke …) zur Verfügung gestellt werden kann. Kritisch bemerkt Thielemann (2009, S. 212) dazu: „Die Quintessenz hieraus lässt sich … so zusammenfassen: Es kommt in erster Linie nicht auf die Größe des Kuchens an, sondern vor allem auf die Rezeptur, mit der er gebacken wird, d. h. auf die ethischen Qualitäten der Geschäftspolitik und -strategie selbst.".

(ii) Das Unmöglichkeitstheorem scheint durch eine in Globalisierungsprozessen entstandene Notlage bestimmt. Diese erzwinge bei drohendem wirtschaftlichem Untergang, die legitimen Rechte anderer zu misshandeln.

Thielemanns Kritik der ökonomistischen, instrumentalistischen und separatistischen Konzepte ist fundamental, denn diese unternehmensethischen Konzepte fundieren nicht einen Prozess wahrhaft verantwortungsvoller Unternehmensführung, sondern die legitimierende Fassade einer CSR. Für Thielemann stellt sich die

Unternehmensethik … nicht nur (als) Geschäftsethik (dar), sondern besteht im Grundsatz auch in der Mitverantwortung für eine Rahmenordnung des Wettbewerbs, die es dem einzelnen Unternehmen erlaubt, berechtigten Ansprüchen zu genügen, ohne gegenüber weniger verantwortungsvollen Mitbewerbern ‚der Dumme' zu sein. Ordnungspolitische Mitverantwortung (die nicht mit Lobbying zu verwechseln ist) liegt darum im ethisch wohlverstandenen Eigeninteresse von Unternehmen, die erfolgreich und verantwortungsvoll wirtschaften möchten (Thielemann 2009, S. 214).

Besser kann unseres Ermessens auch die Bedeutung eines Managing Diversity für die CSR der Unternehmen nicht formuliert werden. So lässt sich etwa in diesem Zusammenhang das seit August 2008 auch in Deutschland geltende Allgemeine Gleichbehandlungsgesetz (AGG) anführen, welches die rechtliche Grundlage zur Vermeidung von Diskriminierung bildet. Es beinhaltet die in den USA seit langem bekannte Möglichkeit zur Umkehr der Beweislast von Diskriminierungsvorwürfen, was ein nicht unerhebliches Drohpotenzial für die (in Deutschland allerdings geringer ausfallenden) Zahlungen an diskriminierte Mitarbeitende bedeutet. Es liegt demnach in einem wohlverstandenen Eigeninteresse der Unternehmen, nicht zu diskriminieren und Mitarbeitendenpotenziale – so verschieden sie auch sein mögen – für die Unternehmensinteressen nutzbar zu machen.

Ulrichs (2008) integratives Konzept – wie Thielemann es rezipiert – entwickelt sich aus der Distanz zu ökonomistischen und separatistischen Konzepten. In Bezugnahme auf Habermas formuliert Ulrich den Ansatz des Stakeholder-Dialogs, um eine integrativ ethische Perspektive als Alternative für „monologische oder paternalistische Bestimmung der Legitimität der Ansprüche über die Köpfe der Stakeholder hinweg" (Thielemann 2009, S. 214) zu ermöglichen. Diese dialogische Orientierung gilt als hoch voraussetzungsreich, existiert doch eine vorausgesetzte Herrschaftsfreiheit eher in sozialphilosophischen Diskursen und Köpfen. Eine Orientierung an einem „code of conduct" scheint jedoch unerlässlich und enthält neben einer Orientierung an dem WIE unternehmerischen Handelns die Grundorientierung auf das WAS, einer engagierten und sozial bewussten Teilhabe. Diese ermöglicht

> verantwortungsvolle(n) Beiträge zu gesellschaftlichen Problemlagen … Integrative Unternehmensethik bedeutet Gewinnverzicht lediglich in Relation zum hypothetischen Grenzwert einer radikalen Gewinnmaximierungsstrategie (Thielemann 2009, S. 215).

(Dieser letztgenannte *hypothetische Grenzwert* wird erst unter vollständigem Verzicht auf unternehmensethische Orientierungen möglich.)

Die Trennung von Lebenswelt und ökonomischem System mit seinen eigenen Rationalitäten widerspricht in ihrer Dynamik und ihren Effizienzanforderungen dem lebensweltlichen Rhythmus und den Bedürfnissen von Menschen. Die Überbrückung dieses Gegensatzes ist nach Ulrich durch vernünftiges, an gemeinsam gefundenen Interessen orientiertem Handeln möglich. Thielemann (1994) pointiert in einer Auseinandersetzung mit Ulrich den nicht uninteressanten Widerspruch[5] dieses wirtschaftsethischen Ansatzes:

> Das Problem, vor dem wir und insbesondere eine *Markt*wirtschaftsethik heute stehen, liegt aber gerade darin, dass bessere Argumente nicht weiterhelfen bzw. ohne systemtheoretische Aufklärung nicht weiterhelfen, und zwar nicht deshalb, weil die Menschen uneinsichtig wären, sondern weil der Marktprozess, in dem wir alle ökonomisch verstrickt sind, letztlich nicht

---

[5] In der Sprache und der Begrifflichkeit Luhmann's könnten wir hier durchaus auf eine Paradoxie verweisen, die sich aus der Begrenztheit einer angenommenen ökonomischen Systemrationalität und dem „wertfreien" Geltungsanspruch ergibt, wie er sich in der Praxis als Machtanspruch zur Definition von Wichtigkeit und Wahrheit aufrüstet. Die Paradoxie verweist auf das Ebenenproblem, dass entsteht, wenn nicht zwischen Handlungszwang und nachträglichem Legitimationsdruck auch für unintendierte Nebenfolgen unterschieden wird. Eine unintendierte Nebenfolge ökonomischer Rationalität trotz sozialer Verantwortung ist, dass Diskriminierungen systemisch kaum vermeidbar sind, bzw. dass in der Situation der Knappheit von Ressourcen moralische Entscheidungen getroffen werden, die auf normativen Annahmen und Prärogativen beruhen.

von Intentionen, die grundsätzlich besseren Argumenten offen stünden, bestimmt wird. Gerade darum aber sollte Wirtschaftsethik genau dies zum Thema machen und den Unterschied von System und Lebenswelt nicht terminologisch einebnen (Thielemann 1994, S. 35).

3 Systemische Perspektiven des Managing Gender & Diversity

Im Folgenden sollen einige systemische Perspektiven des Managing Gender & Diversity mit Überlegungen zur Inklusion von Heterogenität in organisationalen Systemen verbunden werden. In Systemen zu denken bedeutet, nicht mehr von unmittelbaren und planbaren Reaktionen einer Ursache-Wirkung- oder Input-Output-Relation ausgehen zu können. Dabei ist eine soziale Ordnung umso anspruchsvoller, je mehr unterschiedliche Perspektiven an dieser Wirklichkeitskonstruktion beteiligt sind. Weil erst eine gemeinsam geteilte empirische Realität die Handlungen der Mitglieder einer Organisation orientiert, kann zu ihrer Erzeugung eine distanzierte „Beobachtung der Beobachtung" (Beobachtung zweiter Ebene) von Vielfalt initiiert werden. Es kann danach gefragt werden, wann werden warum welche Differenzen (funktional oder dysfunktional) erzeugt und eingesetzt, inkludiert oder exkludiert.

Damit Organisationen trotz unterschiedlichster Interessen und Motive ihrer Mitglieder noch „handlungsfähig" sind, werden Aktivitäten als Kommunikation transportiert und an ihren Aufgaben oder Funktionen orientiert. Diese funktionale Orientierung bewirkt, dass alle Umwelteinflüsse und internen Kommunikationen daraufhin unterschieden oder „differenziert" werden, ob sie zum funktionalen Erfolg beitragen. Diese Funktionen gestalten die Strukturen der Organisation. Das, was als effizient, d. h. als funktional erfolgreich bezeichnet wird, beruht also auf bisherigen Beschreibungen und Erwartungen des jeweiligen Systems. Veränderungsvorstellungen müssen an diese bestehenden Beschreibungen und Erwartungen (= Strukturen) anschließen, um zu neuen Be- und Verwertungen zu führen. Dabei braucht der Prozess des Managing Gender & Diversity, so wie wir ihn verstehen, die Kenntnis der normativen Grundlagen der Rationalisierung von Strukturen und Funktionen.

Hier ergeben sich zwei Klärungsbedarfe.

Zum einen gehen, wie beschrieben, in die Definition der Funktionalitäten Vorerfahrungen bzw. Interpretationen ein. Diese Be-Wertungen basieren auf den in der Organisation vorhandenen und von den Mitgliedern transportierten Normen. Dabei ist problematisch, dass in Organisationen häufig bewusste Normen mit intendiertem Handeln verwechselt werden. Diese unhinterfragte Gleichsetzung von bewusst gewählten Normen und unbewussten, latenten Handlungsintentionen erfordert Reflexivität und Verantwortlichkeit für das eigene Handeln. Das Bewusstmachen von intendierten Handlungsintentionen erfordert allerdings Raum und Zeit in Prozessen. Gerade dies scheint uns jedoch im Rahmen von Diversity-Initiativen unverzichtbar, wenn wir kritisch davon ausgehen das die Alltagspraxis in dominanzkulturellen Kontexten gerade dafür keine oder kaum angemessene Ressourcen lässt. Rationalisierungsprozesse rechnen stattdessen Wirkungen auf Handlungen zu, unterlegen sie mit normativen Begründungen, rechnen organisational zu[6] oder aber begründen sie mit strategisch zufällig möglichen Wahrnehmung von Interessen.

Wir schlagen stattdessen vor, zu beobachten und zu bewundern, wie Normen höchst kontingent und variabel verwendet werden, damit sie funktional für die Stabilität des jeweiligen (personalen oder organisationalen) Systems bleiben.

Ein weiteres Problem ist, dass Rationalisierungen normierend wirken können, d. h. von der bewertenden Person nur bewusst wahrgenommen wird, was sich pragmatisch als relevant erwiesen hat. In Organisationen wird die Grenze zwischen Bewusstheit und Unbewusstheit von der Normativität des Faktischen bestimmt, so dass nur das gewusst werden *darf*, was im System nicht destabilisierend wirkt. Kritik wird aufgrund der Mehrdeutigkeit von Situationen in systemstabilisierende Anregungen zu Veränderungen re-definiert. Die Unterscheidung bewusst/unbewusst entzieht sich zugleich einer normativen (Be-)Wertung, weil immer gefragt werden sollte, in Bezug auf welchen Kontext, mit welchen Intentionen *darf* etwas gewusst werden und wie wird Anderes in den Bereich des Unbewussten, Latenten verschoben. Eine Bearbeitung dieser Grenze von bewusst/unbewusst im Prozess des Managing Gender & Diversity ist eine wichtige Voraussetzung, um an den bestehenden Funktionalitäten und Strukturen Veränderungen vornehmen zu können.

Die Offenheit sozialer Systeme im Rahmen einer diversityrelevanten CSR würde u. E. voraussetzen, sich von als „sicher" erachteten Normen soweit distanzieren zu können, dass nach den Funktionen gefragt werden kann. Zu fragen ist dabei, ob genügend soziales Repertoire zur Verfügung steht, um mit Ambivalenzen in Wertsetzungen und funktionalen Anforderungen umgehen zu können (Luhmann 1984, S. 418, 437 f.). Die Reaktionsfähigkeit trotz möglicher Ambivalenzen und Unsicherheiten zu erhalten, ist beispielsweise eine Voraussetzung, um die lebenserhaltende Entwicklungsfähigkeit (Autopoiesis) bei zunehmender Inklusion von Heterogenität zu erhalten.

Eine diversityoffene CSR könnte einerseits auf der (reflexiven wie emotionalen) Selbstsicherheit der Organisationsmitglieder basieren, die eigenen kulturellen Annahmen zu kennen und damit innerhalb der bestehenden funktionalen Strukturen der Unternehmung effizient zu handeln. Andererseits müssten die Mitglieder der Unternehmensorganisation in der Lage sein, durch die Thematisierung „fremder" Ansichten die normativen Grundlagen ihrer Rationalität zu relativieren. Dies gelingt auf der Basis der Anerkennung der relativen zeitlichen, sachlichen und sozialen Gültigkeit von Wahrnehmung, die immer nur in einem als „fest" erachteten Verweisungszusammenhang von Bedeutungen, Normen, Erfahrungen und Gültigkeiten zur „Normalität" werden. Inklusion basiert auf diesen Fä-

---

[6] In sozialen Systemen entstehen Verantwortlichkeiten für Handlungen, vgl. Luhmann (1984, S. 228 f.), bzw. beobachtbares Verhalten von Personen aufgrund der Möglichkeit, sie der situativen Gestaltung ihrer Rollen zuzurechnen, vgl. Luhmann (1998, S. 333 f.). Menschen nehmen in Organisationen im Rahmen ihrer Personenrolle teil. Was Menschen als psychische und physische Systeme sonst noch, neben ihrer Rolle in Organisationen ausmacht, kann kaum ‚erklärt' werden. Deshalb bleiben Zurechnungen in Organisationen auf der Ebene des – sozial konstruierten und situativen – Mitgliedschaftsbeitrags. Menschliche Biographien werden durch institutionelle Regelungen (bspw. Sozialpläne) exkludiert.

higkeiten einer Diversitykompetenz. Sie ist u. E. eine erlernbare Kulturtechnologie, die für die Zukunft der Systeme – d. h. ihre Autopoiesis – unverzichtbar ist.

4 Systemische Inklusion – Formale, qualitative und andere Perspektiven

Die Wahrnehmung und Nutzung von Unterschiedlichkeiten ist, wie beschrieben von der Fähigkeit zur Selbstbeobachtung (im Rahmen der selbst konstruierten Selbstreferenz) abhängig, die auf der Basis der eigenen Annahmen über den Status, die Wirkung, die kulturelle Geschichte des Systems entstanden ist. Komplexität und Kontingenz bilden die Form, in der sich Verschiedenheit darstellen kann. Sie wird von der Umwelt an das System herangetragen, das heißt Diversity entsteht zunächst als Irritation, als „Zumutung" für die bisherige Operationsweise eines Systems, z. B. einer Organisation. Die Umwelt eines Systems wird durch die psychisch/physischen Systeme konstituiert – also die Menschen, die in ihrer „Unergründlichkeit" (Schimank 2002) die unterschiedliche Deutungen, Kompetenzen, Neigungen, Ideen, Motive, Ressourcen in das System heran- und hineintragen.

Zur Aufgabenerfüllung fokussieren Organisationen die potentielle Umweltkomplexität auf eine Auswahl (Personen, Ideen, Artefakte) aus der Umwelt, die sie operational in Beziehung zu ihrer Aufgabe bringen. Die *menschliche Unergründlichkeit* oder Komplexität wird im Rahmen der Mitgliedschaftsrolle der Person reduziert, d. h. es werden nur diejenigen Teile der Person zugerechnet, die in der Erledigung der Aufgabenstellung und Arbeitsteilung relevant werden können.

4.1 Formale Inklusion

Personen beteiligen sich in Interaktion oder Mikrodiversity (Luhmann 2002, S. 255 f.) an den Kommunikationsprozessen der Organisation. Aus Interaktionen wird erst dann eine nachhaltig wirksame Kommunikation, wenn es gelingt die Generalisierbarkeit der Deutung und Anwendung in der Organisation zu erreichen. Dies gelingt, indem programmatische Prozesse (Standardisierungen, Handlungsprogramme, Regeln etc.) entwickelt werden. Diversity gelangt als Umwelt des Systems auf mindestens zwei Wegen in die Organisation: zum einen über menschliche Vielfalt, die als Zumutung in Interaktionen aktiviert und in langwierigen Aushandlungsprozessen in anschlussfähige Programme umgewandelt wird, bis sie innerhalb der Organisation wirksam werden kann, zum andern durch eine programmatisch wirksame, extern herangetragene strukturelle Rahmenbedingung (Gesetze, Erlasse, Besteuerungsregeln).

4.2 Qualitative Inklusion

Unterschiedlichkeit und Vielfalt können in dem Maße inkludiert werden, wie es erstens gelingt, *sinnvolle* Verständigung über „das Andere" zu bilden. Inwieweit „das Andere" als Abweichung von der „Normalität" oder als regulär vorkommende Variation, also als Bestandteil eines reichen Lebens definiert wird, ist sowohl von dem Gedächtnis der Organisation (= ihrer Kultur) als auch von dem Zugang zu sinnbildenden Interaktionen und Kommunikationsprozessen abhängig. Sinn agiert als Kommunikationsmedium, indem er Komplexität reduziert oder besser „kondensiert". Vielfältiges wird in Bezug auf die Aufgabenstellung und Problemlagen diskursiv, interaktiv, semantisch geordnet und in eine neue Beziehung gebracht.

Der Zugang zu definitionsmächtigen Kommunikationen basiert auf Bewertungen, die Unterscheidungen über Zugehörigkeit und Nicht-Zugehörigkeit regeln. Aus Unterscheidungen werden über Bewertungen (zumeist polarisierte Werte) Unterschiede. Die Zugänge werden in interessengeleiteten Bewertungsprozessen geregelt, via Gatekeeper, die Kommunikation, Personen, Zertifikate, Habitus bewerten dürfen. Die Verwendung von Werten führt nicht dazu, dass die binäre Struktur reflektiert oder kritisiert wird, sondern sie bestätigt und reifiziert diese Werte. In diesem Sinne haben normative Vorgaben für Systeme auch die Funktion, Lernen und Veränderung abzuwehren (Luhmann 1984, S. 437). Es besteht die Möglichkeit, dass normativ-politische Argumentation oder Kritik Normen in Systemen verfestigen. Diese Perspektive legt nahe, sich auf einer funktional-kritischen Ebene einer Systemveränderung zu nähern und die Sinnkonstruktionen zu kritisieren, dekonstruieren, entlarven.

Des Weiteren ist es erforderlich, diese Sinnkonstruktionen innerhalb des Systems an die bestehenden Funktionalitäten anzuschließen. Sollen neue Sinnkonstruktionen zum Systembestandteil werden, sind sie als Form oder Struktur Teil von Programmen und Abläufen. Erst auf dieser formalisierten Ebene können nachhaltig – weil generalisierbar, also aus einer einzelnen Situation auf andere übertragbar – Erwartungen vor- bzw. neustrukturiert werden. Soll ein Interesse an Inklusion verfolgt werden, muss überlegt werden, wie soziale Systeme diese Programme zur Sortierung von vorher als fremd Gekennzeichnetem aufbauen.

In dieser Kombination von Sinn und Anschlussfähigkeit wird das Konzept Diversity in Organisationen auf die Kritik von Normalitätsvorstellungen und Normierungsprozessen bezogen. Dabei werden einerseits die alltäglichen funktionalen Beziehungen, die Erwartungsstrukturen in Organisationen, die Programme zur Budgetierung, die Arbeitsteilung in sozialer, sachlicher, zeitlicher und räumlicher Differenzierung bezeichnet. Diese sollen als Oberflächenstruktur beschrieben und von der Tiefenstruktur unterschieden werden. Die Tiefenstruktur bezeichnet die zugrundeliegenden „legitimen" Annahmen über die Richtigkeit und Bedeutsamkeit der Wirklichkeitsoberfläche, bzw. bezieht sich auf den „Selbstverständnis bildenden" Prozess durch die Einhaltung von Kausalität, Effizienz und Kongruenz.

Zur Tiefenstruktur gehören ebenso Bewertungen und damit verbundene Hierarchisierungstendenzen, die Formen zur Bildung von Unterscheidungen und damit zur Beurteilung von Vorgängen herzustellen. Aber es braucht auch die Erfordernis, homogenisierende Kontexte – die Sicherheit und Kongruenz verdeutlichen sollen – gestalten zu können. In der sozialen „Notwendigkeit", eine normative „Programmierung" der Handlungs- und Kommunikationsformen zu bilden, werden diese Tendenzen ebenso deutlich, wie in der Tendenz, die Homogenität in Organisationen im kulturellen Gedächtnis der Organisation einzuschreiben. Dies geschieht in Systemen vielfach auf dem Weg, die jeweilig gültigen Normen an die Integrations-, Koordinierungs- und Motivationsfunktion der Kultur anzukoppeln (Koall 2001, S. 253 ff.). Ein Managing Diversity, welches bisher Minorisiertes inkludieren will, muss – so unsere Annahme – Bezug auf die Veränderung der Tiefenstruktur der Organisation nehmen (Koall 2002). Dabei sind die Überlegungen zur Dekonstruktion einer besonders ausgezeichneten „Normalität" bzw. zur Rekonstruktion ihrer geschichtlichen Entstehung ein erster Schritt (Koall 2002).

4.3 Ignoranz – Integration – Inklusion in sozialen Systemen

Die Einnahme einer systemtheoretischen Perspektive zur Wahrnehmung und Gestaltung von Diversity ermöglicht die Beobachtung unterschiedlichster Systemtypen. Die Prozesse der Inklusion von Heterogenität ähneln und unterscheiden sich in den verschiedenen Systemtypen. Zu unterscheiden wären hier die folgenden systemischen Bezüge:

- Die Ebene der Interaktion von Personen in sozialen Systemen wird zumeist auch als psychisches Systeme bezeichnet, die an der Gestaltung von Kommunikation beteiligt sind. Hier wird Unterschiedlichkeit in Bezug auf die Sicherung der eigenen Identität genutzt oder vermieden.
- Die intermediale Ebene von Gruppen oder Teams, die sowohl teilnehmende, affektive Anteile der Interaktion als auch instrumentelle Anteile der Organisation beinhalten. Hier werden soziale Differenzen aufgebaut und genutzt, um „plausible" Abgrenzungen zu der umgebenden (organisationalen) Umwelt zu ermöglichen und die interne Teamidentität zu sichern. Diese WIR-Konstruktionen sind solange funktional, wie sie nicht zu einem kontraproduktiven „group-think" mit Ausblendung wichtiger Realitätsinformationen führen.
- Die Ebene der Organisation, die eine umgebende Komplexität (der Gesellschaft, der Individuen, der Subsysteme) im Rahmen ihrer Aufgaben reduziert und für die internen Prozesse funktional einsetzt, d. h. operationalisiert. Verschiedenheit kann nur abgebildet werden, wenn sie als Kommunikation in der Organisation vorhanden ist und lebendig gemacht wird.
- Die gesellschaftliche Präsenz, die sich in den unterschiedlichen Subsystemen von Erziehung, Wirtschaft, Gesundheit, Recht ausdifferenziert hat und zu deren Kernaufgaben die Vermittlung zwischen den Systemen und an den Grenzen gehört.

CSR als Beitrag zur Inklusions- und Diversitätsdebatte?

Im Folgenden soll mit Blick auf den Systemtyp Organisation nach den Bedingungen zur Gestaltung inklusiver Systeme gefragt werden. Die Phasen der Wahrnehmung und Nutzung von Differenz können dabei (in Anlehnung an Thomas und Ely 1996) mit Ignoranz – Integration – Inklusion beschrieben werden:

1. Zunächst wird das Differente verleugnet (hier Bezug zur Homogenität in Gruppen) oder der Eindruck erweckt, es gäbe nur das Eindeutige, das deshalb auch als das Dominante in Bezug auf die Herstellung von Deutungen, Rationalisierungen, Wahrheiten erscheint.
2. Dann entsteht aus den Effekten der Nachahmung von Diversity (Süss 2007) aus der Umwelt des Systems ein gewisser Druck, das Differente wahrzunehmen. Es bleibt aber bei der Unterscheidung von Eigen/Fremd. Das Fremde wird dazu aufgefordert, sich passend zu gestalten. Dazu wird dem „fremd Gemachten" Unterstützung angeboten. Das System verändert sich nur in Bezug auf die eigene Funktionalität, indem die Integration möglicherweise Vorteile für das System bietet.
3. In einem dritten Schritt werden Anforderungen zur Inklusion durch internen Druck oder externe Rahmenbedingungen so dringlich, dass es dem System unmöglich wird, sich nicht zu verändern. Erst an dieser Stelle kann von einem realisierten Managing Diversity gesprochen werden. Es gibt sehr wenige organisationale Systeme, die für sich den Vorteil erkennen, sich lernend den Anforderungen der Heterogenität stellen.

Die unterschiedlichen Optionen im Umgang mit Homogenität und Heterogenität lassen sich – in Anlehnung an das bekannte Johari-Schema (Luft und Ingham 1955) – bezüglich unserer Diskussion aktualisieren:

	Handeln und Wissen	Handeln und Nicht-Wissen
Homogenität	Starke Organisationskultur, Leitbildsteuerung, komplexitätsentlastende Programme und Standards, Konservativismus, Integration	Dominanzkultur, Besserwisserei, Group Think, Omnipotenz-Phantasien, Exklusion, Ignoranz
Heterogenität	Schwache Organisationskultur, starke Interaktion u. Kommunikation, lose gekoppelte Systeme, multiple statt binäre Unterscheidungen, bewusste Inklusion	Komplexitätsüberschwemmung, irrationale, widersprüchliche Kommunikation, keine Programmsteuerung, Verwirrung, Abwehr durch Stereotypisierung, kontingente Inklusion

Anhand dieser Systematik zur Klassifizierung von Wahrnehmungsprozessen im Umgang mit Verschiedenheit lässt sich gezielter danach fragen, wie Gestaltungsmöglichkeiten in unterschiedlichen, möglicherweise aufeinander aufbauenden Phasen (Thomas und Ely 1996) zur Inklusion von Differenz beschrieben und beobachtet werden können.

5 CSR und die Reichweite einer gewünschten, aber meist delegierten/externalisierten Verantwortung

Eine betriebliche Relevanz, sich mit Fragen sozialer Verantwortung einer diversityrelevanten CSR zu befassen, liegt in der Erfordernis der Gewinnung und langfristigen Bindung von qualifiziertem und motiviertem Personal. Mit Blick auf frühere Studien von Turban und Greening (1997), Albinger und Freeman (2000) und Bauer und Aiman-Smith (1996) konstatiert Lis (2012) eine lückenhafte Begründung des Zusammenhangs von sozialer Verantwortung von Unternehmen und deren Attraktivität als Arbeitgeber. In der Frage, wie eine Organisation attraktiv für eine heterogene MitarbeiterInnenschaft werden kann, entwickelt Lis (2012) die Perspektive eines nachhaltigen Personalmanagement. Sie folgert daraus, den CSR-Fokus des unternehmerischen Handels zu erweitern und auf die Aspekte der Verantwortung gegenüber der Umwelt, der Diversität der Mitarbeitenden und der Produkterstellung und -vermarktung zu beziehen. Thielemann (1994, S. 14) bezeichnet dies als ‚Insrumentalismus' der ‚Wenn-Dann-Aussagen' und als einen Versuch, die Unternehmensleitung zu einem moralischen Verhalten zu zwingen. Damit könne „allenfalls die Erfüllung bestimmter moralischer Konventionen sicher(ge)stellt und zumeist ethische Ansprüche nur scheinbar erfüllt (werden)." (ebenda)

Investition in personale Ressourcen als Bestandteil von CSR-Projekten mit langfristigen, nachhaltigen Wirkungen zielt also auf die – nicht wirklich neue Idee – der Veränderung des Blicks: vom Personal als Kostenfaktor zum Personal als Potentialfaktor. Schon früh entwickelte Penrose (1959) mit ihrer Idee des „Resource Based View" den betriebswirtschaftlich relevanten Ansatz, dass die Heterogenität der Mitarbeitenden eine unverwechselbare, nicht imitierbare personale Ressource sei und eine wichtige Grundvoraussetzung für die Innovationsfähigkeit und damit Überlebensfähigkeit von Unternehmen darstelle. Inwieweit dieser verantwortungsbewusste Umgang mit personalen Ressourcen gerade auch für komplexe Unternehmenssituationen – wie Krisensituationen – höchst relevant ist, beschreibt (Grieger 2004b) mit Blick auf die Differenz von individuellen und organisationalen Konsequenzen (ver)unsicher(t)er Beschäftigungsverhältnisse.

> Bezogen auf das Individuum kann dies verstanden werden als das Erzeugen des Potenzials, auch im Fall einer Entlassung handlungs- und anpassungsfähig zu bleiben. Entsprechende Modelle legen es nahe, dass vorbereitete und mit „coping resources" ausgestattete Personen ihrer Situation weniger hilflos gegenüberstehen. Hier besteht ein wichtiger Ansatzpunkt in einer antizipativen Personalentwicklung „out of the job" (Grieger 2004b, S. 32).

Diese zu initiieren und zu rahmen, wird einer CSR zugemutet. Doch der Verlust und Abbau von nicht länger erwartbar sichernden Systemen strapaziert die vorherrschende Individualisierung von Coping-Strategien (Grieger 2004a). In ambivalenten Zeiten von hochindividualisierten, nicht durch corporative Verbindlichkeiten gesicherten Arbeitsbeziehungen soll eine ethische Orientierung arbeitsrechtliche Sicherheiten ersetzen.

Auf der Ebene der Organisation können wir von einer Funktionalität homogenisierender Strukturen ausgehen, die den Prozess der Externalisierung von Verantwortung benötigen, wenn intern keine Erhöhung der Wahrnehmungskapazität und damit kein Veränderungsbedarf signalisiert werden (Koall 2001, S. 175 f.). Dies bedeutet, dass z. B. Beratungsangebote oder Veränderungswünsche eines Diversity-Managements relativ einfach mit Hinweis auf „die Normativität des Faktischen" abgewehrt werden können. Dabei spielt es eine wichtige Rolle, welche oder wie viel Systemumwelt als relevant zugelassen wird, und welche internen Funktion-Struktur-Beziehungen als relevant zur Bewältigung der Aufgaben angesehen werden. Diese Festlegungen werden in Kommunikationsprozessen der Organisation ermittelt, werden von Personen gebildet und können an ihnen festgemacht werden. Personen „tragen" Kommunikation in Organisationen. Die beiden erforderlichen Einführungsstrategien – „top down" und „bottom up" – beziehen sich demzufolge auf Personen, die die formelle und/oder informelle Macht in der Organisationen haben, an der Kommunikation gestaltend teilzunehmen, um Sinnstrukturen, Wahrheiten, Strategien, Ziel u. ä. festzulegen. Im Idealfall werden „top down" die Ressourcen zur Verfügung gestellt, „bottom up" werden relevante Kriterien zur Bearbeitung von diskriminierenden Strukturen entwickelt.

Alte Muster in neuen Formen können dann rekonstruiert werden, bzw. wenn sie als relevant gekennzeichnete Funktionen „aufnehmen" und aktuell funktionale Äquivalente zu ehemaligen, bisher gewohnten und normalisierten Mustern der Diskriminierung und Privilegierung entwickelt werden, die auf Spaltungen, Polarisierung, binären Zuordnung basieren. Das Muster der Binarität bleibt damit für den Alltag gültig, solange es funktional ist bzw. scheint. Daraus wiederum resultiert eine Spannung zwischen betrieblicher und sozialer Verantwortung für mögliche unintendierte Nebenfolgen.

6 Normative Differenzierung und funktionale Arrangements

Für Minoritäten ist – wie eingangs dargelegt – die Fähigkeit zur Anpassung an bestehende Normen eine kritische Voraussetzung für ihre Integration. Wohl wissend, dass der Grad der Anpassung variiert, können die Kenntnisse über die interdependente Beziehung zwischen lernender Person und Organisation (Argyris und Schön 1978) durchaus auf Integrationsprozesse übertragen werden. Beispielsweise kann von einer Unterwerfung des „Fremden" unter die Prinzipien des Systems ausgegangen werden oder dem „Fremden" die Nachahmung des Systemeigenen empfohlen werden (Ferries et al. 1996). Eine Interdependenz in der Gestaltung sozialer Realität entsteht in dem Maße, wie Menschen als Umwelt der Organisation beschrieben werden können und damit wesentlich die Wahrnehmung und Kommunikation in Organisationen gestalten. Diskriminierung verweist auf die Unterdrückung von Handlungs- und Kommunikationsmöglichkeiten in Systemen (Luhmann 1984, S. 537). Die Veränderung der Kommunikationsstruktur bewirkt die Neugestaltung der sozialen Beziehung und umschließt häufig eine soziale Aktivität des „Hereinnehmens" von zuvor als systemfremd gekennzeichneten Personen, Eigenschaften oder Kommunikationsformen. Häufig wird dabei übersehen, dass beispielsweise Personen, die integriert werden, dem „System" ähnlich gemacht werden sollen, aber trotzdem noch unterscheidbar bleiben wollen oder sollen.

Ein weiterer Aspekt der Integration im Rahmen des Managing Diversity ist die Beobachtung der Verwendung von sozialen Normen. Unter der Annahme, dass soziale Normen die Über- und Unterordnungsverhältnisse in der Gesellschaft regeln, ist es wichtig, zwischen konstitutiven und regulativen Normen (Hagemann-White 1994) zu unterscheiden[7]. Für die Anwendung von Diversity bedeutet dies, dass sich zunächst auf der Ebene der regulativen Normen die Zuschreibungen über die Fähigkeiten von „Minoritäten" ändern. So regeln also Verhaltensanweisungen zur „social correctness" den Umgang mit Minoritäten – sie verstärken aber paradoxerweise den Minoritätenstatus. Die Veränderung der konstitutiven Normen dagegen bezieht sich auf den Zusammenhang von Personen mit einem zugeordneten sozialen Status. Die Veränderung der regulativen Norm, beispielsweise zur eingeschränkten Erwerbsfähigkeit von Frauen, bewirkt, dass ein ursprünglich als „normal" bewerteter Zusammenhang von Geschlecht und Beruf sich verändert hat. Dabei kann eine Veränderung der regulativen Normen durchaus auch bewusstseinsbildend wirken, jedoch wird nichts grundsätzlich an Dominanz- und Unterordnungsverhältnissen geändert. Wir können in der Diskussion um Diversity also unterscheiden zwischen regulativen Normen, die beispielsweise die Interpretationen in Bewertungsverfahren regeln und konstitutiven Normen, die es überhaupt zulassen, dass Menschen als „zweit- oder drittklassiges" Personal – beispielsweise aufgrund ihrer sozialen Herkunft – deklassiert werden.

Diese Ethik des Verzichts auf allgemeingültige Normen ist eine wesentliche Grundannahme eines emanzipatorischen Managing Gender & Diversity, um MitarbeiterInnen zum bewussten Umgang mit sozialer Differenz in Organisationen zu befähigen. Wir gehen damit von der These aus, dass eine oberflächenstrukturelle „Gleich"-Gültigkeit der sozialen, ethnischen Herkunft auf der Übereinkunft basiert, im Prozess der Leistungserstellung die konstitutiven Normen der sozialen Differenzierung beizubehalten und die regulative Norm zum Umgang mit Differenzen zu verändern. Dabei wird zunächst „funktional integriert", d.h. es werden Arbeitsbezüge geschaffen, die eine Diskriminierung von bestimmten Personengruppen anzeigen und eine Veränderung einklagbar machen. Die Vielfalt von Ansichten und Verhaltensweisen kann dann für die Unternehmung funktional sein, wenn eine „Störung der Homogenität" der Organisation neue Arbeits- und Personalstrukturen anregt. Die Orientierung an der individuellen Leistungsfähigkeit ist damit eine funktionale Grundvoraussetzung für die Wirksamkeit des Diversity Konzeptes. Damit gleichzusetzen ist aber nicht eine Akzeptanz von Verschiedenheit, die, wie skizziert,

---

[7] Hagemann-White (1994, S. 305 f.) unterscheidet zwischen konstitutiven Normen, die langfristig wirken und auf die kulturellen Pfeiler der Zweigeschlechtlichkeit verweisen, und andererseits die regulativen Normen, die situativ angewendet werden und stark reflektierbar sind. „Wenn wir aber die Forderung nach Frauen in Führungspositionen damit begründen, Frauen würden anders und besser handeln als Männer (z.B. einen ganzheitlichen und kooperativen Führungsstil entwickeln), haben wir die regulative Norm zwar angegriffen, aber eine konstitutive Norm der Polarität mit angebbarem Inhalt unterstrichen und verstärkt" (ebenda).

wesentlich tiefer die normativen Fundamente unserer Vorstellung von Ordnung und Normalität berührt.

Soziale Normen prägen den Alltag ökonomischer Prozesse über die Herausbildung von „Normalitätsvorstellungen". In Systemen haben Normen die Funktion, eine Veränderung der Erwartungen als unnötig abzuweisen oder auch Lernen abzuwehren (Luhmann 1984, S. 437). Gerade im Rahmen funktionaler Prozesse mit höchst rationalisierten Begründungen werden normative Differenzierungen, ob nach familialen Bildern der segmentären Differenzierungsphasen oder nach stratifikatorischen Annahmen der Differenzierung nach Klassen- oder Ethnienschichtung, benutzt, um funktionale Arrangements stabil und legitim zu halten (Kiss 1990, S. 77; Luhmann 1984, S. 437). Dieser systemorientierte Bezug erscheint uns vielseitig praktikabel, um an den funktionalen und normativen Grundlagen der Entstehung und Wirkung sozialer Differenzen zu arbeiten.

In dem Prozess der Integration müssen bislang als systemfremd gekennzeichnete Eigenschaften und Strukturen an systeminterne Anschlussstellen gekoppelt oder angeknüpft werden. Dies geschieht unter der Annahme, dass innerhalb des Systems eine Bereitschaft besteht, diese Anknüpfungsstellen zu bilden. In Organisationen bestehen Anknüpfungsmöglichkeiten an die Strukturen des Systems, wenn sie den funktionalen Anforderungen genügen. Dieser Vorgang wird systemtheoretisch als strukturelle Kopplung bezeichnet (Luhmann 1984, S. 367 ff.). In einer Organisation kann dies bedeuten, dass die Funktionen der Arbeitserfüllung, der Planbarkeit der Abläufe und der Bewertungen von Leistungen an möglicherweise neue Inhalte und Ziele emanzipatorischer Prozesse angeschlossen werden können. Beispielsweise haben flexible Arbeitszeitregelungen auf der Basis von individuellen Absprachen sowohl positive Wirkungen für die Vereinbarkeit von Berufs- und Privatleben, als auch für die Flexibilisierung der Produktion.

Können keine Anknüpfungspunkte zwischen internen Bedingungen und externen Angeboten an Zulieferung von Leistung gefunden werden, erfolgt auch keine Integration von Verschiedenheit (Luhmann 1984, S. 83 ff.; Koall 2001, S. 175 ff.). Die Anknüpfung an funktionale Relationen ist ein Ergebnis der Selbstbeschreibung des Systems. Beispielsweise ist es Aufgabe der Organisation, funktionale Alternativen zu bestehenden Abläufen zu entwickeln, also seine Funktionen und Strukturen zu verändern, etwa wenn ein Managing & Diversity strukturell umgesetzt werden soll. Statt eine politisch-normative Perspektive einzunehmen, kann zur Einführung von Diversity-Prozessen auf die Wettbewerbsrelevanz von Enthierarchisierung rekurriert werden. Damit wäre eine durchaus systemrelevante, anschlussfähige Argumentation in ökonomischen Kommunikationszusammenhängen ermöglicht.

Fazit

Die Frage nach der Reichweite einer sozial-ethischen Orientierung von Diversity-Konzepten scheint (kaum gestellt) schon beantwortet: „Managing Diversity ist eine neoliberale Strategie der Inklusion …" (Meuser 2013, S. 173 ff.). Was sie in dieser Kritik interessant macht, ist die Umstellung von egalitär-etatistischen Prinzipien auf einen marktbezogenen Individualismus, die es – zum Beispiel soziologisch – zu beobachten gilt. Beobachtungsleitend bleibt die Annahme:

> Die Inklusionsverheißungen sind ... nicht ungeteilt; sie gelten nicht ohne Ansehen der Person. Die Marktlogik des Diversity-Diskurses ist der strukturelle Grund dafür, dass die Inklusionsverheißungen zugleich Exklusionen erzeugen. Die entscheidende Frage ist, welche Vielfalt marktfähig ist (Meuser 2013, S. 176).[8]

Als paradoxe Herausforderung impliziert dies: wie können nicht im Gegensatz zu, sondern im Kontext von marktlogischen Strukturbedingungen Alternativen inkludiert werden bzw. graduell verändert werden? Die komplexe Verschränkung von ethischen und wirtschaftlichen Dimensionen – sicher nicht in einer frontal-konfrontierenden Polarisierung – verstärkt dabei die Frage, wie im Umgang mit der ethischen Leitdifferenz von Achtung/Missachtung auch nach Kosten und Zahlungen/Nicht Zahlungen gefragt werden kann ... und vice versa: was kostet die Orientierung auf Antidiskriminierung, Inklusion, Nachhaltigkeit und CSR, bzw. was kostet ihre Vermeidung?

Der Zusammenhang von Gender & Diversity erweist sich in der Frage nach Beseitigung und Abbau von Diskriminierung und sozialer Ungerechtigkeit im Rahmen wirtschaftlicher und unternehmerischer Ziele in vielen Aspekten als exemplarisch beobachtbar, insbesondere was den „gap" zwischen gesellschaftlichen Ansprüchen, gesetzlichen Vereinbarungen und gesellschaftlicher Realität (de iure und de facto) anbelangt. Aus Genderperspektive wird die Dysfunktionalität konstruierter (Geschlechter)Differenzen bearbeitet. In ambivalenten Prozessen der Überwindung, Neuaushandlung und Neugestaltung der historisch so nachhaltigen Trennung von privater und öffentlicher Sphäre und der daran gebundenen machtvollen Geschlechterkonstruktionen wurden Systemgrenzen flexibilisiert, ohne dass dies ausschließlich emanzipatorischen oder ethischen Intentionen geschuldet war.

Auch im Rahmen einer diversitybezogenen CSR steht zur Debatte, wie nicht nur die Vermeidung von Schaden und möglichen Klagen handlungsleitend wird, sondern auch wie in der Ausweitung und Irritation von Systemgrenzen ökonomische, ökologische und soziale Systeme/Dimensionen neu gekoppelt werden können. Allerdings geschieht dies i. d. R. ohne die marktlogischen Strukturbedingungen in Frage zu stellen. Politische wie ethische Ziele der Antidiskriminierung, Chancengerechtigkeit, Nachhaltigkeit u. a. können in dieser Logik entsprechend auch nach Gesichtspunkten und Ansprüchen organisationaler und unternehmerischer Reputation, Wettbewerbsfähigkeit u. a. beurteilt werden (vgl. Albinger und Freeman 2000). Aber jede Unternehmensführung steht in der Herausforderung, die eigene Attraktivität nicht nur im Vergleich mit anderen Konkurrenten zu entwickeln und zu kommunizieren, sondern sich auch im Verhältnis zu anderen Teilsystemen der Gesellschaft zu positionieren (ob dies nun ökologische Positionen, Work-Life-Balance oder Healthcare betrifft). Über die Herstel-

---

[8] Vgl. zur Kritik der neoliberalen Fundierung von Diversity-Konzepten als Verschränkung von Makro-Meso-Mikroebene auch die Analyse von Bendl (2007).

lung von Attraktivität, Reputation und Wettbewerbsfähigkeit kann die Unternehmung z. B. gefordert sein, die Qualität der Reflexion ihrer Entscheidung(en) bezüglich einer nachhaltigen CSR neu zu kommunizieren. Wie oben gezeigt wurde, kann der Prozess der Externalisierung von Verantwortung für eine nicht reflektierte Funktionalität homogenisierender Organisationstrukturen sprechen. Erst die interne Erhöhung der Wahrnehmungskapazität in der Spannung von Innen- und Außenperspektiven (Johari-Modell) kann Veränderungsoptionen erschließen, die es ermöglichen, mehr Komplexität zulassen und gestalten zu können.

Die Frage, was das kostet, ist sicher nicht nur eine wirtschaftliche! Zunehmend wird es eine Frage der Belastbarkeit von Systemen (Krise, Stress, Burnout …) und ihrer angemessenen Bewältigungsressourcen und -kompetenzen im Umgang mit Komplexität und Heterogenität sein, die zu Veränderungsanforderungen und Umstrukturierungsansprüchen führt. Wenn CSR als Beitrag zur Inklusions- und Diversitätsdebatte genutzt werden soll, ist schließlich nicht nur ein kritischer Blick auf die Ökonomisierung des Sozialen möglich: auch umgekehrt kann der drängenden, aber durchaus attraktiven Frage nach einer Sozialisierung des Ökonomischen Raum gegeben werden … ebenso den dadurch entstehenden Dynamiken und Irritationen. Irritation als „eine noch undefinierte Überraschung im Bereich von System-zu-System-Beziehungen" kann hier verstanden werden als „zwar wahrgenommenes, aber noch nicht informationell verarbeitetes … spezifisches Rauschen in der Umwelt eines autopoietischen Systems, dass qua struktureller Kopplung informationell relevant werden kann oder nicht" (Krause 2001).

Literatur

Albinger HS, Freeman SJ (2000) Corporate social performance and attractiveness as an employer to different job seeking populations. J Bus Ethics 28(3):243–253

Argyris C, Schön DA (1978, 1999) Die lernende Organisation, Bd 39, Nr 3. Schaeffer-Poeschel, Stuttgart, S 254–280

Bauer TN, Aiman-Smith L (1996) Green career choices: the influence of ecological stance on recruiting. J Bus Psychol 10:445–458

Bendl R (2007) Betriebliches Diversitätsmanagement und neoliberale Wirtschaftspolitik – Verortungen eines diskursiven Zusammenhangs. In: Koall I, Bruchhagen V, Höher F (Hrsg) Diversity outlooks. LIT, Münster, S 10–28

Cox T Jr (2001) Creating the multicultural organization. Jossey Bass, San Francisco

Ferries GR, Bhawuk DPS, Frink DD, Keiser JD, Gilmore DC, Camton RC (1996) The paradox of diversity in organizations. In: Gutschelhofer A, Scheff J (Hrsg) Paradoxes Management: Widersprüche im Management – Management der Widersprüche. Linde Verlag, Wien, S 204–229

Greening DW, Turban DW (2000) Corporate social performance as a competitive advantage in attracting a quality workforce. Bus Soc 39(3):254–280

Grieger J (2004a) Ökonomisierung in Personalwirtschaft und Personalwirtschaftslehre. Theoretische Grundlagen und praktische Bezüge. Reihe ‚neue betriebswirtschaftliche Forschung', Bd. 326. Deutscher Universitätsverlag, Wiesbaden

Grieger J (2004b) Potenzialentwicklung zur Verhinderung und Bewältigung von Unternehmenskrisen – eine ressourcenorientierte Analyse. Beitrag zum Schwerpunktthema ‚Personalmanagement und Unternehmenskrisen' für den Herbstworkshop der Kommission Personalwesen, Konstanz, 24. bis 25. September 2004.

Hagemann-White C (1994) Der Umgang mit Zweigeschlechtlichkeit als Forschungsaufgabe. In: Diezinger A, Kitzer H, Anker I, Odierna S, Haas E (Hrsg) Erfahrung mit Methode, Reihe Forum Frauenforschung. Schriftenreihe der Sektion Frauenforschung der Deutschen Gesellschaft für Soziologie, Bd. 8. Bielefeld, S 301–318

Homann K, Blome-Drees F (1992) Wirtschafts- und Unternehmensethik. Vandenhoeck & Ruprecht, Göttingen

Kirton G, Greene A-M (2000) The dynamics of managing diversity – a critical approach. Elsevier, Amsterdam

Kiss G (1990) Grundzüge und Entwicklungen der Luhmann'schen Systemtheorie, 2. Aufl. Enke, Stuttgart

Koall I (2001) Managing Gender & Diversity. Von der Homogenität zur Heterogenität der Organisation der Unternehmung. LIT, Hamburg

Koall I (2002) Grundlegungen des Weiterbildungskonzeptes Managing Gender & Diversity/ DiVersion. In: Koall I, Bruchhagen V, Höher F (Hrsg) Vielfalt statt Lei(d)tkultur – Managing Gender & Diversity. LIT, Hamburg, S 1–34

Koall I, Bruchhagen V (2004) Zum wertvollen Umgang mit Unterschieden im Managing Gender & Diversity – eine funktionale Systemperspektive zur Gestaltung sozialer Normen. In: Burlander H, Büscher M (Hrsg) Werte im Unternehmensalltag erkennen und gestalten. Schriftenreihe des deutschen Netzwerks Wirtschaftsethik, Bd. 13. Rainer Hampp Verlag, München und Mering, S 179–209

Krause D (2001) Luhmann-Lexikon, 3. Aufl. Lucius & Lucius, Stuttgart

Lis B (2012) The relevance of corporate social responsibility for a sustainable human resource management: an analysis of organizational attractiveness as a determinant in employees' selection of a (potential) employer. Manag Revue 23(3):279–295

Luft J, Ingham H (1955) The Johari Window, a graphic model for interpersonal relations. Western Training Laboratory in Group Development, University of California at Los Angeles, Extension Office

Luhmann N (1984) Soziale Systeme. Suhrkamp, Frankfurt a. M.

Luhmann N (1998) Die Gesellschaft der Gesellschaft, Bd 1 + 2. Suhrkamp, Frankfurt a. M.

Luhmann N (2002) Organisation und Entscheidung. Westdeutscher Verlag, Opladen

Meuser M (2013) Diversity Management – Anerkennung von Vielfalt. In: Ludger P (Hrsg) Zusammenhalt durch Vielfalt? Bindungskräfte der Vergesellschaftung im 21. Jahrhundert. Springer VS, Wiesbaden, S 167–181

Penrose E (1959) The theory of the growth of the firm. Wiley, New York

Schimank U (2002) Gesellschaftliche Teilsysteme und Strukturdynamiken. In: Volkmann U, Schimank U (Hrsg) Soziologische Gegenwartsdiagnosen II – Vergleichende Sekundäranalysen. Leske + Budrich, Opladen, S 15–49

Smith A (1776, 1937) An inquiry into the nature and causes of the wealth of nations, Modern Library. Random House, Inc., New York. http://www.ibiblio.org/ml/libri/s/SmithA_WealthNations_s.pdf http://metalibri.wikidot.com/title:theory-of-moral-sentiments:smith-a

Süss S (2007) Managementmode – Legitimationsfassade – Rationalitätsmythos? Eine kritische Bestandsaufnahme der Verbreitung des Diversity Managements in Deutschland. In: Koall I, Bruchhagen V, Höher F (Hrsg) Divesity outlooks – Managing Diversity zwischen Ethik, Profit und Antidiskriminierung. LIT, Hamburg, S 440–456

Thielemann U (1994) Integrative Wirtschafts- und Unternehmensethik als Reflexion des spannungsreichen Verhältnisses von Einkommensstreben und Moral. Zum Verhältnis von Wirtschaftsethik und philosophischer (Diskurs-)Ethik. Beiträge und Berichte des Instituts für Wirtschaftsethik, Bd. 67. St. Gallen. http://www.mem-wirtschaftsethik.de/das-mem/publikationen/spuren-systemischen-denkens

Thielemann U (2003) Integrative Wirtschaftsethik als kritische Theorie des Wirtschaftens. Die Unmöglichkeit der Wertfreiheit der Ökonomie als Ausgangspunkt der Wirtschaftsethik. In: Breuer M, Brink A, Schumann OJ (Hrsg) Wirtschaftsethik als kritische Sozialwissenschaft. Haupt Verlag, Bern, S 89–115

Thielemann U (2009) Ökonomik nach der Krise: Das Ende der Marktgläubigkeit, Wirtschaftsdienst, Nr 7. http://www.mem-wirtschaftsethik.de/fileadmin/user_upload/mem-denkfabrik/Dokumente/%C3%96konomikNachDerKrise.pdf. Zugegriffen: 2. Juni 2014

Thomas DA, Ely RJ (1996) Making difference matter: a new paradigm for managing diversity. Harvard Bus Rev 9(10):79–90

Turban DB, Greening DW (1997) Corporate social performance and organizational attractiveness to prospective employees. Acad Manag J 40(3):658–670

Ulrich P (1986, 1993) Transformation der ökonomischen Vernunft. Fortschrittsperspektiven der modernen Industriegesellschaften, 3 Aufl. Paul Haupt, Bern

Ulrich P (2008) Integrative Wirtschaftsethik. Grundlagen einer lebensdienlichen Ökonomie, 4. Aufl. Paul Haupt, Bern

Dr. Iris Koall, Supervisorin (DGSv), Geschäftsführerin Zentrum für Weiterbildung/akademische Personalentwicklung der Bergischen Universität Wuppertal Dozentin und Supervisorin bei DiVersion: Managing Gender & Diversity.

Verena Bruchhagen, wiss. Mitarbeiterin der Technischen Universität Dortmund, Fakultät Erziehungswissenschaft und Soziologie, Geschäftsführende Leiterin des Arbeitsbereichs Managing Gender & Diversity, Schwerpunkte u.a. sozialwissenschaftliche Geschlechterdiskurse und professionelle Praxis, Vermittlungs- und Lernprozesse in personaler und organisationaler Perspektive.

Un/geklärte Verhältnisse?

Überlegungen zum Verhältnis zwischen (Corporate) Social Responsibility und Diversity Management aus der Perspektive der reflexiven Diversitätsforschung

Andrea D. Bührmann

Spätestens seit dem Beginn der aktuellen Finanzkrise/n wird in den Sozialwissenschaften kontrovers über deren Gründe und Begründungen diskutiert. Während vor allem regulationstheoretisch inspirierte Forschende einen „ungebremsten Turbokapitalismus" für den Ausbruch der Krise verantwortlich machen und dabei zugleich Unternehmer_innen als neoliberale Agent_innen begreifen, sehen andere in neoklassischer Perspektive gerade in den Beschränkungen der freien Marktkräfte einen wichtigen Grund für die krisenhaften Entwicklungen. Sie fordern – wenn man so will – eine Befreiung des Unternehmerischen von den Fesseln aller Regulierungen (vgl. dazu etwa Abolafia 1998; Harvey 2005).

Zwischen diesen scheinbar so unversöhnlichen (theoretischen) Positionen haben die Diskussionen um das so genannte (Corporate) Social Responsibility (CSR) in den letzten Jahren einen erstaunlichen Aufschwung genommen. Dieses Dispositiv gilt als Möglichkeit, den ökonomischen Nutzen (business case) mit verantwortlichem Handeln für gesellschaftlichen Wohlstand (social case) fruchtbar zu verknüpfen.[1] Eine solche Verbindung wird auch in Bezug auf das so genannte Diversity Management (DiM) gesehen. Die Folgen von einer Globalisierung der Märkte und Individualisierung der Lebensläufe sollen konstruktiv und produktiv verbunden werden. Es scheint also im Sinne Ludwig Wittgensteins (1959 [2003]) eine gewisse „Familienähnlichkeit" zu bestehen: Zwar unterscheiden sich Strategien und Taktiken dieser beiden Dispositive, aber man geht davon aus, dass sie in ihren grundlegenden Zielen übereinstimmen oder zumindest kompatibel sind.

Deshalb verwundert es auch nicht, dass aktuell – allerdings vor allem im deutschsprachigen Raum – wiederholt Fragen nach dem Verhältnis zwischen CRS und DiM

---

[1] Für einen Überblick zur Kritik an CSR-Ansätzen aus der menschenrechtlichen Perspektive vgl. Saage-Maaß (2014).

A. D. Bührmann (✉)
Universität Göttingen
Wilhelmsplatz 1, 37073 Göttingen, Deutschland
E-Mail: andrea.buehrmann@uni-goettingen.de

diskutiert worden sind (vgl. für einen Überblick insbesondere Hansen 2014; Schneider und Schmidpeter 2012). Dabei ist bisher entweder nach Gemeinsamkeiten und Unterschieden zwischen DiM und CSR gesucht worden (vgl. dazu etwa Hannapi-Egger 2012; Vedder und Krause 2014) oder aber z. B. deren Verhältnis zueinander mit Blick auf Prozesse der Sinngebung diskutiert worden (vgl. Hansen 2014). Obgleich immer wieder hervorgehoben worden ist, dass weder eine einheitliche Definition des DiM (vgl. Harrison und Hock-Peng 2006; Nkomo und Steward 2006; Ragins und Gonzales 2003) noch des CSR (vgl. etwa Godfrey und Hatch 2006; Haigh und Jones 2007; Matten und Moon 2005) existiere, sondern eben diverse Konzeptionen des DiM und CSR empirisch vorlägen, ist von diesen konzeptionellen Unterschieden in Bezug auf ihre strategischen Ausrichtungen und taktischen Umsetzungen bisher weitgehend abstrahiert worden. Ich möchte im Folgenden eben diese diversen Konzeptionen aus der Perspektive einer reflexiven Diversitätsforschung näher beleuchten und so nach den bestimmten Verhältnissen zwischen DiM und CSR fragen. Dabei unterscheide ich mit Michel de Certau (1988) zwischen übergeordneten Strategien von operativen Taktiken und gehe mit Michel Foucault (1989) von ihrer dispositiven Polyvalenz aus, d. h. ein und dasselbe Phänomen kann Element unterschiedlicher Strategien oder Taktiken sein.

In einem ersten Schritt werde ich die zentralen Bestimmungsmomente einer reflexiven Diversitätsforschung skizzieren. Dann werde ich zunächst die unterschiedlichen Problematisierungen des CRS und DiM vor- und ihre unterschiedlichen Konzeptionen darstellen. In einem dritten Schritt werden unterschiedliche Verhältnisse zwischen diesen Konzeptionen bestimmt. Abschließend ziehe ich ein kurzes Fazit und zeige weitere Forschungsperspektiven auf. Das Ziel meiner Überlegungen besteht darin, einen Beitrag zu einer differenzierte/re/n Verhältnisbestimmung zwischen CRS und DiM zu leisten. Dabei werden insbesondere soziologische Konzeptionen fruchtbar gemacht.

1 Bestimmungsmomente einer reflexiven Diversitätsforschung

Das Forschungsprogramm der reflexiven Diversitätsforschung zielt darauf, eine bisher wenig fruchtbare Frontstellung zwischen positivistisch-funktionalistischen und kritisch-emanzipativ orientierten Programmen konstruktiv zu überwinden und zugleich die bestehenden Widersprüche produktiv zu aufzuheben. Idealtypischbetrachtet unterscheiden sich diese beiden Forschungsprogramme in mindestens drei zentralen Punkten: Positivistisch-funktionalistisch orientierte Studien sind zumeist quantitativ angelegt und unterstellen gegebene oder zumindest kaum veränderbare Unterschiede in Bezug unterschiedliche Dimensionen der Vielfalt aus (vgl. Loden und Rosener 1991; Milliken und Martin 1996). Sie fragen meistens danach, ob und wenn ja ggf. welche Konfiguration von Vielfalt unternehmerischen Zielen dient. Dabei setzen sie zwar keine Dimensionen der Vielfalt als besonders relevant, sie thematisieren allerdings vor allem die so genannten „big 8", und diese umfassen die Dimensionen race, gender, ethnicity/nationality, organizational role/function, age sexual orientation, mental/physical ability and religion (vgl. Plummer

2003, S. 25) Demgegenüber sind konstruktivistisch-emanzipative Studien oft qualitativ angelegt und hinterfragen bzw. dekonstruieren systematisch die „Natur" von Vielfaltsdimensionen. Dabei gelten alle Dimensionen der Vielfalt als Effekte sozialer Konstruktionsprozesse. Zugleich wird – anders als in positivistisch funktionalistisch orientierten Studien (vgl. Ely 1995, S. 162) – Vielfalt als relationales Verhältnis begriffen: Diversity wird hier nämlich als *„collective amount of differences within a social unit"* (Harrison und Hock-Peng 2006, S. 196, Hervorhebung im Original) verstanden. Nichtsdestotrotz setzen viele Studien mit Blick auf die modernen ausdifferenzierte Gesellschaften des globalen Nordens race, class und gender als relevante Achsen der Ungleichheit und fragen in intersektionaler Perspektive danach, wie bestehende Ungleichheitsverhältnisse enthierarchisiert bzw. mehr gesellschaftliche Gleichberechtigung hergestellt werden könnte. Hier steht also nicht der business, sondern der equity case im Zentrum des Forschungsinteresses (vgl. Zanoni und Janssens 2004; Zanoni et al. 2010; Ragins und Gonzales 2003; Nkomo und Steward 2006).

Im Forschungsprogramm der reflexiven Diversitätsforschung sollen, diese widersprüchlichen Programmatiken aufgehoben werden: Das zentrale Forschungsziel der reflexiven Diversitätsforschung ist die Erforschung intersektionaler Konfigurationen diverser Dimensionen von Diversität, ihrer Ursachen und Aus/Wirkungen. Es geht also nicht darum, entweder den business oder den equity case zu erforschen, sondern darum zu analysieren, ob und wenn ggf. welche Konfigurationen der Vielfalt wenn in welcher Weise intersektional auf- und ineinanderwirken. Dabei wird zunächst davon ausgegangen, dass Dimensionen der Vielfalt und eben auch deren Konfigurationen historisch kontingent sind: Sie sind über unterschiedliche gesellschaftliche Praktiken hervorgebracht worden, können aber durchaus strukturierend wirken. Ein Beispiel dafür ist die Dimension Gender, die sowohl als Prozess- als auch Strukturdimension von Vielfalt zu begreifen ist (vgl. Bührmann 2015a). Freilich – und das ist an dieser Stelle wichtig – die reflexive Diversitätsforschung interessiert sich nicht nur für soziale Gruppen und deren Aus/Differenzierungen, sondern auch zum Beispiel dafür, aufgrund welchen Wissens wie und weshalb genau bestimmte Managementkonzeptionen von anderen unterschieden werden und welche Dimensionierung mit welchen Begründungen als relevant gelten. Auch hier geht es darum, die Ergebnisse dieser Unterscheidungsprozesse und deren Aus/Wirkungen zu betrachten, aber es geht eben auch um die Prozesse des Unterscheidens selbst.

In der reflexiven Diversitätsforschung wird ein intersektionales Forschungsprogramm verfolgt. Das heißt es werden nicht nur Unterschiede zwischen verschiedenen Dimensionen der Vielfalt, sondern unterschiedliche Konnexionen zwischen und Interdependenzen unter verschiedenen Formen von Vielfalt erforscht. Dabei kommen sowohl quantitative wie qualitative Methoden in einem multi-methodischen Forschungsdesign zum Einsatz. Die so re-konstruierten Forschungsbefunde unterliegen schließlich einer kritischen Reflexion, die im Wesentlichen drei Aspekte beinhaltet:

Erstens geht es um eine systematische Reflexion der eigenen sozialen und kulturellen Herkunft, sowie der eigenen Position im akademischen Feld (vgl. dazu Wacquant 1996): Aus welcher Position heraus wird mit wem zusammen und ausgehend von welchen disziplinären Relevanzsetzungen geforscht? Welche Rolle spielen dabei der eigene Habitus, also die Wahrnehmungs-, Denk- und Handlungsmuster der Forschenden gegenüber dem Forschungsgegenstand? Das sind hier wichtige Fragen.

Zweitens geht es um eine systematische Reflexion der eigenen Theorien, Konzeptionen und Methoden (vgl. dazu etwa Bourdieu 1988): Das Ziel ist hier die „Logik der Praxis" gerade nicht auf die „Logik der Theorie" zu reduzieren, sondern deren Ambiguitäten systematisch in den Blick zu nehmen. Nicht eine intellektuelle Introspektion, sondern die stete Analyse der eigenen Forschungspraxis und deren „blinden Flecken" steht hier im Fokus. So könnte eine eher an Individuen und ihren Entscheidungen bzw. Handlungen interessierte affirmativ funktionalistische Perspektive und eine eher an gesellschaftlichen Strukturzusammenhängen interessierte kritisch emanzipative Perspektive zusammengeführt und um eine Perspektivierung auf die konkreten Routinen und Verhaltensweisen auf der Ebene der Praktiken ergänzt werden.

Schließlich geht es drittens um eine systematische Reflexion des eigenen (Kritik-)Standpunktes (vgl. dazu etwa Foucault 1982): Dies zielt nicht auf eine immanente Kritik an Forschungspraxen und -befunden, sondern darauf, das System der Bewertung selbst, d. h. der eigenen Prämissen und damit auch Grenzen der Erkenntnis zu explizieren, auf Grund dessen Kritik geübt wird. So geht es gerade nicht darum, unterschiedliche Positionen der Diversitätsforschung unvermittelt aus- oder ineinander fallen zu lassen. Vielmehr sollen diese Positionen in ihrer relativen Autonomie betrachtet und gleichwohl Relationen – hier eben die Familienähnlichkeiten zwischen den Dispositiven DiM und CSR – zwischen ihnen ausgelotet werden (vgl. Bourdieu 1988). Den erkenntnistheoretischen Ausgangspunkt einer solchen kritischen Reflexion bildet eine „kritische Ontologie der Gegenwart". Viel-

Tab. 1 Idealtypische Differenzen zwischen positiv-funktionalistischen und kritisch-emanzipativen Forschungsprogrammen und deren Aufhebung in der reflexiven Diversitätsforschung

	Ontologischer Status der Dimensionen der Vielfalt	Relevanzsetzung von Dimensionen der Vielfalt	Zentrale Zielstellung	Dominante Forschungsmethoden
Positiv-funktionalistische Position	(Natürlich) gegebene Strukturkategorien	Keine (gesellschafts-)theoretisch begründete Relevanzsetzung von Vielfaltsdimensionen	Business case	Fokus auf quantitative Studien
Kritisch-emanzipative Position	Sozial hergestellte Prozesskategorien	(Gesellschafts-)theoretisch begründete Relevanzsetzung bestimmter Dimensionen der Vielfalt	Equity case	Fokus auf qualitative Studien
Position der Reflexiven Diversitätsforschung	Sozial hergestellte Prozesskategorien, die Wirkungen als Strukturkategorien entfalten (können)	Provisorische Relevanzsetzung intersektionaler Dimensionen der Vielfalt	Equity und business case	Mix aus quantitativen und qualitativen Methoden

falt und seine Dimensionierungen sind demnach als relationale Konfigurationen inmitten und ausgehend von historisch-konkreten Macht- und Herrschaftsverhältnissen und ggf. mit „ihren" spezifischen Machtformen zu verstehen und zu erforschen, statt nur entweder die Konstruktionsprozesse von Vielfalt oder aber das Produkt dieser Prozesse die Vielfalt selbst in den Blick zu nehmen.

In Tab. 1 werden diese idealtypischen Differenzen zwischen dem positiv-funktionalistischen und kritisch-emanzipativen Forschungsprogramm und deren Aufhebung in einer reflexiven Diversitätsforschung nochmals illustriert.

2 Verhältnisbestimmungen zwischen DiM und CSR

Ausgehend von und basierend auf dem hier skizzierten Forschungsprogramm der reflexiven Diversitätsforschung werden nun zunächst Typologien des Diversity Managements in Unternehmen und des CSR vorgestellt. Dabei geht es nicht darum, alle bisher publizierten Typologien zu diskutieren, vielmehr werden zwei – wie bereits eingangs erwähnt – „bedeutende" Typologien zum Ausgangspunkt gemacht, die in der Literatur immer wieder zustimmend, aber auch kritisch diskutiert worden sind. Im Zentrum steht die Re-Konstruktion der diskutierten Ziele, Strategien und Taktiken dieser beiden Dispositive.

2.1 Typen des Diversity Management (DiM)

Seit Anfang der 1990er-Jahre haben Thomas und Ely (1996) den Umgang mit Vielfalt in unterschiedlichen US-amerikanischen Organisationen, vornehmlich aber anhand von Unternehmen untersucht. Dabei unterscheiden sie drei Typen:

Mitte der 1990er-Jahre ist in den USA nach Ansicht von Thomas und Ely (1996, S. 2–5) das „equality & fairness paradigm" dominant. Bei diesem Typus geht es primär darum, entsprechend den rechtlichen Anforderungen eine Gleichbehandlung in Bezug auf die Rekrutierung und Beförderung ihrer Beschäftigten herzustellen. Unternehmen, die diesem Typus zugeordnet werden können, implementieren häufig Mentoringprogramme, insbesondere für Frauen und historisch diskriminierte Minderheiten. So soll es den neuen und vermeintlich „anderen" Beschäftigtengruppen leichter fallen, sich zu assimilieren. Demgegenüber geht es beim „access & legitimacy paradigm", das laut Thomas und Ely (1996, S. 5–6) in den USA ab den 1980er-Jahren auftauchte, darum, die Unterschiede zwischen den Angehörigen eines Unternehmens als Vorteile zu nutzen. Dabei stehe eine marktorientierte Zielsetzung im Zentrum und so werden diese neuen, „anderen" Organisationsmitglieder insbesondere im Kontakt mit ihrer neuen, „anderen" Kundschaft eingesetzt. Es werden häufig spezielle Abteilungen gegründet, die nicht systematisch in das gesamte Unternehmen integriert werden. Ab Mitte der 1990er-Jahre taucht dann der „learning & effectiveness" Typus auf, in dem die Integration aller Beschäftigten im Fokus steht. Wie im Typus „discrimination & fairness" sollen alle Angehörigen der Organisationen die gleichen Chancen erhalten und wie im Typus „access & legitimacy" sollen bestehende Unterschiede anerkannt werden. Aber darüber hinaus geht es auch darum, dass sich die Unternehmenskultur wie die -strukturen selbst verändern:

> Yet this new model for managing diversity lets the organization internalize differences among employee so that it learns and grows because of them. Indeed, with the model fully in place, members of the organization can say, we are all on the same team, with our differences – not despite them (ebenda).

Diese Typologie ist in Bezug auf Unternehmen, aber auch in Bezug auf Hochschulen weiterentwickelt worden. In Bezug auf Unternehmen weisen etwa Parshotam Dass und Barbara Parker (1999) darauf hin, dass es für Manager_innen strategisch sinnvoll sein könnte, auch außerhalb ihrer Organisation aktiv zu werden, sie thematisieren jedoch nur Reaktionen auf Veränderungen im organisationalen Umfeld. Diese Überlegungen sind in der Folge zunächst von Paivand Sepheri (2002) aufgegriffen und dann von André Schultz (2009) konzeptionell weiter entwickelt worden. Schultz ergänzt einen weiteren Typus, den „strategischen Verantwortungs- und Sensibilitätsansatz". Dieser Typus „nimmt" laut Schultz (2009, S. 3)

> die sich fortlaufend verändernden Umweltbedingungen als Chance auf und verfolgt das Ziel, die existierende personelle bzw. kulturelle Diversität in die bestehenden Unternehmensstrategien zu integrieren und somit effektiv und flexibel auf die dynamischen Veränderungen der organisationsinternen und externen Rahmenbedingungen zu reagieren, wodurch letztlich Wettbewerbsvorteile generiert werden können.

Dieser Typus „reagiert" (Schultz 2009, S. 3) oder „passte sich" (Schultz 2009, S. 84) laut Schultz an die Erfordernisse der unternehmerischen Umwelt an. Aber auch Schultz stellt bei seiner Typologiebildung Unternehmen in den Mittelpunkt.

In Bezug von Hochschulen hat Damon A. Williams (2013, S. 129–159) zuletzt in Anlehnung an die Typologie von Thomas und Ely drei verschiedenen Typen unterschieden: den „Affirmative Action & Equity" Typus, den „Multicultural & Inclusion" Typus und den „Learning, Diversity & Research" Typus. Ausgehend von den typologischen Überlegungen in Bezug auf Unternehmen und mit Blick auf die explizite Bearbeitung von Vielfalt in Hochschulen habe ich einen weiteren Typus beschrieben, nämlich den „Inclusive & transformative" Typus. Ziel des letzteren Typus ist es dabei erstens, die Organisation inklusiver zu gestalten. Darüber hinaus geht es aber zweitens darum, das Umfeld bzw. die Umwelt gerechter zu gestalten. Hier steht also der „social case" im Zentrum und die Dimensionen sozialer wie ethnischer Hintergrund bzw. Bildungshintergrund avancieren zu sehr relevanten Dimensionen. Ein prototypisches Beispiel ist hier die DiM-Konzeption der University of California, Berkeley (vgl. dazu ausführlicher Bührmann 2015b).

Es kann also festgehalten werden, dass bisher in der einschlägigen Literatur im Hinblick auf die Ziele, die Strategien und Taktiken des DiM vier Typen unterschieden worden sind. Diese Typen sind in der nachfolgenden Tab. 2 nochmals aufgelistet und kurz beschrieben. Dabei wurden – zur besseren Übersicht und Vergleichbarkeit – die

Tab. 2 Typologie der expliziten Bearbeitung von Vielfalt im Rahmen von Diversitätsmanagement-Konzeptionen

DiM-Typus	Diskutierte Organisationsziele	Strategien → Prozesslogiken	Taktiken → Maßnahmen
Discrimination & fairness (DiM 0.0)	Erfüllen rechtlicher Auflagen & Abwehr von Klagen	*Assimilation:* Anpassung neuer an bestehende Strukturen	Beachtung gesetzlicher & ethischer Verpflichtungen
Access & legitimacy (DiM 1.0)	Erschließung & Optimierung von Marktzugängen	*Differenzierung:* Normalisierung & „Veränderung" der Angehörigen und Kundschaften	Matching von „anderen" Angehörigen mit „anderen" Kundschaften
Learning & effectiveness (Dim 2.0)	Strukturelle & ethische Weiterentwicklung der Organisation aus ethischer & ökonomischer Perspektive	*Integration:* Differenzen anerkennende Integration der „Neuen" in sich flexibel anpassende Organisation	Förderprogramme für einzelne Zielgruppen & Veränderung der Organisationsstrukturen & -kulturen
Inclusive & transformative (DiM 3.0)	Weiterentwicklung der Organisation plus: die Transformierung der organisationalen Umwelt	*Inklusion:* bisher noch nicht adressierte Gruppen sollen bei strukturellen Veränderungen inkludiert werden	Wie beim learning & effectiveness Typus plus: Kontinuierliche (Mit)Gestaltung der organisationalen Umwelt

unterschiedlichen Typen des DiM von 0.0. bis 3.0 in Anlehnung an eine entsprechende Darstellung in Bezug auf verschiedene Typen des CSR durchnummeriert.

2.2 Typen des CRS

Auch in Bezug auf das CSR werden in der Literatur mit Blick auf die Ziele, die Strategien und Taktiken sowie die fokussierten Organisationsbereiche verschiedene Modelle unterschieden.[2] Diese verschiedenen Modellbeschreibungen hat Andreas Schneider (2012) ausgehend von den CSR-Definitionen der EU aus den Jahren 2001, 2002 und 2011 sowie der ISO-Richtlinie 26000 zu einer vierer Typologie kondensiert. Anders als etwa Thomas und Ely spricht er explizit von einem „Reifegradmodell" (Schneider 2012, S. 28). Mit dieser Typologie verfolgt Schneider (ebd.) vor allem zwei Ziele: Erstens zielt er darauf, die „wichtigsten Grundcharakteristika von CSR – ohne Anspruch auf Vollständigkeit aufzuzeigen", um so ein „aktuelles CSR-Verständnis abzustecken und herzustellen" Zweitens

---

[2] Einen ersten theoretischen Systematisierungsversuch hatte schon Archie B. Caroll (1991) vorgelegt. Im Anschluss sind dann zunächst z. B. unterschiedliche Dimensionen (vgl. Quazi und O'Brien 2000) bzw. Kernbereiche (vgl. Schwartz und Carrol 2003) des CSR unterschieden worden. Schließlich differenzieren ausgehend von Talcott Parsons Elisabet Garriga und Domenéc Melé (2004) zwischen ökonomisch-instrumentellen, politischen, sozial-integrativen und ethischen begründeten CSR-Konzepten.

aber will Schneider diese Charakteristika in ein „Reifegradmodell" integrieren. Dabei geht er davon aus:

> Je höher die Stufe ist, auf der das Engagement eines Unternehmens eingeordnet werden kann, desto größer ist das Potenzial, zur Ausbildung von gesellschaftlichem Nutzen und Mehrwert für Umwelt, Gesellschaft und auch für das Unternehmen selbst.

Vor diese drei Stufen platziert Schneider (Schneider 2012, S. 29) allerdings weder einen „systematisch" verfolgten noch „bewusst" gemanagten Typus CSR 0.0, den er „gesellschaftliches Engagement – economic und legal responsibility" nennt. Im Rahmen dieses Typus wird entweder „per se", d. h. durch die schiere unternehmerische Tätigkeit, oder aber über die bloße Einhaltung geltender gesetzlicher Vorschriften soziale Verantwortung übernommen.

Im philanthropischen CSR-Typus, den Schneider auch als „social sponsoring" Typus oder kurz als „CSR 1.0" bezeichnet, stehen philanthropische Aktivitäten wie Spenden, Sponsoring und Mäzenatentum im Zentrum, die gerade nicht das unternehmerische Kerngeschäft betreffen. Daneben zählt Schneider aber auch das so genannte Corporate Citizenship zu diesem Typus. Dabei verstehen sich Unternehmen selbst als verantwortungsvolle „Unternehmens-Bürger". Schließlich umfasst für Schneider dieser Typus auch „unsystematische CSR-Maßnahmen", die ohne Verbindung zum unternehmerischen Kerngeschäft sind. Vielfach sind diese „nur" Marketing- oder PR-getrieben, so dass die Gefahr von Green- oder Blue-Washing sehr hoch sei. Zusammenfassend charakterisiert Schneider (2012, S. 30) diesen CSR-Typus 1.0 als „eine passive, unreflektierte, maximal reaktive, ex-post-Verantwortung".

Dagegen erfolgen beim „CSR 2.0"-Typus „unternehmerische und gesellschaftliche Wertschöpfung durch integriertes Management und Systematik" (Schneider 2012, S. 31) im unternehmerischen Kerngeschäft. Denn das CSR werde als strategisches Managementkonzept mit Führungs- und Verantwortungsauftrag des Top-Managements verstanden. Es geht darum, langfristig gesellschaftliche Wertschöpfung zu generieren und so einen nachhaltigen Beitrag zur gesellschaftlichen Entwicklung zu leisten. Beispielhaft nennt Schneider (ebd.) u. a. Produkt- wie Prozessinnovationen, Ressourceneffizienz, aber auch nachhaltige und verantwortungsvolle Liefer- und Wertschöpfungsketten sowie Managementinnovationen. Damit werden also Aktivitäten adressiert, die sich direkt und unmittelbar auf die Geschäftsstrategie auswirken. Aber darüber hinaus geht es auch darum, dass Unternehmen einen „visionären und nachhaltigen Entwicklungspfad mit kontinuierlichem Verbesserungsprozess" (Schneider 2012, S. 33) verfolgen. Insofern ist das CSR 2.0 als eine „aktive, reflektierte und strategische CSR" (ebd.) zu verstehen, die ein fester Bestandteil der Unternehmenskultur und des Unternehmensalltags sein will. CSR Aktivitäten werden als Investitionen in die Zukunft des Unternehmens betrachtet.

Schneider (2012, S. 34 f.) betrachtet das CSR 2.0 als Vorstufe zum CSR 3.0. Bei diesem Typus treten Unternehmen als wirtschafts- und umweltpolitische Gestalterinnen ihrer Umwelten auf. Ihnen geht es darum, proaktiv ihre organisationalen Umwelten zu transformieren. In diesem Sinne konstatiert Schneider auch:

CSR 3.0 ist global denkende, lokal agierende und vernetzte (...) CSR für die Bedingungen des Marktes, eine proaktive (...), initiative, ganzheitliche gesellschaftliche Verantwortung mit dem Kerngeschäft, über unmittelbaren Einflussbereich und Gestaltungshorizont des Unternehmens hinaus.

Dabei versuchen Unternehmen zusammen mit ihren unterschiedlichen Stakeholdern zukunftsfähige Formen des Wirtschaftens zu gestalten. Im Unterschied zum CSR 2.0, bei dem Optimierungsprozesse im Fokus stehen, konstatiert Schneider hier strategische Differenzierungsprozesse (vgl. Schneider 2012, S. 35) Dabei ist ein „kontinuierlicher(r) hermeneutische(r) Dialog mit externen Stakeholdern" (ebd.) aber auch den Kritiker_innen der jeweiligen strategischen Aktivitäten ein wichtiges Sensorium zum Antizipieren anstehender gesellschaftlicher Herausforderungen. Unternehmen avancieren so zu Agenda-Settern: Sie werden nicht mehr von gesellschaftlichen Problemen getrieben, sondern treiben „gute" Lösungen für die Problemstellungen voran. Im Fokus steht dabei, das Streben nach gesellschaftlichen Mehrwert und Gewinn im Unternehmen. Kurz:

CSR 3.0 nimmt sich gesellschaftlicher Themen an, die auch in einem erweiterten und nicht unmittelbaren Sinne die Unternehmenstätigkeit beeinflussen (z. B. Menschenrechte; Bildung

Tab. 3 Typologie diverser CSR-Konzeptionen

CSR-Typus	Diskutierte Organisationsziele	Strategien → Prozesslogiken	Taktiken → Maßnahmen
CSR 0.0: (Gesell. Engagement – economic & legal responsibility Typus)	Unternehmen = unternehmerische Akteure: Erfüllen rechtlicher Auflagen & Abwehr von Klagen	Übernahme gesellschaftlicher Verantwortung durch schiere unternehmerische Tätigkeit	Einhalten gesetzlicher Vorgaben
CSR 1.0: (social sponsoring Typus)	Unternehmen = „Unternehmensbürger": Erschließung & Optimierung von Marktzugängen	Marketing und PR-getriebene CSR-Strategien	Unsystematische CSR-Maßnahmen: Spenden, Sponsoring, Mäzenatentum
CSR 2.0: (Typus der unternehmerischen & gesellschaftliche Wertschöpfung)	Unternehmen = nachhaltige Wertschöpferinnen: nachhaltige Unternehmerische und gesellschaftliche Wertschöpfung	CSR als integrierte und systematische Wertschöpfungsstrategie des (Top-)Managements	Förderprogramme für einzelne Zielgruppen & Veränderung der Organisationsstrukturen & -kulturen
CSR 3.0: (proaktives Typus über die Grenzen der Organisation hinaus)	Unternehmen = Gestalterinnen ihrer Organisationalen Umwelt	Inklusion: bisher noch nicht explizit adressierte Gruppen sollen über strukturelle Veränderungen inkludiert werden	Wie beim CSR 2.0 Typus: Kontinuierliche (Mit)Gestaltung der organisationalen Umwelt

im und außerhalb des Unternehmens beispielsweise durch Kooperationen in der Grundausbildung; Anti-Korruptionsmaßnahmen und Bewusstseinsbildung hierzu, etc.) jedoch ebenfalls gesellschaftliche ganzheitliche Wertschöpfung (…) und langfristig Mehrwert für das Unternehmen generieren (ebd.).

Laut Schneider (vgl. 2012, S. 36) orientiert man sich hier an einem Leitspruch des Managementforschers und -beraters Peter Drucker, der sagte: „Der beste Weg, die Zukunft vorher zu sagen, ist es diese zu erschaffen"

Festgehalten kann also auch hier, dass bisher in der einschlägigen Literatur im Hinblick auf die Ziele, die Strategien und Taktiken des CSR vier Typen unterschieden worden sind. Diese Typen sind in der nachfolgenden Tab. 3 nochmals aufgelistet und kurz beschrieben.

2.3 Versuch zur Verhältnisbestimmung

Betrachtet man nun diese unterschiedlichen Typologien des DiM und des CSR, dann fällt sehr schnell auf, dass sie je vier verschiedene Typen unterscheiden. Dabei spricht Schneider mit Blick auf das CSR explizit von einem Reifegrad-Modell; dagegen beschreiben Thomas und Ely eher implizit eine zumindest chronologisch fortlaufende und insofern wohl auch aufbauende Entwicklung. Dabei wird eine Teleologie von vergleichsweise einfachen zu immer komplexeren Varianten, von weniger effektiven zu höchst effizienten Wirkungsweisen postuliert. Im Rahmen dieser Teleologie wird aber auch unterstellt, dass Organisationen entweder DiM- oder ein CSR-Konzeptionen im Zusammenspiel mit ihrem organisationalen Umfeld entwickeln. Ja, meist wird der Anlass in diesem Umfeld vermutet. Dabei geht es beim DiM z. B. um veränderte Kundschaften oder rechtliche Rahmenbedingungen. Beim CSR stehen normative Erwartungen der Gesellschaften aber auch der Kund/innen im Zentrum.

Beide Typologien weisen weitere Parallelen auf: So starten beide Typologien mit einem Typus, der sich an dem gegebenen gesetzlichen Rahmen orientiert. Sowohl der Typus DiM 0.0 als auch CSR 0.0 zielen primär auf die Erfüllung der gesetzlichen Mindeststandards und verfolgen darüber hinaus keine weiteren Strategien bzw. Taktiken. Mit Blick darauf besteht zwischen der DiM 0.0 und der CSR 0.0 Typus im Grunde kein reziprokes Verhältnis. Beide können und werden unabhängig voneinander verfolgt werden. Das ändert sich bei den nachfolgenden Typen.

Denn schon der CSR-Typus 1.0 und der DiM-Typus 1.0 verweisen zumindest indirekt aufeinander. Hier besteht zumindest ein indirekt reziprokes Verhältnis zwischen beiden Typen, insofern es in beiden um die Erschließung und Optimierung von Marktzugängen geht. Allerdings werden hier unterschiedliche Strategien und Taktiken verfolgt, die nicht aufeinander abgestimmt sind. Im CSR-Typus 2.0 und im DiM 2.0 Typus steht nun auch das Ziel einen gesellschaftlichen und nicht nur – wie in auch immer gearteten Organisationen – finanziellen Mehrwert zu generieren im Fokus. Dabei werden ähnliche Taktiken verfolgt. Denn bestimmte Zielgruppen werden adressiert. Allerdings wirkt das CSR 2.0

Tab. 4 Tentative Verhältnisbestimmungen zwischen DiM- und CSR-Konzeptionen

CSR-Typus	Tentative Verhältnisbestimmungen	DiM Typus
CSR 0.0: Gesell. Engagement – economic & legal responsibility Typus	Keine Reziprozität	*Dim 0.0: Discrimination & fairness Typus*
CSR 1.0: Social sponsoring Typus	Indirekte Reziprozität	*DiM 1.0: Access & legitimacy Typus*
CSR 2.0: Typus der unternehmerischen & gesellschaftliche Wertschöpfung	Direkte Reziprozität	*DiM 2.0: Learning & effectiveness Typus*
CSR 3.0: Proaktiver Typus jenseits Organisation	Starke direkte Reziprozität	*DiM 3.0: Inclusive & transformative Typus*

eher im organisationalen Umfeld, während die Strategien und Taktiken des DiM 2.0 eher in der jeweiligen Organisation ansetzen. Eine starke direkte Reziprozität scheint allerdings in Bezug auf den DiM 3.0 und CSR 3.0 Typus zu bestehen. Beide Typen verweisen nämlich wechselseitig aufeinander, insofern sie auf eine kontinuierliche Mitgestaltung ihrer organisationalen Umwelt setzen und dazu nicht nur die organisationalen Prozesse und Strukturen transformieren, sondern eben auch ihre Umwelt. Ja, es scheint so, als dass hier eine Doppelhelix bestehend auch DiM und CSR Strategien und Taktiken zusammenwachsen. Dieses Phänomen scheint auch mit dem Begriff Social Responsibility angesprochen zu werden.

Ausgehend von den hier zugrunde gelegten Typologien ergeben sich folgende Verhältnisbestimmungen zwischen DiM und CSR-Konzeptionen (vgl. Tab. 4).

3 Fazit und Forschungsperspektiven

Aus der Perspektive der reflexiven Diversitätsforschung wird also deutlich, dass es bei einem Vergleich zwischen den DiM- und CSR Dispositiven sinnvoll ist, zwischen unterschiedlichen Typen zu unterscheiden und diese systematisch zu vergleichen, ohne sofort das eine Dispositiv in das andere „fallen" zu lassen von deren Eigenlogiken zu abstrahieren. Dabei geht es eben nicht darum, zwischen einem „reiferen" oder weniger „reifen", einem besseren oder schlechteren oder gar einem einfachen oder komplexen Modell zu differenzieren. Vielmehr sollten theoretisch diskutierte und empirisch praktisch umgesetzte Konzeptionen mit Blick auf ihre Zielsetzungen, Strategien und Taktiken systematisch miteinander ins Verhältnis gesetzt werden. Dieses differenzierende Vorgehen im Vergleich der beiden Dispositive legt die reflexive Diversitätsforschung nahe. Dabei geht es nicht nur darum, dass eine Register der Kritik und so auch die eigenen Kriterien des Vergleichs zu explizieren, sondern auch darum, die eigenen methodologischen „blinden Flecken" zu reflektieren.

Damit stellen sich ausgehend von dem hier diskutieren zumindest die weiteren Forschungsfragen: Ab wann gilt ein Konzept als CRS- oder DiM-Konzept? Wieso werden eigentlich gerade diese Konzepte verglichen und welcher Sinn wird damit verbunden? Welche Umweltfaktoren werden hier für welche Aus/Wirkungen verantwortlich gemacht und was implizierte eine Umkehr der Forschungsperspektive, wenn also gefragt werde, ob und wenn ggf. inwiefern Organisationen versuchten über DiM – und/oder CSR-Konzeptionen auf ihre Umwelt einzuwirken?

Eine Auseinandersetzung dieser Fragen könnte insbesondere auch zu einem differenzierenden Blick auf die Problematisierungen der Grenzen und Grenzüberschreitungen managerialer Konzepte beitragen.

Literatur

Abolafia MY (1998) Making Markets: Opportunism and Restraint on Wall Street. Cambridge University Press, Cambridge

Bourdieu P (1988) Die politische Ontologie Martin Heideggers. Suhrkamp, Frankfurt a.M.

Bührmann AD (2005) The Emerging of the Enterprising Self and it's Contemporary Hegemonic Status: Some Fundamental Observations for an Analysis of the (Trans-)Formational Process of Modern Forms of Subjectivation, [49 paragraphs]. Forum: Qual Soc Res 6(1) (Art. 16). http://nbn-resolving.de/urn:nbn:de:0114-fqs0501165

Bührmann AD (2015a) Gender – a central dimension of diversity. In: Vertovec S (Hrsg) The Routledge International Handbook of Diversity Studies, Bd. 2015. London/New York, S 23–32

Bührmann AD (2015b) Die Bearbeitung von Diversität in Organisationen – Plädoyer zur Erweiterung bisheriger Typologien. In: Hanappi-Egger E, Bendl R (Hrsg) Diversität, Diversifizierung und (Ent)Solidarisierung. Eine Standortbestimmung der organisationalen Diversitätsforschung im deutschen Sprachraum. Springer, Wiesbaden, S 108–127

Burckhardt G (2011) Einführung und Überblick. In: Burckhardt G (Hrsg) Mythos CSR. Unternehmensverantwortung du Regulierungslücken. Horlemann, Bonn, S 11–20

Carroll AB (1991) The Pyramid of Corporate Social Responsibility. Toward the Moral Management of Organizational Stakeholders. Bus Horiz 1991:39–48

Certau M de (1988) Kunst des Handelns. Merve, Berlin

Dass P, Parker B (1999) Strategies for managing human resource diversity: From resistance to learning. Academy of Management Executive 13(2):376–387

Ely RJ (1995) The role of dominant identity and experiment in organizational work on diversity. In: Jackson SE, Ruderman MN (Hrsg) Diversity in work teams. Research in paradigms for a changing workplace. American psychological association, Washington, S 161–186

Foucault M (1982) Was ist Kritik? Merve, Berlin

Foucault M (1989) Der Wille zum Wissen. Sexualität und Wahrheit, Bd. 1. Suhrkamp, Frankfurt a. M.

Garriga E, Melé D (2004) Corporate Social Responsibility Theories: Mapping the Territory. J Bus Ethics 53:51–71

Godfrey P, Hatch N (2006) Researching Corporate Social Responsibility: An Agenda for the 21st Century. J Bus Ethics 70:87–98

Haigh M, Jones M (2007) A Critical Review of Relations between Corporate Responsibility Research and Practice. Electron J Bus Ethics Organ Stud 12:16–28

Hannapi-Egger E (2012) Diversitätsmanagement und CSR. In: Schneider A, Schmidpeter R (Hrsg) Corporate Social Responsibility. Verantwortungsvolle Unternehmensführung in Theorie und Praxis. Springer, Berlin/Heidelberg, S 211–224

Hansen K (2014) CSR und Diversity. In: Hansen K (Hrsg) CSR und Diversity Management. Erfolgreiche Vielfalt in Organisationen. Springer Verlag Gabler, Berlin/Heidelberg, S 1–52

Harrison DA, Hock-Peng S (2006) What is diversity and how should it be measured? In: Konrad AM, Prasad P, Ringle JK (Hrsg) Handbook of workplace diversity. SAGE publications, London, S 191–216

Harvey D (2005) Kleine Geschichte des Neoliberalismus. Zürich

Loden M, Rosener JB (1991) America! Managing Employee Diversity as a Vital Ressource. Business One Irwin, Homewood

Matten D, Moon J (2005) A Conceptual Framework for Understanding CSR. In: Habisch A, Jonker J, Wegner M, Schmidpeter R (Hrsg) Corporate Social Responsibility Across Europe. Berlin/Heidelberg, S 335–356

Milliken FJ, Martin LL (1996) Searching for common threads: understanding the multiple effects of diversity in organizational groups. Acad Manag Rev 21(2):402–433

Nkomo SM, Steward MM (2006) Diverse identities in organizations. In: Clegg SR, Hardy C, Lawrence TB, Nord WR (Hrsg) The SAGE handbook of organization studies, 2. Aufl. SAGE publications, London, S 520–554

Plummer DL (2003) Overview over the field of diversity management. In: Plummer DL (Hrsg) Handbook of diversity management Beyond awareness to competency based learning. University press America, Lanham, S 1–49

Quazi AM, O'Brien D (2000) An Empirical Test of a Cross-national Model of Corporate Social Responsibility. J Bus Ethics 25(1):33–51

Ragins BR, Gonzales JA (2003) Understanding diversity in organizations: Getting a grip on a slippery construct. In: Greenberg J (Hrsg) Organizational behaviour and the state of science, 2. Aufl. Lawrence Erlbaum, Mahwah, S 125–163

Saage-Maaß M. Holding companies accountable. Lessons from transnational human rights litigation, Hrsg. ECCHR, Berlin

Schneider A (2012) Reifegradmodell CSR – eine Begriffserklärung und -abgrenzung. In: Schneider A, Schmidpeter R (Hrsg) Corporate Social Responsibility. Verantwortungsvolle Unternehmensführung in Theorie und Praxis. Springer, Berlin/Heidelberg, S 17–38

Schneider A, Schmidpeter R (Hrsg) (2012) Corporate Social Responsibility. Verantwortungsvolle Unternehmensführung in Theorie und Praxis. Springer, Berlin/Heidelberg

Schulz A (2009) Strategisches Diversitätsmanagement. Unternehmensführung im Zeitalter der kulturellen Vielfalt. Gabler Verlag, Wiesbaden

Schwartz M, Carroll AB (2003) Corporate Social Responsibility: A Three-Domain Approach. Bus Ethics Q 13:503–530

Sepheri P (2002) Diversity und managing diversity in internationalen Organisationen: Wahrnehmungen zum Verständnis und ökonomischer Relevanz; dargestellt am Beispiel einer empirischen Untersuchung in einem Unternehmensbereich der Siemens AG. Hampp, München/Mehring

Thomas D, Ely R (1996) Making differences matter: A new paradigm for managing diversity. Harv Bus Rev 5:79–90

Vedder G, Krause F (2014) Corporate Social Responsibility and Diversity-Management – eine Win-Win Situation. In: Hansen K (Hrsg) CSR und Diversity Management. Erfolgreiche Vielfalt in Organisationen. Springer und Gabler, Berlin/Heidelberg, S 57–75

Wacquant LJD (1996) Auf dem Weg zu einer Sozialpraxeologie. Struktur und Logik der Soziologie Pierre Bourdieus. In: Bourdieu, Wacquant LJD (Hrsg) Reflexive Anthropologie. Suhrkamp, Frankfurt a. M., S 17–94

Weber M (1904) Die „Objektivität" sozialwissenschaftlicher und sozialpolitischer Erkenntnis. In: Weber M (Hrsg) Gesammelte Aufsätze zur Wissenschaftslehre, Bd. I. J.C.B. Mohr, Tübingen, S 146–214

Williams DA (2013) The Chief Diversity Officer. Stylus Publishing, Wisconsin

Wittgenstein L (1959) Philosophische Untersuchungen. Suhrkamp, Frankfurt A.M. (2003)

Zanoni P, Janssens M (2004) Deconstruction difference. The rhetoric of human resource managers' diversity discourses. Organ Stud 25(81):55–74

Zanoni P, Janssens M, Benshop Y, Nkomo S (2010) Unpacking diversity, grasping inequality: Rethinking difference thorough a critical perspectives. Organizations 17(1):9–29

Prof. Dr. Andrea D. Bührmann ist Direktorin des Instituts für Diversitätsforschung. In den vergangenen Jahren erforschte sie gesellschaftliche Transformationsprozesse der Arbeit und ihrer Organisationsstrukturen. Bührmann konzipierte ausgehend von ihren gendertheoretischen Arbeiten das praxistheoretisch begründete Forschungsprogramm der reflexiven Diversitätsforschung. Dabei fungiert die von ihr mitentwickelte sozialwissenschaftliche Dispositivforschung als methodologischer Bezugspunkt. Zurzeit leitet sie mehrere Forschungs- und Evaluationsprojekte zum Thema Diversität und ist Sprecherin des transdisziplinären Verbundprojektes „Diversity turn in land use sciences". Zugleich ist sie Gutachterin für die österreichische Bundesregierung und arbeitet in Deutschland als Expertin für Diversitätsforschung und -management mit verschiedenen Ministerien auf Landes- und Bundesebene zusammen.

Die Charta der Vielfalt: Verantwortung für Vielfalt übernehmen

Aletta Gräfin von Hardenberg und Kerstin Tote

1 Praxiserfahrung der Charta der Vielfalt: In welcher Beziehung stehen CSR und Diversity Management?

Wenn Beschäftigte sich mit ihren Arbeitgebern identifizieren, wenn sie motiviert ihr Potential in den Betrieb einbringen und ihre Talente erkannt und gefördert werden, stärkt dies die Ertragskraft und Zukunftsfähigkeit der entsprechenden Unternehmen und Institutionen. Der Verein Charta der Vielfalt hat sich diesem Gedanken verschrieben und unterstützt Organisationen bei ihrem Ziel, Vielfalt bestmöglich zu erkennen, zu fördern und zu managen. Vielfältige Talente zu fördern, ist auch regelmäßig Teil des Corporate Social Responsibility Engagements von Unternehmen und Institutionen. Oft sind sowohl die Übernahme von gesellschaftlicher Verantwortung für das Stärken von Vielfalt als auch die bessere Berücksichtigung der betrieblichen Vielfalt Bestandteil der Strategien. Das Wirken der Konzepte ist also bipolar ausgerichtet: intern wie extern. Dies führt zu der Frage, ob und inwiefern diese beiden unternehmerischen Handlungsfelder in Beziehung stehen. Der nachfolgende Beitrag beleuchtet diesen Aspekt aus der Sicht des Vereins Charta der Vielfalt, der durch die alltägliche Praxisnähe zu den Mitglieds- und Unterzeichnerunternehmen einen breiten Einblick erlangt.

A. Gräfin von Hardenberg (✉) · K. Tote
Charta der Vielfalt e.V.
Albrechtstr. 22, 10117 Berlin, Deutschland
E-Mail: aletta.hardenberg@charta-der-vielfalt.de

K. Tote
E-Mail: kerstin.tote@charta-der-vielfalt.de

1.1 Die Rolle der Charta der Vielfalt: Agenda-Setter für Diversity Management in Wirtschaft und Gesellschaft

Die Charta der Vielfalt ist eine Selbstverpflichtung von Unternehmen und Institutionen zu Vielfalt und Toleranz, Fairness und Wertschätzung von Menschen im Arbeitsleben. Treiber ist dabei die Überzeugung, dass gelebte Vielfalt und deren Wertschätzung eine positive Auswirkung auf die Gesellschaft in Deutschland hat und gleichzeitig auf das unternehmerische Wirtschaftlichkeitsprinzip einzahlt. Insbesondere letzteres wird oftmals übersehen. Wertschätzung von Vielfalt zu fördern, dient dem wirtschaftlichen Erfolg, sowohl der Unternehmen und Institutionen als auch der Gesellschaft als Ganzes.

Das Wirtschaftsleben in Deutschland ist in den vergangenen Jahrzehnten durch einige große Trends wie die Globalisierung und der fortschreitende demografische Wandel geprägt worden. Die Vielfalt in der Zusammensetzung der Belegschaften aber auch die individualisierten Bedürfnisse der Kundengruppen und Geschäftspartner/-innen sind gestiegen. Der Fachkräftemangel, der aus dem demografischen Wandel erwächst, zieht sich mittlerweile durch fast alle Branchen und die neu in den Arbeitsmarkt eintretende Gruppe von jungen Menschen, die der Generation Y angehören, stellen andere Ansprüche an Arbeits- und Lebensmodelle. In einem solchen Umfeld wirtschaftlich erfolgreich zu sein, bedeutet sich mit dem Thema Vielfalt bewusst auseinanderzusetzen und es in den Alltag von Unternehmen und Institutionen zu übersetzen, um wettbewerbsfähig zu bleiben. Die Vielfalt der Mitarbeiterinnen und Mitarbeiter mit ihren unterschiedlichen Talenten, Fähigkeiten und Vorstellungen eröffnet Chancen für mehr Ideenreichtum und kreative Lösungen. Diese Innovationskraft der in Deutschland ansässigen Firmen stärkt im Umkehrschluss den Wirtschaftsstandort Deutschland.

Auch Stakeholdergruppen, insbesondere Aktionäre, entwickeln einen geschärften Blick für die vielfältige Zusammensetzung der Belegschaft und des Managements und leiten daraus Rückschlüsse für die Positionierungsbewertung der Unternehmen im Markt ab. Umso wichtiger wurden eine betriebs- und personalpolitische Verankerung des Themas Vielfalt durch die Etablierung eines Diversity Managements in den Organisationen. Ziele sind, ein Bewusstsein zu schaffen und Potentiale zu nutzen, aber auch Transparenz und Messbarkeit des Einflusses eines erfolgreichen Managements von Vielfalt unter Beweis zu stellen.

Um die auf diesen intern beschrittenen Wegen gemachten Erfahrungen in ihrer Wirkkraft auf breitere gesellschafts- und wirtschaftspolitische Füße zu stellen, wurde die Charta der Vielfalt als Unternehmensinitiative im Jahre 2006 von vier großen Unternehmen gegründet. Das Ziel, aktiv als Vorbilder für mehr Vielfalt am Arbeitsplatz und vorurteilsfreie Arbeitsumfelder einzutreten und das in Europa noch relativ junge Konzept des Diversity Managements in der deutschen Unternehmenslandschaft – sowie sektorenübergreifend – weiter bekannt zu machen, inspirierte diese Unternehmen zu dieser Wirtschaftsinitiative. Unterstützung fand die Gründergruppe bei Bundeskanzlerin Dr. Angela Merkel, die die Schirmherrschaft übernahm, und Staatsministerin Prof. Dr. Maria Böhmer als damalige Bundesintegrationsbeauftragte, die die Charta der Vielfalt in ihre Kampagne „Vielfalt

Abb. 1 Struktur der Unterzeichnerorganisationen der Charta der Vielfalt

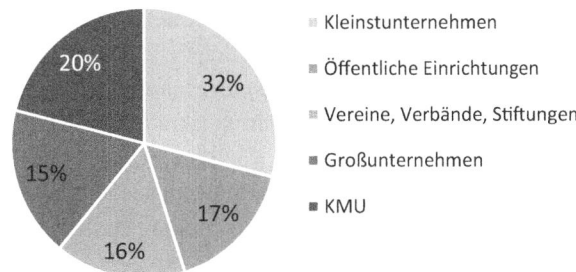

als Chance" aufnahm. Damit war der Bogen zwischen Wirtschaft und Politik für ein gemeinsames Wirken bei der Suche von Lösungsansätzen für Fragen der Inklusion und des demografischen Wandels geschlagen.

Um die Initiative nach Beendigung der Kampagne „Vielfalt als Chance" nach 2010 weiterzuführen, gründeten zehn Konzerne einen gemeinnützigen Trägerverein, der seit dem die Ziele und Projekte der Charta der Vielfalt weiter vorantreibt und den inhaltlichen Diskurs zu Diversity Management in Deutschland maßgeblich mitbestimmt.

Die Zahl der Vereinsmitglieder ist heute auf 21 Konzerne angewachsen, doch ist das Thema Vielfalt zu managen, nicht nur für große Unternehmen von Relevanz, wie die Zusammensetzung der Unterzeichner/-innen der Charta der Vielfalt zeigt.

Das Erfahrungs- und Wissenstransferprinzip ist erfolgreich. Gegenwärtig haben über 2450 Unternehmen und Institutionen mit mehr als 8,7 Mio. Beschäftigten die Selbstverpflichtung der Charta der Vielfalt unterzeichnet. Circa zwei Drittel der Unterzeichner kommen aus dem Bereich der Privatwirtschaft. Das restliche Drittel setzt sich aus öffentlichen Einrichtungen, Vereinen, Verbänden und Stiftungen zusammen (s. Abb. 1).

Trotz der unterschiedlichen Organisationsformen, die sich zum Kreise der Unterzeichner/-innen zählen, fokussieren wir uns in diesem Artikel bewusst auf Unternehmen. In der Wirtschaft sind Diversity Management und CSR bereits seit Jahren stark verankert, wohingegen der öffentliche Sektor sowie Vereine, Verbände und Stiftungen in diesem Bereich noch weniger aktiv sind, aber mittlerweile gut nachziehen.

1.2 Das Wirken der Charta der Vielfalt: Eine Selbstverpflichtung für mehr Diversity

Das Wirken des Vereins Charta der Vielfalt e. V. ist auf die Unterstützung der Arbeitgeberinnen und Arbeitgeber bei der Implementierung von Diversity Management in ihren Organisationen ausgerichtet. Mit der Unterzeichnung der Charta der Vielfalt verpflichten sich die Unternehmen und Institutionen freiwillig, ein wertschätzendes und vorurteilsfreies Arbeitsumfeld zu schaffen. Die Charta der Vielfalt gibt ihnen für die Umsetzung Orientierung durch sechs definierte Handlungsfelder, an denen sie ihre individuelle Strategie ausrichten können. Die Unterzeichner/-innen bestätigen, dass sie:

1. eine Organisationskultur pflegen, die von gegenseitigem Respekt und Wertschätzung jeder und jedes Einzelnen geprägt ist. Sie schaffen die Voraussetzungen dafür, dass Vorgesetzte wie Mitarbeiterinnen und Mitarbeiter diese Werte erkennen, teilen und leben. Dabei kommt den Führungskräften bzw. Vorgesetzten eine besondere Verpflichtung zu.
2. ihre Personalprozesse überprüfen und sicherstellen, dass diese den vielfältigen Fähigkeiten und Talenten aller Mitarbeiterinnen und Mitarbeiter sowie ihrem Leistungsanspruch gerecht werden.
3. die Vielfalt der Gesellschaft innerhalb und außerhalb der Organisation anerkennen, die darin liegenden Potenziale wertschätzen und für das Unternehmen oder die Institution gewinnbringend einsetzen.
4. die Umsetzung der Charta zum Thema des internen und externen Dialogs machen.
5. über ihre Aktivitäten und den Fortschritt bei der Förderung der Vielfalt und Wertschätzung jährlich öffentlich Auskunft geben.
6. ihre Mitarbeiterinnen und Mitarbeiter über Diversity informieren und sie bei der Umsetzung der Charta einbeziehen.

Dieses Handeln geschieht aus der Überzeugung, dass gelebte Vielfalt und Wertschätzung dieser Vielfalt nicht nur zur Stärkung der eigenen Wettbewerbsfähigkeit und dem langfristigen wirtschaftlichen Erfolg dient, sondern auch eine positive Auswirkung auf das Image bei Geschäftspartnern, Kundinnen und Kunden sowohl in Deutschland als auch in anderen Ländern der Welt hat.

Damit manifestiert die Charta der Vielfalt einen erweiterten Wirkungsradius der Mitgliedsprojekte und -initiativen über die unternehmensorganisatorischen Grenzen hinaus auf die Gesellschaft in Deutschland. Sie öffnet die eng gefasste Interpretation, dass Diversity Management ausschließlich ein nach innen gerichtetes Personalanliegen der Organisationen ist, bei dem es vornehmlich um die quantitativ-repräsentative Abbildung von Merkmalen/Dimensionen der Vielfalt und die Eingliederung benachteiligter Gruppen geht. Vielmehr ist es die Auffassung, dass Diversity Management ein unternehmerischer Führungsansatz der kulturbildenden Haltung ist, die über die Unternehmensgrenzen hinaus einen gesellschaftlichen Mehrwert leistet. Denn nicht nur die Abbildung von Vielfalt im Team, sondern erst durch das einbeziehende Führungsverhalten wird das Talentpotential der Beschäftigten aktiviert und nimmt gleichzeitig Einfluss auf die betriebliche Kultur insbesondere der Zusammenarbeit.

Diese gestalterische Betrachtungsweise der Charta der Vielfalt, dass unternehmerische Förderung von Vielfalt die Unternehmenskultur positiv beeinflusst und diese auf den gesellschaftlichen Zusammenhalt abstrahlt, spiegelt sich auch in der Vernetzung der Initiative zwischen Politik, Wissenschaft und Wirtschaft sowie des gemeinnützigen Sektors wider. Die Charta der Vielfalt stellt das größte deutsche Unternehmensnetzwerk zu Diversity Management mit Zugang zu Politik, Wissenschaft und Wirtschaft dar und bietet allen Beteiligten Einblick in Unternehmensrealitäten und ihren alltäglichen Herausforderungen im Umgang mit Vielfalt.

Für den Umgang mit diesen Diversity-Herausforderungen bilden Wissen, Vernetzung und Erfahrungsaustausch entscheidende Erfolgsfaktoren. Der Verein Charta der Vielfalt unterstützt seine Unterzeichner/-innen diesbezüglich auf vielfältige Weise.

Er nimmt seinen Bildungsauftrag über Konferenz- und Veranstaltungsangebote (Konferenz DIVERSITY, Deutscher Diversity-Tag, Workshops zur konkreten Umsetzungspraxis und die Workshop-Tour „Vielfalts*werkstatt*" durch zehn Städte anlässlich des 10-jährigen Jubiläums der Initiative im Jahr 2016) wahr, bei denen die Unterzeichner/-innen sich einbringen und mitwirken können. Doch nicht nur über die persönlichen Austauschplattformen können sich die Unterzeichner/-innen auf dem Laufenden halten, sondern auch über die Internet-Homepage, den regelmäßigen Newsletter oder die sozialen Netzwerke wie Twitter, Facebook, LinkedIn und Xing. Vertiefende Dossiers, die Schwerpunktthemen wissenschaftlich sowie praxisorientiert behandeln, aber auch Studien- und Literaturhinweise aus der Fachwelt oder die interaktive Unterzeichner-Datenbank stehen den Unterzeichner-Organisationen zur Verfügung. Die Verbreiterung der Lobby für Diversity über eine umfassende gesellschaftliche Positionierung des Themas und die Aufklärung zu den Inhalten und Vorteilen des Diversity Managements ist zugleich Anliegen und Nutzen für alle Unterzeichner/-innen.

1.3 Die Chance der Charta der Vielfalt: Ein engeres Zusammenspiel zwischen CSR und Diversity Management

Mit Diversity Management und Corporate Social Responsibility tragen Unternehmen Verantwortung für Themen, die von unternehmerischer und gesellschaftlicher Relevanz sind. Diese unternehmerische Verantwortung wird in Deutschland momentan freiwillig, das heißt unabhängig von gesetzlichen Regelungen, wahrgenommen. Allerdings machen gesellschaftliche Imperative, wie der demografische Wandel und die Globalisierung, die Einführung solcher Strategien für Unternehmen zunehmend unabdingbar. Sowohl Diversity Management als auch CSR wirken kultur- und identitätsbildend, sowohl nach innen wie nach außen und fördern den Zusammenhalt der Belegschaft wie der Gesellschaft.

Eine von Vielfalt geprägte Unternehmenskultur reflektiert über das Unternehmen hinaus und gibt positive Impulse in die Gesellschaft. Die Bürger/-innen sind nicht nur Mitglieder der Gesellschaft, sondern auch Arbeitskräfte und Erwerbstätige. Ihre Haltung, ihr Denken, ihr Handeln legen sie nicht vor dem Eingang ihrer Unternehmen ab. Ganz im Gegenteil, ihr Verhalten formt die jeweilige Unternehmenskultur, die auch Einfluss auf sie selbst hat. Sowohl das Managen von Vielfalt als auch die CSR Aktivitäten verdeutlichen die Vernetzung zwischen Gesellschaft und Unternehmen und die daraus erwachsende Verantwortung auch auf Beschäftigtenebene.

Beispielhaft für diese Verzahnung hat das Unternehmen ArcelorMittal Eisenhüttenstadt, als Unterzeichner der Charta der Vielfalt, das Projekt „Soziales Lernen" insbesondere für Auszubildende und Nachwuchskräfte ins Leben gerufen. Die kulturellen Unternehmenswerte Partnerschaftliches Verhalten, Achtung der Persönlichkeit, Toleranz und

Respekt sollten von Anbeginn dem Nachwuchs erlebbar nahegelegt werden. So eröffnete man den Auszubildenden andere Arbeits- und Lebenswelten und gab ihnen Gelegenheit, hinter die Kulissen eines sozialen Berufes zu blicken, mit dem Ziel tolerantes Denken und Handeln sowie Engagement zu fördern. Was projekthaft im Jahr 2003 startete, ist mittlerweile fester Bestandteil der Ausbildung. Im Jahr 2013 waren 49 Auszubildende von ArcelorMittal in zehn sozialen Einrichtungen der Stadt aus den Bereichen Altenpflege, Behindertenwerkstätten, Krankenpflege und Kinderbetreuung tätig und haben dort ein Praktikum absolviert (Charta der Vielfalt 2013c).

So wie dieses Beispiel von ArcelorMittal zeigt, unterstützen auch andere Unternehmen im Rahmen des Diversity Managements Bildungsangebote bei denen Beschäftigte aufgefordert sind, freiwillig mitzuwirken (z. B. „Bring-your-kid-to-work day"/„Girls' Day" oder „Social Day"). Ebenso fördern Unternehmen über das Corporate Volunteering des Bereiches Corporate Social Responsibility das Freistellen von Beschäftigten für soziale Aktivitäten. Gerade im Zusammenhang mit der Flüchtlingswelle 2015/2016 bauten viele Unternehmen diese Programme aus, so dass Beschäftigte sich gesellschaftlich engagieren konnten. Mittels dieser Aufrufe an die Mitarbeiterinnen und Mitarbeiter zielen beide Handlungsfelder darauf ab, die soziale Kompetenzentwicklung der Erwerbstätigen zu erweitern. Dies kann z. B. über Netzwerkgründungen geschehen, als auch über die Übernahme einer Mentorenrolle für Schülerinnen und Schüler sowie Studierende.

Durch die enge Verknüpfung mit gesellschaftlichen Strömungen bilden CSR und Diversity Management aber auch gleichermaßen Resonanz-Plattformen für die jeweiligen Unternehmen am Puls des gesellschaftlichen Trends zu bleiben.

Mit „Jugend denkt Vielfalt in NRW", einem Jugend-Projekt des Charta der Vielfalt e. V., wurde der direkte Dialog mit jungen Menschen angeregt – um damit schon heute zu wissen, wie potenzielle Mitarbeiterinnen und Mitarbeiter von morgen denken, wie sie sich ihr künftiges Arbeitsleben in Vielfalt vorstellen. Nicht über junge Menschen sprechen, sondern am Lernort Unternehmen in einen direkten Austausch mit ihnen treten – das war die Leitlinie für die sechs beteiligten Unternehmen. Die Jugendlichen beschäftigten sich intensiv mit der Bedeutung von Vielfalt für Unternehmen und erfuhren viel über das Diversity Management „ihrer" Unternehmen. Aber nicht nur das: Sie verschafften sich darüber hinaus auch ganz konkret und handlungsorientiert Einblicke in Chancen und Anforderungen der Arbeitswelt im Wirtschaftssektor, erhielten also eine zielorientierte Berufsorientierung.

Ebenso gibt es in der Führungskräfteentwicklung Programme, die den Blick über den Tellerrand hinaus in die Gesellschaft werfen und damit in erster Linie eine Perspektiv- und Betrachtungserweiterung, als auch den Abbau von unbewussten Vorurteilen bewirken sollen. So sind Angebote wie „SeitenWechsel®", „Common Purpose" oder „Leadership Berlin" aus der Erwachsenenbildung, die das Lernen in anderen Lebenswelten in den Mittelpunkt stellen, fester Baustein der Executive Education von vielen Unternehmen.

Gleichermaßen rücken also Diversity Management-Initiativen als auch CSR-Projekte Themen der (Bewusstseins-)Bildung und Beschäftigung (z. B. vorurteilsfreier Zugang von verschiedenen Erwerbstätigen-Gruppen), der Integration und Partizipation ins Blickfeld.

Diese Schwerpunkte bilden für Unternehmen häufig strategische Eckpunkte, weil sie Aufschluss geben über die Faktoren und Trends, die wichtig sind für eine zukunftsorientierte, erfolgreiche geschäftspolitische Ausrichtung und Unternehmensentwicklung. Daraus ergibt sich, dass CSR und Diversity oftmals als Top-Down Strategien in der Unternehmensführung verankert sind. Die Umsetzungsmotivation zu Diversity Management und CSR wird jedoch nicht ausschließlich unter den sozial-gesellschaftlichen Gesichtspunkten markiert, sondern eben hauptsächlich als ökonomischer Treiber (Business Case) deklariert. Durch eine freiwillige Implementierung von Maßnahmen stärken Unternehmen Mitarbeitermotivation und -entwicklung sowie Kundenzufriedenheit und bauen ihre Reputation als Arbeitgeber sowie das Vertrauen im Markt und in der Gesellschaft aus. Durch das Fehlen einer direkten Ertragsgenerierung und der schwierigen Messbarkeit der Wirkung der Initiativen sehen sich beide Handlungsfelder jedoch auch regelmäßig der Zuweisung als „Kostentreiber" gegenüber.

Es gibt jedoch einige Beispiele, die den ökonomischen Nutzen von Diversity Management deutlich sichtbar machen. Die Zielgruppen-Initiative Bankamiz der Deutschen Bank steht für den bewussten Umgang mit Vielfalt von Kundengruppen und Belegschaft und führte zu der Einführung einer kultursensiblen Finanzberatung. Ausgehend von der Erkenntnis, dass die Ansprache der Gruppe der türkeistämmigen Bankkundinnen und -kunden gezielter und auch adressatengerechter erfolgen sollte, wurde die Idee geboren: Bankamiz, ein maßgeschneidertes Angebot für die größte Gruppe mit Migrationshintergrund in Deutschland. Türkeistämmige Mitarbeiterinnen und Mitarbeiter bieten zweisprachige Beratungskommunikation an und ermöglichen somit einen schnelleren Vertrauensaufbau und ein besseres Erkennen von finanziellen Wünschen und Bedürfnissen. Auch die Produkt- und Standortpolitik wurde auf die Kundengruppe abgestimmt. Die Ergebnisse sprechen für sich – die Kundenanzahl mit türkeistämmigem Hintergrund konnte seit Beginn von Bankamiz im Jahr 2006 verdoppelt werden. Trotz anfänglicher Skepsis vor Ort ist eine gute Inklusion der neu eingestellten Mitarbeiterinnen und Mitarbeiter gelungen. Die unternehmerische und emotionale Art der neuen Beraterinnen und Berater schaffte Impulse auch für die Arbeit der anderen Kollegen. Die Offenheit und Toleranz in den Teams konnte somit gesteigert werden – nicht zuletzt, weil die neuen Kolleginnen und Kollegen den Erfolg der Filialen häufig maßgeblich unterstützen (Charta der Vielfalt e. V. 2013a).

Diese zugrundeliegende Auffassung eines positiven, gestalterischen Umgangs mit personeller und kultureller Vielfalt hat sich insbesondere heute im europäischen Raum durchgesetzt. Auf die Verschiedenheit der Mitarbeiterinnen und Mitarbeiter einzugehen und die Vielfalt zum Vorteil aller Beteiligten zu nutzen und damit eine ganzheitliche Sichtweise zu etablieren, prägt das aktuelle Verständnis. Für diese Interpretation tritt auch der Verein Charta der Vielfalt ein.

Dennoch gibt es bei der Betrachtung der Beziehung von CSR und Diversity Management aus Sicht der Charta der Vielfalt e. V. bisher, trotz einiger Themenschnittstellen, keine konsistente, engere Vernetzung der Verantwortungsträger. Diese Erkenntnis ist aus der Erfahrung abgeleitet, dass die Kontaktpartner des Vereins Charta der Vielfalt zumeist aus den Bereichen der Unternehmensführung oder aus dem Personalbereich kommen. Die

Unterschiede liegen also zum einen in der strukturellen Einbettung in den Unternehmen als auch in der politischen Verankerung der Bereiche, und nicht zuletzt in der Summe der Wirkrichtung der Maßnahmen.

Zwar weisen in vielen Unternehmens-CSR-Berichten[1] Inhalte zu Diversity-Initiativen auf eine Verbindung der Tätigkeitsfelder hin, nichtsdestotrotz gibt es keine konstante Zusammenarbeit zwischen den Bereichen in Unternehmen. Dies rührt zu einem gewissen Anteil daher, dass Diversity zunächst als HR-Kompetenz im Unternehmen vorangetrieben wird. Indem Personal-Prozesse auf ihre Diversity Kompatibilität (z. B. in den Recruiting-Prozessen) überprüft werden oder der Umgang mit Vielfalt als Managementkompetenz integriert wird, sind die Weichen der Zuordnung gestellt. CSR hingegen ist strukturell in der Regel direkt an der Geschäftsleitung oder auch an Corporate Communications oder Branding aufgehängt. Es steht damit nicht nur organisatorisch innerhalb des Unternehmens autarker für sich, sondern ist gleichzeitig nicht hervorhebenswert mit dem allgemeinen Managementalltag verwoben, wie es jedoch mittlerweile Diversity ist.

Auf dem politischen Parkett erfährt das Thema CSR auf Bundesebene mit dem Aktionsplan CSR 2010 eine deutliche Aufwertung aus Sicht des Vereins. Diversity Management ist bisher noch kein integraler Bestandteil des internationalen deutschen Auftritts, so wie es das Thema CSR der deutschen Unternehmen ist.

Die breitere und sichtbarere politische Verankerung von CSR im Vergleich zu Diversity Management suggeriert den Nachholbedarf. Die Schirmherrschaft der Bundeskanzlerin und der Sitz der Bundesintegrationsbeauftragten im Vorstand des Vereins sind wichtige Akzente für die Etablierung von Diversity Management im Bewusstsein der Gesellschaft und Unternehmenslandschaft. Und obwohl sich die Relevanz der Charta der Vielfalt in der politischen Landschaft langsam ausweitet, z. B. durch die Unterzeichnung von bisher neun Bundesministerien und 13 Bundesländern oder auch auf europäischer Ebene mit der Vernetzung zu den anderen Charta-Initiativen in 16 EU-Ländern, gibt es keine offizielle gemeinsame Verankerung von Diversity Management und CSR auf politischer Ebene.

Ein weiteres Beispiel für Synergien beider Themen, die noch nicht stringent berücksichtigt wurden, ist z. B. das Lieferkettenmanagement (Supply-Chain-Management). Der Stakeholderdialog, also das Gespräch und der Austausch mit Partnern und Institutionen, die ein berechtigtes Interesse an dem Wirken einer Firma haben, da sie diejenigen sind, auf die sich die unternehmerische Verantwortung beziehen sollte, ist für den Bereich CSR unerlässlich und wird extensiv gepflegt. Insbesondere ist der Dialog deshalb so wichtig, weil die CSR Maßnahmen Voraussetzung für gute Unternehmensbewertungsergebnisse und Zugang zu Kapitalmärkten bilden. Dies gilt zwar für das Diversity Management ebenso, ist aber in der Wirkrichtung der Initiativen, hier konkret die „Supplier Diversity", noch nicht weitreichend etabliert. Die Wahl der Geschäftspartner oder auch der Produkte, die gekauft werden, richtet sich nur selten nach Diversity-Kriterien.

---

[1] Zum Beispiel in der Daimler AG ist Diversity Bestandteil des Sustainability Reports (Daimler AG 2014).

Ein positiv zu erwähnendes Supplier-Diversity Beispiel aus der Praxis der Charta der Vielfalt ist z. B. die Auslagerung von Print-, Kopier- und Sortierdiensten an Behindertenwerkstätten. Viele Unternehmen haben in erheblichem Maß Bedarf an solchen Dienstleistungen. Auf der anderen Seite können auch die Kosten gegen die erforderliche Ausgleichabgabe bei Nichterfüllung der gesetzlich vorgegebenen Zahl der beschäftigten Menschen mit Behinderung gegengerechnet werden.

IBM, als ein weiteres Beispiel, ist sich als ein global agierendes Unternehmen mit umfangreichen Lieferbeziehungen seiner „Einkaufsmacht" bewusst – und setzt diese auch verantwortungsvoll ein: So vergibt IBM beispielsweise jedes Jahr weltweit Aufträge im Wert von etwa zwei Milliarden US-Dollar an Lieferanten, die Diversity Management in ihren Unternehmen praktizieren.

Über die reine Kontrolle der jährlichen Ausgaben hinaus hat sich IBM im Einkauf dazu verpflichtet, einen hohen Standard an Verhaltensregeln einzuhalten – und erwarten dies auch von ihren Lieferanten. Maßgeblich ist dafür die Richtlinie „Verhaltensregeln für IBM Lieferanten", die die Erwartungen verbindlich festgelegt. Diese definieren die Mindestanforderungen, an die sich entsprechende Lieferanten halten müssen. Nur auf dieser Basis werden Aufträge erteilt. Darüber hinaus behält sich IBM das Recht vor, gegen Lieferanten vorzugehen, die sich nicht an diese Grundsätze halten – bis hin zur Beendigung der Geschäftsbeziehung (IBM 2012).

1.4   Unterschied in der Ausrichtung

Corporate Social Responsibility und Diversity Management sind aus Sicht der Charta der Vielfalt zwei Unternehmensansätze, wie Vielfalt heute in die Unternehmensstrategie Eingang findet. Diese Ansätze weisen im Kern deutliche Übereinstimmungen auf, dennoch bleibt die organisatorische und strukturelle Trennung zwischen CSR Engagement und Diversity Management in den Unternehmen bestimmend.

Dies könnte in der unterschiedlichen Wirkrichtung der Maßnahmen begründet liegen, die aus einem Unterschied im Ansatz der Konzepte herrührt.

Während CSR sich in erster Linie darauf fokussiert, die sozial-gesellschaftlichen, ökonomischen sowie auch ökologischen Herausforderungen und erkennbaren Defizite zu mildern, wendet das Diversity Management hingegen den Blick zunächst auf die eigenen Ressourcen nach innen. Vielfalt und Ressourcenreichtum im Unternehmen wahrzunehmen und bestmöglich zu nutzen, ist die erste Wirkrichtung des heutigen Diversity Konzeptes. Daraus ergibt sich der spätere positive Beitrag für die Gesellschaft. Schlagwortartig, und in bewusst überzeichnender Vereinfachung könnte man dem CSR „Bring-the-Inside-out" und dem Diversity Management „Bring-the-Outside-in" in ihren umsetzungsorientierten Ausrichtungen zuordnen.

Sich die Vielfalt der nationalen sowie internationalen Gesellschafts- und Marktrealitäten als Vorteil zu eigen zu machen, im betrieblichen Wirken widerzuspiegeln und daraus Positionierungs- und Wettbewerbsstärke zu entwickeln, zeichnet das Diversity Management aus. Die Charta der Vielfalt unterstützt hierbei mit ihrem Leitfaden für Unterzeichner/-innen „Vielfalt zeigen" die Innenschau, baut jedoch gleichzeitig Brücken für Firmen über ihre Unternehmensgrenzen hinaus, sich zu präsentieren und auszutauschen.

Das empfohlene Vorgehen stellt dabei nicht den Ausgleich von identifizierten Defiziten in das Zentrum des Wirkens, sondern versucht eine ganzheitliche Einbindung oder Inklusion zu erreichen.

2 Inklusion stärkt Organisationen

2.1 Der ganzheitliche Diversity-Ansatz: von der Integration zur Inklusion

Der Diversity Management Ansatz entwickelte sich in Deutschland in den letzten zehn Jahren von einer zunächst anglo-amerikanisch geprägten Defizit-ausgleichenden Auffassung zu einer ganzheitlichen, qualitativen und gestalterischen Betrachtung der Arbeitsbeziehungen und des -umfeldes. Anders ausgedrückt ist es die Entwicklung von einer Fokussierung auf die Erfüllung von Antidiskriminierungsgesetzen (siehe EU-Gleichbehandlungsrichtlinien, die in das Allgemeine Gleichbehandlungsgesetz (AGG) in deutsches Recht umgesetzt worden sind[2]) und rechtlichen Vorgaben, hin zu einem Verständnis, dass das Einbeziehen von Unterschieden im betrieblichen Alltag langfristig ein Gewinn sein kann.

Während der Umsetzungsanfänge lag das Augenmerk auf der Eingliederung benachteiligter Gruppen, d. h. es wurde die Anpassung/Angleichung der bestehenden Unterschiede innerhalb einer Belegschaft an eine vorgegebene Verhaltensnorm angestrebt. Dem zugrunde liegt eine separate Betrachtung von Unterscheidungsmerkmalen (oder auch Diversity-Dimensionen) nach Geschlecht, Alter, ethnische Herkunft, Nationalität, Behinderung, sexueller Orientierung und Identität, Religion oder Weltanschauung. So wurden die Diversity-Interventionen nach zielgruppen- oder merkmalsorientierten Maßnahmen designt. Frauen wurden separat für spezielle vorbereitende Trainings für Führungsfunktionen angesprochen, genauso wie ethnische Minderheiten oder ältere Belegschaftsgruppen zu Entwicklungsmodulen eingeladen wurden, um besser im Unternehmensalltag den definierten Kompetenz-Anforderungen zu entsprechen. Dieses Vorgehen war darauf angelegt, ein bestimmtes Verhalten herauszubilden, welches im Resultat jedoch eine Stereotypisierung verhärtete und den Zielgruppen oftmals die Botschaft des „nicht Passens" vermittelte. Das heißt nicht, auf Maßnahmen für bestimmte Zielgruppen zu verzichten, die in einem zeitlichen Rahmen bedeutsam erscheinen. Jedoch ist es bei dem Design von Maßnahmen von Anbeginn wichtig, Konkurrenz zwischen Gruppen nicht mittels der Interventionen anzulegen. Sich allein mit der Frauen-Thematik zu befassen, womöglich noch reduziert auf „Frauen in Führungspositionen" wäre dafür ein Beispiel. Empfehlenswerter wäre es

---

[2] Siehe www.antidiskriminierungsstelle.de.

dann, mindestens über „Gender Mainstreaming" zu sprechen, das auch die Gruppe der Männer einbezieht.

Die Charta der Vielfalt setzt sich für einen ganzheitlichen Diversity-Ansatz und Umgang mit Vielfalt ein. Dabei wird der enge Rahmen der separaten Betrachtung von Diversity-Dimensionen oder -Kriterien (nur Frauen in Führungspositionen, nur Work-Life Balance, nur Integration ausländischer Arbeitskräfte etc.) aufgehoben. Diese Perspektive wird durch die Tatsache bekräftigt, dass Menschen immer auch mehrere Merkmale auf sich vereinigen, z. B. ist eine Person weiblich, sehr berufserfahren und hat eine bestimmte ethnische Herkunft. Ähnlicher Auffassung ist die Studie der Bertelsmann Stiftung „Radar des gesellschaftlichen Zusammenhalts" der Wissenschaftler der Jacobs University Bremen, die den Appell aussprechen, nicht nur die Akzeptanz von Zuwandernden zu erhöhen, sondern ganz allgemein für Menschen mit anderen Lebensstilen (Berliner Zeitung 2013).

So entwickeln sich die Betrachtungsweise und der Umgang mit Vielfalt im Diversity Management in Deutschland von einer integrierenden-anpassenden Maßgabe hin zu einer einbeziehenden Vorgehensweise der Inklusion. Der CSR-Ansatz könnte in jener Hinsicht von dieser Evolution des Diversity Managements durch eine engere Vernetzung profitieren.

2.2 Wandel der Unternehmenskultur

Die Vernetzung der Merkmalsdimensionen von Vielfalt und der Inklusion verlangt nach Reflektion der jeweiligen bestehenden Unternehmenskultur. Welche Verhaltensweisen lassen das Arbeitsumfeld und die Arbeitsorganisation zu, welche fördern sie oder welche grenzen sie aus?

Diese Reflektion kann das bisher gängige Prinzip der Arbeitsorganisation umkehren. Weniger steht nun die Frage im Zentrum, wie Arbeitsprozesse standardisiert werden können, was eher zu homogenen Belegschaften führt, oder wie sich die Erwerbstätigen an eine Norm anpassen. Vielmehr sollte das Arbeitsumfeld so gestaltet werden, dass die Vielfalt der Mitarbeiterinnen und Mitarbeiter sich entfalten und für das Unternehmen genutzt werden kann. Anpassung und Gleichmacherei rücken in den Hintergrund, Individualisierung wird graduell zur Maßeinheit. Der Gewinn liegt für die Unternehmen darin, dass die Chancen eines solchen Wandels weit darüber hinaus gehen, z. B. Personal-Engpässe oder Nachwuchskräftemangel zu lösen. Wer diesen Weg einschlägt und bereit ist für einen einbeziehenden Umgang mit Vielfalt, stärkt gleichzeitig den eigenen unternehmenskulturellen Zusammenhalt und hält seine Unternehmenskultur zukunftsfähig.

Selten lässt sich z. B. im Vorfeld abschätzen, welche Bedürfnisse in vielfältigen Teams entstehen werden. Der Konservenproduzent Campell's in Lübeck arbeitet schon seit den 1980er-Jahren mit Personal aus ganz Europa und vielen Beschäftigten mit türkischen Wurzeln. Anfangs hat das Unternehmen Sprachkurse angeboten, man stellte jedoch fest, dass dies nicht erwünscht war. Viele Mitarbeiter fühlten sich bevormundet. Campell's hat daraufhin nachgesteuert: Dolmetscher kommen zum Einsatz, bei Bedarf werden Rezepturen übersetzt. Grundkenntnisse in Deutsch setzt das Unternehmen nun voraus. Die Erkenntnis für das Unternehmen war, dass wichtiger als eine einzelne Maßnahme eine Unternehmenskultur, die Vielfalt als selbstverständlich begreift, ist.[3]

Ein anderes Beispiel bietet das Sozialunternehmen AfB gGmbH aus Ettlingen. Es beschäftigt je zur Hälfte Menschen mit und ohne Behinderung. Wirtschaftlichkeit und Unternehmertum treiben das mittelständische Unternehmen mit seinen 160 Beschäftigten an. Erfolgreich misst es sich mit anderen IT Dienstleistern des ersten Arbeitsmarkts, verkauft professionelle IT-Lösungen (u. a. Austausch von IT Geräten, zertifizierte Datenlöschung). Ein Integrationsunternehmen zu sein, das Menschen auf Grund ihrer Begabung und Fähigkeiten und nicht auf Grund ihrer Behinderung beschäftigt, ist das erklärte Ziel und wird durch die gemeinsame Vision das größte Sozialunternehmen Europas zu sein, das als Dienstleister von großen Firmen anerkannt wird, untermauert. Hier gibt es nur Beschäftigte – keine „mit" oder „ohne" Behinderung.

Deshalb steht auch bei AfB gGmbH das Verständnis und die Weiterentwicklung zur Unternehmenskultur im Mittelpunkt und nicht das separierende Betrachten von Diversity-Kriterien. Die Unternehmenskultur steht für ein Miteinander und Wertschätzung der unterschiedlichen Fähigkeiten jeder einzelnen Mitarbeiterin und jedes einzelnen Mitarbeiters. Die Leistung und nicht die Behinderung steht im Mittelpunkt, das macht wirtschaftlich und inklusiv erfolgreich (Charta der Vielfalt e. V. 2012).

3 Der Deutsche Diversity-Tag: Bilanz ziehen und Erfolge teilen

Wie kann dieser Ansatz nun für ein breites Publikum erlebbar gemacht werden? Wie wird dieses für viele Menschen und Entscheider/-innen sehr theoretische Konzept anfassbar und kann den vielen Initiativen und auch Erfolgen Sichtbarkeit verliehen werden?

Der Charta der Vielfalt e. V. entschied sich mittels des Deutschen Diversity-Tags unter dem Motto „Vielfalt unternehmen!" dazu, jedes Jahr eine bundesweite Aktionsplattform für die Unterzeichner der Selbstverpflichtung, aber eben auch allen anderen interessierten Unternehmen und Institutionen, zu schaffen. Es sollen Projekte für mehr Vielfalt vorgestellt werden, und damit klare Botschaften zu transportieren:

- Lösungen zeigen! Vielfalt stärkt Unternehmen und Institutionen in ihrem wirtschaftlichen Tun. In über 1000 Aktionen zeigten Unternehmen und Institutionen bundesweit anschaulich am 4. Deutschen Diversity-Tag 2016, wie Diversity Management dazu beiträgt, ihre Position zu stärken, ihre Geschäftsmodelle zu verbessern und wichtige Zukunftsaufgaben zu bewältigen.
- Einfacher umzusetzen, als viele denken! Viele Unternehmen, gerade in ländlicheren Gegenden oder auch in kleinen oder mittleren Betrieben, betreiben Diversity Manage-

---

[3] Vgl. http://www.ihk-schleswig-holstein.de/servicemarken/specials/Themenschwerpunkte/1858544/2397768/diversity-management.html.

ment, ohne es so zu nennen. Im gesamten Bundesgebiet waren Unternehmen und Institutionen aufgerufen, Vielfalt mit Aktionen sichtbar zu machen.
- Den Blick nach vorne richten! Neue Ideen, innovative Ansätze – ein idealer Rahmen, um Diversity-Konzepte der Gegenwart und Zukunft einem breiten Publikum vorzustellen.
- Die Charta der Vielfalt weiterentwickeln! Mit dem Aktionstag schlägt die Charta der Vielfalt bewusst die Brücke – raus aus der Fachwelt, rein in das allgemeine gesellschaftliche Bewusstsein.

Die vielen Aktionen verdeutlichten die Bandbreite und Tiefe des Themas Vielfalt sowie die teilweise enge Verknüpfung zum CSR-Bereich. Oftmals wurde klar, dass es gar nicht der großen Ideen oder Budgets bedarf, sondern dass es um das Aufeinander-Zugehen und Einlassen auf das Unbekannte und Fremde und die beherzte Umsetzung geht. Aspekte aus dem Alltag aufzunehmen und sie einmal anders für sich zugänglich zu machen, das zeigten auch die folgenden ausgewählten Beispiele:

Unter dem Motto „Freiwilliges Soziales Engagement – wie WIR uns in der Gesellschaft für Vielfalt einsetzen" wurden Kolleginnen und Kollegen der DZ BANK Gruppe zum 4. Deutschen Diversity-Tag aufgerufen, ihre Engagements für Flüchtlinge persönlich auf einer internen Mitarbeiterplattform vorzustellen. So konnte die große Bandbreite an Menschen in der Gruppe sichtbar gemacht werden, die sich für gute Zwecke engagieren. Fünf Beschäftigte wurden in Form von einer Spende unterstützt, die direkt der Organisation und dem guten Zweck zugeflossen sind.

Bei der adidas Group in Herzogenaurach wurde der 3. Deutsche Diversity-Tag 2015 eigenverantwortlich von den Auszubildenden organisiert. Mit dem Fokus auf die Diversity-Dimension Behinderung traten sie in Kontakt mit der Institution „Lebenshilfe" und planten den Erlebnistag KidsSportsFunDay. Das gemeinsame Projekt sollte das Bewusstsein für Vielfalt bei den Auszubildenden erhöhen und fördert den Dialog.[4]

Die Gesellschaft für Beschäftigung und berufliche Eingliederung mbH (GBE) organisierte am 1. Deutschen Diversity-Tag 2013 bereits einen Bewerbungstreff für Flüchtlinge und Bleibeberechtigte und bot dazu ein internationales Büfett an, welches die Vielfalt der Herkunft der Maßnahmeteilnehmer wiederspiegelte. Ziel war es, den Blick auf die Menschen zu richten, die Unterstützung beim Finden einer Arbeitsstelle benötigen und eine erschwerte Ausgangslage haben. Hilfestellungen bei der Suche nach offenen Stellen im Internet und in der Zeitung, beim Schreiben und Ändern von Bewerbungsschreiben und Lebenslauf als auch Beratung bei der Arbeitsaufnahme wurden angeboten (Charta der Vielfalt e. V. 2013b).

Insgesamt ist die Entwicklung des Deutschen Diversity-Tags eine Erfolgsstory: Von anfänglichen 360 Aktion von 240 Beteiligten im Jahr 2013 waren es 2016 bereits über 1000 Aktionen, durchgeführt von 360 Organisationen in allen Bundesländern (vgl. Abb. 2).

---

[4] http://www.charta-der-vielfalt.de/diversity-tag/mitwirkende.html?showAction=1&tx_dreipccdvdiversity[participant]=9993&tx_dreipccdvdiversity[action]=show&tx_dreipccdvdiversity[controller]=Participants&cHash=3c76f9475488a97932ab56dfba229839.

Damit konnten 2016 über 3,1 Mio. Beschäftigte in den beteiligten Organisationen erreicht werden. Die Bandbreite ging von interkulturellen Menüs in Kantinen über Flashmobs bis hin zu Fachveranstaltungen zum Thema Diversity Management. Auch die Berichterstattung zu dem Tag mit einer Medienreichweite von über 77 Mio. sorgte dafür, dass das Thema Diversity in allen Regionen Deutschlands bekannt gemacht wurde. In Social Media konnten am 4. Deutschen Diversity-Tag Trends gesetzt werden: Die Hashtags #VfuerVielfalt und #Diversity waren den ganzen Tag unter den Top Ten bei Twitter, zahlreiche prominente Gesichter machten sich öffentlich für Vielfalt stark.

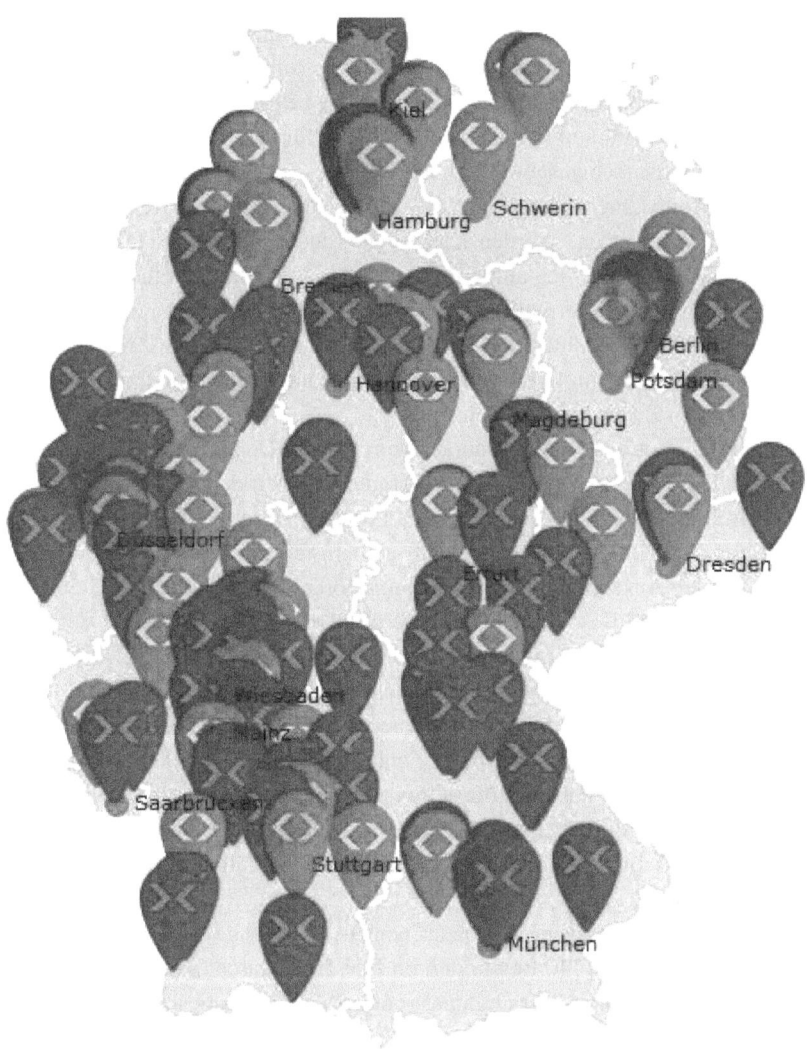

Abb. 2 Räumliche Verteilung der Aktivitäten zum 4. Deutschen Diversity-Tag 2016

Damit brachte die Veranstaltung alle Anliegen des Vereins auf den Punkt und verlieh ihnen weitreichende Sichtbarkeit in Wirtschaft und Gesellschaft. Der Tag bewies aufgrund des großen Zuspruchs, dass Diversity und Inklusion wichtig für alle Menschen ist, nicht nur unter sozial-gesellschaftlichen Aspekten, sondern als Stärkung für den Wirtschaftsstandort Deutschland.

4 Fazit

Die Vielfalt in den modernen Gesellschaften nimmt immer weiter zu. Insbesondere die Globalisierung und auch der demografische Wandel als gesellschaftliche Entwicklungen fordern Unternehmen auf, sich mit dem Fachkräftemangel, ethnischer Vielfalt durch Zuwanderung und auch einem veränderten Anspruch der nachwachsenden Generationen in ihren Organisationen auseinanderzusetzen. Die Akzeptanz von Vielfalt ist nicht nur in heterogenen und modernen Gesellschaften ein wichtiger Aspekt für den gesellschaftlichen Zusammenhalt und die Innovationskraft von Wirtschaftsstandorten, sondern eben auch für Unternehmen als ökonomische Einheiten.

Die Herstellung von Inklusion durch einen ganzheitlichen, unternehmensstrategischen Ansatz und die Abkehr von der Betrachtung und Messung einzelner Kriterien der Vielfaltsförderung im engeren Sinne, stärkt Unternehmen wirtschaftlich und kulturell. Gleichzeitig strahlt das interne sowie externe unternehmerische Wirken zu Diversity positiv in die Gesellschaft hinein. Ein Beispiel dafür bildet der Deutsche Diversity-Tag.

Diese bilaterale Beeinflussung teilen der CSR- und der Diversity Ansatz. Ihre Schnittmenge beinhaltet auch das Potential einer tiefergehenden Verquickung der Arbeit von CSR und Diversity, die bis dato jedoch noch nicht besteht. CSR und Diversity Management können voneinander durch eine stärkere Vernetzung in der Zusammenarbeit und dem Implementieren eines einbeziehenden Ansatzes von Vielfalt, wie er von der Charta der Vielfalt vertreten wird, voneinander profitieren. Dabei bringt die Verdeutlichung von gesellschaftlichem Engagement zu Vielfalt und der Diversity Management Praxis auch die Charta der Vielfalt näher an das Handlungsfeld CSR heran.

Die Charta der Vielfalt bietet eine in die Gesellschaft hineinreichende Resonanz- und Best-Practice Plattform durch verschiedene Instrumente. Die Ressourcen zu bündeln und die Wirkkraft von Diversity Initiativen zu erhöhen, dabei unterstützt die Charta der Vielfalt. In diesem Sinne leistet die Initiative Unterstützung bei der Förderung im Unternehmensalltag und gesellschaftlichen Etablierung des Themas Vielfalt.

Literatur

Berliner Zeitung, Nr. 164 vom 17. Juli 2013, „Viel Vertrauen, geringe Toleranz", Politikteil S. 6

Charta der Vielfalt e. V. (2012) Beschäftigte mit Behinderung. http://www.charta-der-vielfalt.de/ unterzeichner/best-practice/portraits/beschaeftigte-mit-behinderung.html

Charta der Vielfalt e. V. (2013a) Best Practice Datenbank, Beispiel Deutsche Bank. http://www.charta-der-vielfalt.de/unterzeichner/best-practice/beispiele/zeige/deutsche-bank.html

Charta der Vielfalt e. V. (2013b) Mitwirkende von A–Z, Gesellschaft für Beschäftigung und berufliche Eingliederung mbH (GBE). http://www.charta-der-vielfalt.de/diversity-tag/archiv/2013/mitwirkende/zeige/gesellschaft-fuer-beschaeftigung-und-berufliche-Eingliederung-mbh-gbe/aktion.html

Charta der Vielfalt (2013c) Mitwirkende von A–Z, ArcelorMittal Eisenhüttenstadt. http://www.charta-der-vielfalt.de/diversity-tag/archiv/2013/mitwirkende/zeige/arcelormittal-eisenhuettenstadt/aktion.html

Daimler AG (2014) Sustainability Report. http://sustainability.daimler.com

IBM (2012) Supply Chain. http://www-05.ibm.com/de/ibm/engagement/supplychain/index.html

Aletta Gräfin von Hardenberg ist seit März 2011 Geschäftsführerin des Charta der Vielfalt e.V. in Berlin. Bis Februar 2011 war sie als Director verantwortlich für das Diversity Management der Deutschen Bank in Deutschland. Sie begann ihre Karriere bei der Bank 1980 im Firmenkundengeschäft und war in diversen Inlandsfilialen sowie vier Jahre in New York tätig.

Kerstin Tote ist seit Mai 2011 Referentin in der Geschäftsstelle des Charta der Vielfalt e. V. in Berlin mit Schwerpunkt auf Presse- und Öffentlichkeitsarbeit. Bis März 2011 arbeitete sie während ihres Studiums der Gender Studies und Europäischen Ethnologie mehrere Jahre im Diversity Management von IBM Deutschland.

Teil II
Vielfalt leben

Cordula Meier und Mona Blanche Mönnig
Katrin Hansen, Lena Kreppel, Frank Meetz und Angelika Dorawa
Frank Linde und Nicole Auferkorte-Michaelis
Christopher Stehr und Markus Vodosek

Einleitung

Im zweiten Kapitel geht es um Diversity aus Sicht der Menschen; aber diese werden nicht als isolierte Individuen gesehen sondern in Bezug zur Gesellschaft gesetzt. Es wird hier also der Bogen gespannt von der Mikro-Ebene der Individuen bis zur Makro-Ebene der Gesellschaft, mit deren Kultur, Gesetzen (und auch Märkten). Dies geschieht unter der Fragestellung:

Wie wird Vielfalt heute (in Deutschland) gelebt? Welche Forderungen ergeben sich daraus an die Gesellschaft und an Organisationen, die ihrer gesellschaftlichen Verantwortung im Sinne der CSR gerecht werden wollen? Wie gehen international ausgerichtete Unternehmen damit um? Diese Fragen werden aus der Perspektive der Wissenschaft und der Kunst, der Bildung und der Erziehung beleuchtet und es werden sehr facettenreiche Antworten angeboten.

Cordula Meier und Mona Blanche Mönnig legen einen Beitrag zur Betrachtung der Diversity-Dimension Gender aus Sicht der Kunst vor. Sie zeigen auf, dass es unter den wirtschaftlich erfolgreichen Künstler_innen durchaus auch Frauen gibt – allerdings nach wie vor in klarer Minoritätenposition. Anhand des Beispiels von Louise Bourgois, die zu den Bestplatzierten im betrachteten Feld gehört, zeigen die Autorinnen, wie und unter welchen Bedingungen professioneller Erfolg und eine feministische Perspektive miteinander zu verbinden sind. Meier und Mönnig weiten den Blick auf internationale Aktivitäten von Künstlerinnen aus, wie z. B. auf die Kiewer Gruppe Femen und die New Yorker Guerilla Girls. Es wird die Hoffnung formuliert, es dürften „viele der sogenannten feministischen Aktivistinnen"[...] „im kunstwissenschaftlichen Diskurs sicher noch eine Re-Rezeption erwarten" (Meier und Mönnig, im vorliegenden Band).

Die Reflektion eines Praxisbeispiels wird von der Westfälischen Hochschule berichtet. Katrin Hansen, Lena Kreppel, Frank Meetz und Angelika Dorawa orientieren ihre Darstellung am eingangs dargelegten Mehr-Ebenen-Modell. Sie zeigten, dass ein Ansatz, der die soziale Verpflichtung der Hochschule eng mit ihren Kernaufgaben verbindet, Synergien zwischen CSR und DiM herstellt. „Talentförderung" wird so zu einem Konzept, das konsequent von einer Defizit-These im Hinblick auf Vielfalt abrückt und bewusst auf die Herstellung von Win-Win-Situationen abstellt.

Frank Linde und Nicole Auferkorte-Michaelis wenden sich in ihrem Beitrag der Situation von Studierenden und Lehrenden an Hochschulen zu. Sie diskutieren Parallelen und Unterschiede zu CSR und Diversity in Unternehmen, schlagen ein spezifisches USR (University Social Responsibility), aufgefasst als spezielle Ausprägung der Corporate Social Responsibility vor und identifizieren hochschulische Diversity-Konzepte als Bestandteil dieser USR.

Die Autor_innen berichten historische Quellen des Umgangs von Diversity an Hochschulen im internationalen Raum und zeigen Ansatzpunkte einer als notwendig identifizierten University Social Responsibility auf. Ihrer Analyse nach ist dieses Feld in Deutschland noch nicht ausreichend erforscht und bedarf auch noch sehr deutlicher der Weiterentwicklung in der Praxis. Sie fordern ein strategisches Gesamtkonzept, dessen Kern ein umfassender kultureller Wandel hin zu einer Wertschätzung von Vielfalt ist und das durch eine Vielzahl abgestimmter Maßnahmen mit Leben erfüllt werden muss.

Ausgehend von der These, dass CSR und Diversity „konzeptionelle Schnittmengen" aufweisen, verfolgen Christopher Stehr und Markus Vodosek in ihrem Beitrag die Fragen: „Inwieweit gelingt es insbesondere in der unternehmerischen Praxis durch Diversity Management [...] einen betriebswirtschaftlichen Mehrwert, zu generieren und damit den mittel- und langfristigen Erfolg des Unternehmens zu sichern? Oder reicht der ethisch-moralische und philanthropische Impetus des Unternehmers aus der Debatte um Corporate Social Responsibility (CSR) für die Implementierung von Diversity Management und Diversity-Maßnahmen bereits aus?" (Stehr und Vodosek im vorliegenden Band).

Stehr und Vodosek bieten in ihrem Beitrag auf Basis einer umfassenden Analyse der aktuellen Literatur wichtige Erkenntnisse zu den positiven und negativen Effekten von Diversity in verschiedenen Unternehmensclustern und geben eine Übersicht der einschlägigen Maßnahmen, die in den Unternehmen ergriffen werden. Als zentrale Aktionsbereiche identifizieren sie Unternehmenskultur, Personal-Management und die Erschließung neuer Kunden- und Arbeitsmärkte im Zuge der Globalisierung.

In ihrem Fazit wird betont.: „Vor allem mittelständische Unternehmen, in denen der ethisch-moralische Ansatz von CSR aufgrund der intrinsischen Motivation des Unternehmers oder Eigentümers bereits gelebt wird, haben strategische Vorteile bei der weiteren Implementierung von Diversity-Maßnahmen, weil der unternehmerische Mehrwert dieser Maßnahmen ‚unternehmerisch intuitiv' erfasst wird und es in diesem Bereich inhaltliche und operative Überschneidungen gibt zwischen den beiden Konzepten von Diversity und CSR." (Stehr und Vodosek im vorliegenden Band)

Die Hälfte der Macht

Cordula Meier und Mona Blanche Mönnig

1 Über Kunsthochschulen, Künstlerinnen und Studentinnen

In der Tat scheint das Leben besonders an besonderen Orten. Einer dieser besonderen Orte ist eine Universität der Künste – ein besonderer Genius loci, der den Zustand und die Verfasstheit unserer Gesellschaft mit ihren vielfältigen Strukturen nur noch zu Teilen abbildet. Manche traditionell-hieratische Reglements sind im kreativen Raum der Kunsthochschule aufgehoben. Denn Kunsthochschulen und vor allem einige Studiengänge sind feminisiert, d. h. weit mehr als die Hälfte der Studierenden sind weiblich, bis hin zu Studiengängen, die frei von männlichen Studierenden sind. „Die Kunsthochschule ist weiblich!", scheint es, doch auch die Universität hat ihre festen sozialen Strukturen und über Jahre und Ordnungen etablierten Hierarchien. Angefangen von den Studierenden, MasterabsolventInnen, PromovendInnen, Habilitierenden hin zu den wissenschaftlichen MitarbeiterInnen und schließlich den ProfessorInnen, den DekanInnen, ProrektorInnen und RektorInnen, auch hier (oder gerade hier) herrschen trotz allen lockeren Scheins fest strukturierte Regeln. Und so erweist sich: sehr gute Ausbildung mit hervorragenden Abschlüssen ist in diesem autopoietischen Raum für Frauen möglich, aber in Bereichen der sogenannten Führungspositionen gibt es keine Äquivalenz.

C. Meier (✉) · M. B. Mönnig
Institut für Kunst- und Designwissenschaft, Folkwang Universität der Künste
Universitätsstr. 12, 45141 Essen, Deutschland
E-Mail: cordula.meier@folkwang-uni.de

M. B. Mönnig
E-Mail: mona.moennig@folkwang-uni.de

© Springer-Verlag GmbH Deutschland 2017
K. Hansen (Hrsg.), *CSR und Diversity Management*,
Management-Reihe Corporate Social Responsibility, DOI 10.1007/978-3-662-54087-9_6

2 „Die Basis der Kunstgeschichte als Disziplin sind Erzählungen von Vätern und Söhnen." (Schade und Wenk 1995, S. 341)

Die Frage nach dem Zusammenhang zwischen weiblichem Kunstschaffen und dessen Positionierung auf dem Kunstmarkt, seiner Bedeutung für das Forschungsfeld der Gender Studies und der Aktualität des feministischen Diskurses hat Relevanz.

Der über Jahrhunderte tradierte Mythos des genialen männlichen Künstlers ist verantwortlich für den Ausschluss von Künstlerinnen aus dem Kanon der traditionellen Kunstgeschichte. „Die Tatsache, dass in den Überblickswerken der Kunstgeschichte Künstlerinnen nicht erwähnt wurden und sie in den meisten Museen nur sehr spärlich gezeigt wurden, war zuvor tautologisch begründet worden: Weil es keine qualitätsvollen Arbeiten von Künstlerinnen gäbe, tauchten sie nicht in der Kunstgeschichte auf – und weil die Kunstgeschichte keine Arbeiten von Künstlerinnen verzeichnet, seien diese von minderer Qualität" (Zimmermann 2006, S. 9).

In dem kunstwissenschaftlichen Kanon und seinen Institutionen wurden schon immer männliche Macht- und Herrschaftsverhältnisse (ab)gebildet und stabilisiert. Dieser Zustand ist durch die Frauenbewegung der 1960er und 1990er-Jahre aufgebrochen worden. Daraus resultierte eine geschlechtertheoretische Forschung, deren Fokus auf der männlichen Darstellungsweise der Frau in der Kunst und auf einer vordergründig weiblich anmutenden Ästhetik der weiblichen Kunstproduktion lag. Im Mittelpunkt des Interesses standen vor allem der Blick der Frau auf die Welt, der weiblichen Körper und weiter gefasst Aspekte von Pornografie, Gewalt und Unterdrückung etc. – die Auseinandersetzung in der Kunst mit der Genderfrage fand in erster Linie in Abgrenzung der Frau zum Mann und dessen Rollenverständnis statt. Die Geschichte der Disziplin, der Kunst und der Kunstgeschichte gleicht in dieser Hinsicht dem Verlauf vieler anderer akademischer Disziplinen.

Zu Beginn des 21. Jahrhunderts stellt sich eine bislang unbeachtete, komplexer entwickelte Frage: Finden Frauen im Kunstbetrieb gleichwertige Anerkennung, Rezension und Lohn? Und, bedarf es weiterhin einer explizit feministischen Betrachtungs- und Ausdrucksweise?

Die aktuelle Theoriebildung basiert auf der Diskursanalyse der oben genannten Machtverhältnisse. Das erfordert eine Überblicksdarstellung von Rezensionen künstlerischer Arbeiten weiblicher Akteure, eine Analyse ihrer öffentlichen Wertschätzung und eine Untersuchung über die Quantität und Qualität der Ankäufe ihrer Werke durch öffentliche Sammlungen. Betrachtet man den biografischen Werdegang ausgebildeter Künstlerinnen zum Beispiel anhand ihrer Galeriepräsenz oder der Museumsankäufe, so ist nach wie vor die Dominanz von männlichen Vertretern der bildenden Kunst gegeben.

Doch es gibt durchaus eine Präsenz von Künstlerinnen, wie beispielsweise dem jährlichen Ranking des Kunstkompasses zu entnehmen ist. Im Jahre 1970 initiierte der Kunst- und Wirtschaftsjournalist Willi Bongard erstmals den Kunstkompass, ein daraufhin bis heute alljährlich ermitteltes Ranking der 100 weltweit gefragtesten KünstlerInnen der Gegenwart. Gemessen wird die Resonanz der Kunstwelt; Preise und Umsatzerfolge hingegen werden bei der Auswertung nicht berücksichtigt. Ausschlaggebend für das „Ruhmesbarometer" ist die Beachtung die ein/eine KünstlerIn in den zurückliegenden 15 Monaten in der Szene erfahren hat. Hierzu zählen beispielsweise die Einzelausstellungen in wichtigen internationalen Museen und deren Ankäufe, die Teilnahme an bedeutenden Gruppenausstellungen und Rezensionen in etablierten Kunstmagazinen. Blickt man auf die Platzierungen der letzten 10 Jahre, so ist eine zunehmend positiver ausfallende Bewertung von Künstlerinnen in der Kunstrezeption zu verzeichnen. Mit Ausnahme des Jahres 2009 ist seit 10 Jahren mindestens eine weibliche Vertreterin auf den ersten 5 Rängen zu finden. Bei genauerer, analytischer Betrachtung aber relativiert sich der optimistische Schein. Die ersten drei Plätze werden stets von männlichen Künstlern eingenommen und auch auf den folgenden Rängen überwiegt der Anteil von Männern deutlich.

1 ist unter den Bestplatzierten die Künstlerin Louise Bourgeois, deren Schaffen im Folgenden exemplarisch Beachtung finden wird. Der rezeptionsästhetische Blick auf ausgewählte Arbeiten gibt Aufschluss über die Art und Weise ihrer Auseinandersetzung mit patriarchaler Doktrin und deren Bearbeitung, die letztlich zu der Auflösung der Kategorie Geschlecht führt. Dass ihr Werk derartige Präsenz auf dem Kunstmarkt besitzt, ist bedeutungsschwer und zeigt feministische Strategien und deren Wechselspiel mit der bildenden Kunst auf und ist daher für eine Betrachtung von besonderem Interesse.

3 Das Unvermögen des Erwachsenwerdens – Zur Kindheit der Louise Bourgeois

Das Œuvre der Künstlerin Louise Bourgeois ist eng mit ihrer persönlichen Geschichte verwoben, was bedeutet, dass eine Dechiffrierung ihrer Werke nicht ohne die Auseinandersetzung mit ihrer Biografie, deren Verarbeitung folglich als integraler Bestandteil ihrs Werkes gelten muss, erfolgen kann (Becker 2001, S. 60).

1911 wurde Louise Joséphine Bourgeois in Paris als zweites von drei Kindern geboren. Als zweite Tochter litt sie nach eigenen Angaben zeitlebens darunter, dass durch ihre Geburt einmal mehr der väterliche Wunsch nach einem männlichen, erbfähigen Nachkommen nicht erfüllt wurde. Das Untersuchen familiärer Strukturen, die Problematisierung der strikten Rollenverteilung von Frauen und Männern und ihre gescheiterte Identifikation mit den Eltern, sollte zentraler Ausgangspunkt ihres Schaffens werden. Aufgewachsen in Choisy-le-Roi, wo ihre Eltern sich der Restaurierung historischer Tapisserien verschrieben hatten – die Familie der Mutter hatte sich bereits seit Generationen mit der Herstellung solcher textilen Bildwirkereien befasst, der Vater, ein erfolgloser Landschaftsarchitekt, entdeckte die mittlerweile in Vergessenheit geratenen Webereien in Scheunen und Ställen und brachte diese zur Reinigung und künstlerischen Aufarbeitung in das Unternehmen – wurde der jungen Louise bald die Rolle der *dessinateur/dessinatrice* anvertraut. Bereits mit acht Jahren zeichnete sie Motive für die zerstörten Stellen der Gewebe und machte sich mit ihrem Fleiß und Talent unentbehrlich. „Das Einzigartige in Bourgeois' Familie lag darin, dass ein Kind und noch dazu ein Mädchen damit glänzen durfte, Künstlerin zu sein (Kellein 2006, S. 11)."

Bourgeois musste ihre Schulausbildung unterbrechen, da sie ihre schwer lungenkranke Mutter nach Le Cannet in Südfrankreich begleitete. Ihre Mutter war nach Aussage der Künstlerin die wichtigste Person in ihrem Leben, ihr sind einige der bekanntesten Werke gewidmet und stellen im übertragenen Sinne eine Hommage an die Mutterschaft dar. Der starke Charakter der emanzipierten Mutter änderte nichts daran, dass sie, den damaligen Status der Ehefrau wahrend, den passiven Gegenpol zu ihrem Ehemann einnahm. Als Bourgeois' Vater, das Klischee eines französischen Libertins erfüllend, ein Verhältnis mit Sadie Gordon Richmond begann (Küster 2011, S. 27) und diese als seine Mätresse in seinem Haus etablierte, duldete ihre Mutter dies stillschweigend. Louise Bourgeois fühlte sich von ihren Eltern gleichermaßen verraten, zum einen durch den Vertrauensbruch des Vaters, der die bestehenden Familienstrukturen ins Wanken brachte, zum anderen von ihrer Mutter, weil diese nicht dagegen aufbegehrte. Die von Bourgeois gepflegte Mutter starb 1932 einen frühen Tod und hinterließ ihre Tochter mit dem Gefühl des Verlassenseins.

Nach dem Tod der Mutter wendete sich Bourgeois ihrer künstlerischen Ausbildung zu und studierte an verschiedenen Akademien in Paris. Ihre Kindheit habe nie die magische Kraft, ihr geheimnisvolles Dunkel, ihre Dramatik verloren, konstatierte sie in einem Interview:

> [W]e become sculptors, let us say, because our inability to grow up (and it is a blessing in disguise), but it is a fact that we remain beggars all our lives (Bourgeois 1998, S. 99).

Diese Aussage interpretierend, hat sie ihre Kindheit nie hinter sich gelassen, hat sich gegen das Erwachsenwerden, gegen das Frauwerden entschlossen.

4 Die Geburt des Werkes – Über das Bewahren, Trennen und Loslassen in Louise Bourgeois' Werk „Spider" (Abb. 1)

Eine stählerne über 5 m hohe Spinne, den Hinterleib in Richtung des Bodens eingezogen, die acht Beine filigran wie Speerspitzen auf dem Untergrund verhaftet, wacht über einem kreisrunden Gebilde aus Einzelsegmenten, die an Zaun- oder Absperrgitter erinnern. Gleiche Gitterstrukturen schließen den Zylinder nach oben, wobei der Spinnenleib weit in die Skulptur hineinragt, und unten ab. Umrundet der/die BetrachterIn das 1997 entstandene Gedankengebäude (Bal 2003, S. 122), fällt eine schmale Öffnung ins Auge, der geometrische Körper ist nicht gänzlich in sich geschlossen. Wie eine um handbreite geöffnete Tür fordert der Spalt auf, das Innere der Skulptur zu betreten, sich hindurchzuzwängen, um gleich danach darauf hinzuweisen, dass unter Umständen ein Eintreten möglich, ein Entkommen jedoch nicht zwingend machbar ist. Im Zentrum steht ein hölzerner Armlehnstuhl, dessen Sitzfläche und Rückenlehne von einem Gewebe verdeckt werden. Es

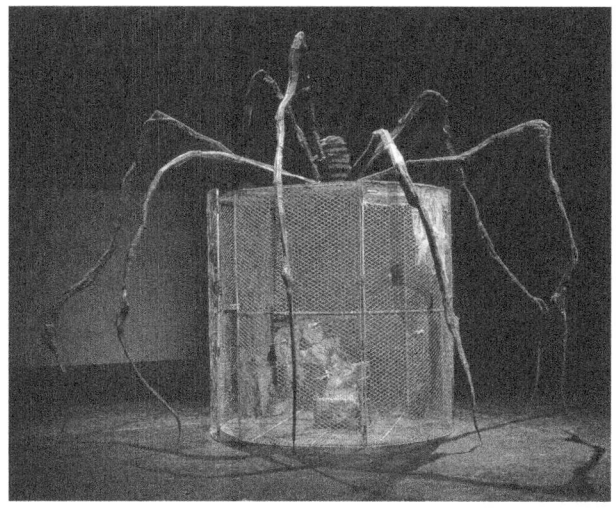

Abb. 1 Louise Bourgeois, *Spider*, 1997, Stahl, Tapisserie, Holz, Glas, Gewebe, Gummi, Silber, Gold, Knochen, 444,5 × 665,5 × 518 cm. (Quelle: Storr und Herkenhoff 2003, S. 43)

befinden sich weitere Gewebefragmente angelehnt an der Innenseite der Gitter und weitere, fest installierte an den äußeren Gitterwänden. Wissend um das Familiengewerbe der Bourgeois, liegt die Vermutung nahe, dass es sich hierbei um Fragmente von Tapisserien, eingewirkte Bilder und Motive in textilem Flächengebilde handelt. Die Konnotation des Webens und damit die Ästhetik des Einschreibens von Erinnerung ist dem Werk in einem doppelten Sinne immanent, steht doch die Spinne, welche Netze spinnt und repariert immer auch für die Weberin – erinnert sei hier an den Mythos der Arachne. Das Handwerk des Webens und Wirkens ist ein Gleichnis für die Arbeit des Verbindens, Zusammenführens und Verknüpfens. Und auch hier scheint es sich um die Imagination einer Weberei, eines Spinnennetzes zu handeln.

> (...) der Faden [ist] das Mittel für Verbindung und Zusammenhänge: Ist der Faden einmal verloren, kann er wieder aufgenommen werden; was am seidenen Faden hängt, ist kostbar und braucht weitere Sicherung; und wer alle Fäden in der Hand hat, kann auch effektvoll an ihnen ziehen. Der rote Faden wiederum sorgt dafür, dass der Sinn nicht verloren geht. (...) Wer es (...) versteht, jemanden zu umgarnen, hat eine Verbindung *geknüpft*. So auch der, der etwas einzufädeln versteht: Er schafft Beziehungen, Verknüpfungen, Netzwerke (Schmidt 2007, S. 7).

Nach dem Tod des Vaters stellten der Verkauf des Familienunternehmens und damit das Zurücklassen der Tapisserien einen großen Verlust für Louise Bourgeois dar. Sie empfand einen Schmerz, der wohl am besten mit dem Verlustschmerz verglichen werden kann, den ein jeder erleidet, der sich an einen Gegenstand seiner frühen Kindheit erinnert und diesen für immer verloren weiß. Diese Leerstelle kann für immer ein fehlender Teil in der Psyche eines Menschen sein. So sind in den Tapisserie-Fragmenten in der Arbeit „Spider" immer wieder auch solche zu finden, bei denen grobe Fehlstellen sichtbar sind bzw. die Darstellung von Geschlechtsteilen ausgeschnitten und damit eliminiert ist (Abb. 2).

Abb. 2 Louise Bourgeois, *Spider* (Detail), Tapisseriefragment. (Quelle: Storr und Herkenhoff 2003)

In der Kunst ist das Entfernen oder Verdecken der zu verschiedenen Zeiten als unsittlich geltenden Geschlechtsmerkmale nicht unüblich, dass Bourgeois explizit diese in ihrer Arbeit verwendet, ist hingegen bedeutungsträchtig: sie war es, die im Kindesalter für das Ausbessern und Rekonstruieren zerstörter Gewebestellen zuständig war, sie fühlte sich durch die spezifischen Geschlechterrollen ihrer Eltern in ihrer Rolle als Kind bedroht und war nicht fähig, die ursprüngliche Familienkonstellation wiederherzustellen.

In der Arbeit dekonstruiert und rekonstruiert sie ihre Vergangenheit und webt dabei nicht nur ihre Erinnerung in das Werk ein und greift auf eine weibliche Art der Erinnerungsbewahrung (Meier und Mönnig 2013) zurück, vielmehr handelt es sich um die Geburt eines Werkes, die Neuordnung ihrer Welt, wie sie es bereits im April 1950 formulierte.[1]

Demnach ist „Spider" Sinnbild für das Mütterliche im Allgemeinen und die Beziehung der Künstlerin zu ihrer Mutter im Speziellen. Nach eigenen Aussagen hat die Spinne für Bourgeois nichts Ekelerregendes oder gar Bedrohliches, vielmehr sieht sie in ihr die Netze webende Wächterin und so die Mutter ebenso als Bewahrerin wie als Bewacherin ihrer Person. Es lässt sich darauf schließen, dass die raumgreifende und raumbildende Gitterkonstruktion der Skulptur als eine Art Körperinneres der Künstlerin wahrgenommen werden kann. Der/Die BetrachterIn kann auf ihr Inneres schauen, aber nie im Innersten

---

[1] „Die Entstehung eines Kunstwerks; oder: unter welchem Umstand wird ein Kunstwerk geboren: 1. Definition des Begriffs ‚Entstehung' – Entstehungsprozess. Ist es der Prozess des passiven Geborenwerdens oder ein Prozess des Gebärens? 2. Was *bewirkt,* dass ein Kunstwerk geboren wird? Was ist der ursprüngliche Impuls? Was treibt den Künstler zur Arbeit? Die Flucht vor der Depression (um eine Leere auszufüllen)? Die Wiedergabe von Vertrauen oder Vergnügen? Das Verstehen und die Lösung eines formalen Problems, die Neuordnung der Welt?", (Motherwell and Reinhardt 1951, S. 17; deutsche Übersetzung: Bourgeois 1998, 2000, 2001, S. 69).

das Innerste sein. Der gebildete Raum ist sozusagen ein durch die Künstlerin geborenes Werk, die Neugeburt ihrer selbst.

Neben den Bildwirkereien finden sich weitere *objets trouvés* wie Knochen, eine Uhr, ein Medaillon und ein Parfumflakon, größtenteils an Fäden und Schnüren von der Deckenkonstruktion hinunterhängend. Möchte man Louise Bourgeois folgen, repräsentiert das hängende Objekt Passivität (Küster 2011). Es handelt sich dabei nicht um metaphorisch besetzte Requisiten, die Gegenstände in ihrem Werk sind Reliquien, authentische Überbleibsel ihrer Vergangenheit. Signifikant, um etwa ein Beispiel auszuführen, ist die Verwendung des Parfumflakons des Duftes *Shalimar* von Jacques Guerlain. Auch wenn der/die BetrachterIn nur mutmaßen kann, dass es sich dabei um das von der Mutter präferierte Parfum handele, fügt sich die Inspiration des Parfumier nur allzu gut in das Gesamtkonstrukt der Arbeit ein.[2]

Sicherlich war sich Bourgeois der unbegrenzten Bedeutungsebenen ihres Werkes bewusst[3] und es ist, als fügte sie diese Surrogate in ihren Arbeiten solange zu einem Neuen zusammen, bis sie einen Teil der eigenen Vergangenheit ausgelagert hatte, bis ein Teil von Louise Bourgeois' Persönlichkeit eigenständig außerhalb ihres Daseins existieren konnte. Ihre Skulpturen wurden so zum Speicher ihrer Familienhistorie, zu „Gefäßen des Bewahrens".

Die Idee des Erinnerns und Bewahrens ist für Bourgeois immer mit dem Akt des Loslassens verbunden. Wenn bei Bourgeois die Mutterschaft eine physische Gestalt einnimmt – seit den 1940er-Jahren befasste sie sich mit der Personifikation der Mutter durch Weberspinnen, Weberknechte etc., erst 1999 stellte sie die größte jener Skulpturen fertig und betitelte sie „maman" – meinte damit ihre Mutter, aber auch ihre eigene Mutterschaft und das mit der Geburt einhergehende Loslassen des Kindes, das Trennen der Nabelschnur, das Getrenntwerden durch den Tod.

> Die wichtigste Person in meinem Leben war meine Mutter. Meine „Spinnen" sind eine Ode an sie. Ich habe die Verantwortung für meine Söhne zu sorgen. Wenn wir also über die Mutter sprechen, dann oszillieren wir zeitlich vor- und rückwärts. Ich vermisse meine Mutter. Ich bin eine Mutter. Ich suche nach einer Mutter.[4]

---

[2] Guerlain wurde von der Liebesgeschichte eines der berühmtesten Paare der Weltgeschichte, die des indischen Mogul Shah Jahan und seiner Lieblingsfrau Mumtaz Mahal zu Shalimar inspiriert. Dies kann einmal mehr als Hinweis auf den psychoanalytischen Umgang von Bourgeois mit ihren Werkbestandteilen gewertet werden. Sie erinnert die Mutter und die verlorene Liebe ihrer Eltern, selbst die Inhaltsstoffe von Shalimar könnten derart sensibel interpretiert werden. Der frische, starke Duft der Bergamotte und der starke Charakter der Mutter; zarte Blüten wie Jasmin und Mairose, ihre Verletzbarkeit; Opoponax, ein Harz, welchem man nachsagt, es bilde einen duftenden Schild, der immun macht gegen das Unheil der Welt.
[3] Louise Bourgeois konstatierte: „Ich vergebe nicht und ich vergesse nicht. Das ist das Motto das meine Arbeit nährt." www.3sat.de/page/?source=/kulturzeit/specials/86946/index.html Stand: 05.10.2013.
[4] „The most important person in my life was my mother. My Spiders are an ode to her. I have the responsibility for taking care of my sons. So when we talk about the mother we are oscillating back

5   „Destruction of the father" – ein Vatermord (Abb. 3)

Ihr Vater hatte Louise Bourgeois ihre weibliche Unzulänglichkeit immer spüren lassen, er verletzte ihre Schamgefühle und machte sich häufig über sie lustig und stellte sie vor allem während der Familienzusammenkunft zu Tisch bloß.

> So schnitt er aus einer Mandarinenschale einen Mädchenkörper zeigte ihn hoch und sagte: „Seht her, das ist Louise. Sie hat nichts! Alles was sie zwischen den Beinen hat, sind ein paar dünne, weiße Fäden!" Während die anderen lachten knetete Louise aus Brot heimlich den Körper ihres Vaters und schnitt ihm anschließend mit dem Messer alle Glieder ab (Riebe o.J.).

Dieser erste Akt skulpturaler Auseinandersetzung setzt sich in der Arbeit „Destruction of the father" (1974) fort. Die 237,8 × 363,3 × 248,7 cm große, rot ausgeleuchtete höhlenartige Installation, hauptsächlich aus Latex und Gips gefertigt, löst unmittelbar das Gefühl der Beklemmung in dem/der BetrachterIn aus. Das als einsehbare Kammer konstruierte Werk ist mit grau-schwarzem Gewebe ausgekleidet, von der Decke hängen organische Formen. Auf einem ebenfalls verhängten Tisch im Zentrum der Installation und auf dem Boden davor liegen weitere auf anatomische Körper verweisende Gebilde. Das größte von ihnen liegt mit seinen wuchernden nach oben gerichteten Ausstülpungen da wie ein frisch ausgenommenes Tier. Tatsächlich sind die Bestandteile des Environments „Destruction of the father" eine authentische Spur, ein Abdruck realer Körper. Bourgeois kaufte Fleisch

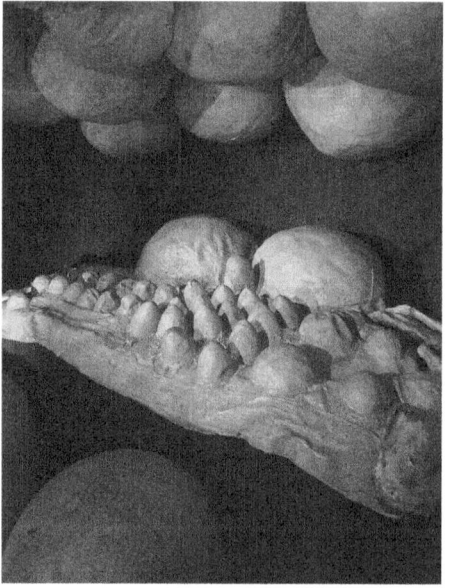

Abb. 3 Louise Bourgeois, Destruction of the father, 1974, Latex, Gips, mixed media, 237,8 × 363,3 × 248,7 cm. (Quelle: Gardner 1994, S. 89)

and forth in time. I miss my mother. I am a mother. I am looking for a mother." 23 August 2007. Interview with Louise Bourgeois (Marshall 2008, S. 121).

und Knochen auf dem Schlachthof und formte diese ab, um sie daraufhin aus Latex neu zu bilden.[5]

Und wieder gibt die Künstlerin selbst einen Interpretationsansatz, welcher unumgänglich scheint. Die Horizontale ist Stellvertreter sowohl für das Bett, Ort der ehelichen Nähe (oder aber der sexuellen Eskapaden des Vaters), Ort der Geburt und des Ablebens, als auch Stellvertreter für den Tisch, welcher von Bourgeois als Ort der Demütigung negativ konnotiert ist. Die Spur des blutigen Schlachtviehs haftet der Installation an und wird durch die rote Beleuchtung untermauert, so dass es den Anschein hat, als inszeniere Bourgeois das Abtrennen der väterlichen Gliedmaßen, um so das Trauma der Vergangenheit wieder aufzunehmen und die ursprüngliche Lösung des Problems zu wiederholen (Meyer-Thoss 1992, S. 21). Diese Arbeit Bourgeois' scheint Ausdruck der Verängstigung durch die Sexualität der Eltern – der Werkstoff Latex hat nicht nur die Textur von Haut, sondern dient in anderem Kontext auch der Befriedigung sexueller Fetische – und Reinigungsritual zur Befreiung des übermächtigen männlichen Prinzips gleichermaßen. Die wiederholte Geste des imaginierten Vatermordes und des Inkorporierens, also Aufessens seiner Körperteile ist im Sinne Bourgeois' eine vollzogene Revanche ihrer kindlichen Ohnmacht. „Für Louise Bourgeois bedeutet die Skulptur einen Prozess des Exorzismus, sie ist mehr emotionale Katharsis als Analyse (Meyer-Thoss 1992, S. 28).''

6   „Red Room (Child)" (Abb. 4)

„Red Room (Child)" von 1994 ist das Gegenstück zu der Installation „Red Room (Parents)", Teil der sogenannten „Cells", einer Reihe von Rauminstallationen, welche in sich geschlossene, begehbare Zellen darstellen und als solche wiederum den Anschein erwecken, man begehe als BetrachterIn das Körperinnere, gleichsam das Gedächtnis der

---

[5] „There is a dinner table and you can see all kinds of things are happening. The father is sounding off, telling the captive audience how great he is, all the wonderful things he did, all the bad people he put down today. But this goes on day after day. A kind of resentment grows in the children. There comes a day they get angry. Tragedy is in the air. Once too often, he has said his piece. The children grabbed him and put him on the table. And he became he food. They took him apart, dismembered him. Ate him up. And so he was liquidated. It is, you see, an oral drama! The irritation was his continual verbal offense. So he was liquidated: the same way he had liquidated his children. The sculpture represents both a table and a bed. When you come into a room, you see the table, but also, upstairs in the parents' room, is he bed. Those two things count in one's erotic life: dinner table and bed. The table where your parents made you suffer. And the bed where you lie with your husband, where your children were born and you will die. Essentially, since they are about the same size, they are the same object. And all those things of latex are actually casts of animal limbs. I went to the Washington Meat Market on Ninth Avenue and got lamb shoulders, chicken legs and cast them all in soft plaster. I pushed them down into it, then turned the mold over, opened it, threw away the meat and cast the form in latex. I built it here in my house. It is a very murderous piece, an impulse that comes when one is under too much stress and turns against those one loves the most." Exzerpiert aus „Statements 1997" (Bourgeois 1998, S. 115).

Abb. 4 Louise Bourgeois, *Red Room (Child)*, 1994, mixed media, 211 × 348 × 259 cm. (Quelle: Bernadac 1995, S. 151)

Künstlerin. Die 211 × 348 × 259 cm große vieleckige Zelle ist im wahrsten Sinne eine Kammer, wird sie doch von mehreren alten dunkelbraunen, aneinander befestigten Holztüren vom restlichen Ausstellungsraum isoliert. Das Eintreten des Betrachters gleicht der Faszination des Erkundens eines Dachbodens, wie man es aus Kindheitstagen kennt.[6]

Auf das imaginierte Körperinnere verweist auch die deutlich überwiegende rote Farbgestaltung der darin auftauchenden Exponate. Sie ruft die Assoziation von Organen hervor. Im linken Bereich befindet sich auf einem Ständer eine Vielzahl von verschieden großen Spulen mit rotem Garn, das sich in Einzelfäden im Raum zu einem Ganzen zusammen zu spinnen scheint, so wie Adern die Verbindung zwischen den Organen darstellen oder auch die Nabelschnur als verbindendes Glied zwischen Mutter und Kind gilt. Neben der Reminiszenz an die Tradition der Weberei in ihrer Familie haben Nadel und Faden in Bourgeois' Werken noch eine weitere sinnstiftende Bedeutung. Bourgeois postulierte: „Nadeln haben mich schon immer fasziniert, die magische Kraft der Nadeln. Man greift zur Nadel um einen Schaden zu beheben. Sie ist die Bitte um Vergebung (Becker 2001)."

Drei der Garnspindeln sind blau und ziehen so besondere Aufmerksamkeit auf sich. Neben einigen zylinderförmigen Aufbauten finden sich andere bedeutungsträchtige Objekte. Dazu gehören eine rote Sprossenleiter, eine rote Petroleumlampe, zwei Holzkoffer, ein Konvolut von Glasgefäßen, die Form eines Tierkopfes, vermutlich ein Ziegenkopf, welchem das eine Ohr abgetrennt wurde und zwei sehr prägnante, rote gläserne Gegenstände, welche eine typische Anmutung von Stundengläsern haben. Ihre Farbigkeit und

---

[6] „Der (…) Dachboden selbst ist (…) mehrfach inhaltlich besetzt. Einerseits diente der Dachboden oder Speicher in früherer Zeit zum Abstellen nicht mehr zu gebrauchenden Gutes. Der Gang des Kindes über den Dachboden des Hauses der Großmutter aber legt Teile der eigenen Vergangenheit oder der eigenen Wurzeln im Sinne von ‚eigener Herkunft' auf oder weckt zumindest Interesse an vergangenem: Der Dachboden also als Raum, Vergangenheit zu vergessen oder zurückzuholen" (Meier 2013, S. 49).

auch die gläserne Beschaffenheit erinnern an die zähfließende Masse die zur Herstellung von Bonbons verwendet wird und so zu einem weiteren Indiz kindlicher Versuchung wird. Auf einem der Zylinder liegt eine große überdimensionierte Glashand mit dem Ansatz eines Armes, daneben drei winzige Kinderhände die auch von einer Puppe abgeformt sein könnten. In dieser Arbeit ist Bourgeois' Kindheit präsenter und deutlicher erkennbar als in allen anderen Werken ihres Schaffens. Sie schafft es, die kindliche Neugierde der BetrachterInnen zu wecken und diese Anteil an ihrer Lust und ihrem Leid nehmen zu lassen, die eigenen familiären Strukturen und Rollen zu hinterfragen und sich selbst dahingehend zu prüfen. Der Kosmos der Louise Bourgeois dreht sich um die Frage nach der Familie und somit nach der aktuellsten Genderthematik überhaupt. Der Frage nach der Rolle von Vater, Mutter und der Prägephase der frühesten Kindheit und aus der kindlichen Sicht der Auflösung eben dieser rigiden Norm der Geschlechterkategorie.

7 Feministischer Aktivismus – „Guerrilla Girls" und Femen

„Es war einmal eine Frauenbewegung, so oder so ähnlich fatalistisch könnte eine Beschreibung angesichts der momentanen Situation lauten." (Hagel and Schuhmann 1994, S. 69) Selbstverständlich hat feministischer Aktivismus auch heute seine Daseinsberechtigung und zwar immer dann, wenn es darum geht, auf Missstände aufmerksam zu machen und eine wahrhaftige Gleichstellung von weiblichen und männlichen Akteuren nicht nur in der Kunst zu vollziehen. Denn,

> Frauen sind auf dem Kunstmarkt keine harte Währung, in ihre Namen wird weniger vertrauensvoll investiert. Das mag zum einen an der Vorstellung des Sammlers liegen, dass eine Frau jederzeit aufhören und Kinder kriegen kann. Natürlich gibt es Ausnahmen, wenige Künstlerinnen in Deutschland (Rosemarie Trockel, Rebecca Horn), deren Werke hohe Preise erzielen. Ihre Namen werden gerne von Sammlern und Galeristen zitiert, wenn es darum geht, zu beweisen, dass es auch Frauen auf dem Kunstmarkt jederzeit schaffen können. Künstlerinnen kann es für Galeristen und Sammler nur als Ausnahme geben, und es ist als Kompliment gemeint, wenn es heißt, dass ihr Bild auch ein Mann gemalt haben könnte. Die Künstlerin kann dieses Kompliment schlecht zurückweisen, wenn sie ihre Kunst als „gute" Kunst durchsetzen und nicht auf Frauenkunst beschränkt wissen will. (...) Sie muss aber auch mit der Rolle rechnen, die Institutionen und deren Mitarbeiter für Sinnstiftung spielen. Ausstellungen und Katalogtexte stellen Bedeutungen her, sind eventuell an der Reduktion auf Frau beteiligt. Viele Frauenausstellungen sind z. B. so aufgebaut, dass nicht die einzelne Künstlerin, sondern Vertreterinnen eines „Geschlechts" in Erinnerung bleiben (Graw 1994, S. 142).

Es scheint, als habe sich die Künstlerin zwischen bewusster Kontextualisierung von Weiblichkeit und Negation jeglichen Geschlechts zu positionieren. Diese Ausrichtung aber gleicht einem Drahtseilakt. Ein Spiegelbild dieser Extreme stellt sich im feministischen Aktivismus dar. Die politisch motivierte, 2008 in der ukrainischen Hauptstadt Kiew gegründete, feministische Gruppe Femen, die durch provokante Aktionen internationale Beachtung gewonnen hat, ist ein Beispiel für das bewusste Einsetzen einer weiblichen

Ästhetik mit dem Hintergrund eines feministisch motivierten Aktivismus. Femen-Mitglieder zeigen ihre unbekleideten Brüste und Oberkörper, die mit Parolen bemalt sind; ihre Haare sind mit Blumenkränzen geschmückt. Ihr Auftreten ist weiblich motiviert und weiblich konnotiert, wobei die Aktivistinnen die Geschlechterrolle der Frau durch diese Darstellung konterkarieren.

Das spezifische Geschlecht größtenteils negierend, operiert noch immer die anonyme Künstlerinnengruppe „Guerrilla Girls", welche 1985 in New York gegründet wurde. Ungewiss, wie viele Mitglieder heute Teil dieser Gruppierung sind, erscheinen die „Guerrilla Girls" als das Gewissen der Kunstwelt, die Identität hinter Gorillamasken verbergend.

> Die Partisaninnen waren auch Frauen mit Masken. Die Affenmaske hatten sie King Kong entliehen, ein kluger Schachzug: sie eigneten sich das Bild männlicher Dominanz und Virilität an, in dem King Kong als der symbolisierte Feind figuriert; ihrem Publikum wiesen sie die Perspektive der erschreckten Masse zu (…). (Frangenberg 2001, S. 180)

Mit Pseudonymen, Namen verstorbener Künstlerinnen wie Frida Kahlo, Eva Hesse, Gertrude Stein, Paula Modersohn-Becker, Georgia O'Keeffe u. a. zeichnen die „Guerrilla Girls" verantwortlich für einen seit den 1980er-Jahren andauernden Protest gegen Sexismus und Rassismus in dem „Betriebssystem Kunst".

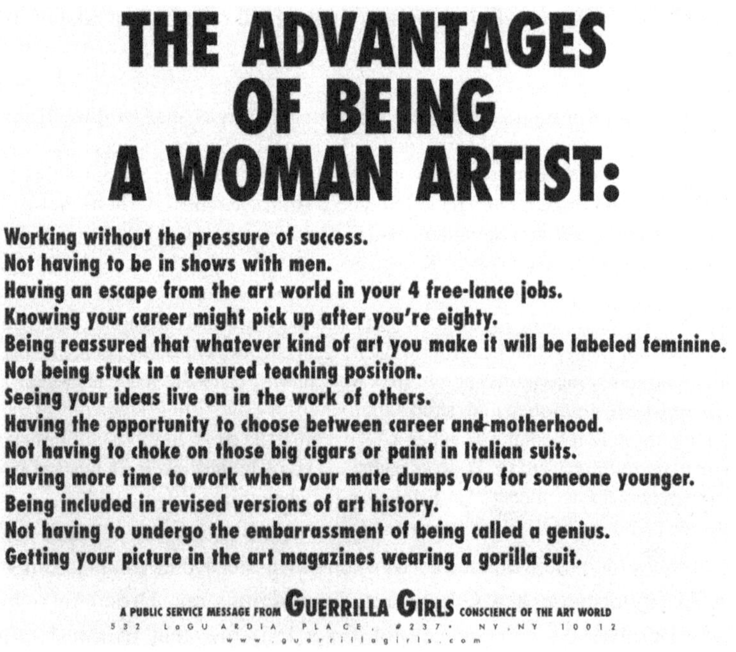

Abb. 5 Guerrilla Girls, *The Advantage of Being a Woman Artist*, 1985–1990, Siebdruck auf Papier, 43 × 56 cm, Offizielle Mitteilung aus *Guerrilla Girls talk back*. (Quelle: Grosenick 2001, S. 181)

Abb. 6 Guerrilla Girls, *o.T.*, 2008, Siebdruck auf Papier. (Quelle: http//www.tate.org.uk/art/artworks/guerrilla-girls-no-title-p78796 Stand: 15.10.2013)

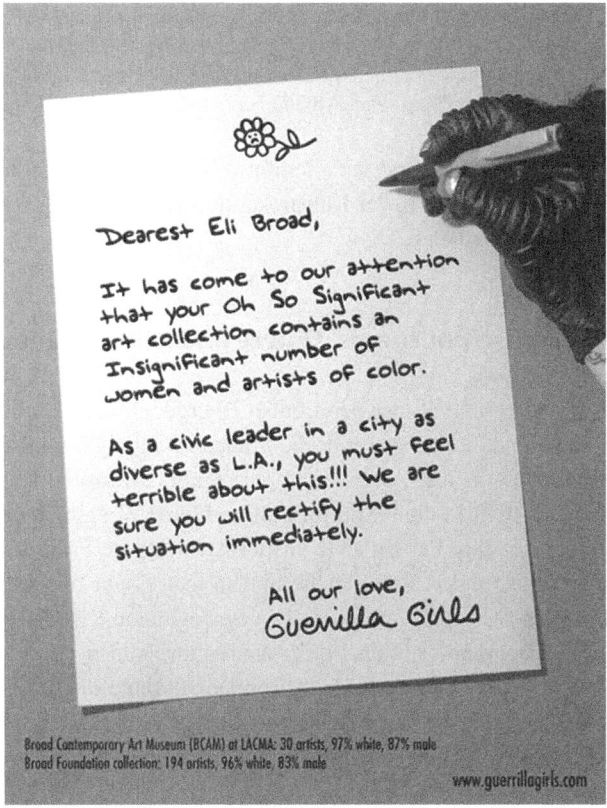

Sammler, Künstler und Galeristen wurden und werden direkt und persönlich angesprochen, Mitteilungen auf Plakaten, Postkarten, Briefen und Werbeplattformen bringen den Kunstmarkt in Verlegenheit und prangern oft sarkastisch seine Missstände an. Eine offizielle Mitteilung aus dem Jahr 1988 zeigt die Ironie in den Arbeiten der „Guerrilla Girls" besonders deutlich (Abb. 5)[7].

Andere Aktionen richten sich hingegen persönlich an Adressaten der Kunstvermarktung und musealer Institutionen (Abb. 6).

---

[7] Deutsche Übersetzung: „Die Vorteile eines Daseins als Künstlerin: Arbeiten ohne Erfolgsdruck, kein Zwang gemeinsam mit Männern auszustellen, 4 Nebenjobs bieten genügend Fluchtmöglichkeiten, das Wissen, deine Karriere kann richtig in Schwung kommen, wenn du 80 bist, die Gewissheit, egal, was du tust, deine Kunst wird immer als weiblich gelten, kein Festsitzen in einer Lehrposition, du siehst deine Ideen in den Werken anderer erblühen, die Chance, zwischen Karriere und Mutterschaft zu wählen, keine Notwendigkeit, diese dicken Zigarren zu rauchen oder in italienischen Suiten malen zu müssen, mehr Zeit zum Arbeiten, wenn dein Freund dich für eine Jüngere verlässt, das Wissen, dein Name wird in revidierten Ausgaben zur Kunstgeschichte stehen, du brauchst nicht verlegen zu werden, wenn dich jemand ein Genie nennt, dein Bild erscheint in einem Kunstmagazin, wenn du eine Gorillaverkleidung trägst".

> Die Guerrilla Girls erklären, warum die Kunst von Frauen und farbigen Künstlern tatsächlich anders ist als die ihrer weißen männlichen Kollegen. Wenn Kunst der Ausdruck von Erfahrungen ist und wenn jeder zustimmt, dass Geschlecht und Rasse Erfahrung beeinflussen, ist es naheliegend, dass ihre Arbeit anders sein muss. (Frangenberg 2001, S. 185)

In welchem Maße und vor allem in welcher Weise eine Fortführung feministischer Handlungsansätze auch in der Kunstrezeption aktuell ist, liegt in ihrer Positionierung und Ausrichtung begründet.

8 Louise Bourgeois' Œuvre im Licht des Genderdiskurses

Auch wenn die Kunst der Louise Bourgeois eine deutlich weibliche Konnotation aufweist – und dies lange bevor die Frauenbewegung feministische Kunst und Künstlerinnen etablierte – ist ihre Arbeit nicht nur signifikant für die Diskussion um Kunst von Frauen, sondern stellt in ihrer Komplexität und ihrer Wechselbeziehung zum Kunstmarkt ein Exempel dar. Ihre Person als Künstlerin, ihre späte Präsenz auf dem Kunstmarkt und auch ihr Werkkomplex sind gleichermaßen interessant für eine Untersuchung dessen, was es bedeutet nach zwei feministischen Bewegungen Künstlerin zu sein.

Als Bourgeois in den 1930er-Jahren ihre künstlerische Karriere begann – sie studierte zunächst Mathematik an der Sorbonne um dann die Ausbildung an der École du Louvre und der École des Beaux-Arts und später an der Art Student League in Amerika aufzunehmen – wurde diese unterbrochen. Sie tat dies, welches von einer jungen Ehefrau in den 30er-Jahren des 20. Jahrhunderts erwartet wurde.

> Die von Jean Renoir in seinem Film *La Règle du jeu* so genau geschilderte bessere Gesellschaft der 1930er-Jahre erwartete von jungen Frauen, ihrem Herkommen entsprechend gut zu heiraten, um den Verpflichtungen einer Ehefrau nachzukommen, wobei es wohl [...] vor allem darum [ging], einen lyrisch-schönen und passiven Gegenpol zum selbstverständlich aktiven Ehemann zu bilden. Wer diesen gesellschaftlichen Erwartungen nicht von vornherein nachgeben wollte, hatte ein Legitimationsproblem und, wie im Fall von Louise, auch finanzielle Schwierigkeit, denn ihr Vater, der von ihr erwartete zu heiraten, drehte ihr den Geldhahn zu (Küster 2011).

Sie fügte sich den gesellschaftlichen Erwartungen und heiratete den Kunsthistoriker Robert Goldwater und wurde in kürzester Zeit Mutter dreier Söhne. Nur in der Zeit, die ihr neben der Organisation des Haushalts und der Versorgung und Erziehung der Kinder blieb, arbeitete sie oftmals bei Nacht in ihrem kleinen Atelier. Zwischen 1949 und 1953 hatte sie Einzelausstellungen in New York und erschien in mehreren Gruppenausstellungen neben führenden Vertretern des abstrakten Expressionismus. Erst viel später wurde ihre Arbeit wiederentdeckt. 1966 stellte sie mit „Newcomern" wie Eva Hesse und Bruce Nauman in der Ausstellung „Eccentric Abstractions" in New York erneut aus (vgl. art. 2004, S. 26 ff.). Besonders beachtenswert, in vielerlei Hinsicht, wurde erst ihre prominente Positionierung in der Eröffnungsausstellung des Guggenheim Museums, Soho 1992.

Die seit Mitte der 1980er-Jahre anonym operierende Künstlergruppe „Guerrilla Girls", welche durch ihre Plakat- und Postkartenaktionen u. a. auf den Ausschluss von Frauen aus dem Kunstbetrieb aufmerksam machen und eine zweite Welle des bereits in den 1960er-Jahren entstandenen „Feminist Art Movement" darstellen, stilisierten Louise Bourgeois zu einer ihrer Ikonen. Das Guggenheim Soho plante eine Ausstellung von vier bis fünf männlichen Künstlern und negierte damit die Gleichstellung von männlichen und weiblichen KünstlerInnen. Protestaktionen, Briefe und Telefonanrufe der „Guerrilla Girls" in Kollaboration mit der „Women's Action Coalition (WAC)" unter dem Motto: „Viel Glück für die Männershow" führten zu einem weitreichenden Aktionismus der Verantwortlichen: Louise Bourgeois wurde als einzige Künstlerin nachnominiert und in die Ausstellung aufgenommen.

Louise Bourgeois ist ein Beispiel, an dem gezeigt werden kann, wie wichtig die Integration beider Geschlechter und auch der mit ihnen verknüpften Rollen für den Kunstmarkt und nicht zuletzt die Kunst selbst ist. Dass Bourgeois' Werk exakt diese Thematik behandelt ist dabei ausschlaggebend. Sie verknüpft eine weibliche Ästhetik[8] und damit einhergehende Techniken, wie das Arbeiten mit Textilien und rekurriert dabei auf ein Medium der weiblichen Haus- und Handarbeit, welches sich in den 1970er-Jahren durch die feministische Bewegung im Kunstdiskurs etablierte, mit der aktuellen Fragestellung nach sozialen Geschlechterrollen und biologischer Geschlechtsspezifik. Das Analysieren und Auflösen verschiedener Geschlechtermuster ist für die Konstruktion ihrer Identität konstitutiv. „Wir alle sind irgendwie verletzlich, und wir alle sind männlich weiblich."[9] Bourgeois leistet eine Auseinandersetzung mit der Positionierung männlicher wie weiblicher Rollen in der Gesellschaft, aus einer im höchsten Maße intimen und selten Beachtung findenden Perspektive, nämlich aus Sicht eines Kindes.

9 Generation Gleichstellung

Im demokratischen Bauhaus verzeichnete man eine männliche Dominanz der Studierenden und fand Frauen in erster Linie in der Webwerkstatt und der textilen Gestaltung (vgl. Baumhoff 2001). An der Hochschule für Gestaltung Ulm wurde Frauenmangel beklagt (vgl. Müller-Krauspe 2007). Als ich[10] im Jahre 2006 an die Universität Duisburg-Essen berufen wurde, hatte ich die Absicht, das Gender-Projekt „Wer sich nicht wehrt, landet am Herd!" anzustoßen. Das Projekt war als transdisziplinäres Projekt angelegt und hatte das Erkenntnisinteresse, mit Hilfe der Biografie-Forschung zunächst den Werdegang von Designerinnen verschiedener Generationen aufzuzeichnen und zu bewerten.[11] Das Inter-

---

[8] Kunst von Frauen ist nicht zwingend weiblich oder feministisch. Es gibt hingegen bewusst weiblich konnotierte Arbeiten, welche auch als solche rezipiert werden.
[9] „Verschmelzung von Männlich und Weiblich 1975" (Bourgeois 1998, 2000, 2001, S. 110).
[10] Anmerkung der Autorin Cordula Meier.
[11] Wer sich nicht wert, landet am Herd!' Angelegte Studie zur Biografieforschung von Designerinnen in NRW und Deutschland (Meier 2006).

esse der StudentInnen war ernüchternd und irritierend zugleich: Niemand schrieb sich in die Veranstaltung des Projektes ein.

„Zieht an den Hochschulen die Zahl der Studentinnen mit der der Studenten langsam gleich, hat an den Kunsthochschulen die Zahl der weiblichen Studierenden längst die der männlichen überholt (…)." (Schulz 2013, S. 6) Neben fast 20.000 Studentinnen waren im Wintersemester 2011/2012 knapp 15.000 Studenten an Kunsthochschulen eingeschrieben (Schulz 2013, S. 66). An der Folkwang Universität der Künste in Essen waren im Wintersemester 2012/13 im Fachbereich Gestaltung von 520 Studierenden 297 Studentinnen eingeschrieben. Im Sommersemester 2013 waren es 261 Studentinnen und 211 Studenten. Auch in den vorangegangenen Semestern ist konstant ein leichter Überhang weiblicher Studierender festzustellen.

„Emanzipation ist out und verstaubt", vermitteln mir meine StudentInnen seit einigen Jahren. Diese Haltung der Studentinnen bestätigten mir gleichsam viele meiner Kunsthistoriker- und Designwissenschafts-Kolleginnen. Dabei ist es gerade diese Generation, deren Geschlechterunterschied in den Kinderzimmern so sehr visuell geprägt war, wie lange nicht mehr (so z.B. Schmiedendorf 2010). Auch wenn die Statistiken es heute gut mit den Kunstakademien, Universitäten der Künste und den Kunsthochschulen meinen, so wird im Detail deutlich, dass der Bedarf an Gleichstellung keinesfalls hinfällig ist. Kurzzeitverträge, der Einsatz von weiblichen Beschäftigten vor allem in Form von zeitlich begrenzten und schlecht bezahlten Stellen und nicht zuletzt die fehlende Option der Kinderbetreuung machen es Studentinnen und Absolventinnen vielerorts weiterhin schwer.[12]

Einblicke in die tatsächliche Situation vermitteln die Frauenförderpläne der vier Fachbereiche der Folkwang Universität der Künste aus 2012, die als Teil des übergreifenden „Rahmenplans Gender- und Diversity Management" verabschiedet wurden. Der Fachbereich Gestaltung setzt sich zum Ziel, die gleichberechtigte Zusammenarbeit von Frauen und Männern in Forschung, Lehre, Dienstleistung und Studium zu fördern. Der Fachbereich Gestaltung will aufgrund des unterrepräsentierten Frauenanteils an den Professuren von nur 33,33 %[13] Maßnahmen ergreifen, die sich insbesondere auf die gleiche Teilhabe von Frauen und Männern in der Wissenschaft und auf die Vereinbarkeit von Beruf und Elternschaft beziehen, wobei eine feministische Theoriebildung und Impulse der Geschlechterforschung in Forschung und Lehre integriert werden sollen. In Hinblick auf Berufsplanung und Berufseinstieg soll künftig ein Informations- und Beratungsangebot angeboten und ein Mentoringprogramm initiiert werden (vgl. Folkwang Universität der

---

[12] Seit dem Jahr 2007 verzeichnet der Arbeitsmarkt Kultur konstant mehr als 3 Mio Frauen in ausschließlich geringfügiger Beschäftigung. Ca. 1,5 Mio. Männer stehen in geringfügig beschäftigtem Arbeitsverhältnis (Schulz 2013, S. 42).

[13] Im Fachbereich 1 der Folkwang Universität der Künste sind 2011 neben 32 Männern nur 5 Professorenstellen weiblich besetzt. Der Fachbereich 2 hat keine Professorenstelle weiblich besetzt. Im Fachbereich 3 lehren 20 männliche Professoren. Nur 8 Professuren werden hier von Frauen gestellt. Die Frauenanteile an den Studierenden aller 4 Fachbereiche überwiegen (Folkwang Universität der Künste o. J., S. 8).

Künste 2012). Der Genderverdrossenheit der Studierenden zum Trotz hat die Geschlechterforschung und das Gendermanagement Relevanz.

Im Jahre 2012 waren in Nordrhein-Westfalen in der Fächergruppe Kunst und Kunstwissenschaft von 138 Professorenstellen 56 weiblich besetzt. Deutschlandweit sind von 587 ProfessorInnenstellen 206 weiblich besetzt (Statistisches Bundesamt 2013a) Anders stellt sich die Vergabe von Fördergeldern und Stipendien in demselben Jahr dar: An den nordrhein-westfälischen Kunsthochschulen gab es 136 Stipendiatinnen und 96 Stipendiaten (Statistisches Bundesamt 2013). Tatsächlich ist das ein nur scheinbarer Erfolg für die weiblichen Mittelnehmer: Trotz überwiegender Anzahl von Promotionen von Frauen in Kunst und Kunstwissenschaften von Frauen (158 weibliche Promovierende und 90 männliche, Statistisches Bundesamt 2012) sind hoch dotierte Stellen häufiger an Männer vergeben.

10 Frauenkunst oder Kunst von Frauen – Die Rezeptionsgeschichte der Werke der Künstlerin Ulrike Rosenbach

Einer feministischen Theoriebildung[14] muss eine Traditionsbildung weiblicher Profession folgen. Dies aber darf – und hier liegt die Spannung – nicht ausschließlich über eine Einschreibung in die eigene Geschichte erfolgen.

> Das aktuelle Interesse an feministischer Kunst (…) koinzidiert bezeichnenderweise mit einem abflauenden Interesse an Gender Studies. Anders gesagt: Feministische Kunstgeschichte befindet sich augenblicklich in einer Phase der Historisierung (Söntgen 2001, S. 32–41).

Problematisch erscheint auch, dass künstlerisch tätige Frauen von Beginn an Objekt einer feministischen Betrachtung waren und so auch lediglich dem theoretischen Anspruch eines besseren Feminismus genügten, selten jedoch intersubjektiv wahrgenommen wurden. Und so drehen wir uns im Kreis, denn was hier passiert ist nichts anderes als eine zwanghafte Auferlegung des Prädikates „Frauenkunst" und eine damit einhergehende Diskriminierung auf ganz andere Art und Weise.

> Kunst von Frauen scheint etwas zu sein, dem nur stereotyp und reflexhaft begegnet werden kann. (…) Entweder die Kunstkritik schlägt Verallgemeinerungen vor, die auf Vorstellungen von Weiblichkeit basieren. Wobei unter weiblich auch feministisch verstanden werden kann. Oder eine vollständige Abwehr der Frauenfrage flüchtet sich in die Formel, dass gute Kunst kein Geschlecht habe (Graw 1994, S. 139).

Und genau hier ist die dialektische Problematik des Themenfeldes zu finden. Kaum ein Text, der sich mit Kunst von Frauen befasst, kaum eine Ausstellungskonzeption und nicht

---

[14] „Das Konzept, die Künstlerin nicht nur im institutionellen Rahmen der Kunst sondern auch der Kunstgeschichte zu betrachten, hat die Fortentwicklung des Themas maßgeblich geprägt (…)" (Muysers 2006, S. 181).

selten die Künstlerinnen selbst konnten sich dem entziehen, was Wulf Herzogenrath als „Genderfalle" bezeichnet hat. Die Probleme der Frauen wurden zu Frauenproblemen und eine Gemeinsamkeit wurde im Frausein gesucht. „Selbst als sich die Angst vor Festschreibungen durchsetzte, hörte die Beschwörung von Weiblichkeit nicht auf. Es war z. B. möglich, eine Ausstellung *Typisch Frau* (1981) zu nennen, und gleichzeitig zu hoffen, mit ihr eine Festschreibung von weiblichen Eigenschaften verhindert zu haben (Graw 1994, S. 140)."

11 „Darauf zu schießen war mir ein wahres Bedürfnis (…)" (Glüher 2005, S. 65)

Die Arbeit „Art is a criminal action" aus dem Jahre 1969 ist bezeichnend für viele Arbeiten Ulrike Rosenbachs, führt sie quasi auf markante Weise ein in ihr Œuvre, welches sie viele Jahre begleiten wird, obwohl sie sich hier noch nicht der Videokunst bedient (Abb. 7).

Die Fotokollage zeigt eine Arbeit von Andy Warhol, welche ein emblematisch gewordenes Symbol der Männlichkeit darstellt: Elvis Presley in der Pose eines Cowboys mit geladener Pistole – idealtypisches Klischee des idealisierten männlichen Machtgehabes in Angriffs- oder Verteidigungshaltung seines Claims. Die Künstlerin inszeniert hier bereits ein Phänomen, welches später in der Appropriationskunst euphorisiert wird. Sie nimmt sich dieses künstlerischen Statements an und nimmt es für sich ein. Sie stellt sich dazu selbst dar, neben dem Inbegriff des Männlichen, in gleicher Bekleidung, in der gleichen Aggressionshaltung, schlüpft auch in die Rolle des männlichen Idols, schafft damit gleichsam neue (weiblich dominierte) Strukturen in kunstgeschichtlicher und gesellschaftlicher Sicht. Der zu dieser Arbeit vorherrschende Interpretationsansatz ist, dass die Künstlerin die männliche Dominanz kunstgeschichtlicher Struktur einnimmt und sie in weiblicher Sicht neu interpretiert. Damit scheint die Arbeit inhaltlich aufgelöst und in sich stimmig, diese Interpretation kommt aber über den selbstreferentiellen Gestus nicht hinaus.

Doch eines bestätigt uns der Kunsthandel und der Umgang mit künstlerischen Arbeiten dieser Thematik in Museen europaweit: Durch die Verortung künstlerischer Arbeit in sogenannten frauenthematischen Feldern, despektierlich auch „Tamponkunst" genannt (Graw 1994, S. 140), wird sie verharmlost und entbehrt Brisanz, sie ist somit weniger gefährlich für die Dominanz männlicher Strukturen z. B. im Kunstmarkt. Einem künstlerischen Œuvre, welches sich mit sogenannten Genderfragen auseinander zu setzen scheint, ist der Platz in den oberen Etagen der Wertigkeit verwehrt.

In der Videoarbeit „Glauben sie nicht, dass ich eine Amazone bin" von 1975 schießt die Künstlerin mit Pfeil und Bogen auf eine Kopie der „Madonna im Rosenhag" von Stephan Lochner, sinnbildliche Verkörperung eines weiblichen Archetyps, eines unantastbaren Ideals der Schönheit und Urbild des abendländischen Frauenideals. Auf das sanftmütige Antlitz projiziert die Künstlerin ihr eigenes Ebenbild, schießt damit auch auf ihr eigenes Ich. Ulrike Rosenbach äußerte sich zu diesem Sachverhalt selbst, sie konstatierte Interesse an Klischees und Typisierungen. Die mittelalterlichen Madonnen haben

Abb. 7 Ulrike Rosenbach, *Art is a Criminal Action*, 1969, Fotomontage. (Quelle: Glüher 2005, S. 10.)

keine individuellen Gesichtszüge, schreibt sie, sie verkörpern pauschal die jugendliche „unschuldige Reinheit" und „Süße". Man hat ihr alles genommen, selbst die Schuldfähigkeit (Lyotard 1988, S. 813–829; Abb. 8, 9 und 10).

Rosenbach schießt auf eine Reproduktion des Bildes und zerstört es damit, sie projiziert dazu ihr Abbild auf die reproduzierte Leinwand, sodass auch ihr Ebenbild von ihr selbst zerschossen wird. Eine Videokamera filmt sie beim Akt des Schießens. Auch diese Hand-

Abb. 8 Ulrike Rosenbach, *Glauben Sie nicht, daß ich eine Amazone bin*, 1998, Fotoarbeit. (Quelle: Glüher 2005, S. 64.)

lung gehört zur Installation und verweist auf einen typischen Akt männlicher Aggression, den sich die Künstlerin aneignet. In diesem Umkehrschluss tradierter Handlungsformen bringt sie ihre und die über Jahrtausende andauernde Frauenrolle zu einem „tödlichen" Ende.

So ist mit kunsthistorischem Blick zu hoffen, dass die Auseinandersetzung von Künstlerinnen mit feministischen Genre, also mit ihren eigenen Erfahrens- und Lebenswelten, nicht unweigerlich zu einem tödlichen Ende führt, stattdessen vielmehr ein daraus erwachsener Beginn möglich wird. Bezeichnend für viele sogenannte feministische Aktivistinnen, denen Rosenbach immer noch gemeinhin zugeordnet wird, ist, dass sie im kunstwissenschaftlichen Diskurs sicher noch eine Re- Rezeption erwarten dürfen oder wie Wulf Herzogenrath geschrieben hat: „Hier ist noch ein großer Schatz zu heben." (Herzo-

Abb. 9 Ulrike Rosenbach, *Glauben Sie nicht, daß ich eine Amazone bin,* 1975, Videostill. (Quelle: Glüher 2005, S. 66.)

Abb. 10 Ulrike Rosenbach, *Glauben Sie nicht, daß ich eine Amazone bin,* 1975, Aktionsfoto. (Quelle: Glüher 2005, S. 67.)

genrath 2005, S. 9) Er gibt damit vorweg, was für die sogenannte feministische Kunst gesamt gelten kann, dass die Rezeptionsgeschichte weiblicher Kunstproduktion jenseits des feministischen Blicks beginnen sollte. So stellt sich heute die Frage, wie wird die nächste Generation Frauen und Männer auf diese Arbeiten schauen, wenn es eine Zeit jenseits des Gender-Blicks geben sollte? Die Frage wird womöglich im Abstrakten verhaftet bleiben, wie die plausible Frage des Medienkritikers Lyotard: „Kann man ohne Körper denken" (Lyotard 1988, S. 813–829)?

Unser besonderer Dank gilt Christoph Dorsz. Viele anregende Diskussionen zur vorliegenden Thematik und sein kritischer Blick auf den Text haben zu der vorliegenden Version führen können.

Literatur

art. Das Kunstmagazin, Nr. 11, Hamburg: Gruner + Jahr 2004

Bal M (2003) Anthropometamorphose. In: Stammer BE, Becker K, Weitzel A, Schulte-Fischedick V (Hrsg) Louise Bourgeois. Intime Abstraktionen. Vice Versa, Berlin

Baumhoff A (2001) The Gendered World of the Bauhaus. The Politics of Power at the Weimar Republic's Premier Art Institute, 1919–1932. Frankfurt

Becker I (2001) Louise Bourgeois. Spinnen, Spulen, Durcharbeiten. In: Grosenick U (Hrsg) Women Artists. Künstlerinnen im 20. und 21. Jahrhundert. Taschen, Köln

Bernadac ML (1995) Louise Bourgeois. Flammarion, Paris

Bourgeois L (1998) Destruction of the Father. Reconstruction of the Father. Writings and Interviews 1923–1997 (edited and with texts by Marie-Laure Bernadac and Hans-Ulrich Obrist). Violette Editions, London

Folkwang Universität der Künste (o. J.) Rahmenplan für die Bereiche Gender und Diversity Management der Folkwang Universität der Künste (Gleichstellungsplan)/Amtliche Mitteilung Nr. 101 der Folkwang Universität der Künste, S 8

Folkwang Universität der Künste (2012) Frauenförderplan für den Fachbereichs 4 vom 04.07.2012/Amtliche Mitteilung Nr. 140 der Folkwang Universität der Künste

Frangenberg F (2001) Guerrilla Girls. In: Grosenick U (Hrsg) Women artists. Künstlerinnen im 20. und 21. Jahrhundert. Taschen, Köln

Gardner P (1994) Louise Bourgeois (Universe Series on Women Artists). Univers Pub, New York

Glüher G (Hrsg) (2005) Ulrike Rosenbach. Wege zur Medienkunst 1969–2004. Wienand, Köln

Graw I (1994) Gender Killer. Nach allen Regeln der Kunst. In: Eichhorn C, Grimm S (Hrsg) Gender Killer: Texte zu Feminismus und Politik. Edition ID-Archiv, Berlin

Grosenick U (2001) Women Artists. Künstlerinnen im 20. und 21. Jahrhundert. Taschen Verlag, Köln

Hagel A, Schuhmann A (1994) Aufstieg und Fall der Frauenbewegung. In: Eichhorn C, Grimm S (Hrsg) Gender Killer: Texte zu Feminismus und Politik. Edition ID-Archiv, Berlin

Herzogenrath W (2005) Geleitwort. In: Glüher G (Hrsg) Ulrike Rosenbach. Wege zur Medienkunst 1969–2004. Wienand, Köln

Kellein T (2006) Einführung. In: Thomas K (Hrsg) Louise Bourgeois. La famille, Ausst. Kat. Kunsthalle Bielefeld. Verlag der Buchhandlung Walther König, Köln

Küster U (2011) Louise Bourgeois. Hatje Cantz, Ostfildern

Lyotard J-F (1988) Ob man ohne Körper denken kann. In: Gumbrecht HU, Pfeiffer LK (Hrsg) Materialität der Kommunikation. Suhrkamp, Frankfurt a. M.

Marshall RD (2008) 23. August 2007. Interview with Louise Bourgeois. Whitewall Mag 8:116–131

Meier C (2006) Lehrstuhl Kunst-und Designwissenschaft. Universität Essen, Essen

Meier C (2013) Anselm Kiefer. Die Rückkehr des Mythos in der Kunst. Eine kunstwissenschaftliche Betrachtung, 2. Aufl. Die Blaue Eule, Essen

Meier C, Mönnig M (2013) Die Erinnerung ist weiblich. Zeitgenössische Künstlerinnen und ihre Arbeit am mémoire-collective. In: Karoline Spelsberg (Hrsg.) Gender 360°. Einsichten und Aussichten. Ein interdisziplinärer Auftakt, Berlin 2013

Meyer-Thoss C (1992) Louise Bourgeois. Konstruktionen für den freien Fall. Ammann, Zürich

Motherwell R, Reinhardt A (Hrsg) (1951) Modern artists in America. Wittenborn, Schultz, New York

Müller-Krauspe G (2007) Anmerkung der Autorin Cordula Meier

Muysers C (2006) Institution und Geschlecht: Die Kunstgeschichte der Künstlerin als Theoriebildung. In: Anja Zimmermann (Hrsg) Kunstgeschichte und Gender. Eine Einführung, Berlin, S 181

Riebe XM Über väterliche Gewalt in der Kunst. Zwei weltberühmte Künstlerinnen – ein Weg. http://www.obsidian.bild-art.de. Zugegriffen: 28. Sept. 2013

Schade S, Wenk S (1995) Inszenierungen des Sehens. Kunst, Geschichte und Geschlechterdifferenz. In: Bußmann H, Hof R (Hrsg) Genus. Zur Geschlechterdifferenz in den Kulturwissenschaften. Kröner, Stuttgart

Schmidt G (2007) Vorwort. In: Schmidt G (Hrsg) Ästhetik des Fadens. Zur Medialisierung eines Materials in der Avantgardekunst. transcript, Bielefeld

Schmiedendorf B (2010) Das Geheimnis von Lillifee. SÜDDEUTSCHE ZEITUNG vom 19.5.2010

Schulz G (2013) Arbeitsmarkt Kultur. Bestandsaufnahme zum Arbeitsmarkt Kultur. In: Hufnagel R, Schulz G, Zimmermann O (Hrsg) Arbeitsmarkt Kultur. Zur wirtschaftlichen und sozialen Lage in Kulturberufen. Deutscher Kulturrat, Berlin. www.kulturrat.de/dokumente/studien/studie-arbeitsmarkt-kultur-2013.pdf. Zugegriffen: 24. Mai 2013

Söntgen B (2001) Gender in trouble. Texte zur Kunst 42:32–41

Statistisches Bundesamt (2012) Fachserie 11, Reihe 4.4. Tabelle 2.5.91. Stand 12/2012

Statistisches Bundesamt (2013a) Bildung und Kultur. Personal an Hochschulen. Vorläufige Ergebnisse. Stand: 1. Dezember 2012. Erschienen am 11. Juli 2013. Wiesbaden

Statistisches Bundesamt (2013b) Bildung und Kultur. Förderung nach dem Stipendienprogramm-Gesetz 2012. Erschienen am 24. Mai 2013. Wiesbaden

Storr R, Herkenhoff P (2003) Louise Bourgois. Phaidon Press, London

Zimmermann A (2006) Einführung: Gender als Kategorie kunsthistorischer Forschung. In: Zimmermann A (Hrsg) Kunstgeschichte und Gender. Eine Einführung. Reimer, Berlin

Prof. Dr. Cordula Meier, Studium Kunst, Germanistik und Erziehungswissenschaften, 1991 Promotion im Fach Kunstwissenschaft an der Universität Essen, 1997 Habilitation im Fach Kunstwissenschaft. 2001 Habilitationsstipendium der DFG. Diverse Lehraufträge an der Fachhochschule Niederrhein Krefeld, der Universität zu Köln, der Universität GH Essen, der Hochschule für Gestaltung Offenbach. Von 1997–2003 Professorin an der HfG Schwäbisch Gmünd. Seit 2003 Professorin an der Universität Essen. Seit 2008 Professorin an der Folkwang Universität der Künste, Essen. Zahlreiche Veröffentlichungen mit den Schwerpunkten Ästhetik, Designwissenschaft und Gender in der zeitgenössischen Kunst.

Dr. Mona Blanche Mönnig, Studium Kommunikationsdesign mit den Schwerpunkten Künstlerische Fotografie und Experimentelle Gestaltung an der Universität Duisburg Essen. 2009 Diplom an der Folkwang Universität der Künste bei Elke Seeger und Jörg Eberhard. Seit 2009 wissenschaftliche Mitarbeiterin am Institut für Kunst- und Designwissenschaft an der Folkwang Universität der Künste. 2016 Promotion zum Dr. phil. am Institut Kunst- und Designwissenschaft an der Folkwang Universität der Künste mit dem Titel „Auf der Suche nach dem Tier – Eine kunstwissenschaftliche Betrachtung". Veröffentlichungen mit den Schwerpunkten Bildwissenschaften und Animal-Studies.

Talentförderung an der Westfälischen Hochschule: Diversity-Management nach dem „Inclusion & Transformation"-Ansatz

Katrin Hansen, Lena Kreppel, Frank Meetz und Angelika Dorawa

Wie viele andere Länder, so sieht sich auch Deutschland mit dem demografischen Wandel konfrontiert. Hieraus resultiert ein starker Druck auf Hochschulen, der von zwei Entwicklungslinien ausgeht: Einerseits entsteht in der Wirtschaft ein steigender Bedarf an „Talenten", an Fach- und Führungsnachwuchskräften, die auf einem wissenschaftlichen Niveau insbesondere auch in den Ingenieur- und Naturwissenschaften qualifiziert sind. Auf der anderen Seite sind die „MINT"-Fächer häufig nicht die erste Wahl bei den Abiturient*innen. Generell geht das klassische Potenzial für ein Studium (Gymnasium und Abstammung aus deutscher Familie) zurück und wird dies auch künftig weiter tun. Die sich öffnenden Lücken verlangen nach neuen Rekrutierungsstrategien, um die Potenziale neuer sozialer Zielgruppen zunächst für ein Studium und später für den beruflichen Einsatz zu erschließen.

In einigen Industrieregionen wie auch dem Ruhrgebiet hat der Anteil von Schüler*innen mit Zuwanderungsgeschichte die die 50-Prozent-Marke bereits vor einigen

---

K. Hansen (✉)
Westfälische Hochschule
Neidenburger Str. 43, 45877 Gelsenkirchen, Deutschland
E-Mail: katrin.hansen@w-hs.de

L. Kreppel · A. Dorawa
Meine Talentförderung/ Talente_schreiben, Westfälische Hochschule Gelsenkirchen Bocholt Recklinghausen
Neidenburger Str. 10, 45897 Gelsenkirchen, Deutschland
E-Mail: Lena.Kreppel@w-hs.de

A. Dorawa
E-Mail: Angelika.Dorawa@w-hs.de

F. Meetz
TalentKolleg Ruhr, Westfälische Hochschule Gelsenkirchen Bocholt Recklinghausen
Viktor-Reuter-Str. 33, 44623 Herne, Deutschland
E-Mail: frank.meetz@w-hs.de

Jahren überschritten. Im Ruhrgebiet bildet hier der türkische Hintergrund einen deutlichen Schwerpunkt. Ein großer Teil dieser Studierenden, wie auch deutschstämmige Studierende aus hochschulfernen Schichten, nehmen den Weg zur Hochschulzugangsberechtigung über den Schulform der Berufskollegs. Dieses Potenzial kann insbesondere durch (Fach-)Hochschulen gut erschlossen werden, die einen engen Bezug zur Region aufweisen und der Lehre besonderes Augenmerk schenken.

Diese Erkenntnis und damit vordergründig der „Business Case" bildete den Hintergrund einer Initiative, die die Westfälische Hochschule im Jahre 2009 unter dem Label „FH Integrativ" startete (vgl. Kottmann und Kriegesmann 2011). „Integrativ" bedeutet, dass ein ganzheitlicher Ansatz verfolgt wird, der Akteur*innen aus verschiedenen Institutionen, verschiedener Bildungsstufen und verschiedener gesellschaftlicher Gruppen miteinander verbindet (Hochschule, Schule, Kommunen, Gewerkschaften, Arbeitgeber*innen, Politik, NGO/Initiativen). „Integrativ" bedeutet aber auch, dass nicht nur die Rekrutierung von Studierwilligen fokussiert, sondern dass deren Weg bereits während der Schulzeit (vgl. Kottmann und Yilmaz 2013), durch das Studium hindurch und in die Arbeitswelt bzw. die Wissenschaft begleitet wird („Einsteigen, Durchsteigen, Aufsteigen" als die wesentlichen Phasen der Talentförderung an der WH). Dabei geht es nicht um die Anpassung der Studierenden an das herrschende (Bildungs-)System, sondern um die Herstellung einer Passung zwischen den Fähigkeiten, Interessen und Bedürfnissen der Talente und der Umwelt, in der sie lernen, sich entwickeln und Leistung erbringen. Dies erfordert einerseits die Herstellung einer als sicher empfunden psychologischen Situation in der Hochschule selbst, in der Talente sich entfalten können („Inclusion"), und andererseits die bewusste Infragestellung tradierter Standards und Prozesse, z. B. von Rekrutierungsprozessen durch Unternehmen im „Dualen Studium" („Transformation"). Hier wird die Brücke zu CSR und einer CSR-orientierten Einflussnahme auf das Umfeld der Hochschule geschlagen.

Zunächst hatte die Hochschule ihr Programm vor allem entlang der Bedürfnisse von Studierenden mit (türkischem) Migrationshintergrund entwickelt. Sehr schnell aber merkten wir, dass eine solche Zielgruppenorientierung zu kurz griff und entwickelten eine intersektionale Betrachtungsweise, mit der wir junge Menschen männlichen und weiblichen Geschlechts, aus Familien ohne Erfahrung mit einem Studium an deutschen Hochschulen und häufig aus prekären wirtschaftlichen Verhältnissen ansprachen. Gleichzeitig veränderten wir das Label von „FH Integrativ" zu „Talentförderung", um deutlich von der Defizit-These abzurücken und die Potenziale der Studierenden, den Nutzen der Initiative für die Hochschule und die Region insgesamt herauszustellen. Dies entspricht der CSR-orientierten Politik der Westfälischen Hochschule, die ihre Daseinsberechtigung eng mit der Gestaltung und Entwicklung der Region verbunden sieht und dies auch lebt. Gleichzeitig wurde so die Initiative für neue Zielgruppen, vor allem „Internationale Talente", geflüchtete Menschen oder junge Menschen aus Südostasien, die ein Studium an der WH anstreben, systematisch geöffnet.

Die Entwicklung der Talentförderung lässt sich anhand eines 7-Schritte-Konzeptes (vgl. Aretz und Hansen 2002) darstellen, das die Eckpunkte der Implementierung von Diversity-Management (DiM) gleichfalls berücksichtigt (vgl. den einleitenden Beitrag von Hansen zu diesem Band). Das Vorgehen ist in der untenstehenden Tab. 1 zusammengefasst.

An der Talentförderung der WH lässt sich das in der Einführung zu diesem Buch dargestellte Mehr-Ebenen-Konzept gut nachvollziehen. Ausgangspunkt war die Strategie der Hochschule, die durch das Präsidium in Absprache mit den anderen Akteur*innen innerhalb der Hochschule entwickelt wurde. Verzahnt ist diese Strategie mit der Lan-

Tab. 1 Implementierung von DiM-Konzepten am Beispiel der Talentförderung der WH

Schritt	Funktion	Aktivitäten
Diversity-Verantwortliche finden	Ressourcen mobilisieren	Das Präsidium bildete das Promotor*innen-Team: Der Präsident übernahm als Machtpromotor persönliche Verantwortung, Vize-Präsident*innen fungierten als Fachpromotor*innen. Die Stabsstelle Strategische Projekte fungierte als Prozesspromotor.
Bedeutung von DiM klären	Adaption/Integration	Die Stabsstelle Strategische Projekte fertigte eine fundierte Analyse mit starken regionalen Bezügen (NRW und insbesondere Ruhrgebiet) an. Diese Strategische Landkarte wurde eng mit den Zielen der Hochschule und dem Hochschulentwicklungsplan verknüpft und es wurden Bezüge zur Landespolitik hergestellt.
Eine Diversity-Vision entwickeln	Latente Strukturerhaltung/Integration	Interviews innerhalb und außerhalb der Hochschule (Alumni, Schulleiter*innen, Personalverantwortliche von Unternehmen, Vertreter*innen von Kommunen) wurden geführt und ein Gesamtbild erstellt.
Commitment für Diversity mobilisieren	Ressourcen mobilisieren	Das Konzept wurde innerhalb und außerhalb der Hochschule kommuniziert. Sehr schnell schalteten sich AStA und Hochschulrat unterstützend ein. Ein Beirat wurde geschaffen, in dem u. a. drei Landesministerien, der Oberbürgermeister und andere wichtige externe Akteur*innen neben internen Akteur*innen vertreten sind. Der erste Talentscout wurde eingestellt und aktivierte bestehende regionale und überregionale Netzwerke für die Talentförderung. Die WH beteiligte sich an Ausschreibungen, bewarb sich um Preise und um öffentliche Förderung, dies mit zunehmendem Erfolg.
DiM einen Rahmen geben	Zielerreichung/Latente Strukturerhaltung/Integration	Zunächst wurde ein Projektteam geschaffen und sukzessive ausgebaut. Die WH nahm am Audit „Vielfalt gestalten" des Stifterverbandes in der „Null-Runde" teil und durchlief gemeinsam mit sieben anderen Hochschulen einen intensiven und strukturierten Lern- und Umsetzungsprozess. Der Projektfortschritt wurde regelmäßig im Hochschulrat und im Senat sowie auf der Dekane-Konferenz berichtet. Heute ist die Talentförderung eine eigenständige Betriebseinheit der WH. Ihre Mitglieder sind in den Gremien der WH als Mitglieder verankert.

Tab. 1 (Fortsetzung)

Schritt	Funktion	Aktivitäten
Erfolge messen und kommunizieren	Zielerreichung/Integration	Vertreter*innen der Talentförderung diskutieren auf Foren innerhalb und außerhalb der Hochschule über das Konzept und seine Umsetzung. Dabei wird die Konzeption der Talentförderung permanent auf den Prüfstand gestellt und fortentwickelt. Die Räumlichkeiten der Talentförderung sind den Standards der WH entsprechen möbliert und ausgestattet worden. Sie zeichnen sich aber durch eine besondere Betonung einer lebendigen, jungen Lernatmosphäre mit Bezug zur Tradition der Region aus (Standort Gelsenkirchen-Ückendorf, ehemaliges Arbeitsgericht, Destille am Campus Gelsenkirchen-Buer). Das Team ist (z. B. in der Einschreibesituation) an besonderen T-Shirts mit Label identifizierbar und ansprechbar. Das gleiche gilt bei Events, die zunehmend regionalen und überregionalen Charakter annehmen durch den Aufbau der Initiative Talent Metropole Ruhr und NRW. Der Talentscout Suat Yilmaz hat persönlich eine große Aufmerksamkeit durch Presse, Funk und Fernsehen auf sich gezogen. Die Sichtbarkeit der Talentförderung wurde durch die Unterstützung des MIWF des Landes NRW noch weiter und sehr deutlich verstärkt.
„Making it last": Nachhaltigkeit sichern	Zielerreichung/Latente Strukturerhaltung	Nach wie vor arbeitet die Talentförderung in regionalen und zunehmend auch in überregionalen Netzwerken nachhaltig und erfolgreich mit relevanten Akteur*innen zusammen. Das Projekt ist in eine zentrale Betriebseinheit überführt worden. Die Kernstellen sind verstetigt und teilweise verbeamtet. Die Talentförderung ist als eine Kernaufgabe der Hochschule in der Grundordnung der WH verankert.

desstrategie, die das MIWF formuliert hat. Diversity ist zentraler Bestandteil der Landeswissenschaftspolitik. Die WH stellt mit ihrer Talentförderung einen relevanten Gesprächspartner für das Ministerium dar. Hier werden Prozesse erprobt und gemeinsam mit anderen Hochschulen in der Region weiterentwickelt. Die Talentförderung fungiert damit nicht als Anpasser an Vorgaben von der Makro-Ebene, sondern sie hat Initiativen proaktiv aufgenommen und durchgeführt, die ihrerseits von der Makro-Ebene aufgegriffen wurden (Kommunen und Land).

Das Ganze bedarf natürlich der konkreten Umsetzung und damit der Verbindung von Prozessen der Meso-Ebene mit der Mikro-Ebene (vgl. Yilmaz und Kottmann 2013). Die enge Zusammenarbeit zwischen Talentförderung und Präsidium bzw. mit anderen Einheiten der Hochschule ist hierbei ebenso wichtig wie die Teamentwicklung innerhalb der Talentförderung. Insbesondere ist zu analysieren, was auf der Mikro-Ebene, im Scouting, in der Beratung, im Austausch nach dem Konzept der „aufsuchenden Beratung" passiert. Dazu haben wir zwei Ansätze ausgewählt, die nun im Detail vorgestellt werden.

1 Das TalentKolleg Ruhr der Westfälischen Hochschule in Herne – Corporate Social Responsibility der Hochschule gemeinsam mit der Kommune aufsuchend erproben und gestalten

Das TalentKolleg Ruhr ist ein gemeinsames Projekt der Universität Duisburg-Essen, der Westfälischen Hochschule und der Fachhochschule Dortmund zur gemeinsamen Beratung und Qualifizierung von Bildungsaufsteiger*innen. Die unterschiedlichen TalentKollegs der Hochschulen sprechen verschiedene Zielgruppen an. Das TalentKolleg Ruhr (TKR) der Westfälischen Hochschule sucht in den Sekundarstufe-II-Schulen der Stadt Herne (zwei Berufskollegs, drei Gesamtschulen sowie vier Gymnasien) und ihrer Umgebung seit September 2015 nach jungen Talenten und fördert diese nach dem Grundsatz „Orientieren – Qualifizieren – Motivieren", um ihnen den Weg in die Hochschule oder in die duale Berufsausbildung zu ebnen und dort den Einstieg zu erleichtern (vgl. Birnstiel et al. 2016, S. 81 f.). Das Team in Herne besteht aus vier festen Mitarbeiter*innen, zwei studentischen Mitarbeitern sowie mehreren Lehrbeauftragten und versteht sich als Mutmacher*innen und als (fachlicher) Begleiter*innen der Talente auf ihrem Bildungsweg. Der Ansatz „Einsteigen, Durchsteigen, Aufsteigen" ist handlungsleitend – wie in der Talentförderung insgesamt – für die Arbeit im TKR, wobei der Schwerpunkt des Projektes in der Phase des Einsteigens liegt. Gefördert wird das Projekt von der Stiftung Mercator (www.talentkolleg.ruhr). Die Räumlichkeiten sowie eine Unterstützung durch Netzwerkarbeit (z. B. Einbindung in die Strukturen des Schulausschusses, der Schulleiterdienstbesprechungen, der Wirtschaftsförderung oder des Bildungsbüros) stellt die Stadt Herne zur Verfügung (www.tkr-herne.de). Die Verknüpfung zwischen der WH, der Stadt, den teilnehmenden weiterführenden Schulen sowie ersten Unternehmen und öffentlichen Arbeitgebern in ihrer Rolle als Ausbildungsbetriebe (auch im dualen Studium) entspricht der Haltung eines ganzheitlichen Ansatzes, der für die *CSR* der Westfälischen Hochschule in ihrer Diversity-Strategie handlungsleitend und sinnstiftend ist.

1.1 Ziele und Zielgruppen des TKR in Herne

Die Koppelung zwischen sozialer Herkunft und dem Bildungserfolg ist kein neues Thema und wird „(…) seit den 60er-Jahren des 20. Jahrhunderts in allen Studien zum Thema festgestellt" (z. B. Rösner und Stubbe 2008, S. 297). Zwar sind in der Zwischenzeit durch die Bildungsexpansion die Bildungschancen in allen sozialen Lagen deutlich erhöht worden, jedoch sind die relativen Unterschiede weitgehend erhalten geblieben (ebd.). Die Ziele des TKR in Herne finden in dieser gesellschaftlich als Bildungsungerechtigkeit empfundenen Lage ihren Ursprung, sodass der Bildungserfolg von Jugendlichen aus Nicht-Akademiker- und/oder einkommensschwachen Haushalten sowie aus Familien mit Zuwanderungsgeschichte lokal erhöht werden soll. Durch die Angebote des TKR sollen Talente aus Elternhäusern ohne akademische Tradition und unabhängig von Geschlecht, Nationalität, Herkunft, Religion und Einkommen ihren Weg in das richtige Studium oder die passende Berufsausbildung finden und erfolgreicher in den neuen Lebensabschnitt starten, als es bisher offenbar möglich war. Die zentrale Zielgruppe des TKR in Herne sind – neben anderen Gruppen primär gute Schüler*innen mit Ehrgeiz aber schlechten Startchancen in den zehn weiterführenden Herner Schulen auf dem Weg zur Hochschulzugangsberechtigung (HZB).

Empirische Befunde zur Beschreibung von Übergangsproblemen nach der Sekundarstufe II sind vielfältig. Zwei ausgewählte Befunde mögen als Begründungslinie für die Auswahl dieser zentralen Zielgruppe in Herne als Grundlage des strategischen Diversity-Management der WH genügen: Bei genauerer Betrachtung der Gruppe der Studierenden insgesamt fällt auf, dass die Entscheidung für die Aufnahme eines Hochschulstudiums stark von der sozialen Herkunft geprägt zu sein scheint. Die Befunde der 20. Sozialerhebung des Deutschen Studentenwerkes zeigen, dass die Teilhabe an akademischen Bildungsgängen stark von der Bildungsbiografie der Eltern abhängig ist: Während nur jedes fünfte Kind aus einer Akademikerfamilie kein Studium aufnimmt, ist es bei Kindern aus Nicht-Akademiker-Familien nahezu umgekehrt – nur jedes vierte Kind besucht nach der Schule eine Hochschule (vgl. Middendorff et al. 2013, S. 112). Das TKR setzt mit seinen Angeboten hier an und möchte aus der Gruppe Jugendlicher aus Elternhäusern ohne akademischen Hintergrund mehr Jugendliche für ein Hochschulstudium gewinnen. Weitere Befunde belegen, dass 28 % der Studienanfänger*innen, die 2008/2009 ein Bachelorstudium aufgenommen haben – aktuellere Zahlen liegen noch nicht vor –, hochschul- und fächerübergreifend keinen Abschluss erreichen (vgl. Heublein et al. 2014, S. 3). Durch die frühzeitige Begleitung im TKR sollen – so die These – eine bessere Vorbereitung für die Startphase des Durchsteigens in Studium oder Ausbildung und darüber hinaus ein Abbruchrisiko des nach der Schule folgenden Ausbildungsschrittes aus fachlichen oder persönlichen Gründen reduziert werden.

1.2 Orientieren – Qualifizieren – Motivieren: Wie arbeitet das TKR mit den Zielgruppen?

Den Kern bildet die studien- und ausbildungsvorbereitende fachliche Unterstützung in Mathematik, Deutsch, Englisch und weiteren Bereichen. Erweitert wird die Begleitung der Jugendlichen mit speziell konzeptionierten Beratungsangeboten, die insbesondere das Selbstbild und die Vision des einzelnen Jugendlichen in den Mittelpunkt rücken, um bei über 500 Ausbildungsberufen und rund 17.000 Studiengängen (vgl. statista.com 2015) allein in Deutschland einen Weg einzuschlagen, der zu den individuellen Fähigkeiten, Interessen und Bedürfnissen passt. Besonders bedeutsam zur Ergänzung der Beratungssettings erscheint der Aufbau von Netzwerken zu öffentlichen oder privaten Arbeitgeber*innen, um eine bessere Orientierung für die Jugendlichen und auch ein Interesse der Organisationen an der besonderen TKR-Zielgruppe, z. B. für ein duales Studium, zu ermöglichen. Sobald Entscheider*innen in Unternehmen die Talente aus dem TKR kennenlernen, das zeigen die ersten Erfahrungen, eröffnen sich Chancen, tradierte Gruppenzuschreibungen zu Jugendlichen aus prekären Verhältnissen infrage zu stellen und auch Karrierewege für diese Gruppe in hoch qualifizierte duale Ausbildungen oder duale Studiengänge zu ermöglichen (Inclusion). Die Talente lernen ihrerseits Personalverantwortliche kennen. Sie können durch diese Erfahrungen selbst ihr inneres eigenes System irritieren (nicht beobachtbares Verhalten auf der Mikroebene) und berufliche Optionen entdecken, die vorher für sie nicht wahrnehmbar waren. Die Netzwerkpartner*innen sind hierbei primär Institutionen, die soziale Nachhaltigkeit in ihrer CSR als business-case mit operativen Alltag umsetzen.

1.3 Die Wahl des Standortes Herne für das TKR

Das TKR der WH hat seinen Standort in Herne, einer Großstadt im nördlichen Ruhrgebiet mit rund 154.500 Einwohnern und westlicher Grenze zur Stadt Gelsenkirchen. Im Norden grenzt das Herner Stadtgebiet an Recklinghausen. Sowohl Recklinghausen als auch Gelsenkirchen sind Standorte der WH. Herne selbst hat keinen Hochschulstandort. Im Wintersemester 2014/2015 hatten 4,8 % (N = 212) der Studierenden der WH ihre HZB in Herne erworben (Stadt Herne 2016), sodass es auf dieser Ebene eine regionale Verbindung zwischen den Stakeholdern „Studierenden mit Bezügen zu Herne" und WH gibt (Inclusion). Die Gruppe der Jugendlichen aus schwierigen sozioökonomischen Bedingungen ohne akademischen Hintergrund in der Familie ist im Ruhrgebiet – mit regionalen Schwerpunkten – stark vertreten. In der Stadt Herne lebten im Jahr 2012 – aktuellere Zahlen liegen nicht vor – 27,6 % der Kinder und Jugendlichen unter 15 Jahren in Hartz-IV-Bedarfsgemeinschaften, landesweit liegt der Durchschnitt in Nordrhein-Westfalen bei 17,9 % (vgl. Stadt Herne 2014, S. 35, 85). Trotz dieses hohen Anteils von Kindern und Jugendlichen in Hartz IV-Bedarfsgemeinschaften erreichten pro Jahrgang im Berichtszeitraum 2012 36,3 % der Jugendlichen eine HZB (Fachhochschulreife und Allgemeine Hochschulreife), landesweit waren es 2012 40,1 % (ebd. S. 113). Die Vermutung liegt nahe, dass in Herne mit der sozialräumlichen Struktur sowie der Bildungslandschaft eine hohe Anzahl an Jugendlichen lebt, die als Zielgruppe des TKR gelten: Diese Zielgruppe ist auf dem Weg zur HZB und hat eigentlich schwierige Startchancen für eine erfolgreiche Bildungskarriere. Das TKR ist durch seine zentrale Lage nahe des Bahnhofes mitten in der Stadt sehr gut fußläufig für Schüler*innen von sechs der zehn weiterführenden Schulen erreichbar, sodass das TKR in zentraler Lage vor Ort im Quartier der jugendlichen Zielgruppe angesiedelt ist.

1.4 Die Teams des TKR und der Talentförderung

Für die Teamentwicklung spielt ein normatives Commitment, welches weniger als Bindung an die Organisation, sondern vielmehr als wertschätzende Haltung gegenüber der Zielgruppe verstanden wird, eine besondere Rolle. Die Lehrbeauftragten im TKR arbeiten in der fachlichen Qualifizierung primär in Deutsch, Mathe und Englisch. Die Qualifizierungsangebote werden in Trimestern, orientiert an der Schuljahreslogik mit Ferien und Zeiträumen für Abschlussprüfungen, und durchgängig in Kleingruppen angeboten. Ein Blick in die praktische Arbeit des TKR erscheint an dieser Stelle notwendig: Ein Lehrbeauftragter, der bspw. nach einem fachlichen Einstufungstest ein Modul zum Thema „Kommasetzung & Rechtschreibung" anbietet, erscheint zu den zehn Terminen mit seiner Kleingruppe von Jugendlichen. Mit den Jugendlichen hält er über elektronische Medien zwischen den Terminen Kontakt. Die Beziehungsebene zu den Talenten kann der einzelne Lehrbeauftragte auf diese Weise pflegen, zum Kernteam in Herne besteht hingegen weniger Kontakt: Es gibt ein gemeinsames Gespräch zu Beginn und zum Ende des Trimesters, zwischendurch gibt es informelle Gespräche, die jedoch unbewusst die offene Haltung des Kernteams den Talenten gegenüber transportieren, sodass die Diversität der jugendlichen Zielgruppe als Facettenreichtum von den Lehrbeauftragten erlebt werden kann. Zur Stärkung des Teamgedankens auf der Meso-Ebene wird flankierend zu den persönliche Gesprächen ein Organisationshandbuch für die TKR-Lehrbeauftragten als Arbeitsgrundlage genutzt, welches neben organisatorischen Dingen die Haltung der Talentförderung an die Lehrbeauftragten heranträgt (Inclusion). Die positive und aufgeschlossene Haltung der Talentförderung der WH insgesamt gegenüber den Talenten sowie das Hinterfragen vermeintlicher stereotypischer Verhaltensweisen dieser Gruppe durch das Team ist die Grundlage, um mit Aufmerksamkeit und Wertschätzung dem einzelnen Jugendlichen begegnen zu können. Diese Umgebung des TKR ohne Zeitdruck für das Talent schafft eine Atmosphäre, in der es seine bisher unentdeckten oder unterschätzten Fähigkeiten und Fertigkeiten entdecken und entfalten kann (Mikroebene). Um diese Prozesse professionell begleiten zu können, bringen die die Beschäftigten eine Beratungsexpertise in ihre Profession aus verschiedenen Richtungen ein: bspw. systemische Beratung.

Das TKR ist eng verzahnt mit dem NRW Talentscouting (nrw-talentzentrum.de). In allen zehn weiterführenden Schulen mit einer Sekundarstufe II der Stadt Herne arbeiten Talentscouts der Westfälischen Hochschule, welche die Talente in den Schulen gezielt in Angebote des TKR bringen. In die andere Richtung vermittelt das TKR-Team Talente, in das Scouting. Die Talentscouts haben ein Verfügungsbüro im TKR und werden bei der Entwicklung des Trimesterplans beteiligt, um ihre Ideen einzubringen. Die Talentscouts sind partizipativ an der Projektentwicklung des TKR beteiligt (Inclusion) und nehmen regelmäßig an Strategiesitzungen teil. Um die Partikularinteressen zwischen Scouts, Lehrbeauftragten und Kernteam ausbalancieren zu können, wird ein stark kooperativer Führungsstil in die Organisationskultur eingebracht, um aufgrund der unterschiedlichen Teamstrukturen Faultlines zu vermeiden oder diese auf dem Weg der Führungskultur zumindest schneller sichtbar werden zu lassen. Zwei Mitglieder des TKR-Kernteams haben zudem an der Scouting-Qualifizierung des NRW-Zentrums für Talentförderung teilgenommen und bringen dort die Blickrichtung des TKR dort mit ein (Inclusion). Die Leitung des TKR ist verbeamtet auf einer Dauerstelle, was die Wertschätzung und strategische Bedeutungsbeimessung dem Ansatz gegenüber von Seiten der Hochschule betont. Bei der Zusammenstellung der Teams ist die Diversitäts-Strategie der Hochschule berücksichtigt:

So wurden Menschen mit und ohne Migrationshintergrund eingestellt, zudem wurde auf eine Geschlechterverteilung besonders geachtet, da in Beratungseinrichtungen der Hochschulen sowie auch in den Schulen ein Feminisierungsgrad bei Fachkräften voranschreitet. Im Schuljahr 2014/2015 waren bspw. rund 40 % der Lehrkräfte am Gymnasium männlich, Tendenz weiter fallend (vgl. IT.NRW 2016). Die Talente finden im Team so die gesellschaftlich repräsentierte Geschlechtergleichverteilung bei den Ansprechpartner*innen vor.

Weiterentwicklung des TKR Drei zentrale Punkte mögen einen Ausblick für das im September 2015 begonnene und zunächst bis 2019 geförderte Projekt geben:

- Auf der Meta-Ebene entfaltet die Landesinitiative „Kein Abschluss ohne Anschluss (KAoA)" seine Wirkung auf die Talente in den Schulen (vgl. Bäcker und Meetz 2016), da alle Herner Schulen und auch die Studienberatung der WH in die Landesinitiative eingebunden sind. Einflüsse auf die Diversity-Strategie der WH sind erwartbar.
- Das TKR möchte – z. B. als Lehrbeauftragte – gezielt Entscheider*innen aus Unternehmen, von öffentlichen Arbeitgebern und auch Hochschullehrende gewinnen, um tradierte Standards auf Seiten der Talente sowie der Organisationen bewusst infrage zu stellen. Hier werden Ansätze in der Ansprache entwickelt, damit ein Corporate Volunteering einen Nutzen im CSR-Ansatz des jeweiligen Unternehmens stiften kann. Über eine 14-tägige Summerschool wurden erste sehr positive Erfahrungen mit 14 Jugendlichen und vier Arbeitgebern gemacht. Gleichsam steht eine persönliche Weiterentwicklung des Kernteams – auch in Zusammenarbeit mit den Kooperationspartner*innen – im Fokus (Inclusion).
- Durch den explorativen Charakter des TKR werden in Herne durch eine begleitende Evaluation auch Fragen gestellt, ob jede Kommune zukünftig ein TKR benötigt, um Diversity aktiv angehen zu können. Der Ansatz des TKR der WH verfolgt deshalb keine reine Anpassungsstrategie an Vorgaben der Meta-Ebene, sondern vermag möglicherweise selbst Einfluss auf die Meta-Ebene zu nehmen, wenn Erfolgskriterien für die Ausweitung eines TKR-Ansatzes in der Region sprechen (Diversity-Strategie).

2 „Talente_schreiben" – Sprach- und Schreibförderung im Sinne von Inclusion

Mit Talente_schreiben wurden bereits 2012 als Teil eines Qualitätspakt Lehre-Projekts[1] neue Angebote zur Verbesserung der schriftsprachlichen Kompetenzen etabliert, sind diese doch ausschlaggebend für Studierfähigkeit, Studienerfolg und einen erfolgreichen Einstieg in den Arbeitsmarkt (vgl. Boston Consulting Group 2009, S. 31; Bundesamt

---

[1] Programm für eine strukturierte Studieneingangsphase (ProStudi). Dieses Projekt wird aus Mitteln des Bundesministeriums für Bildung und Forschung gefördert.

für Migration und Flüchtlinge 2011, S. 10). Die Angebote umfassen Kurse, Workshops sowie Sprechstunden zur Sprach- und Schreibberatung auf freiwilliger Basis (schreiben.meinetalentförderung.de). Seit 2015 werden zudem kreditierte Lehrveranstaltungen durchgeführt.[2] Während der Fokus zunächst auf der Sprachförderung lag, kommt seit 2016 der Aspekt der fachspezifischen Schreibförderung hinzu.[3]

Das Team von Talente_schreiben besteht aus vier Vollzeit-Mitarbeiter*innen und sechs studentischen Hilfskräften. Zunächst wurde mit einer Vollzeitstelle begonnen. Aufgrund des großen Bedarfs an Unterstützungsmaßnahmen im schriftsprachlichen Kompetenzbereich und der Nachfrage von Lehrenden nach Angeboten für die Studierenden wurde Talente_schreiben um zwei weitere Vollzeitstellen erweitert. Zudem wurde die Leitungsstelle verstetigt und damit ein Zeichen gesetzt, dass Deutsch genauso wie Englisch und die jeweiligen Studiengänge zum Standardrepertoire an Hochschulen gehört.

An der Westfälischen Hochschule ist das Programm Talente_schreiben neben weiteren Projekten in der Zentralen Betriebseinheit Talentförderung verortet. Es herrscht ein enger Austausch mit den Mitarbeiter*innen der anderen Teams der Talentförderung, vor allem hinsichtlich der thematischen Überschneidungen mit der für den Bereich Qualifizierung Deutsch am TalentKolleg Ruhr verantwortlichen Kollegin sowie der Stipendienberatung, welche Studierende, die bei der Bewerbung um ein Stipendium Unterstützungsbedarf aufweisen, an Talente_schreiben vermittelt. Hochschulintern kooperieren wir auf organisatorischer bzw. zum Teil auch inhaltlicher Ebene mit Lehrenden bzw. (Studien-)dekanen aus allen acht Fachbereichen, dem International Office, der Zentralen Studienberatung und der Bibliothek.

Exemplarisch werden im Folgenden einzelne Aspekte der Teamentwicklung von Talente_schreiben sowie der Arbeit mit den Studierenden im Sinne von CSR, Diversity bzw. Inclusion skizziert.

Für unsere Arbeit ist eine ethisch basierte Rechtfertigung der durchgeführten Sprach- und Schreibförderung relevant, die den Mitarbeiter*innen die Sinnhaftigkeit ihrer Arbeit im bildungspolitischen Sektor vermitteln soll. So liegt das übergeordnete Interesse des Programms darin, zur Chancengleichheit und Bildungsgerechtigkeit junger Menschen (nicht nur) im nördlichen Ruhrgebiet beizutragen.

Die eingangs dargestellten divergierenden Bildungsbiografien (Abschluss Berufskolleg), die unterschiedliche sprachliche-kulturelle Herkunft (Zuwanderungsgeschichte) bzw. die familiäre Situation (Erstakademiker*innen) der Studierenden der WH lassen auf unterschiedliche individuelle Erfahrungen im Umgang mit der deutschen Schriftsprache schließen. So haben unterschiedliche Zugangswege zur Hochschule zur Folge, dass Studienanfänger*innen unterschiedlicher Schulformen auch unterschiedlich intensive Schreiber-

---

[2] Zu Konzept, Umsetzung sowie der sprach- und bildungswissenschaftlicher Relevanz von Talente_schreiben siehe Kreppel und Birnstiel (2015, 2016).
[3] Das Projekt Peer-Schreibdidaktik ist eine Kooperation mit dem Schreibzentrum der Ruhr-Universität Bochum und der Zentralen Studienberatung & dem Career Service der Fachhochschule Dortmund, es wird handelt sich dabei um eine Maßnahme der Bildungsinitiative RuhrFutur.

fahrung sammeln konnten und bspw. Absolvent*innen von Berufskollegs über andere Erfahrungen verfügen als Abiturient*innen von Gymnasien.

Unsere Auswertung von 762 Deutsch-Orientierungstests und damit von etwa einem Drittel der Kohorte 2015/16 brachte hervor, dass sich in den Tests von Absolvent*innen von Berufskollegs mehr Fehler im Bereich der Grundkenntnisse (wie Rechtschreibung, Grammatik und Zeichensetzung) zeigten als in den Tests von Absolvent*innen von Gesamtschulen und Gymnasien (vgl. Balko 2016). Parallelen zeigte auch der Vergleich der Tests von Studierenden nach Hochschulzugangsberechtigung betrachtet. Hier fanden sich mehr Fehler in den Tests der Studierenden mit Fachhochschulreife als in denen der Studierenden mit Allgemeiner Hochschulreife (vgl. ebd.). Hinsichtlich der Studierenden mit Zuwanderungsgeschichte stellen Studien fest, dass Studierende mit und ohne Zuwanderungsgeschichte zwar generell über ähnlich ausgeprägte syntaktische Schreibfähigkeiten verfügen (vgl. Petersen 2014). Doch ist das Wissen um den hohen Anteil an Studierenden mit Zuwanderungsgeschichte relevant, da auch Unterschiede belegt werden (vgl. Schindler und Siebert-Ott 2011; Bundesamt für Migration und Flüchtlinge 2011). Unsere Auswertung zeigte, dass die Tests von Studierenden mit Zuwanderungsgeschichte mehr Fehler im Bereich der Grundkenntnisse aufwiesen als Tests von Studierenden ohne Zuwanderungsgeschichte (vgl. Balko 2016). Im Falle von Erstakademiker*innen kommt hinzu, dass im familiären Kontext möglicherweise Personen fehlen, die mit den Konventionen und Anforderungen des wissenschaftlichen Schreibens an der Hochschule vertraut sind. Unsere Auswertung ergab ferner, dass sich in den Tests von Erstakademiker*innen mehr Fehler im Bereich der Grundkenntnisse fanden als in den Tests von Studierenden aus Akademiker*innenfamilien (vgl. ebd.).

Ziel der Angebote von Talente_schreiben ist daher, motivierten und fachlich leistungsstarken Studierenden, die aufgrund ihrer Bildungsbiografie, sprachlich-kulturellen Herkunft und bzw. oder familiären Situation eine schwächere Voraussetzung im schriftsprachlichen Kompetenzbereich und damit für ein Studium und den Berufseinstieg aufweisen, die Chance für den Anschluss an die erwarteten Voraussetzungen zu eröffnen und sie bei Bedarf das gesamte Studium hindurch bis zum Berufseinstieg zu unterstützen.

Für die Teamentwicklung von Talente_schreiben ist normatives Commitment von besonderer Bedeutung. Dafür ist die Verinnerlichung des innerhalb der Talentförderung verwendeten Talentgedankens ausschlaggebend: die wertschätzende Haltung, die im Tagesgeschäft den Studierenden entgegengebracht wird. Dabei stellt die fachliche und persönliche Weiterentwicklung der Mitarbeiter*innen ebenfalls einen wichtigen Punkt dar. Die Tätigkeiten im Rahmen von Talente_schreiben sind aufgrund der in den Kursen und Workshops zu vermittelnden Inhalte bislang einzigartig an deutschen Hochschulen. Bereits die Erstellung von fachspezifischem Unterrichtsmaterial im Bereich der deutschen Grundkenntnisse für Studierende technischer und naturwissenschaftlicher Studiengänge, die deutsche Muttersprachler*innen und Deutsch als Zweitsprache-Lerner*innen sind, aber auch die Umsetzung des methodischen und pädagogischen Ansatzes von Talente_schreiben erfordern eine fachliche Weiterentwicklung und Praxiserfahrung. Die Leitung ist zudem bestrebt, die Aufgaben innerhalb des Teams so aufzuteilen, dass die Diversity der Mitarbeiter*innen bedacht wird, sodass sich alle mit ihren individuellen Stärken, Erfahrungen und Kenntnissen bestmöglich in die Arbeit einbringen können. Zugleich erhalten die Mitarbeiter*innen die Möglichkeit, ihre Fähigkeiten weiterzuentwickeln und sich zusätzliche Kenntnisse anzueignen, um somit auch die eigene Motivation, die Identifikation mit und die Verbindlichkeit gegenüber dem Team und dem Arbeitgeber zu stärken.

Die Teamkultur von Talente_schreiben ist von gegenseitiger Unterstützung, Wertschätzung und positiven Beziehungen geprägt. Die Kolleg*innen schätzen einander, lernen voneinander und können einander um Rat bitten. Die Leitung von Talente_schreiben beeinflusst das Team zudem durch den Aufbau einer inklusiven Teamkultur. Es findet regelmäßiger Austausch in Einzel- und Teamgesprächen statt und Feedback wird gegeben. Darüber hinaus wird erwartet, dass die Mitarbeiter*innen sich mitsamt ihren individuellen Erfahrungen, Kenntnissen sowie ihrer Persönlichkeit und ihrem sprachlichen, sozialen, bildungsbiografischen Hintergrund in das Team und die Arbeit einbringen. Auch für unsere Arbeit mit der Klientel der WH ist es äußerst relevant, dass sich die Heterogenität der Studierendenschaft den familiären, sprachlichen oder bildungsbiografischen Hintergrund betreffend im Team widerspiegelt. Zum einen können wir dadurch Glaubwürdigkeit erlangen und zur Identifikation beitragen, zum anderen können wir schriftsprachliche Stärken und Schwächen leichter einordnen sowie uns besser in die Situation der Studierenden hineinversetzen.

Diversity ist aufgrund der eingangs erwähnten heterogenen Zusammensetzung der Studierendenschaft der WH prägend für die Konzeption und Umsetzung der Angebote von Talente_schreiben. Bei vielen Studierenden sind die Aspekte Zuwanderungsgeschichte, erworbener Schulabschluss an einem Berufskolleg und der Status Erstakademiker*in in unterschiedlichen Kombinationen miteinander verzahnt. Die Mitarbeiter*innen werden sowohl für die Herkunft der Studierenden als auch ihre individuellen Bildungsbiografien sensibilisiert, sodass eine Verwirklichung der inklusiven Haltung realisiert werden kann. Aufgrund des Wissens um die damit einhergehenden unterschiedlichen Kenntnisse im schriftsprachlichen Kompetenzbereich können die Mitarbeiter*innen Stärken, Schwächen und Unterstützungsbedarfe erkennen und dies in der Durchführung von Unterricht und Sprechstunde berücksichtigen. Als Instrument zur Ermittlung der individuellen Bedarfe der Teilnehmenden werden vor Kursbeginn Verfahren zur Sprachstandserhebung eingesetzt. Auf Grundlage der Ergebnisse werden die Kursinhalte nach einem Baukastenprinzip zusammengestellt, um die Studierenden bei jenen Aspekten zu unterstützen, die für sie relevant sind. Damit soll auch in den Kursen eine möglichst individuelle Förderung sichergestellt werden. Doch auch der Unterricht selbst ist bei Talente_schreiben hinsichtlich der unterschiedlichen Hintergründe der Studierenden konstruktiv gestaltet, d. h. die Diversity der Teilnehmenden wird insofern als Ressource anerkannt, als sich die Studierenden mit ihren persönlichen Erfahrungen, Interpretationen und Vorstellungen in die Kurskultur einbringen können bzw. dazu von den Lehrenden auch aufgefordert werden.

Die Haltung der Lehrenden gegenüber den Studierenden ist von Wertschätzung und der Wahrnehmung der Teilnehmenden als Talente geprägt. Der bewusst auch im Namen unseres Programms verwendete Begriff „Talent" unterstreicht diesen Ansatz und soll zugleich verdeutlichen, dass wir uns von einem defizitorientierten Ansatz distanzieren. Mit der Verinnerlichung der Werte von Talente_schreiben seitens der Mitarbeiter*innen gehen auch die Internalisierung der verwendeten Begriffe und deren Semantik einher. Die Mitarbeiter*innen stellen auch in ihrer Kommunikation gegenüber den Studierenden das fachliche Talent der Teilnehmenden in den Vordergrund und heben die Erfolge der Studierenden hervor, um in der Unterrichtssituation dazu beizutragen, dass auch die Vermittlung von Grundkenntnissen positiv besetzt ist. Unterstützt wird dies durch den stärkenorientierten Ansatz, den wir verfolgen, nach dem in den Kursen an das Vorwissen der Teilnehmer*innen angeknüpft wird. Dies umzusetzen ist besonders in den Sprechstunden zur Sprach- und Schreibberatung möglich, da hier im Einzelgespräch Rückmeldungen auf (Teile von) wissenschaftlichen Texten, Bewerbungen etc. gegeben werden. Darüber hinaus vermitteln die Mitarbeiter*innen die Inhalte in einer angemessenen, teils niedrigschwelligen Sprache und gehen im Tempo der Studierenden vor. Sie motivieren, sind freundlich und begegnen den Studierenden auf Augenhöhe.

Die Teilnehmenden und ihre persönlichen Hintergründe kennenzulernen funktioniert aufgrund der Kleingruppenstruktur unserer Formate (in den Kursen und Workshops 4–12 Teilnehmende). Im Sinne der Talentförderung wird daher auch eine ganzheitliche Unterstützung der Teilnehmenden angestrebt, d. h. dass das Kennen der Teilnehmenden etwa über Gespräche vor und nach dem Unterricht dazu führen, dass die Mitarbeiter*innen weitere Unterstützungsbedarfe erkennen. Bei all unseren Bestrebungen steht die fachliche und persönliche Weiterentwicklung der Studierenden im Vordergrund, denn Ziel ist, die Teilnehmenden in ihrem Werdegang bestmöglich zu unterstützen, damit sie ihr Potenzial voll entfalten können. Berücksichtigt werden daher auch die Möglichkeiten, sich um Stipendien zu bewerben, einen Auslandsaufenthalt anzustreben oder andere Unterstützungsangebote bspw. in Mathematik anzunehmen. Hier vermitteln wir an die zuständigen Kontaktpersonen oder vereinbaren direkt Termine zur Sprach- und Schreibberatung, in der wir die Studierenden beim Verfassen von Motivationsschreiben etc. begleiten.

Talente_schreiben pflegt den Austausch mit Schreibzentren anderer Hochschulen in der Region, ob über gemeinsame Vorträge und (geplante) Publikationen (Universität Duisburg-Essen) oder über Drittmittelprojekte (z. B. Peer-Schreibdidaktik Ruhr-Universität Bochum und Fachhochschule Dortmund). Unser Konzept und dessen Umsetzung diskutieren wir auch auf nationalen und internationalen sprach- und bildungswissenschaftlichen sowie schreibdidaktischen Tagungen, um unsere Arbeit stetig weiterzuentwickeln. Hier stoßen wir auf großes Interesse an unserem Programm, sodass wir mittlerweile im In- und Ausland vernetzt sind. Seitens regionaler Bildungsinitiativen werden wir als Expert*innen zum Thema Sprachförderung an Hochschulen herangezogen und sind zudem in einer vom Ministerium für Innovation, Wissenschaft und Forschung des Landes NRW einberufenen Arbeitsgruppe zum Studicheck Sprach- und Textverständnis vertreten. Als Vorreiterprojekt aus dem Qualitätspakt Lehre wurde das Konzept von Talente_schreiben im Dezember 2015 von der Ostfalia Hochschule für angewandte Wissenschaften in Niedersachsen übernommen.

3 Erkenntnisse und offene Fragen

Rückblickend auf acht Jahre Entwicklungsarbeit am Thema Talentförderung lässt sich konstatieren, dass Diversity und CSR in der Hochschullandschaft eine förderliche Verbindung eingehen können. Der wissenschaftliche und der soziale Auftrag der Hochschulen können durch einen solchen Ansatz, der bewusst von der Defizitthese Abstand nimmt und die Talententfaltung in einer sehr divers zusammengesetzten Studierendenschaft fokussiert, synergetisch erfüllt werden. Hierdurch ergibt sich auch eine Ausstrahlkraft auf die relevanten Akteur*innen im Umfeld: Schulen, Unternehmen Kommunal-, Regional-Landespolitik. Der WH ist es damit gelungen, in die Gestalterrolle zu kommen und in die vierte Phase des Umgangs mit Diversity einzutreten.[4]

Gleichzeitig ist festzustellen, dass der Weg dorthin ein schwieriger und teilweise frustrierender war (und ist). Innovative Ansätze wie die Talentförderung sind nicht selbsterklärend und wichtige Stakeholder insbesondere innerhalb der Hochschule mussten immer wieder und auf verschiedenen Wegen angesprochen und überzeugt werden. Erfolgskritisch war hierbei, dass zentrale externe Akteur*innen aus der Politik das Projekt nachhaltig unterstützten, nicht zuletzt finanziell. Die Zusammenstellung des Teams, seine Entwicklung und Führung stellt einen zweiten erfolgskritischen Bereich dar. Wie in der Darstellung der Projekte erkennbar wird, betreten Hochschulen auch hier Neuland und müssen teilweise herkömmliche Strukturen und Prozesse auf den Prüfstand stellen und verändern.

Hieraus ergibt sich der dritte erfolgskritische Bereich mit der zentralen Frage: Wie kann die Talentförderung, basierend auf einer Verknüpfung von CSR und Diversity, nachhaltig in der Hochschullandschaft verankert werden? An der WH wurde bisher strukturell gearbeitet, indem eine zentrale Betriebseinheit gegründet und mit Ressourcen ausgestattet wurde. Außerdem fand die Talentförderung als zentrale Aufgabe Eingang in die Grundordnung der WH. Ferner sind die Mitarbeitenden in die Selbstverwaltung der Hochschule voll integriert und das Präsidium übernimmt aktive Verantwortung für die Talentförderung, ebenso wie die Dekanate. Eine immer wiederkehrende Aufgabe stellt die Beantwortung der Frage dar: Wie können Hochschullehrende und -mitarbeiter*innen dafür sensibilisiert und qualifiziert werden, den Studierenden im Sinne von Inclusion zu begegnen? Weiterbildungen bieten hier sicherlich gute Unterstützung, dürfen aber nicht auf der individuellen Ebene stehenbleiben, sondern müssen mit Ansätzen zur Organisationsentwicklung verbunden werden.

Auch weiterhin kommt es also darauf an, Talentförderung auf allen drei Ebenen über miteinander verknüpfte Prozesse ganzheitlich weiter zu entwickeln.

Literatur

Aretz HJ, Hansen K (2002) Diversity und Diversity Management im Unternehmen. Eine Analyse aus systemtheoretischer Sicht. LIT, Muenster

---

[4] Vgl. hierzu den Beitrag von Bührmann in diesem Band.

Bäcker L, Meetz F (Hrsg) (2016) Berufs- und Studienorientierung in der Schulpraxis. Ritterbach, Frechen

Balko A (2016) Talente_schreiben – Orientierungstest Deutsch. Auswertung der Kohorte WS 15/16 nach Fehlertypen. Unveröffentlichte Präsentation. Institut für Innovationsforschung und -management. Bochum.

Birnstiel H, Kottmann M, Meetz F, Yilmaz S (2016) Das TalentKolleg Ruhr der Westfälischen Hochschule in Herne – erweiterte Möglichkeiten der Studien- und Berufsorientierung in einer Kommune. In: Bäcker L, Meetz F (Hrsg) Berufs- und Studienorientierung in der Schulpraxis. Ritterbach, Frechen, S 81–88

Boston Consulting Group (2009) Standortfaktor Bildungsintegration. Bildungschancen von Schülern mit Migrationshintergrund entscheidend für Standort Deutschland. The Boston Consulting Group GmbH, München. http://www.bcg.de/documents/file50243.pdf. Zugegriffen: 18.08.2016

Bundesamt für Migration und Flüchtlinge (2011) Hochschulen als Orte der Integration. Berlin. http://www.bamf.de/SharedDocs/Anlagen/DE/Publikationen/Broschueren/broschuere-hochschule-orte-integration.pdf?__blob=publicationFile. Zugegriffen: 18.08.2016

Heublein U, Richter J, Schmelzer R, Sommer D (2014) Die Entwicklung der Studienabbruchquoten an den deutschen Hochschulen. Statistische Berechnungen auf der Basis des Absolventenjahrgangs 2012. Forum Hochschule 04/2014. Hannover 2014: DZHW. http://www.dzhw.eu/pdf/pub_fh/fh-201404.pdf. Zugegriffen: 20. Sept. 2015

Information & Technik Nordrhein-Westfalen (IT.NRW) (2016) Schulen, Klassen, Schüler/-innen und Lehrkräfte an Schulen nach Schulformen in NRW. Grundlage der nachgewiesenen Ergebnisse ist die Erhebung der amtlichen Schuldaten. https://www.it.nrw.de/statistik/d/daten/eckdaten/r513schul1.html. Zugegriffen: 19. Aug. 2016

Kottmann M, Kriegesmann B (2011) Mit FH-INTEGRATIV Talente entfalten – Ein Programm an der Westfälischen Hochschule. In: Heinrich-Böll-Stiftung (Hrsg) Dossier Öffnung der Hochschule. Chancengleichheit, Diversität, Integration. Berlin, S 52–58. https://heimatkunde.boell.de/sites/default/files/dossier_oeffnung_der_hochschule.pdf. Zugegriffen: 17. August 2016

Kottmann M, Yilmaz S (2013) Kooperation von Schulen und Hochschulen in der Talentförderung. Sch Nrw – Amstblatt Des Minist Für Sch Weiterbildung Des Landes Nordr-Westf 65(10):495–497

Kreppel L, Birnstiel H (2015) Sprach- und Schreibförderung – ein Thema für Hochschulen?! In: Ostermann W, Helmig T, Schadt N, Boesten J (Hrsg) Sprache bildet! Auf dem Weg zu einer durchgängigen Sprachbildung in der Metropole Ruhr. Verlag an der Ruhr, Mühlheim, S 225–238

Kreppel L, Birnstiel H (2016) Deutsch für Wirtschaftsrechtler – ein Praxisbeispiel der Westfälischen Hochschule. In: Feldmaier A, Eichstaedt A (Hrsg) Lernkulturen – Schriftsprache in DaZ – Grammatik – Sprachliche Anforderungen in den Fächern. 41. Jahrestagung des Fachverbandes Deutsch als Fremd- und Zweitsprache an der Universität Münster 2014. MatDaF, Bd. 94. Universitätsverlag Göttingen, Göttingen, S 255–270

Middendorff E, Apolinarski B, Poskowsky J, Kandulla M, Netz N (2013) Die wirtschaftliche und soziale Lage der Studierenden in Deutschland 2012. 20. Sozialerhebung des Deutschen Studentenwerks durchgeführt durch das HIS-Institut für Hochschulforschung. Berlin. http://www.bmbf.de/pub/wsldsl_2012.pdf. Zugegriffen: 17. Aug. 2016

Petersen I (2014) Schreibfähigkeit und Mehrsprachigkeit. De Gruyter Mouton, Berlin

Rösner E, Stubbe T (2008) Übergangsentscheidungen und Schulerfolg im Zeichen demografischer Veränderungen. In: Bos W et al (Hrsg) Daten, Beispiele und Perspektiven. Jahrbuch der Schulentwicklung, Bd. 15. Juventa-Verlag, Weinheim und München, S 297–319

Schindler K, Siebert-Ott G (2011) Entwicklung der Textkompetenz von Studierenden (in der Zweitsprache Deutsch) – Propädeutik, akademisches und berufliches Schreiben. In: Krafft A, Spiegel C (Hrsg) Sprachliche Förderung und Weiterbildung – transdisziplinär. Peter Lang Verlag, Frankfurt am Main, S 91–110

Stadt Herne (2014) Bildung in Herne 2014. 3. Herner Bildungsbericht. Herne. http://www.herne.de/kommunen/herne/ttw.nsf/files/_Bildungsbericht_2008/$file/Bildungsbericht_2014_Endversion.pdf. Zugegriffen: 17. Aug. 2016

Statista (2015) „Entwicklung der Bachelor-, Master- und übrigen Studiengänge in Deutschland vom Wintersemester 2005/2006 bis zum Wintersemester 2014/2015", Statista 2015. Quelle: HRK. http://de.statista.com/statistik/daten/studie/2847/umfrage/entwicklung-der-bachelor--master--und-uebrigen-studiengaenge/. Zugegriffen: 17. Aug. 2016

Stadt Herne (2016) Auswertungen und eigene Berechnungen der Hochschulstatistik des Statistischen Bundesamtes (destais.de) für die Stadt Herne. Bislang unveröffentlichtes Manuskript. Herne 2016

Yilmaz S, Kottmann M (2013) Der Übergang von der Schule zur Hochschule – Eindrücke aus der Talentförderung. In: Bellenberg G, Forell M (Hrsg) Bildungsübergänge gestalten. Waxmann, Münster, S 297–303

Internetquellen

www.talentkolleg.ruhr

www.tkr-herne.de

schreiben.meinetalentförderung.de. Zugegriffen: 19. Aug. 2016

Prof. Dr. Katrin Hansen ist seit 1994 Professorin an der Westfälischen Hochschule. Seit 2008 ist sie dort Vizepräsidentin für Planung, Finanzen und Internationales, seit 2014 Vizepräsidentin für Lehre, Studium und Internationales. Forschungsprojekte im Bereich Diversity Management, Interkulturelle Zusammenarbeit, Cross-Cultural Learning, Entrepreneurship, hierzu zahlreiche Veröffentlichungen und Vorträge. Mitherausgeberin der Zeitschrift ARBEIT. Mitglied in AoM und in EURAM.

Dr. Lena Kreppel ist seit 2012 Mitarbeiterin der Talentförderung der Westfälischen Hochschule (WH) und leitet hier das Programm „Talente_schreiben", das neue Angebote zur Verbesserung der (schrift-)sprachlichen Kompetenzen von Studierenden an der WH etabliert hat. Promotion an der Freien Universität Berlin (Stipendium eines Begabtenförderwerkes) über Identitätskonstruktionen deutsch-jüdischer Migrant*innen in Israel, mit Forschungsaufenthalten u. a. in New York und Jerusalem. Studium der Fächer Neuere deutsche Literatur, Politikwissenschaft, Publizistik und Kommunikationswissenschaft sowie Deutsch als Fremdsprache in Osnabrück, Nikosia (Zypern) und Berlin. Mitglied der European Writing Centers Association, Vorträge und Publikationen über die Sprach-

und Schreibförderung von deutschen Muttersprachler*innen und Deutsch als Zweitsprache-Lerner*innen an Hochschulen. Frühere Tätigkeiten im Deutsch als Fremdsprache-Bereich an der FU Berlin, am Goethe-Institut Berlin sowie an der University of Auckland, Neuseeland.

Dr. phil. Frank Meetz ist seit September 2015 Geschäftsleiter des TalentKolleg Ruhr der Westfälischen Hochschule in Herne. Nach dem zweiten Staatsexamen für das Lehramt am Berufskolleg arbeitete er fünf Jahre als Gymnasial- und Berufskollegslehrer. Als Trainer in der Lehrerfortbildung übernahm er parallel Aufgaben für die Bezirksregierung Düsseldorf. Ausbildungen u.a. im Neurolinguistischen Programmieren (NLP), im systemischen Coaching, zu hypnosystemischen Konzepten und in emodimentfokussierter Psychologie öffneten seine Perspektive in Richtung Coaching und Organisationsberatung. Die Forschung und das Publizieren faszinieren ihn bis heute: Die Grundlage dafür legte er nach dem Studium der Fächer Wirtschaftswissenschaft, Sport, Erziehungswissenschaft und Anglistik als wissenschaftlicher Mitarbeiter in der Bildungsforschung sowie in der Wirtschaftsdidaktik an der Universität Duisburg-Essen.

Angelika Dorawa ist seit 2015 innerhalb der Talentförderung der Westfälischen Hochschule (WH) Mitarbeiterin im Programm „Talente_schreiben", das neue Angebote zur Verbesserung der (schrift-)sprachlichen Kompetenzen von Studierenden an der WH etabliert hat. Ihre Arbeitsschwerpunkte liegen in der Sprach- und Schreibförderung von deutschen Muttersprachler*innen und Deutsch als Zweitsprache-Lerner*innen. Studium der Anglistik, Amerikanistik, Germanistik sowie Deutsch als Zweit- und Fremdsprache an der Universität Duisburg-Essen. Frühere Tätigkeiten im Bereich Deutsch als Zweit- und Fremdsprache im In- und Ausland (England, USA, Spanien), im Schutz und Sicherheitsgewerbe (u.a. als Übersetzerin bei der Entwicklung von Qualifikationsprofilen innerhalb der Europäischen Union) sowie im Projekt „International Talents" der WH. Mitglied in der European Writing Centers Association und Vorträge über die Arbeit von Talente_schreiben auf internationalen Tagungen.

Diversitätsgerecht Lehren und Lernen

Frank Linde und Nicole Auferkorte-Michaelis

1 Einführung

Gegenstand dieses Beitrags ist die Auseinandersetzung mit Fragen des Lehrens und Lernens im Spiegel von CSR und Diversity. Grundlegend ist die These, dass Diversity Management-Strategien an Hochschulen dazu dienen, die soziale Verantwortung im gesellschaftlichen Raum wahrzunehmen und entsprechenden Entwicklungsprozessen gerecht zu werden. Das Lehren und Lernen ist hierbei das Kerngeschäft der Bildungseinrichtung Hochschule und kann nicht isoliert von gesellschaftlichen und hochschulischen Entwicklungsprozessen betrachtet werden.

Im zweiten Kapitel wird die Verbindung zwischen Diversity als Bestandteil der University Social Responsibility, einer speziellen Ausprägung der Corporate Social Responsibility, hergestellt. Begriffliche Abgrenzungen von Diversity und Diversity Management werden im dritten Teil vorgenommen. Anschließend erfolgt die Vorstellung relevanter Handlungsfelder des Diversity Managements in Studium und Lehre im vierten Kapitel. Die Faktoren Lehren und Lernen, Prüfen, Beraten und Betreuen, sowie das Curriculumdesign einschließlich e-Learning, die bei der diversitätsgerechten Gestaltung des Lehrens und Lernens eine Rolle spielen, werden im fünften Kapitel ausführlich diskutiert. Die Diversität der Lehrenden, die im Zusammenspiel mit der Diversität der Studierenden eine große Bedeutung für die Lernprozesse hat, ist Gegenstand des sechsten Kapitels.

F. Linde (✉)
Institut für Informationswissenschaft, Technische Hochschule Köln
Gustav-Heinemann-Ufer 54, 50968 Köln, Deutschland
E-Mail: frank.linde@th-koeln.de

N. Auferkorte-Michaelis
Zentrum für Hochschul- und Qualitätsentwicklung, Universität Duisburg-Essen
Keetmanstr. 3-9, 47058 Duisburg, Deutschland
E-Mail: nicole.auferkorte-michaelis@uni-due.de

© Springer-Verlag GmbH Deutschland 2017
K. Hansen (Hrsg.), *CSR und Diversity Management*,
Management-Reihe Corporate Social Responsibility, DOI 10.1007/978-3-662-54087-9_8

2 Diversity als Bestandteil der University Social Responsibility

Das Konzept der Social Responsibility (SR) legte in den 1950er-Jahren den Grundstein zur Diskussion einer sozialen Verantwortung von Unternehmen im Wirtschaftsleben. Erst im weiteren Verlauf fand eine Ausdifferenzierung statt und der explizite Verweis auf das Unternehmen wurde durch die Verbreitung des Begriffs der Corporate Social Responsibility (CSR) deutlich gemacht (Carroll 1999, 269 f.). Diese begriffliche Engführung auf Unternehmen bedeutet, dass andere Institutionen hiermit nicht erfasst werden. Sucht man in Google nach den Begriffen „CSR" und „Hochschule", findet man die curricularen Angebote der Hochschulen, die in Europa inzwischen weit verbreitet sind (so auch Matten und Moon 2004). Die Diskussion um die Social Responsibility von Hochschulen findet sich treffender wieder unter der Bezeichnung University Social Responsibility (USR) (z. B. Vasilescu et al. 2010). Esfijani et al. (2013) kommen nach einer ontologischen Analyse zu einer Definition der USR als

> a concept whereby university integrates all of its functions and activities with the society needs through active engagement with its communities in an ethical and transparent manner which aimed to meet all stakeholders' expectations (2013, S. 280, im Original kursiv).

Eine Bemühung der USR im deutschen Hochschulraum mehr Beachtung zu verleihen, ist das *Curriculum Reform Manifesto* (Elkana und Klöpper 2012). Dabei geht es im Kern darum, die Studierenden fit für den Umgang mit der wachsenden Komplexität zu machen und die Idee der sozialen Verantwortung in ihrem Handeln zu verankern. Dies wird verknüpft mit einem grundlegenden Gedanken: Hochschulen sind immer sozial verantwortlich durch ihren Auftrag zur Qualifizierung ihrer Absolventinnen und Absolventen zu Führungskräften mit – idealerweise – der Bereitschaft für die Übernahme von sozialer Verantwortung, durch die Veröffentlichung von Forschungsergebnissen und Innovationen, durch Kooperationen mit der Wirtschaft und der Industrie sowie durch die Beratung der öffentlichen Hand. Hierbei bleibt allerdings kritisch anzumerken: „Dies geschieht jedoch nicht selten aus einer eher angebotsorientierten Haltung heraus und reduziert sich, etwas überspitzt formuliert, weitestgehend auf den Transfer von neu generiertem Wissen in die Gesellschaft", so Meyer-Guckel vom Stifterverband für die Deutsche Wissenschaft (Berthold et al. 2010).

Eine Webseitenanalyse der weltweit führenden TOP 10 Universitäten (Nejati et al. 2011) macht deutlich, dass diese alle ihre Social Responsibility sehr bewusst wahrnehmen und nach außen hin dokumentieren. Analog zur üblichen CSR-Praxis bei Unternehmen gehört dazu bei allen untersuchten Universitäten die Beachtung der Human Rights, insbesondere der Diversity. Die Auseinandersetzung mit Diversity ist somit fester Bestandteil einer umfassend verstandenen sozialen Verantwortung der Institution Hochschule.

3 Diversity, Diversity Policies und Diversity Management an Hochschulen

Grundlegende Idee des Diversity Managements ist es, die unterschiedlichen Erfahrungen, und Kompetenzen von Menschen zu nutzen, um in institutioneller Perspektive handlungsfähig zu bleiben oder zu werden. Der Umgang mit Diversität kann als institutioneller Ansatz einer wertschätzenden Kultur der Vielfalt betrachtet werden, gleichwohl aber auch strategische Überlegungen zur Ressourcennutzung beinhalten. Anders als in privatwirtschaftlichen Feldern geht Diversity Management an Hochschulen weit über die Personalpolitik hinaus: Diversity ist nicht nur Forschungsgegenstand unterschiedlicher Disziplinen wie beispielsweise der Betriebswirtschaftslehre, der Politikwissenschaft oder der Soziologie, sondern die Diversity Konzepte der Hochschule selbst sind Gegenstand der Hochschulforschung und -entwicklung sowie des Wettbewerbs der Hochschulen untereinander geworden (Krell 2013; Klein 2013).

Im Vordergrund stehen im Bildungsbereich gesellschaftlich-politische Ziele für eine Öffnung der Hochschule bzw. ihre Durchlässigkeit für neue Zielgruppen sowie der konstruktive Umgang mit Ungleichheiten, um chancengerecht Bildungserfolge zu ermöglichen. Der demographische Wandel, die Internationalisierung und die Autonomisierung der Hochschulen fordern einen wertschätzenden Umgang mit Vielfalt in Studium und Lehre. Diversity-Kompetenz wird so zur existenziellen Ressource. Vielfältige Ansprüche interner und externer Akteursgruppen benötigen entsprechende Strategien und Konzepte, wenn die Hochschule, wie z. B. von der Hochschulrektorenkonferenz gefordert, eine „Hochschule für alle" (HRK 2009) werden soll.

Die im deutschen Hochschulraum entfachte Diskussion über Diversity-Konzepte weist zwei Pole auf: emanzipatorische, eher an Chancengerechtigkeit appellierende Zielsetzungen, und neoliberale, eher an der Konkurrenz um die „besten Köpfe" orientierte Maßnahmen (siehe Bender et al. 2013). In der Praxis der Hochschulen wird hier nicht trennscharf gearbeitet, vielmehr werden jeweils entsprechende Maßnahmen in einem Balanceakt gemeinsam gedacht oder auch das eine zur Werbung für das andere herangezogen (siehe hierzu Lutz 2013).

Vergleichende Forschungsergebnisse zur Diversität an Hochschulen gibt es in Deutschland bislang wenige. Eine Ausnahme bildet die Veröffentlichung von Vedder (2006). Hier wird konstatiert, dass im angloamerikanischen Raum sehr wohl, im deutschsprachigen Raum dagegen aber „most universities, however, do not have diversity principles within their own structures" (Vedder 2006, S. III). Analog stellt auch Ehmsen (2010, S. 7) fest: „Während die Diversity-Diskussion [an Hochschulen, die Verf.] in den Vereinigten Staaten [...] auf mehrjährige Praxiserfahrung zurückblicken kann, steht die Auseinandersetzung mit Diversity in Deutschland immer noch am Anfang." Was sich hierzulande finden lässt, sind Good Practice-Projekte sowie verschiedene Formen der Institutionalisierung von Diversity Management, sei es über eine Aufgabenerweiterung der Frauen- und Gleichstellungsbeauftragten (z. B. Uni Frankfurt), die Einrichtung von Prorektoraten (z. B. Universität Duisburg-Essen), eigene DiM-Abteilungen (z. B. PH Heidelberg),

Stabsstellen (z. B. RWTH Aachen) oder einzelne Professuren (z. B. TU Berlin) bzw. ganze Zentren (z. B. HU Berlin). Zu einer aktuellen Übersicht für die Hochschullandschaft in NRW vergleiche die Website des Zentrums für Kompetenzentwicklung für Diversity Management in Studium und Lehre an Hochschulen in NRW: www.komdim.de.

Auch die spezifische Perspektive auf Diversity in der Lehre wird hierzulande bislang wenig verarbeitet. Während gendergerechte Lehre in den letzten Jahren eine ausführliche Diskussion erfahren hat, ist der breiter angelegte Blick mit einer Diversity-Brille eher die Ausnahme (z. B. Krell 2004; Auferkorte-Michaelis et al. 2009). In der Ungleichheitsforschung geben die Arbeiten von Schmitt und El-Mafaalani nicht nur statistikbasiert einen Überblick im Bildungsbereich, sondern gewähren Einblicke in Strukturkonflikte und wie diese qualitativ subjektiv erlebt werden (Schmitt 2010; El-Mafaalani 2012). Schmitt zeigt in einem in Deutschland noch immer seltenen Campusforschungsprojekt, wie sich soziale Ungleichheit in Alltagserfahrungen von Studierenden widerspiegelt (Schmitt 2010, S. 147 ff.). Zwei der wenigen hochschuldidaktisch-konzeptionellen Veröffentlichungen zur Diversity in Studium und Lehre stammen von Buß (2010) und Spelsberg (2013). Erst ganz allmählich finden Diversity und Diversity Management als wichtige Aspekte von Studium und Lehre Eingang in die Literatur zur allgemeinen Hochschuldidaktik (so z. B. bei Rohr et al. 2016, S. 71 ff.).

Nachfolgend wird Diversität (bzw. englisch Diversity) als ein weites Spektrum verstanden: Gardenswartz und Rowe (1994) sowie auch Thomas (1996) als Wegbereiter des Diversity-Gedankens in Unternehmen folgend, soll Diversität gleichzeitig für Gemeinsamkeiten und Unterschiede stehen. Es soll auf Unterschiede zwischen Menschen aufmerksam gemacht werden, ohne festzuschreiben. In diesem Konstrukt spiegelt sich Ambivalenz wider, die sich auch im Studienalltag finden lässt: Studierende wollen einerseits als Teil der akademischen Gemeinschaft aufgenommen werden, wollen nicht als „anders" wahrgenommen werden, sondern als „normale" Studierende (Reay et al. 2010). Andererseits haben sie, wenn sie sich in der Lehrveranstaltung befinden, den deutlichen Wunsch, dass Lehrende sie mit ihren spezifischen Bedürfnissen und Interessen adressieren. Wenn es Lehrenden gelingt, sich darauf einzustellen, wird dies durch ein nachhaltiges Engagement („academic engagement") der Studierenden und damit einhergehenden Tiefenlernstrategien belohnt (Hockings 2011).

In den angloamerikanischen Ländern lässt sich eine längere Tradition der Auseinandersetzung mit Diversity in Unternehmen sowie auch an Hochschulen feststellen. Diversität wird dort in einem Atemzug mit dem pädagogischen Ansatz der Inklusion genannt. So sieht z. B. der US-amerikanische Hochschulverband AAC&U (Clayton-Pedersen et al. 2009, S. 2) als notwendige Begleitung der Diversität die Inklusion, als „the engagement with diversity in the service of learning and knowledge development, throughout the educational experience and by all members of the campus community."

Eine ähnliche Perspektive findet sich bei der britischen Higher Education Academy (HEA). Unter dem Titel „Inclusive learning and teaching in higher education" hat die HEA einen Leitfaden erstellt, der dabei helfen soll, inklusives Lernen und Lehren zu entwickeln. Der Blick richtet sich auch hier weniger auf durch die Diversitätsbrille betonte Unterschiede, sondern auf deren Zusammenführung: „Our inclusive approach does not focus on specific target groups or dimensions of diversity, but rather strives towards proactively making higher education accessible, relevant and engaging to all students." (Thomas und May 2010, S. 5) Es lässt sich feststellen, dass Diversität und der pädagogische Ansatz der Inklusion in der anglo-amerikanischen bildungspolitischen Diskussion als eng verknüpft betrachtet werden. Interindividuelle Differenzen (= Diversity) werden als Quelle der Bereicherung angesehen:

> Inclusive learning and teaching in higher education refers to the ways in which pedagogy, curricula and assessment are designed and delivered to engage students in learning that is meaningful, relevant and accessible to all. It embraces a view of the individual and individual difference as the source of diversity that can enrich the lives and learning of others (Hockings 2010, S. 1).

Nochmals betont werden soll das hierbei verwendete weite begriffliche Verständnis von Diversität und auch von Inklusion. Inklusion als Konzept des Umgangs mit Diversität bedeutet der Verschiedenheit im individuellen und institutionellen Umgang angemessen zu begegnen. Dies bezieht sich nicht nur auf den gemeinsamen Unterricht von Menschen mit und ohne Behinderung, sondern setzt auf die Verschiedenheit *aller* Lernenden, die es gilt in geeigneter Weise zu berücksichtigen:

> This definition of inclusive learning and teaching emphasises not only what makes us different as human beings but, also, what makes us the same. It moves away from a focus on identity as the differences that characterise a human being's life and life chances (Hockings 2011, S. 192).

Es geht damit nicht nur um die vorrangige Betrachtung „nicht-traditioneller" Studierender oder spezieller Gruppierungen, sondern „towards understanding the nuanced experiences of all students within highly diverse student groups" (Hockings 2011, S. 191; zu verschiedenen Perspektiven der Inklusion vgl. auch Wray 2013). In deutschen Bildungsbereichen wird der Begriff der Inklusion häufiger bedeutungsgleich mit dem Begriff der Integration verwendet. In dieser eingeschränkten Lesart richtet sich inklusive Pädagogik auf Personen, denen „besondere Lernbedürfnisse attestiert werden" (Allemann-Ghionda 2012, S. 125), d. h. bei denen z. B. ein Bedarf an heilpädagogischer Förderung diagnostiziert wurde oder aber auch Lernende mit mehrsprachigem Sozialisationshintergrund, die zur Heterogenität einer lernenden Gruppe beitragen. Dies scheint symptomatisch für das deutsche Bildungssystem, dessen Strategien zum Umgang mit Heterogenität häufig auf Homogenisierungsmaßnahmen abzielen.

Im anglo-amerikanischen Raum hat sich für den Umgang mit Diversität in der tertiären Bildung ein Konzept der „Inclusive Excellence" etabliert. Es verfolgt das Ziel den häufig als Widerspruch formulierten Gegensatz zwischen Diversität und akademischer Exzellenz (z. B. Haggis 2006) in eine Win-Win-Situation umzuwandeln, bei der

> diversity and inclusion, together, become a multilayered process through which we achieve excellence in learning; research and teaching; student development; institutional functioning;

local and global community engagement; workforce development; and more (Clayton-Pedersen et al. 2009, S. 3 f.).

Der Verband der Nordamerikanischen Hochschulen (AAC&U) hat dazu ein „Inclusive-Excellence-Framework" entwickelt, das deutlich macht, wie umfassend die Diversity-Perspektive auf die Hochschule sein sollte. Es bezieht sich auf alle am Bildungsprozess beteiligten Akteure: Studierende, Lehrende und Verwaltung sowie das Curriculum und den institutionellen Rahmen (Clayton-Pedersen et al. 2009, S. 5 ff.). In diesem Zusammenhang wird von „engaging diversity" gesprochen. Dieser Ansatz ist mit dem Appell verbunden, das traditionelle Modell, bei dem der Umgang mit Diversity als Ziel angesehen wird, zu transformieren in „intentional, comprehensive efforts to develop and implement pedagogy, policies, and practices that utilize the diversity resources of a campus for the benefit of students' learning and development." (Lee et al. 2012, S. 201)

Die Hinwendung zur Inklusion geht mit einem hohen Anspruch an den Umgang mit Diversität einher. Anders als beim angesprochenen Integrationsansatz, bei dem die Anpassung des „Andersartigen" (z. B. Sprache, religiöse Überzeugungen, kulturelle Gewohnheiten) verlangt wird, fordert die Inklusion eine Anpassung des Systems selbst (mit Bezug zur Schule Tietz 2009, S. 3). Für Hochschulen bedeutet dies, dass nicht mehr nur eine einseitige Anpassungsleistung der Studierenden verlangt werden kann, sondern ebenfalls eine schrittweise Anpassung des Bildungsangebots an die Bedürfnisse der Studierenden stattfinden sollte (Ruokonen-Engler 2013).

4 Handlungsfelder für Diversity Management in Studium und Lehre

Zur Verankerung von Diversity Management (DiM) in einer Hochschule wird ein strategisches Gesamtkonzept benötigt, das auf eine Verschränkung vorhandener Ansätze wie zum Beispiel der interkulturellen Öffnung und des Gender Mainstreamings angelegt wird (Auferkorte-Michaelis und Linde 2016; Czollek und Perko 2008). Ein solches Gesamtkonzept für DiM benötigt (terminologische) Konkretisierungen dessen, was angestrebt wird, eine Bestandsaufnahme bestehender Vielfalt in der Hochschule sowie ihres Umfelds, die Zusammenführung von Handlungs- und Theorieansätzen, die Entwicklung eines Leitbilds für die Hochschule sowie darin enthaltener Ziele, die Festlegung von Qualitätsentwicklungsmaßnahmen, Prozessmanagementstrukturen und Angebote zur Kompetenzentwicklung einschließlich der entsprechenden Rahmenbedingungen (Czollek und Perko 2008).

Im Folgenden wird aus dem großen Feld des DiMs an Hochschulen der Bereich Studium und Lehre fokussiert. Dazu werden als Referenzrahmen die Handlungsfelder für die Diversitätsperspektiven in Studium und Lehre herangezogen, mit denen das Landeszentrum für Kompetenzentwicklung für Diversity Management in Studium und Lehre an Hochschulen in NRW (KomDiM) arbeitet. Für den Diversity-Ansatz des Kom-DiM wurde ein Vier-Felder Schema adaptiert, das ursprünglich zur Implementierung politischer

Abb. 1 Handlungsfelder von Diversity-Strategien in Studium und Lehre. (Quelle: Auferkorte-Michaelis und Linde 2016, S. 809)

Programme entwickelt wurde (Mayntz 1980; Kamphans und Auferkorte-Michaelis 2009; Auferkorte-Michaelis und Ladwig 2013).

Die beiden Handlungsfelder Programm und Organisation umfassen vier Aktionsbereiche. Die beiden Aktionsbereiche im Handlungsfeld Programm beziehen sich auf die curriculare Verankerung von Diversity Aspekten in der Fachlehre und im fächerübergreifenden Lehrangebot der Hochschule sowie die Forschung und Entwicklung in der Hochschule. Aus organisationaler Perspektive werden strukturelle Verankerungen sowie eine entsprechende Personalentwicklung berücksichtigt. Hierzu zählt vor allem die Weiterentwicklung der Diversity-Kompetenzen der Akteure (vgl. Abb. 1).

Fachimmanente bzw. fachintegrierte Diversity-Aspekte beziehen sich auf deren querliegende Einbettung in Module, Studiengänge und ihre Curricula. Hierzu zählen Maßnahmen wie zum Beispiel Diversity-Themen in fachlichen Arbeiten von Studierenden zu ermöglichen, Lehrinhalte durch Beispiele zu veranschaulichen, Literatur und Materialen so zu wählen, dass die Heterogenität der Studierenden berücksichtigt wird, fachlich bezogene Diversity-Studies zu entwickeln, das Interesse von Studierenden für den Blick über den Tellerrand zu erweitern, weniger populäre Theorien oder internationale Perspektiven nicht führender Industrieländer kennen und einschätzen zu lernen sowie die eigene fachliche Perspektive zu reflektieren und als eine „standortbezogene Brille" definieren zu können. Diversity-Aspekte als *fächerübergreifende* Inhalte richten sich an eine die Vielfalt der Studierenden gerecht werdende Didaktik und die Integration von fachübergreifenden Inhalten, Ansätzen und Ergebnisse mit Diversitybezug. Ziel ist es, Diversitätssensibilität im Lehr-/Lernprozess zu stärken, z. B. über Angebote mit interdisziplinären Themen oder über fachübergreifende Projekte. Hierzu zählen auch sog. schlüsselqualifizierende Elemente in Studiengängen, interdisziplinäre Diversity-Module oder -Studies ebenso wie die Öffnung fachlicher Veranstaltungen für Studierende anderer Fächer.

Zum Aktionsbereich Programm gehört zudem das Handlungsfeld Forschung und Entwicklung. Hier geht es um entsprechende Schwerpunktsetzungen wissenschaftlicher Forschung und Entwicklung, z. B. durch die Aufnahme bzw. Ausweitung von Forschungsaktivitäten mit Diversitätsbezug oder auch ihre interdisziplinäre Bündelung bzw. Betonung in ausgewählten Fachrichtungen sowie deren Rückbindung an das Studienangebot der Hochschule.

Der dritte Aktionsbereich „Ablauforganisation, Struktur und Steuerung" bezieht sich auf strukturverändernde Maßnahmen in der Organisationsentwicklung der Hochschule als Bildungseinrichtung, die einen verantwortungsvollen Umgang mit Vielfalt an Hochschulen begünstigen. Solche Maßnahmen können z. B. die Entwicklung oder die Verankerung von DiM und entsprechender Strategien zur Umsetzung im Leitbild, im Hochschulentwicklungsplan und den Ziel- und Leistungsvereinbarungen umfassen.

Maßnahmen im vierten Aktionsbereich richten sich auf die Weiterentwicklung und Professionalisierung der *Akteursgruppen* in Studium und Lehre. Hierzu gehören alle, die im Bereich Studium und Lehre aktiv sind: Lehrende, Beratende, Prüfende, Verwaltungsmitarbeiter/innen. Die Kompetenzentwicklung umfasst die Sensibilisierung für Diversitätsaspekte, die bewusste Wahrnehmung von Vielfalt, Fähigkeiten und Fertigkeiten für den Umgang mit Heterogenität zu entwickeln sowie die eigenen Handlungsroutinen zu erweitern.

Hochschulen weisen eine komplexe Binnenstruktur ihrer Handlungsebenen auf (Auferkorte-Michaelis 2005, S. 109): von der Mikroperspektive einzelner Lehr-Lerninteraktionen zwischen Lehrenden und Studierenden, über mesoperspektivische Aushandlungsprozesse zur Curriculumentwicklung von Studiengängen auf Fakultätsebene und übergreifend bis hin zu profilbildenden Maßnahmen in der makroperspektivischen Ausrichtung der Hochschulleitung nach innen, aber auch nach außen in den hochschulpolitischen Raum. Die Implementierung von Diversitätsaspekten wird dann wirksam, wenn Maßnahmen in den Bereichen zeitgleich und auf verschiedenen Handlungsebenen erfolgen.

5 Diversitätsgerechtes Lehren und Lernen ermöglichen

Welche Faktoren spielen eine Rolle, wenn Lehren und Lernen diversitätsgerecht gestaltet werden soll? Neben dem Lehren, Lernen und Prüfen an erster Stelle werden beispielsweise in der „Charta guter Lehre" (Stifterverband für die Deutsche Wissenschaft 2013) das Beraten und Betreuen sowie als Drittes die Curriculumentwicklung aufgeführt, um die Qualität der Lehre zu bestimmen. Speziell mit Ausrichtung auf Diversity und Inklusion hat die britische Higher Education Academy als Schlüsselfaktoren Curriculum Design einschl. e-Learning, Curriculum Delivery und Assessment identifiziert (Thomas und May 2010, S. 9). Viebahn (2008, S. 115 f.) sieht in seiner Analyse der Lernerverschiedenheit und sozialen Vielfalt im Studium aus einer psychologischen Perspektive ebenfalls das Lehren und Lernen (Unterricht) nebst Selbststudium, das Prüfen sowie Beratung und individuelle Unterstützung als eine Mesoebene und grenzt diese zu Organisationsformen des Studiums generell (z. B. Wahlmöglichkeiten im Curriculum) auf einer Makro- und den unmittelbaren Interaktionen zwischen Lehrenden und einzelnen Lernenden auf einer Mikroebene ab.

Allen drei Vorschlägen ist gemein, dass sie auf die zentralen Punkte Lehren und Lernen, Prüfen, Beraten und Betreuen sowie die Gestaltung des Curriculums rekurrieren, gleichzeitig aber ein weites Feld dahinterliegender institutioneller Faktoren identifizieren, die für die nachhaltige Ausrichtung des Lehrens und Lernens von Bedeutung sind.

Diversitätsgerechtes Lehren und Lernen zu ermöglichen, ist eine hochschuldidaktische Aufgabe, die nicht mit Betreten des Seminarraums beginnt und ebenso nicht mit dem Abschluss der Veranstaltung endet. Die Beratung und Betreuung von Studierenden sowie die Planung und Konzeption von Studienangeboten haben gleichermaßen hochschuldidaktische Dimensionen. Die Hochschuldidaktik ist somit ein Querschnittsthema bei der Diskussion um die Qualität der Lehre und des Lernens an Hochschulen, sie spielt bei der Frage nach der Ermöglichung von diversitätsgerechtem Lehren und Lernen eine zentrale Rolle. „‚Gute' Lehre", so die Hochschulrektorenkonferenz bereits 2008, „besteht darin, das eigenständige Lernen der Studierenden zu ermöglichen und zu unterstützen." (HRK 2008, S. 3) Die studierendenorientierte Lehre soll mehr Zufriedenheit fördern, das Selbstwertgefühl steigern und intrinsisches (Tiefen-)Lernen bei den Studierenden hervorrufen. Damit greift die HRK Kriterien für gute Lehre auf, die im internationalen Diskurs über diversitätsgerechtes Lehren und Lernen als grundlegend gelten, wie nachfolgend aufgeführt werden wird. Dabei werden zentrale Fragen des diversitätsorientierten Lehrens und Lernens aufgegriffen und exemplarisch einige Aspekte anschaulich näher beschrieben.

5.1 Lehren und Lernen

Trotz einer deutlichen Zunahme der Diversität der Studierendenschaft in den vergangenen Jahren finden sich wenige Hinweise, dass sich die althergebrachten Lehrmethoden grundlegend verändert hätten (Gorard et al. 2006, S. 56 ff.). Vorlesungen bleiben der Hauptweg des Wissenstransfers und der/die Lehrende als Autorität steht weiterhin im Mittelpunkt (u. a. Hockings und Bowl 2008). Dem aktuellen Stand der Lehr-Lern-Forschung entsprechend, wird dagegen eine studierendenzentrierte Lehre, die einen deutlichen Fokus auf kollaborative Lernformen legt, generell als geeignet angesehen, um Studierende unterschiedlichster Herkunft aktiv in den Prozess der akademischen Bildung zu involvieren (z. B. Bamber und Tett 2001; Haggis 2006). Hierdurch werden Forschungsergebnisse bestätigt, die auch schon früher eine deutliche Verbindung zwischen Studierendenzentrierung und Studienerfolg aufgezeigt haben (Marton et al. 1997; Prosser und Trigwell 1999).

Je nach Zusammensetzung der Studierenden ist jedoch zu beachten, dass nicht alle ohne weiteres gleich gut mit studierendenzentrierter Lehre zurechtkommen. Das gilt beispielsweise für internationale Studierende, die kollaboratives Lernen nicht gewohnt sind, Angst haben, nicht verstanden zu werden oder in deren kulturellem Umfeld Schweigsamkeit und die Vermeidung von Auseinandersetzungen als Tugenden angesehen werden (De Vita 2000). Als Ansatzpunkte nennt De Vita u. a. den Aufbau von Vertrauen zwischen Lehrenden und Studierenden (zur Lehre mit besonderem Fokus auf den Beziehungsaspekt auch Böss-Ostendorf und Senft 2010), die schrittweise Entwicklung von Gruppenarbeit sowie die unmissverständliche Anerkennung des Wertes von Vielfalt. Kember (2000), der sich intensiv mit der Frage befasst hat, ob asiatische Studierende ein eher passives, auf Auswendiglernen gerichtetes Lernverhalten haben, kommt zu dem Schluss, dass dieses nicht der Fall sei. Wie alle Studierenden, richten auch asiatische Studierende ihr Lernen auf die Erwartungen der Lehrenden, die angebotenen Lehr-Lern-Arrangements und die Prüfungsanforderungen aus. Wenn für die Studierenden neue, ungewohnte Formen des Lehrens und Lernens eingesetzt werden, benötigen diese auch die entsprechende Zeit und Unterstützung (z. B. strukturierte Einführungen, ausreichende Erläuterungen, Tutorien), sich darauf einzustellen. Dies ist keine Frage der spezifischen kulturellen Zugehörigkeit, sondern gilt ganz generell. Kember (2000, S. 116 f.) spricht von weit verbreiteten „Mis-Conceptions" gegenüber asiatischen Studierenden.

Studierende weisen immer große Unterschiede in der Art und dem Niveau ihres Vorwissens auf. Um sie dennoch möglichst alle einzubinden, können die Lehrinhalte je nach Zielgruppe variiert werden, indem z. B. in einer Vorlesung stärker formal-mathematisch gearbeitet wird, in einer anderen eher beispielorientiert. Wird die Ausrichtung auf eine bestimmte Studierendengruppe jedoch zu stark, besteht die Gefahr, dass andere zu wenig angesprochen werden (Hounsell und Entwistle 2004, S. 7). Ein weiterer Weg ist auch hier das kollaborative Lernen. Wenn Studierende in Gruppen arbeiten, können sie ihr Wissen austauschen und gemeinsam neues entwickeln. Northedge (2003) zeigt, wie auf diese Weise die Entstehung von Communities of Practice gelingt, in denen Studierende mit und ohne Vorwissen – hier der Sozialen Arbeit – partizipieren können:

> Since knowledge communities always encompass a wide range of members participating at different levels, students from diverse backgrounds and levels of experience can very effectively participate alongside each other, provided that the educational programme is designed and the teaching delivered with this in view (S. 31).

Eine sehr große Rolle spielte hierbei die Auswahl der Texte und Fallstudien, die auf die Erfahrungshintergründe der Studierenden, ihre Interessen und Berufsperspektiven abgestimmt waren.

Der Schlüssel für die Aktivierung von Lernprozessen ist das Eingehen der Lehrenden auf die diversen Interessenlagen, Absichten und zukünftigen Rollenanforderungen der Studierenden (Hockings 2010, S. 31). Je weiter entfernt die Lehrinhalte davon sind und je größer auch die Gruppen, desto schwieriger ist es die Studierenden in der Breite zu involvieren. Oft arbeiten Lehrende dann mit Annahmen über Eigenschaften der Studierenden oder über das, was der/die durchschnittliche Studierende wissen sollte. Material, Aktivitäten und andere Ressourcen an einer Gruppe unter der Annahme auszurichten, dass sie für alle geeignet seien, birgt die Gefahr in sich andere zu vernachlässigen. Besser ist es, flexible Lehr- und Lernstrategien einzusetzen, die Studierenden erlauben, den Lerngegenstand mit den eigenen Erfahrungen und Interessen zu verknüpfen (z. B. Hockings et al. 2010; Zepke und Leach 2007). Eine solche adaptive Instruktion ist aus der pädagogischen Psychologie als „Sammelbezeichnung für den unterrichtlichen Umgang mit interindividuellen Differenzen" bekannt (Hasselhorn und Gold 2009, S. 253). Es erfolgt dabei eine Anpassung des Lernangebots an die individuellen Voraussetzungen der Lernenden. Als Abkehr von einer einförmigen Lehrstrategie (Weinert 1997) kann damit das individuelle Lernen mittels Instrumenten wie Lerntagebuch oder Lernportfolio (Viebahn 2008, S. 171 ff.) sowie auch über Lernverträge oder Lernzielvereinbarungen (Bildungsdirektion Kanton Zürich 2011, S. 3) gesteuert werden.

McLean und Abbas (2009) sprechen von einem „biographical turn", den sie in der Soziologie einsetzen, um Kerninhalte in den Studierenden selbst zu reproduzieren. Die Reflexion eigener Lern- und Lebensgeschichten wird als didaktischer Anknüpfungspunkt nutzbar, denn „die Kommunikation in der Bildungsarbeit ist abhängig von der Wirklichkeitskonstruktion der Lernenden und Lehrenden." (Schlüter 2010, S. 163) Die Lebenshintergründe der Studierenden werden genutzt, um die Bedeutung des Fachs zu veranschaulichen. Theorie, studentische Forschungsaktivitäten und konkrete Anwendung werden dynamisch miteinander verwoben, um eine Verflachung zu vermeiden. Die Einbettung in eine Lehrveranstaltung könnte folgendermaßen aussehen (Hockings 2011, S. 196 ff.): Wissen und Erfahrungen der Studierenden werden als Ausgangspunkt genutzt, dann erfolgen Aktivitäten, die Diskussionen auslösen und unterschiedlichste Annahmen offenbaren. Während der/die Lehrende sich nun durch die Ideen und Aussagen der Studierenden durcharbeitet, werden schrittweise Faktenwissen und Theorieelemente eingeführt. Eine wichtige Aufgabe der Lehrenden besteht bei diesem Vorgehen darin, Richtig-Falsch-Kategorisierungen zu vermeiden und stattdessen die Studierenden zu ermutigen, ihre Überlegungen offenzulegen und dann Fragen zu stellen, die Reflexion erfordern, so dass herausgearbeitet werden kann, welche Methoden, Annahmen, Ideen etc., der ursprünglichen Aussage zugrunde liegen. Werden auch die anderen Studierenden in diesen Reflexionsprozess eingebunden, findet vertiefendes Lernen auf hohen kognitiven Ebenen (bewerten, vergleichen, entwickeln) in der Breite statt. Hockings (2011) bezeichnet einen solchen Vorgang als „creating spaces". Es werden Freiräume für das individuelle Denken und für die Beteiligung aller geschaffen. In solchen Situationen ist es nicht mehr der/die Lehrende der/die im Vermittlungsmodus für die Studierenden denkt und antwortet, sondern es findet eine Art kollektiver (Er-)Forschungsprozess der Natur der jeweiligen Fachdisziplin statt (Haggis 2006, S. 530 ff.). Indem offene und flexible Aktivitäten initiiert werden, die alle Studierenden durch die Verknüpfung mit ihrem individuellen Wissen, Erfahrungen und Hintergründen auf ihre eigenen Bedürfnisse anpassen können und die sie zu kritischem Denken anregen, steigen die Chancen, dass die Studieninhalte für die Studierenden nachhaltig bedeutungsvoll werden und zu einem vertieften akademischen Lernen führen.

Lehrende sollten dabei bedenken, dass sich die Motiv- und Interessenslagen, mit denen Studierende an die Hochschule kommen, ganz massiv von denen der Fachexpert/innen unterscheiden können. Anstatt berufsbezogene Interessen als weniger wertvoll anzusehen – ggü. fachbezogenen mit einem hohen Eigenwert –, empfiehlt es sich, jede Form der Studienmotivation als legitim anzuerkennen und damit ein wertschätzenderes Klima an der Hochschule zu etablieren. Lehrende sollten sich mitverantwortlich dafür sehen,

Studierende an die faszinierenden Aspekte der Wissenschaft heranzuführen, die sie als Lehrende selbst begeistern (Haggis 2006, S. 527 f.).

Weitere Ansatzpunkte für bessere Lernergebnisse für alle Studierenden sieht Haggis (2006) am Beispiel der Geisteswissenschaften darin, dass viele der impliziten Wertungen, z. B. über gutes, weil vertiefendes, reflexives Lernen, oder gutes akademisches, weil selbstständiges und eigenverantwortliches Arbeiten, Studierenden nicht klar sind und daher offengelegt werden sollten. Es ist schwer vorstellbar, wie Lehrende es schaffen wollen, Studierende durch rhetorische Aktivitäten von alternativen Sichtweisen auf die Welt zu überzeugen (Laurillard 2002), wenn es ausgeprägte Kommunikationsbarrieren gibt. Für Studierende ist es weiterhin oft intransparent, wie die Arbeitsweisen der Disziplin sind und wie Erkenntnisse des Fachs überhaupt zustande kommen. Sie erleben häufig nur die Verkündung von Wissen, ohne etwas über die Hintergründe ihrer Entstehung zu erfahren. Warum nicht die Lernenden mit den Ausgangsproblematiken sorgfältig ausgewählter Fragestellungen des Fachs konfrontieren, um ihnen die Genese des aktuellen Wissens selbstständig nachvollziehend zu ermöglichen? (Wagenschein 1995) Auch in einem Vermittlungsmodus können Lehrende auf anschlussfähige Sprache, entsprechende Erläuterungen, Metakommunikation und exemplarische Fragestellungen der Disziplin achten, um das Lernen für alle Studierenden im jeweiligen Fach zu erleichtern.

Das Verhalten der Lehrenden, die Methodenwahl, die Art und Weise Fragen zu stellen und Diskussionen zu leiten, bestimmt entscheidend darüber, wer inkludiert und wer exkludiert wird (Bowl 2005). Mertz (2007, S. 202) stellt in einer Untersuchung an US-amerikanischen Law-Schools fest, dass weibliche Studierende mehr Beteiligungsmöglichkeiten haben, wenn sie von einer weiblichen Lehrperson unterrichtet werden und farbige Studierende, wenn auch der/die Lehrende farbig ist. Eine positive Einstellung der Lehrenden gegenüber der möglichen Vielfalt aller Studierenden ist wichtig: „When there is an expectation that all will speak, and that all contributions will be regarded as valid, the issue of silencing should not arize." (Bowl 2005, S. 132) Boaler (2008, S. 6) spricht von „relational equity", die hergestellt werden sollte. Diese Form von Fairness und Gleichberechtigung der Studierenden untereinander beinhaltet die Achtung der Sichtweise, Erfahrungen und Fähigkeiten des Anderen, was zu positiven (intellektuellen) Beziehungen führt, ein Commitment für das eigene Lernen und das Lernen der Anderen und die Fähigkeit, geeignete Kommunikationsmethoden einzusetzen (z. B. Fragen, die zum weiterführenden Denken anregen oder sich klar zu machen, worum es bei einer Aufgabe geht).

Reflexivität ist für Lehrende eine ganz zentrale Fähigkeit, um Studierende zu ermutigen, eine kritischere Haltung gegenüber ihrem Fach einzunehmen. Gerade kontroverse Themen laden dazu ein, solch eine Haltung einzuüben (Hockings 2011). Mit Reflexivität meint Hockings, sich als Lehrende/r darüber bewusst zu sein, wie die eigenen Annahmen und Einstellungen das studentische Lernen beeinflussen. „It is about being mindful of the choices we make about the materials, resources, anecdotes and examples we use in relation to the subject and sensitive to the diversity within the group." (S. 199) Es geht dabei auch darum, sorgfältig zu beobachten, was in der Lehrveranstaltung passiert: welche Gruppendynamiken treten auf, wie mischen sich die Studierenden untereinander, wer bleibt evtl. isoliert? Auf diese Beobachtungen sollten Lehrende mit wohl dosierten Interventionen reagieren.

Der Diversität Raum zu geben, kann bei heiklen Themen natürlich schnell zu konfliktreichen Situationen führen, z. B. bei interkulturellen oder religiösen Fragen. Hier gilt es das Handlungsrepertoire der Lehrenden zu stärken, um potenzielle Konflikte konstruktiv auflösen zu können. Bowl (2005, S. 130 ff.) sieht den Aufbau von Vertrauen als essenziell an. Mit Bezug auf Johnson-Bailey und Cervero (2004) empfiehlt sie außerdem Introspektion, um immer wieder einen sorgfältigen und gleichzeitig selbstkritischen Blick auf die eigene Lehrpraxis zu werfen.

Die Förderung wertschätzender Interaktion erscheint umso wichtiger, wenn man nach Astin (1993, S. 7) bedenkt, dass:

> [t]he single most powerful source of influence on the undergraduate student's academic and personal development is the peer group [...] [e]very aspect of the student's development – cognitive and affective, psychological and behavioral – was affected in some way [...].

Peer-Interaktionen sind eine, wenn nicht sogar die entscheidende Einflussgröße für die Diversitätserfahrungen mit potenziell positiven und nachhaltigen Effekten für prinzipiell alle Studierenden (Kuh et al. 2006, S. 43 mit weiteren Verweisen).

Inklusive Lehre führt zu einer Aktivierung der Studierenden („student engagement").

> When they are academically engaged, they are immersed in the search for understanding and knowledge. They are exercising high-level cognitive skills that are often associated with a deep approach to learning. [...] At the same time, they are drawing on and exploring their own and others' knowledge and experiences. In this way they bring their own lives to bear on the academic subject of their learning (Hockings 2011, S. 192 f.).

Der Fokus liegt hierbei weniger darauf, zu welchem Grad Studierende definierte Learning Outcomes erreichen, sondern mehr auf der Anregung von Lernprozessen, die persönlich bedeutungsvoll sind. Das Zusammenspiel zwischen Lehrenden und Studierenden in der Lehrveranstaltung ist dabei zentral.

Praktizierte inklusive Lehre basiert auf Studierendenzentrierung und der Erwartungshaltung, dass sich alle Studierenden nicht nur aktiv an Diskussionen beteiligen und ihre Gedanken offenlegen sollen, sondern dass sie die Beiträge der Anderen gleichermaßen wertschätzen wie auch kritisch hinterfragen. Dies lässt sich herbeiführen, wenn Lehrende dieses Verhalten vorleben und an die „Spielregeln" erinnern. Dazu gehört es, die Studierenden mit ihren sozialen wie akademischen Identitäten anzuerkennen und ihre speziellen Lernbedürfnisse zu adressieren. Unterstützend ist der Einsatz von Materialien und Ressourcen hilfreich, die sowohl auf die kulturelle Vielfalt der Studierenden als auch auf die der Fach-Community abgestimmt sind. Sie sollten Minderheitenthemen in positiver Weise aufgreifen und Studierende ermutigen, Ungleichheiten und Stereotypen, die sich in der Disziplin und/oder der Profession finden lassen, zu erkennen und kritisch zu hinterfragen. Im Gegensatz dazu verhalten Studierende sich passiv („disengaged"), wenn die

Lehr-Lern-Umgebung und das Lehrverhalten nicht ihren Bedürfnissen entsprechen. Dies ist meistens der Fall, wenn sich Studierende in großen Hörsälen mit fester Bestuhlung wiederfinden und Lehrende im Vortragsmodus arbeiten (Hockings und Bowl 2008, S. 12 f.).

Inklusivität, darauf weist Viebahn (2008, S. 120 mit Bezug auf Bartolo et al. 2007, kursiv im Original) hin, ist als „ein notwendiges Gegenstück zum differenzierenden Lehren [zu sehen], da Unterrichtsdifferenzierung leicht mit sozialer Trennung (*segregation*) verbunden ist."

Die hier angesprochene Differenzierung, wird in zwei Formen praktiziert. Die erste ist davon gekennzeichnet, dass Lernende zum Beispiel über längere Zeiträume in Jahrgangsklassen, Förderkursen oder verschiedenen Schularten zu homogenen Gruppen zusammengeführt werden (äußere Differenzierung). Bei der inneren oder Binnendifferenzierung geht es nicht um die Auflösung von Heterogenität, sondern um eine möglichst individuelle Förderung der einzelnen Lernenden (u. a. Bönsch 1995; Helmke 2012) durch angemessene und immer wieder neue Aufteilung einer Gesamtgruppe in Untergruppen. Dies kann nach unterschiedlichsten Kriterien erfolgen. Bei Meyer (2010) finden sich Formen der personalen (nach Fähigkeiten oder Interessen) sowie der didaktischen Differenzierung (nach Zielen, Inhalten und Methoden bzw. Medien). Tomlinson und Imbeau (2010) schlagen vor, sowohl didaktisch nach Content, Process und Product als auch nach personalen Voraussetzungen (Readiness, Interest, Learning Profile) zu differenzieren. Hattie (2012, S. 97 f.) empfiehlt explizit, den Entwicklungsprozess der Lernenden mit den Stufen Novice, Capable und Proficient bei der Bildung von Gruppen zu berücksichtigen. Nach Hattie (2012) sollte nicht danach differenziert werden, wer klüger ist und wer kämpfen muss, sondern danach, wer vom Unterricht profitiert und wer nicht. Diejenigen, die nicht vorwärts kommen – unabhängig vom Ausgangspunkt – bedürfen anderer Angebote.

Diversität der Lernenden wird dann angemessen berücksichtigt, wenn es immer wieder gelingt, Arrangements zu schaffen, die eine gemeinsame Bearbeitung einfordern. Aufgaben, die höhere kognitive Verarbeitungsmuster erfordern (vergleichen, bewerten, (weiter-)entwickeln) sind ideal dafür geeignet, für alle Beteiligten „open-ended benefit[s]" zu ermöglichen (Buckridge und Guest 2007, S. 139).

5.2 Prüfen

Prüfungen schließen den Lehr-Lernprozess formal ab, sie „bilden für Lehrende an Hochschulen nicht selten den Schlusspunkt einer Lehr- und Beratungstätigkeit mit Studierenden" (Walzik 2012, S. 9). Prüfungen sind formalisierte Verfahren, die nach Flechsig (1974) Rekrutierungsfunktionen mit dem Nachweis über eine Qualifizierung beinhalten, didaktische Funktionen wie die zeitliche und inhaltliche Gliederung des Studiengangs spiegeln, die Rückmeldung des Lehr-Lernerfolges an Lehrende und Lernende sowie Sozialisationsfunktionen erfüllen. Diese Funktionen haben sich in den letzten Jahrzehnten nicht geändert. Eine Prüfung zu bestehen, ist für viele Studierende die Motivation, die den Lernprozess lenkt. Prüfungen steuern zum einen das Lernen und zum anderen selektieren sie, wer die geforderten Leistungen erbringt und wer nicht (Dubs 2006; Carless 2007). Die formative Steuerungsfunktion wird im Rahmen des Lehr-Lernprozesses erbracht, indem Lernkontrollen, Rückmeldungen (Feedback) oder Lernhilfen unterstützend eingesetzt werden. Die summative Selektionsfunktion gibt Auskunft über den Nachweis erlernten Wissens oder erworbener Kompetenzen für Zwecke der Zulassung, der Wegweisung oder der Auswahl.

Prüfungen haben somit eine „double duty" (Boud 2000) zu erfüllen. Sie beziehen sich gleichzeitig auf das Lernen und die Notengebung. Sie bewerten und sollen gleichzeitig Auskunft darüber geben, wie es (noch) besser ginge. Diese Mehrfachanforderung macht Prüfungen anfällig für die Reproduktion von Ungleichheiten mit weitreichenden Folgen für Bildungsbiographien, für die mit Prüfungen und Leistungsbewertung weitere Zugänge verbunden sind. Die Persönlichkeit der Lehrenden und ihre eigenen Kompetenzen zu prüfen sind nicht zu unterschätzen, wenn es darum geht Studierende zu motivieren, ihnen auf Leistungen und Bewertungen entsprechende Rückmeldungen zu geben und die Prüfungssituation angemessen zu gestalten, nämlich so, dass sie auch prüft „was sie zu prüfen vorgibt" (Walzik 2012, S. 16). Eine große Herausforderung liegt darin, auf unterschiedliche Lerngeschwindigkeiten einzugehen und dies in der Leistungsbewertung zu berücksichtigen (Walzik 2012, S. 15). Von den drei üblichen Normen der Leistungsbewertung fokussiert lediglich die Individualnorm, d.h. die Bewertung der Leistung an der individuellen Entwicklung der bzw. des Lernenden auszurichten, explizit die Unterschiedlichkeit der Lernenden als Ausgangspunkt. Die kriterienorientierte und die soziale Bezugsnorm, d.h. die auf eine Gruppe bezogene Leistungsbewertung, bewerten und benoten immanent auch Abweichung bzw. Verschiedenheit mit.

Inklusive Prüfungen haben den Anspruch, zieladäquate und faire Prüfungsmethoden und -verfahren so zu gestalten, dass *alle* Studierenden ihr volles Leistungspotenzial demonstrieren können (Hockings 2010, S. 34). Diesem Anspruch folgend, lässt sich das bestehende Prüfungswesen an Hochschulen kritisieren. Ein erster, ganz massiver Kritikpunkt besteht darin, dass Prüfungen in der Praxis in den allermeisten Fällen nach wie vor nicht an kompetenzorientierten Learning Outcomes orientiert sind, sondern Fachwissen abprüfen (Wex 2012). Das Prüfungswesen an Hochschulen erweist sich diesbezüglich als sehr veränderungsresistent und ist noch weit entfernt davon, im Sinne der Bologna-Reform kompetenzorientiert zu sein (Reis 2010). In ihrem Fachgutachten zur Kompetenzorientierung in Studium und Lehre zeichnen Schaper et al. (2012) ein komplexes Profil akademisch bzw. wissenschaftlich geprägter Kompetenzen, die sich von anderen Bildungsbereichen abgrenzen. Die akademische Kompetenz, die in einem Hochschulstudium erworben wird, ist „reflexiv und explikationsfähig; [...] erkenntnisbasiert; [...] vom Inhalt und Zweck her außerdem disziplinär organisiert; [...] auf komplexe neuartige Situationen und Aufgaben [...] und tätigkeitsfeldbezogen" (Schaper et al. 2012, S. 22 f., im Original teilw. kursiv). Sowohl die Unterscheidung geeigneter Prüfungsformate nach den Funktionen von prozessbegleitenden und summativen Prüfungen im Studienverlauf als auch die Ausrichtung an der Kompetenzentwicklung der Lernenden ist für deutsche Hochschulen eine Herausforderung (Schaper et al. 2012).

Die Fokussierung auf die klassischen Prüfungsformate wie Klausuren, mündliche Prüfungen sowie Hausarbeiten führt zu einer Bevorzugung von „traditionellen" gegenüber „nichttraditionellen" Studierenden. Studien aus Großbritannien (Hockings 2010, S. 36 ff.) belegen, dass Studierende mit weißer Hautfarbe („white students") im Durchschnitt bessere Studienergebnisse aufweisen als Angehörige von Minderheiten und die Prüfungsbedingungen analog auch als unterschiedlich fair wahrgenommen werden. Studierende mit einem berufspraktischen Hintergrund haben häufig den Eindruck, dass ihre Ausbildung sie nicht adäquat auf akademische Arbeitsweisen und klassische Prüfungsformen vorbereitet. Von ihnen wird erwartet, sich darauf einzustellen, alternative Prüfungsangebote werden nicht gemacht. Es lassen sich auch für weitere Gruppen (z. B. nach Gender, Ethnie, familiärem Hintergrund, Einkommen, sozialem Status) Benachteiligungen durch die bestehenden Prüfungsverfahren feststellen (Thomas und May 2010, S. 13 mit vielen Verweisen).

Hounsell et al. (2007b, S. 8) stellen vor diesem Hintergrund die Frage:

Could an assessment scheme be considered fair if it had the effect of enabling the traditional entrants to shine without having to stretch themselves, while leaving the non-traditional entrants toiling to make up the gap between themselves and their peers? And what might be the consequences of an extended game of catch-up for the motivation and commitment of some non-traditional students?

Prüfungen kompetenzorientiert zu gestalten, also über das Wissen hinaus auch auf Handlungsvollzüge auszurichten (Reis 2010, S. 158 f.), könnte einen Beitrag leisten, nichttraditionellen Studierenden bessere Prüfungsbedingungen zu gewähren, in denen sie ihre praktischen Fähigkeiten zeigen können.

Ein weiterer Kritikpunkt ist die sehr einseitige Ausrichtung von Prüfungen auf die Selektionsfunktion. Das ist gut erkennbar an den Modulbüchern, in denen die Abschlussprüfung, nicht aber Hinweise auf Formen der lernbegleitenden Lernfortschrittskontrollen erfolgen (z. B. AQAS 2005). Durch diese einseitige Ausrichtung auf Abschlussprüfungen werden die für den Lernerfolg wichtigen Feedbackgelegenheiten während des Lernprozesses vernachlässigt. Zwar enthalten die Bewertungen zum Ende einer Lernperiode eine Rückmeldekomponente, meist in Form einer Note, kommen aber zu spät, um die Qualität des Lernens nachhaltig zu beeinflussen. Häufig sind auch die Aktivitäten in den einzelnen Veranstaltungen nicht mit den Prüfungsinhalten am Ende eines Semesters aufeinander abgestimmt, so dass die prüfungsvorbereitenden Lernaktivitäten der Studierenden nicht auf die intendierten Learning Outcomes ausgerichtet wird (Biggs und Tang 2011). Dies ist z. B. der Fall, wenn in Veranstaltungen Teamarbeit und Präsentationen geübt werden, die Abschlussprüfung aber im Multiple-Choice-Format erfolgt. Ein ausgewogenes Verhältnis zwischen formativen und summativen Prüfungselementen ist erstrebenswert (Hounsell et al. 2007b), vor allem, weil die oft vernachlässigten formativen Rückmeldekomponenten einen ganz wichtigen Beitrag zum studentischen Lernen und zur Steigerung der Lernmotivation leisten (Hernández 2012). Hier liegen große Potenziale für die individuelle Ansprache von Studierenden, um unter Diversitätsgesichtspunkten positiven Einfluss auf ihr Lernen zu nehmen. Formen des Self- und Peer-Assessments können helfen, zusätzliche Beanspruchungen von Lehrenden zu vermeiden. Lernkontrollfragen anzubieten, die Studierende in Gruppen bearbeiten und sich anschließend über die Lösungen austauschen, ist nicht nur gut für den Lernerfolg, sondern auch für Lehrende ressourcenschonend (Dubs 2006, S. 3). Wenn Studierende stärker in Rückmeldeprozesse eingebunden werden, führt dies gleichzeitig zu verstärkter Reflexion über die eigenen Lernprozesse und steigert die Selbstverantwortung (Hernández 2012, S. 501). Formative Prüfungen sollten ohnehin mehr als ein Kommunikationsprozess zwischen Lehrenden und Studierenden verstanden werden, so dass Studierenden klarer wird, wie dies ihr Lernen positiv beeinflussen kann (Higgins et al. 2001; Hattie 2012, S. 135 f.). In solch einem Dialog wäre es möglich, die Studierenden in die Entwicklung der Qualitätskriterien einzubinden, was zu einem vertieften Verständnis für die Anforderungen an gute Leistungen führt und eine zusätzliche (Meta-)Perspektive auf die Inhalte sowie den Lern- und Arbeitsprozess eröffnet (Price et al. 2012). In diesem Sinne haben Higgins et al. (2001, S. 274) schon früh propagiert, aus dem Feedback ein „Feedforward" zu machen, bei dem betont werden soll, was Studierende aus dem Feedback machen, um ihren weiteren Lernweg besser zu gestalten (so auch Carless 2007).

Gültigkeit (Validität), Zuverlässigkeit (Reliabilität) und Chancengerechtigkeit (Fairness) werden neben dem Aspekt der Prüfungsökonomie als Gütekriterien für Prüfungen angesehen (Dubs 2006, S. 4 f.). Bestehende Prüfungssysteme werden im Hinblick auf die Gültigkeit dieser Kriterien in letzter Zeit massiv kritisiert. Sadler (2009a) vergleicht analytische, kriteriengestützte mit holistischen Prüfungsverfahren, bei denen die studentischen Leistungen als Ganzes bewertet werden. Er identifiziert sechs gravierende Schwächen der in den letzten Jahren verwendeten analytischen Verfahren, die zu Verzerrungen führen können, z. B. das Ausblenden von Leistungsmerkmalen, die Gefahr, dass zentrale Kriterien vergessen werden oder erst im Laufe des Bewertungsprozesses auftauchen, Abweichungen zwischen analytisch und holistisch ermittelten Bewertungen oder auch die mangelnde Trennschärfe der Abgrenzung der einzelnen verwendeten Kriterien (S. 164 ff.). Die Beschränkung auf vorher definierte Kriterien kann nie den Nuancenreichtum eines Expertenurteils und die tatsächliche Komplexität ihres Zusammenspiels bei der Anwendung widerspiegeln.

Große Chancen zur Verbesserung von summativen Prüfungen liegen darin, die Studierenden an der Diskussion über Qualitätsfragen zu beteiligen. Sie können im Falle von holistischen Prüfungsverfahren lernen, ganzheitliche Bewertungen abzugeben (z. B. über Leistungen der Peers), diese mit den (anonymisierten) Bewertungen der Lehrenden abzugleichen und ihre Einschätzungen anschließend zu begründen (Sadler 2009a, S. 176). Beim Einsatz von analytischen Verfahren könnten sie, wie bei den formativen Prüfungen angesprochen, an der Entwicklung der Qualitätskriterien beteiligt werden. „Involving students in assessment provides an authentic opportunity for them to learn what ‚quality' is in a given context [...]" (Bloxham 2009, S. 217). Auf diese Weise könnte die Subjektivität von Bewertungsverfahren deutlich gemacht werden und sie würden so zu einem festen Bestandteil eines ganzheitlichen Lernprozesses („assessment as learning"; Bloxham 2009, S. 217). Sadler (2009b, S. 58) sieht als drei zentrale Punkte eines Lernens, welches das Evaluieren integriert, dass Studierende erstens die Möglichkeit erhalten müssen, eine größere Bandbreite ähnlicher Leistungen in Augenschein nehmen zu können. Weiterhin sollten sie Zugang zu Arbeitsergebnissen von Peers bekommen, die erkennbare Qualitätsunterschiede aufweisen und drittens sollten ihnen Eindrücke einer Vielfalt von unterschiedlichen Arbeitsergebnissen ermöglicht werden, so dass ihre Bewertung nicht zu eingeschränkt erfolgt. Im Wechselspiel von ganzheitlicher Bewertung und kriterialer Absicherung kann dann erlernt werden, wie Expert/innen zu Qualitätsurteilen kommen.

Ein weiterer zentraler Kritikpunkt richtet sich auf die Einheitlichkeit von Prüfungen. Legen alle Studierenden dieselbe Prüfung ab, führt das zwangsläufig zu Benachteiligungen. Wenn man keine Ausnahmen zulässt, greift lediglich die an Hochschulen angebotene Möglichkeit des Nachteilsausgleichs für Studierende mit einer anerkannten Beeinträchtigung. Übliche Erleichterungen bestehen darin, längere Bearbeitungszeiten zu gewähren, einen extra Raum für das Schreiben einer Prüfung oder auch einen Laptop oder eine/n Schreiber/in zu stellen (Deutsches Studentenwerk 1996). Waterfield und West (2006) bezeichnen dieses Vorgehen als einen „contingent approach", weil benachteiligte Studierende individuell behandelt werden, wohingegen die Standardverfahren unverändert bleiben. Es lässt sich eine Bandbreite an gewährten Erleichterungen beobachten, wobei meist unklar ist, auf welcher Grundlage sie gewährt werden (Sharp und Earl 2000 mit Bezug auf britische Universitäten). Das birgt die Gefahr, dass die Chancengleichheit unterlaufen statt gesichert wird. Selbst die Begünstigten dieser speziellen Arrangements, die letztlich auch eine Anpassung an das bestehende System erfordern, zeigen sich nicht wirklich zufrieden und sehen die individuellen Vereinbarungen nur als zweitbeste Lösung an (Waterfield und West 2006, S. 17; Hockings 2010, S. 38 mit weiteren Verweisen). Waterfield und West (2006) weisen erweiternd auf die Möglichkeiten eines „inclusive approach" hin und schlagen eine flexible Bandbreite von Prüfungsformaten für *alle* Studierenden vor, so dass die gleichen Learning Outcomes auf verschiedene Weise überprüft werden können. Neben der Wahl der Prüfungsform wäre es auch denkbar, den unterschiedlichen Bedürfnissen der Studierenden entgegen zu kommen, indem die Anzahl der Prüfungen (häufige (Teil-)Prüfungen vs. komplexere Abschlussprüfungen) in verschiedenen Studienabschnitten variiert oder sogar als Wahlmöglichkeiten angeboten werden. Genau so könnten zeitlich flexiblere Staffelprüfungen (im Gegensatz zu geblockten Prüfungen) angeboten werden, bei denen die Studierenden die Prüfungstermine in gewissen Grenzen selbst bestimmen können (Viebahn 2010, S. 14 ff.). Viebahn (2008, S. 109) plädiert vor einem lernpsychologischen Hintergrund explizit für eine Pluralität der zu erbringenden Studienleistungen. Das Ziel, die bei den Studierenden vorhandenen unterschiedlichen Stärken, Bedarfe und Interessen zu fördern, erfordert es, qualitativ unterschiedliche, aber gleichwertige Studienleistungen (z. B. forschungsmethodische vs. berufspraktische, spezialisiert vertiefte vs. überblicksorientierte) anzuerkennen. Als Wahlmöglichkeiten inhaltlicher Art schlägt Viebahn (2008, S. 143 f.) vor, dass Studierende sich entweder über die Inhalte einer Vorlesung oder bestimmte vorgegebene Werke prüfen lassen können. Im Rahmen des Selbststudiums können Studierenden dazu ergänzende Materialien angeboten werden, die auf Ihre Lernvoraussetzungen abgestimmt sind.

Genau so, wie die Verankerung formativer Rückmeldungen – nicht nur als optionales Extra – in das Prüfungssystem gewährleisten kann, dass alle Studierenden Feedback zu ihren Lernprozessen bekommen (Yorke 2001), ohne Angst vor dem Versagen haben zu müssen, gewähren auch Wahlmöglichkeiten bei den Prüfungen allen Studierenden bessere Chancen ihre Lernerfolge zu zeigen. Eine größere Vielfalt an Prüfungsformaten eröffnet zudem die Möglichkeit, unterschiedliche (fachliche und überfachliche) Kompetenzen in den Vordergrund zu stellen (Hounsell et al. 2007b). Größere Gestaltungsmöglichkeiten können zum Abbau von Verständnisschwierigkeiten beitragen, die Studierende häufig haben, wenn es um die zu erfüllenden Erwartungen im Studium geht und diese insbesondere in Prüfungen richtig zu dekodieren (Haggis 2006, S. 528 f.).

5.3 Beraten und Betreuen

Durch die Hochschulreformen der letzten Jahre gab es zahlreiche Neuerungen im Studienbetrieb, die den Beratungsbedarf insgesamt erhöhen. Die Einführung neuer Studienstrukturen mit den Bachelor- und Master-Studiengängen vervielfältigt das Programmangebot der Hochschule, die Auswahl für Studieninteressierte wächst. Durch vergleichsweise kurze Studiendauern der neuen BA-Studiengänge können sich Studierende oft keine Orientierungsphasen leisten. Gleichzeitig steigt die Anzahl ausländischer Studierender und Studierender ohne akademische Vorbilder im Verwandschafts- oder Bekanntenkreis („first in family") an. Zu vermuten ist, dass der Bedarf an Beratungsleistungen schon immer höher war als das entsprechende Angebot. Stehen keine informellen Beratungsmöglichkeiten durch Eltern, ältere Studierende oder Absolventinnen und Absolventen zur Verfügung, wird der Bedarf bei zunehmender Diversität der Studierenden immer drängender. Veränderte Zuwendungsschlüssel, mit denen sich hohe Drop-Out-Quoten finanziell negativ für die Finanzsituation der Hochschulen auswirken und der zunehmende Wettbewerb um Studierende, machen für die Hochschule ein optimales Beratungs- und Betreuungssystem existentiell.

Beratung im Sinne einer Information ist häufig einmalig und beinhaltet eher eine „Nachfrage", um sich einen Überblick oder Detailwissen zu verschaffen, was gar nicht mit persönlichen Kontakten verbunden sein muss (Schindler 2005). Gegenstand der persönlichen Beratung sind konkrete Orientierungsangebote zur individuellen Studiengestaltung und im Hinblick auf berufliche Perspektiven sowie Entscheidungshilfen bei Wahlmöglichkeiten im Studium (Viebahn 2008, S. 153). Anlaufstellen sind vor allem die allgemeine und fachbezogene Studienberatung, die psychosozialen Beratungsstellen sowie die Lehrenden selbst. Betreuung bezieht sich eher auf längerfristig angelegte Angebote, wie die Sprechstunden der Lehrenden, die Betreuung bei schriftlichen Arbeiten und auch Mentoringangebote.

Zunächst ist festzustellen, dass sich aus dem Kontakt zwischen Lehrenden und Studierenden generell sehr positive Effekte ergeben (Kuh et al. 2006, S. 40). Grundsätzlich lässt sich sagen (Kuh et al. 2006, S. 41):

> for most students most of the time, the more interaction with faculty the better. Both substantive and social out-of-class contacts with faculty members appear to positively influence (though indirectly) what students get from their college experience, their views of the college environment (especially the quality of personal relations), and their satisfaction.

Dies gilt uneingeschränkt für lehrveranstaltungsbezogenes Feedback, Rückmeldungen zu Bewertungen und die Diskussion von Fragen und Ideen außerhalb der Lehrveranstaltung. Bei der Besprechung von Karriereplänen, der gemeinsamen Arbeit in Gremien oder Projekten scheint es für viele Studierenden ausreichend zu sein, wenn dies ein- bis zweimal im Semester stattfindet (Kuh 2004). Bei informellen Kontakten mit überwiegend sozialem Charakter gibt es Einschränkungen. Bei Studierenden, die einen sehr intensiven sozialen Kontakt zu Lehrenden pflegten, ließen sich erkennbar weniger Fortschritte bei der Erreichung von Studienleistungen feststellen (Kuh und Hu 2001). Individuelle Rückmeldungen zu schriftlichen Arbeiten können sich ebenfalls ambivalent auswirken. Zwar sind sie förderlich für die Entwicklung akademischer Fähigkeiten, können gleichzeitig aber auch die Studierendenzufriedenheit negativ beeinflussen. Gerade Studienanfänger neigen dazu, negative Kritik persönlich zu nehmen und sich demotivieren zu lassen, vor allem, wenn sie gute Noten gewohnt sind (Kuh et al. 2006, S. 41). Hier ist also große Sorgfalt bei der Ansprache der Studierenden geboten (Kuh und Hu 2001, S. 328).

Eine diskursanalytische Auswertung von Sprechstundengesprächen zeigt, dass Lehrende selten explizit ihre Erwartungen, Leistungsanforderungen oder auch ihren Ärger über studentische Verhaltensweisen ansprechen (Meer 2003). Vielmehr stehen sie selbst und ihre fachliche Kompetenz im Mittelpunkt der Gespräche, auch die Studierenden adressieren ihre Anliegen entsprechend (Meer 2003). Eine studierendenzentrierte Beratung bedeutet somit auch eine radikale Veränderung routinierter Sprechstundenverläufe sowie zukünftige Professionalisierungsmaßnahmen, die idealerweise von Professorinnen und Professoren eingefordert werden, denn sie sind in der Regel nicht in Beratungsaufgaben ausgebildet. In einem von Vielfalt geprägten Umfeld von Lehrenden, die sich über Lehren, Lernen, Prüfen und Beraten austauschen, können darüber hinaus kollegiales Coaching oder Peer-Coaching Lehrender untereinander genutzt werden, um sich selbst zu professionalisieren (Linde 2009).

Wenn Beratung wirkungsvoll sein soll, muss sie auf die individuellen Anforderungen und Bedürfnisse der Studierenden eingehen. Das erfordert nicht nur von den Lehrenden Diversitykompetenz, sondern von allen Personen(-gruppen), die in Beratungs- und Betreuungsprozesse eingebunden sind (vgl. hierzu Wissenschaftsrat 2008, S. 53). Neben den hauptamtlich Lehrenden ist dabei auch an die vielfach eingesetzten Lehrbeauftragten zu denken so wie die Studierenden selbst, die im Rahmen von Tutorien beraten und betreuen. Besonders hervorgehoben wird die mentorielle Begleitung von Studierenden über einen Studienabschnitt hinweg (Viebahn 2008, S. 153). Dies kann in Form eines Mentorings von

Lehrenden bzw. Mitarbeiter/innen für Studierende erfolgen oder auch von Studierenden für Studierende.

Ersteres ist beispielsweise schon seit längerem fester Bestandteil in vielen Studiengängen an der RWTH Aachen und wird dort flächendeckend eingesetzt (RWTH Aachen 2013). Seit Herbst 2009 soll ein universitätsweites Mentoring-System an der Universität Duisburg-Essen die Studierenden befähigen, persönliche, strategische und fachliche Kompetenzen zu entwickeln und ein zielorientiertes Studium in der Regelstudienzeit ermöglichen (Auferkorte-Michaelis und Weihofen 2012). Für die Peer-Beratung, d. h. Angebote der Beratung von Studierenden durch Studierende, bietet das Zentrum für Hochschul- und Qualitätsentwicklung der Universität Duisburg-Essen spezifische Qualifizierungen an, die nicht nur zertifiziert, sondern auch kreditiert werden können (Ladwig und Weihofen 2013, S. 32 f.). Ein Beispiel für ein diversitätssensibles Studierendenmentoring findet sich an der Goethe Universität Frankfurt: im Projekt MIGMENTO – Mentoring für Studierende mit Migrationshintergrund – wurden Studienanfänger/innen und internationale Studierende von fortgeschrittenen Studierenden über einen Zeitraum von neun Monaten begleitet (Franzke et al. 2013). Der/die einzelne Mentor/in ist in solchen Programmen sehr direkt mit der Unterschiedlichkeit der Studierenden und deren Studienproblemen konfrontiert.

5.4 Curriculumdesign

Inklusives Curriculumdesign beinhaltet die Gestaltung von Studiengängen, Modulen und Lehrveranstaltungen nicht nur im Hinblick auf Learning Outcomes, Inhalte, Didaktik und Prüfungen sondern auch bezogen auf die Art und Weise, wie alle Studierenden mit ihren Bedürfnissen, Interessen und Zielvorstellungen einbezogen werden (Hockings 2010, S. 22). Die Auswahl der Studieninhalte wirkt sich sehr stark darauf aus, ob sich Studierende einbezogen oder ausgeschlossen fühlen: „[W]ho selects it and why are important questions when it comes to designing inclusive curricula." (Hockings 2010, S. 23) Forschungsergebnisse aus dem britischen Hochschulsystem belegen am Beispiel unterschiedlicher Minderheiten, dass Studierende sehr leicht exkludiert werden können. Quinn (2006) zeigt dies für Gender am Beispiel von Frauen aus dem Arbeitermilieu, deren spezielle Fragestellungen sich im Curriculum nicht wiederfanden. Francis (2006) beschreibt die Geschlechterdominanz in verschiedenen Fächern (von Frauen z. B. in Sozial- und Geisteswissenschaften und von Männern dagegen in Ingenieurwissenschaften, Informatik und Mathematik) und bewertet dies als Effekt einer Ausrichtung der Fachgebiete als maskulin oder feminin, die sie demzufolge für das eine Geschlecht als geeigneter erscheinen lassen als für das andere. Mit Blick auf die Schichtenzugehörigkeit stellt Francis (2006) weiterhin fest, dass Angehörige aus Arbeiterfamilien eher Ausbildungsgänge mit niedrigerem sozialen Status wählen wie z. B. Krankenpflege statt Medizin. Diskussionen über Sexualität und Geschlecht werden dagegen in Fächern wie z. B. Biologie oder Paläontologie überhaupt als irrelevant angesehen. Für Homosexuelle führt dies bspw. zu Minderwertigkeitsgefühlen und Marginalisierung (Toynton 2007). Fuller et al. (2009) machen deutlich, dass Studierende mit Behinderung in Fächern mit starken praktischen Bezügen (Medizin, soziale Arbeit, Pädagogik und Krankenpflege) unterrepräsentiert sind.

Mense weist in ihrem Rückblick zur Entwicklungsgeschichte des Genderbegriffs auf verschränkte Ungleichheitsindikatoren hin, die zur Benachteiligung im Bildungssystem beitragen (Mense 2013). International sind sich Geschlechterforscherinnen und -forscher einig: Wissenschaftlich generiertes Wissen ist immer situiertes Wissen, es entsteht in historischen, sozialen, kulturellen ökonomischen und geschlechtlich konnotierten Kontexten (Singer 2008). Genderkompetent hochschuldidaktisch handeln würde bedeuten: „[I]n Verhalten und Einstellungen von Männern und Frauen soziale Fragestellungen im (privaten, beruflichen und universitären) Alltag zu erkennen [...]" und die „[...] Fähigkeit so damit umzugehen, dass beiden Geschlechtern neue und vielfältige Entwicklungsmöglichkeiten eröffnet werden." (Metz-Göckel und Roloff 2002, S. 8) Auf der Grundlage einer Analyse des Netzwerks für Frauen- und Geschlechterforschung Nordrhein-Westfalens sind für alle Studiengänge drei maßgebliche Gegenstandsbereiche der Geschlechterforschung zu benennen, die in jedem Curriculum anschlussfähig sind (Becker und Kortendiek 2009, S. 139 ff.): Professionsaspekte der Fachdisziplin, wissenschaftskritische Perspektiven sowie Aspekte der Herstellung und Nutzung der Ergebnisse der jeweiligen Fachdisziplin. Diese scheinen ohne weiteres auch auf andere Diversitätsaspekte übertragbar.

Die Auswahl der Studieninhalte hat also deutlich erkennbare Auswirkungen auf die In- bzw. Exklusion der Studierenden. Bowl (2005 mit Verweis auf Johnson-Bailey und Cervero 2004) sieht dabei ein „hidden curriculum", in dem zwar Neutralität proklamiert, aber bestimmtes Wissen bevorzugt wird.

Für das Curriculumdesign hat das Modell des Constructive Alignment von Biggs starke Verbreitung gefunden. Das Zusammenspiel von intendierten Learning Outcomes (ILOs) einschließlich der zugehörigen Lernzielebenen mit den auf die ILOs ausgerichteten Teaching/Learning-Activities und Prüfungsanforderungen ergibt das Constructive Alignment (Biggs und Tang 2011, S. 108 f.). Eine mangelnde Ausrichtung dieser Elemente in Bezug auf die ILOs führt demzufolge zu schlechter Lehre und schlechten, weil oberflächlichen („surface") Lernergebnissen (S. 24 ff.). Kritik an diesem Modell ist geübt worden, weil es die Diversität von Studierenden nicht ausreichend berücksichtigte. Hounsell und Entwistle (2004) erweitern das Modell um Diversitätsperspektiven, in dem sie unterschiedliche Erfahrungshintergründe, Vorwissen und Zielsetzungen der Studierenden in das Modell integrieren. Sie erweitern die von Biggs angestrebten höherwertigen Learning Outcomes um „ways of thinking and practicing in a subject" (WTP) (2004, S. 5, im Original teilweise kursiv), um die fachlichen Praktiken und Konventionen zur Geltung zu bringen. Ähnlich schlägt Warren (2002) vor, den fachspezifischen Bezug und die Diversität der Studierenden zu berücksichtigen, indem explizit Kompetenzen (process knowledge) wie kritisches Denken, Informationsverarbeitung, Lese-, Schreib- und Kommunikationsfähigkeiten beim Lehren, Lernen und Prüfen adressiert werden (S. 94 f.). Er empfiehlt Freiräume im Curriculum als Gestaltungselement vorzusehen, die es Studierenden mit ungünstigeren Lernvoraussetzungen ermöglichen, die notwendigen grundlegenden Fähigkeiten zu entwickeln und zum anderen individuelle Hilfsangebote („academic support") bereit zu halten (Warren 2002). Warren unterscheidet dabei auf der einen Seite separate Angebote, die auf die angenommenen besonderen Bedarfe nicht-traditioneller Studierenden ausgerichtet sind, z. B. Instruktionen durch Peer-Mentor/innen, fachspezifische Einführungen oder Angebote zum wissenschaftlichen Arbeiten (2002, S. 86 ff.). Integrierte Angebote dagegen gehen davon aus, dass verschiedene Lernvoraussetzungen ganz grundsätzlich gegeben sind und adressiert werden sollten, „to develop the critical and communicative skills and the conceptual repertoires that will enable them to deal with academic tasks" (Warren 2002, S. 87). Seine Empfehlung geht dahin, einen halb-integrierten Ansatz zu wählen, um eine bestmögliche Unterstützung zu gewährleisten. Dieser ist als Teil des Standard-Curriculums kreditiert und die zu erlernenden Kompetenzen werden auf fachlich relevante Inhalte bezogen, es wird ausreichend Zeit zur Verarbeitung gewährt und es werden darüber hinaus entsprechende Unterstützungsangebote gemacht. Wenn Angebote curricular verbunden sind, hat das den Vorteil, dass sie von der Zielgruppe als entwicklungs- und nicht als defizitorientiert wahrgenommen werden können (Warren 2002, S. 88). Auch beim Curriculumdesign geht es also um einen „inclusive approach" (Waterfield und West 2006), bei dem das Stigma der besonderen Arrangements für Studierende mit Benachteiligung vermieden werden sollte.

Crosling et al. (2008) betonen, dass Curricula primär im Hinblick auf Bedarfe, Hintergründe und Erwartungen der Studierenden ausgerichtet sein sollten. Gorard et al. (2006, S. 67 ff.) führen Beispiele auf, in denen Curricula auf die spezifischen Interessen verschiedener Zielgruppen ausgerichtet wurden. Es wurden u. a. kulturspezifische Inhalte integriert, Rollenvorbilder sowie Tutor/innen in die Lehrveranstaltungen eingebunden, ungewohnte Zugänge zu Inhalten gewählt (Science Fiction), flexible, auch zeitlich variierbare Lernarrangements angeboten, die mit den Studierenden ausgehandelt wurden. Eine Alternative für auf spezifische Zielgruppen abgestimmte Curricula, ist ein curriculares Angebot, das sich Studierende selbst zusammenstellen können. Das minimiert die Notwendigkeit individueller Anpassungen und vermeidet, dass versteckte Unterschiede zwischen Studierenden offengelegt werden müssen (Hockings 2010, S. 26). Dazu müssen die Studierenden frühzeitig in die Entwicklung des Curriculums eingebunden werden, ihren Bedürfnissen ist Rechnung zu tragen und ein flexibles Design ist erforderlich. Eine aus der Architektur stammende Idee des Universal Design zur barrierefreien Gestaltung wurde u. a. von Higbee (2003) und Hall und Stahl (2006) auf das hochschulische Umfeld übertragen. Das Beispiel in Tab. 1 zeigt, wie die entwickelten Prinzipien des Universal (Instructional) Design oder Universal Design for Learning aussehen können.

Forschungsergebnisse zu den Erfahrungen von Studierenden mit körperlicher Benachteiligung haben gezeigt, dass Prüfungen nach den Prinzipien des Universal Design einer großen Bandbreite an Studierenden zugutekommen (Hockings 2010, S. 40). Barajas und Higbee (2003, S. 286) zufolge ist Universal Design ein sehr vielversprechender Weg:

> Universal Design in postsecondary education can take on new meaning to create an expanded vision of inclusion, one that places the education of all individuals at the heart of how we as educators think, how we practice, how we talk, and how we approach research.

Tab. 1 Prinzipien des Universal Design for Instruction. (Quelle: McGuire et al. 2003)

	Principle	Definition
Principle 1	Equitable use	Instruction is designed to be useful to and accessible by people with diverse abilities. Provide the same means of use for all students; identical whenever possible, equivalent when not
Principle 2	Flexibility in use	Instruction is designed to accommodate a wide range of individual abilities. Provide choice in methods of use
Principle 3	Simple and intuitive	Instruction is designed in a straightforward and predictable manner, regardless of the student's experience, knowledge, language skills, or current concentration level. Eliminate unnecessary complexity
Principle 4	Perceptible information	Instruction is designed so that necessary information is communicated effectively to the student, regardless of ambient conditions or the student's sensory abilities
Principle 5	Tolerance for error	Instruction anticipates variation in individual student learning pace and prerequisite skills
Principles 6	Low physical effort	Instruction is designed to minimize nonessential physical effort in order to allow maximum attention to learning Note: This principle does not apply when physical effort is integral to essential requirements of a course
Principle 7	Size and space for approach and use	Instruction is designed with consideration for appropriate size and space for approach, reach, manipulations, and use regardless of a student's body size, posture, mobility, and communication needs
Principles 8	A community of learners	The instructional environment promotes interaction and communication among students and between students and faculty
Principles 9	Instructional climate	Instruction is designed to be welcoming and inclusive. High expectations are espoused for all students

Sie empfehlen eine kritische Überprüfung der Annahme, dass Verhaltensweisen und Praktiken im Rahmen des Curriculums fair für alle Studierenden sind. Es reicht ihrer Meinung nach nicht aus, oberflächliche Veränderungen vorzunehmen, wenn sich Haltung und Denken der Akteure nicht ändern.

Viebahn (2008, S. 125 ff.) weist ergänzend auf zwei weitere Punkte hin, die bei einer differentiellen Anpassung der Hochschulausbildung zu beachten sind. Zum einen darf es keine einseitige Ausrichtung auf leistungsschwächere Studierende geben. Für sehr leistungsfähige bzw. motivierte Studierende ist an ein anspruchsvolles Lehrangebot zu denken, das mit Prüfungen einhergeht, die auch in den oberen Leistungsbereichen noch hinreichend differenziert sind. Zum zweiten erinnert er an die „Doppelverantwortlichkeit von Lernumwelt und Lerner" (S. 127). Die Anpassungslast, der Studierendendiversität besser gerecht zu werden, kann nicht allein bei der Hochschule liegen. Auch Studierende müssen sich dem stellen und ihren Teil beisteuern.

Die verschiedenen Formen technologiegestützten (technology enhanced; TEL) Lernens (häufig auch e-Learning) (zu einer begrifflichen Klärung vgl. Ebner et al. 2013) sind gut geeignet, eine flexible Nutzung curricularer Angebote zu unterstützen. Minderheiten wird es erleichtert, sich am Unterricht zu beteiligen (Kuh et al. 2006, S. 70), insbesondere, wenn der physische Besuch der Hochschule nicht oder nur schlecht möglich ist (z. B. Taylor 2008). Der Einsatz von e-Learning ist an deutschen Hochschulen weit verbreitet. Es existieren vielerorts e-Learning-Abteilungen, die technische wie didaktische Unterstützungsangebote für Lehrende machen (Kopp et al. 2013). Aus dem britischen Hochschulsystem berichtet Hockings (2010), dass bereits viele Hochschulen auf e-Learning setzen, um großen Studierendenzahlen und deren Diversität besser begegnen zu können. Insbesondere bei Feedback und Prüfungen gibt es viele Möglichkeiten der digitalen Unterstützung (Joint Information Systems Committee 2010).

Forman et al. sehen e-Learning als Katalysator für „[...] educational diversity, freedom to learn and equality of opportunity"(2002, S. 76). Sie beobachten dabei einen paradoxen Effekt, denn e-Learning unterstützt sowohl die Zunahme von Diversität als gleichzeitig die Bereitstellung von auf speziellere Zielgruppen abgestimmte Angebote. Ein effektiver Technologieeinsatz hat große Potenziale, den Lernerfolg von Studierenden zu erhöhen ohne den Kontakt zwischen Lehrenden und Studierenden erhöhen zu müssen. Das erfordert allerdings die Kontaktgelegenheiten bewusst zu planen und nicht nur darauf zu warten, dass Studierende nicht mehr weiterkommen (Kuh et al. 2006, S. 42 mit Verweis auf Twigg 2005).

Die Auswirkungen des Einsatzes von e-Learning bergen allerdings Ambivalenzen. Zum einen wirken sie zwar Gefühlen der Entfremdung und Diskriminierung von Lerner/innen entgegen (Forman et al. 2002, S. 82). Andererseits kann ein zu massiver Einsatz aber auch Gefühle der Isolation und Vereinsamung erst erzeugen (z. B. Hughes 2007, 2010). Genauso bestehen im e-Learning vielfältige lernförderliche Gelegenheiten für Austausch und Zusammenarbeit. Ein zu großer Kommunikationsdruck kann aber wiederum auch zu Ermüdungserscheinungen führen (Viebahn 2008, S. 150; Thomas und May 2010, S. 10). Für den Einsatz von neuen Technologien halten Morgan and Houghton (2011, S. 3) fest: „Technology is not a solution in itself, but can be used to facilitate a more inclusive curriculum and should be an integral part of every design decision." Die vielfältigen Möglichkeiten des Social Web zur Bereitstellung von Inhalten und Interaktion sind dabei noch lange nicht ausgeschöpft. Massive Open Online Courses (MOOCS) (z. B. van Treeck et al. 2013), Open Educational Resources (OER) wie das Inclusive Learning Design Handbook (Inclusive Design Research Centre o.J.) oder Alternativen des informellen Lernens über den Erwerb von Badges (Raths 2013) weisen hier Wege in die Zukunft. Beim „social learning" findet generell eine Perspektivenverschiebung von den Inhalten hin zu den Lernaktivitäten rund um die situierten Inhalte statt (Brown und Adler 2008, S. 18). Je stärker man Lernen als sozialen Prozess begreift, umso bedeutsamer wird die Diversität der Beteiligten. Brown und Adler sprechen von „Adding Community to Content" (2008, S. 24) und einer Transformation des Cartesianischen Prinzips, „Ich denke, also bin ich", hin zu einem „Wir partizipieren, also sind wir" (S. 18, Übers. die Verf.). Siemens (2005) hat dazu eine neue Lerntheorie für das digitale Zeitalter entwickelt, den Konnektivismus, der seinen Schwerpunkt auf das Lernen als einen Prozess der Kreation von Netzwerken ansieht.

6 Diversität der Lehrenden

Die zunehmende Diversität der Studierenden steht häufig im Mittelpunkt der Diskussionen zum Umgang mit Heterogenität in Lehr- und Lernprozessen. Und auch in der Auseinandersetzung mit der Öffnung der Hochschulen für neue Zielgruppen denken und diskutieren Beteiligte meist über bestimmte Studierendengruppen. Die Gruppe der Wissenschaftler/inn/en ist aber ebenso vielschichtig und die vorhandenen Unterschiede zwischen Ihnen gehen weit über die Unterschiede zwischen den Fachkulturen hinaus. Die international vergleichende Studie zum Lehrendenberuf „Changing Academic Profession (CAP)" zeigt anhand des „academic life-cycle", dass das deutsche Hochschulsystem besonders traditionell von gesellschaftlichen Bildungseliten geprägt ist, die ebenfalls vor Fragen sozialer Öffnung stehen wie die Einrichtungen selbst (Jacob 2013). Im internationalen Vergleich sind an deutschen Hochschulen nach wie vor Frauen auf höheren Hierarchiestufen unterrepräsentiert, über 90 % der Hochschullehrenden haben einen deutschen Pass und weisen eine große Homogenität hinsichtlich ihrer akademischen Prägung auf (Jacob 2013).

In Lehrveranstaltungen sind nicht nur Studierende divers, auch Lehrende unterscheiden sich – selbst bei großer äußerlicher Homogenität – in vielerlei Hinsicht voneinander. Für erfolgreiche Lehr-Lernprozesse muss sich der Blick auf gelingende Interaktionen richten, daher erweitern wir an dieser Stelle den Blick auf die Diversität der Lehrenden und ihre sehr unterschiedlichen Perspektiven, Aufgaben und Kompetenzen im Bereich Studium und Lehre.

Hockings et al. (2009) haben untersucht, wie sich Lehrende an Hochschulen selbst definieren. Sie sehen mehrere Faktoren, die deren Auffassung von guter Lehre und ihr Selbstverständnis als gute Lehrende beeinflussen: Die Ausbildung der Lehrenden in Schule und Hochschule, ihre Konzeptionen über Wissen und Erkenntnis in ihrem Fach, ihr Selbstkonzept sowie ihre Einstellung gegenüber Studierenden, insbesondere im Kontext zunehmender Diversität. Die Lehrendenidentität, so konnten sie feststellen, beeinflusst das Lehrverhalten und spiegelt sich zu einem guten Teil auch im Lernen der Studierenden wider (S. 491). Auf der anderen Seite bringen auch Studierende ihr Wissen, ihre Erfahrungen und verschiedene Auffassungen von Lernen mit. Die Lehrenden reagieren darauf adäquat mit studierendenzentrierten Lehrstrategien. Während diese als geeignete Mittel erscheinen Studierende zu aktivieren („engage"), erscheint der angemessene Umgang mit Diversität eher anspruchsvoll. Abweichung zwischen den eigenen Überzeugungen („espoused views") und dem tatsächlichen Lehrhandeln ließen sich immer wieder feststellen. Die Empfehlung von Hockings et al. lautet, Lehrenden Gelegenheiten zu eröffnen, sich bewusst mit ihrer Identität als Lehrperson, ihrer Lehrkompetenz und ihrem Einfluss auf eine zunehmend diversere Studierendenschaft auseinanderzusetzen (S. 492).

Gordon et al. (2010) und Leach (2011) zeigen, wie Lehrende mit der Diversität ihrer Studierenden umgehen können. Auf der Grundlage von offenen Fragen zum Umgang mit Diversität in der Lehre stellen beide fest, dass es sehr gegensätzliche Perspektiven auf Diversität gibt. Leach (2011) stellt ein Kontinuum an Verhaltensweisen fest, das von der universellen Gleichbehandlung auf der einen Seite über eine Gruppenorientierung bis hin zur Individualisierung reicht. Die meisten Lehrenden richten ihr Augenmerk auf die verschiedenen Gruppen, denen Studierende angehören. Danach rangierte die individuelle Behandlung der Studierenden und ihrer Lernprozesse. An dritter Stelle fanden sich Lehrende, die universell mit Diversität umgehen. Sie fokussieren auf die Gemeinsamkeiten, die Studierende aufweisen, und versuchen, alle gleich zu behandeln („I treat all students as equal"; Leach 2011, S. 253 ff.).

Alle drei Perspektiven bergen Vor- und Nachteile im Umgang mit Diversität (Leach 2011, S. 258 ff.). Bei der Gleichbehandlung der Studierenden, wird die vorhandene Diversität mehr oder minder ignoriert. Diese Farben-, Kultur-, Geschlechterblindheit etc. birgt große Gefahren der Benachteiligung. Zudem wird die Position der Lehrenden tendenziell privilegiert und so kann z. B. weiße Hautfarbe schnell zur unsichtbaren Norm werden. Dennoch vorteilhaft an dieser Perspektive ist der Blick auf die Gemeinsamkeiten, die die Gesamtheit der Studierenden bei aller Verschiedenheit aufweist.

In der Gruppenperspektive werden Studierende vor allem als Teil spezifischer Gruppierungen wahrgenommen. Kulturelle Unterschiede werden wertgeschätzt, die Diversität wird deutlich betont. Eine große Herausforderung liegt darin, alle vorhandenen Gruppen zu würdigen und das können, je nach Betrachtungstiefe, sehr viele sein. Einzelne können dabei übersehen und dadurch benachteiligt werden. Der vorrangige Blick auf die Gruppenidentität kann auch eher trennend denn integrierend wirken.

Die individuelle Perspektive wiederum hält die Rechte und Ansprüche des einzelnen hoch. Jede/r Studierende wird mit seinen/ihren Bedürfnissen so individuell wie möglich behandelt, die Identitäten von Gruppen oder die aller Studierenden bleibt unberücksichtigt. Diese andere Seite des Kontinuums lässt die Chancen ungenutzt, die im gemeinsamen Lernen liegen.

Die Diversitätsperspektiven spiegeln kontroverse Standpunkte wider, die sich auch in der Literatur finden lassen. Leach (2011, S. 252 mit Bezug auf Banks 2006) spricht von zwei sich gegenüberstehenden vorherrschenden Ideologien. Die eine ist eine assimilationistische, bei der eine Anpassung an die jeweils dominante Kultur erwartet wird. Die andere ist eine pluralistische, in der es ein Nebeneinander der verschiedenen Kulturen gibt.

Gordon et al. (2010) zeichnen aufgrund ihrer Untersuchung ein noch etwas differenzierteres Bild. Sie unterscheiden zwei verschiedene Dimensionen des Umgangs mit Diversität: Lehrende haben eine Konzeption darüber, was Studierendendiversität für sie bedeutet und sie haben eine zweite Konzeption, wie man diese in der Lehre adressieren kann. Ergänzend zu den Ergebnissen von Leach identifizieren sie eine vierte Perspektive auf Diversität, die sie „comprehensive" nennen. Lehrende anerkennen in einer solchen umfassenden Sicht, sowohl Unterschiede zwischen Gruppen als auch zwischen individuellen Studierenden. In der zweiten Dimension, der Lehr-Lernkonzeption, unterscheiden sie einen Ansatz der Ignoranz, bei dem sich die Studierenden anzupassen haben, von einem zweiten Ansatz der Kompensation, bei dem die Diversität von einzelnen wie von Gruppen anerkannt und durch entsprechende Angebote adressiert wird. Als dritten Ansatz bezeichnen Sie die bewusste Nutzung („utilise") der Diversität als Ressource (Gordon et al. 2010,

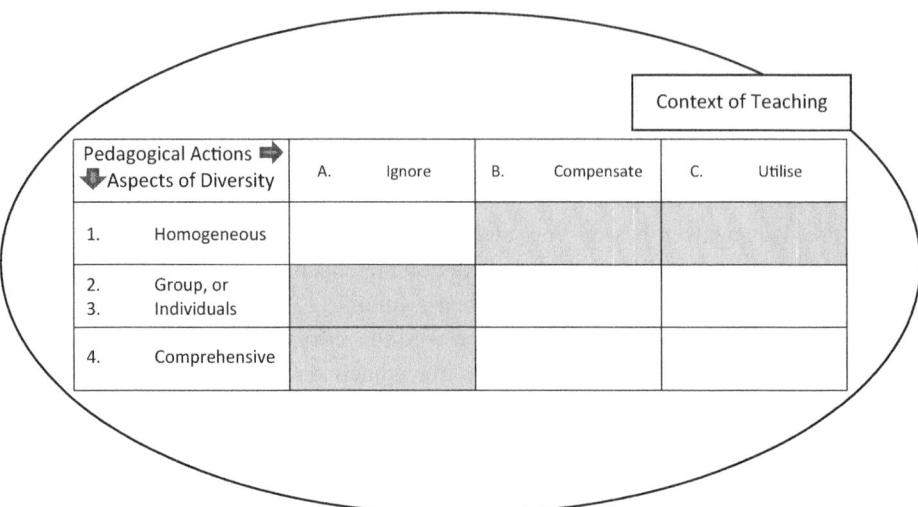

Abb. 2 Lehrendenkonzeptionen der Bedeutung von und des Umgangs mit Diversität. (Quelle: Gordon et al. 2010, S. 967)

S. 965 f.). Abb. 2 zeigt die beiden vorgestellten Dimensionen. Grau markiert sind solche Konstellationen an Konzeptionen, die nicht festgestellt wurden.

Gordon et al. (2010, S. 966, 970 ff.) sehen beide Dimensionen als hierarchisch an. Lehrende mit der Konzeption „comprehensive" berücksichtigen auch Gruppen- bzw. individuelle Aspekte sowie solche der Homogenitäts-Perspektive. Gleichermaßen beinhaltet die Konzeption des „utilise" auch Maßnahmen der Kompensations-Konzeption, nicht aber die der Ignoranz. Umgekehrt ist es so, dass Lehrende, die sich in Abb. 2 im Feld Homogen/Ignoranz (1./A.) bewegen, die breiteren Konzeptionen nur schwer vorstellen können oder aber auch einfach ablehnen.

Leach (2011, S. 260 f.) empfiehlt, das Beste aus den drei Perspektiven (universell, Gruppe und Individuum) zusammenzuführen. Sie zielt damit im Grunde auf die Konzeption, die von Gordon et al. (2010) als umfassende („comprehensive") beschrieben wurde. Danach sollte betont werden, welche universellen Gemeinsamkeiten die Studierenden teilen, um darauf Beziehungen zu gründen. Es könnte bspw. herausgestellt werden, welche gemeinsamen Werte alle teilen, und darauf hingewirkt werden sich erst einmal – ganz global – als Teil der Menschheit zu sehen bevor man sich einer speziellen Gruppe zurechnet. Die Gruppenperspektive stellt das soziale und kulturelle Kapital der Gruppe in den Vordergrund ohne Vorannahmen über die Individuen in der Gruppe zu treffen. Gemeinsames Lernen und Arbeiten in verschiedenen, bewusst arrangierten Zusammensetzungen, curriculare Inhalte die Diversität widerspiegeln, die Anrede von Studierendengruppen in ihrer Sprache und explizite Wertschätzung sind mögliche zugehörige Strategien. Die individuelle Perspektive achtet auf die Lernprozesse und Lernfortschritte der einzelnen. Der Aufbau individueller Beziehungen, die Identifikation individueller Lernbedürfnisse und das Angebot geeigneter Lehrmethoden sowie bedarfsgerechte Unterstützung sind geeignete Strategien, um das Lernen diverser Studierender zu fördern.

Die Arbeit von Gordon et al. erlaubt es nun, an dieser Stelle noch etwas genauer zu unterscheiden, ob die Diversität der Studierenden nur anerkannt und berücksichtigt (Kompensation) oder bewusst als wertvolle Ressource zur Förderung von Lernprozessen eingesetzt wird (utilise bzw. Nutzung) (Gordon et al. 2010, S. 968 ff.). Kompensation bedeutet beispielsweise, dass Lehrende die Diversität versuchen auszugleichen, indem sie feststellbaren Unterschieden wie Vorwissen und Vorerfahrungen, Alter, sprachlichen Fähigkeiten mit der Verwendung zielgruppengerechter Beispiele begegnen, zusätzliche Bearbeitungszeiten, ergänzende Beratungs- und Unterstützungsangebote anbieten, selbst vermehrt individuelles Feedback geben oder Peer-Interaktionen stärken. Diversität als Ressource zu nutzen geht nochmals deutlich darüber hinaus. Lehrende im Utilise-Modus nutzen die vorhandene Diversität dann ganz gezielt für das Lernen der Studierenden, indem sie z. B. die vorhandenen kulturellen Unterschiede zum Thema machen, offen über Fragen der In- und Exklusion diskutieren oder darauf achten, die einzelne Person in den Vordergrund zu stellen und eine Defizitorientierung zu vermeiden.

Für Lehrende ergibt sich daraus eine Entwicklungsperspektive, die in Richtung einer Konzeption der umfassenden Nutzung geht (Comprehensive/Utilise; 4./C. in Abb. 2). Der bewusste Einsatz der Diversität als Element des Lernprozesses birgt darüber hinaus auch für die Studierenden wichtige Potenziale zur Vorbereitung auf die Arbeitswelt (Gordon et al. 2010, S. 972).

Wenn es Lehrenden gelingt, Studierende gleichzeitig als Teil einer großen Studierendenschaft, als Individuen und als Mitglieder von Gruppen anzusprechen, kann auch die weiter oben beschriebene Ambivalenz aufgelöst werden, die durch den Wunsch der Studierenden entsteht, sowohl als gewöhnlicher Teil aller Studierenden als auch als Individuum behandelt werden zu wollen. Gerade im Zusammenwirken verschiedener, in sich ebenfalls diverser Lehrender, dürfte zusätzlich ein großes Potenzial liegen, den sehr unterschiedlichen Bedürfnissen der Studierenden gerecht zu werden.

7 Fazit

Die ausführliche Darstellung möglicher Herangehensweisen an die Diversität der Studierenden hat über alle Handlungsfelder hinweg gezeigt, dass es zwar sehr anspruchsvoll aber möglich ist, Lernende jedweder Art an der Hochschule in ihren Lernprozessen besser zu unterstützen. Studierendenzentrierte Lehre, die Studierende gleichzeitig als Individuen wie auch als Teil von Gruppierungen und der Studierendenschaft insgesamt sieht, ist hier als richtungsweisend anzusehen. Gelingt es Lehrenden, mit den einzelnen Studierenden ein „Bündnis für das gemeinsame Lernen" zu etablieren, winkt nachhaltiges Engagement als zu erwartender Erfolg. Studieninhalte, die für Studierende bedeutungsvoll sind, steigern die Chancen für ein vertieftes akademisches Lernen.

Forschungsergebnisse aus den USA als einem Land mit einer aus unserer Sicht langen Tradition des Umgangs mit Diversität zeigen diesbezüglich deutlich positive Effekte auf. Hurtado et al. (2003, S. 165) kommen nach der Auswertung einer Vielzahl an Studien zu dem Schluss, dass es sich für Hochschulen lohnt, Diversity als integralen Bestandteil ihres Bildungsauftrags anzusehen. Drei Punkte haben sich dabei stabil herauskristallisiert: Individuen, die sich in von Diversität geprägten Bildungsräumen bewegt haben, sind eher geneigt, auch später in solchen Umgebungen zu leben und zu arbeiten. Individuen in deren akademischer Ausbildung diversitätsbezogene Themen integriert waren und die mit diversen Peers interagiert haben, sind besser auf ein Leben in einer zunehmend komplexen und diversen Gesellschaft vorbereitet. Für Hochschulen ist es essenziell die Diversität ihrer Studierenden zu erhöhen, sie müssen aber Bedingungen schaffen, die Lernen und demokratisches Verhalten in Lehr-Lern-Arrangements ermöglichen, die von Diversität geprägt sind.

Wir befinden uns aber erst am Anfang der Reise hin zur Vielfalt der Lern- und Bildungsräume. Die europäische Hochschulreform und insbesondere die Einführung der Bachelor/Masterstudiengänge führt zu einer verstärkten Zunahme an Diversität an Hochschulen und schafft Übergänge, die das System Hochschule in diesem Ausmaß bisher nicht kannte. Es gibt neue und viel mehr Studiengänge mit unterschiedlichen fachlichen und interdisziplinären Ausrichtungen im Studienangebot einer Hochschule. Die Ausdifferenzierung und Stufung führt zu einem Konzept des lebenslangen Lernens, das nach einem ersten erworbenen Bachelor-Abschluss einen Übergang in einen passfähigen Masterstudiengang oder in ein berufliches Praxisfeld mit einer späteren Option für ein weiteres Studium bereithält. Strukturell werden somit Übergänge im Hochschulsystem relevant, die erst mit der Stufung des Studiensystems entstehen. Unter Diversitätsgesichtspunkten liegen in Übergängen neben neuen Chancen auch neue kritische Phasen im Studylifecycle (Bülow-Schramm 2009). So stellt sich die Frage, ob sich mit dieser neuen Vielfalt des Programmangebots einer Hochschule gleichzeitig die ungleich verteilten Chancen reproduzieren oder sie sich verringern lassen. Hier öffnet sich ein neues Feld für die Hochschulforschung, die hierzu bislang noch eher wenige Ergebnisse liefern konnte, da das junge System bisher noch nicht ausreichend empirisches Material zur Analyse bereithält. Dass der Übergang vom Bachelorstudium in ein Masterstudium neue Bildungsbenachteiligungen reproduzieren könnte, zeigen erste Ergebnisse einer Studie von Ebert und Stammen (2013) auf: Das Geschlecht, ein nicht-akademischer Bildungshintergrund und berufliche Qualifikation wirken sich negativ auf den Übergang in ein Masterstudium aus. Letztlich weisen Ebert und Stammen (2013) darauf hin, dass sich Bildungsungleichheit selbst durch einen ersten Hochschulabschluss nicht überwinden lässt, sondern sich in den individuellen Bildungsbiographien fortsetzt.

Zusammenfassend muss festgehalten werden, dass die deutschen Hochschulen erst am Anfang der Entwicklung eines umfassenden Diversity Managements stehen und Strategien zum Umgang mit zunehmender Heterogenität ihrer Strukturen, Inhalte und Interaktionsmodi benötigen. Ein zentraler Unterschied zwischen Konzepten des Managing Diversity an Hochschulen und dem CSR könnte darin gesehen werden, dass Fragen nach der ökologischen Nachhaltigkeit an der Hochschule nicht im Diversity Mainstreaming verortet werden. Dennoch spielt die Frage nachhaltiger Lernprozesse eine wichtige Rolle in der Diskussion um die Zukunftsfähigkeit der Hochschule als Bildungsinstitution. Und obwohl eine flächendeckende Implementierung noch aussteht, sind bereits Maßnahmen zur Qualitätssicherung zu beobachten, die gleichzeitig für Entwicklungsperspektiven und Best-Practice-Beispiele in Fragen der Hochschulentwicklung genutzt werden können.

Derzeit lassen sich erste Bestandsaufnahmen im deutschen Hochschulraum beobachten, in dem durch Auditierungsprozesse an Hochschulen für die Implementierung von Diversity Management Strategien und Projekte betrachtet werden sollen. Beispielsweise hat das nordrhein-westfälische Wissenschaftsministerium 2014 acht Hochschulen ausgezeichnet, die das Diversity-Audit „Vielfalt gestalten in NRW" erfolgreich durchlaufen haben (http://www.wissenschaft.nrw.de/hochschule/hochschulen-in-nrw/vielfalt-als-chance/diversity-audit/). Mit dem Zentrum für Kompetenzentwicklung für Diversity Management (KomDiM o.J.) baut Nordrhein-Westfalen eine Plattform auf, die Bündelung von Know-how zum Thema Diversity in Forschung, Entwicklung und Beratung und die Zusammenführung der wissenschaftlichen Expertisen zum Gegenstand hat (www.komdim.de). Durch die Moderation vernetzter Expert/inn/en kann KomDiM die Hochschulen bei der Etablierung von Komponenten des Diversity Managements unterstützen und beraten.

Solange gute Lehre in erster Linie abhängig von dem individuellen Engagement einzelner Wissenschaftlerinnen und Wissenschaftler ist, die Bereitschaft sich selbst zu professionalisieren nicht institutionell verankert ist und eine Überprüfung entsprechender Fähigkeiten und Fertigkeiten nicht systematisch in Berufungsverhandlungen integriert ist, wird diversitätsgerechtes Lehren und Lernen auf das Engagement einzelner angewiesen bleiben. Um ihrer Kulturbedeutung und gesellschaftlichen Verantwortung im Sinne der University Social Responsibility zukünftig gerecht zu werden, werden Hochschulen sorgfältig auch daran arbeiten müssen, diversitätsorientierte Lernbedingungen herzustellen, unter denen sich gute Learning Outcomes und vorbildliche Citizenship entfalten können.

Literatur

Allemann-Ghionda C (2012) Bildung für alle, Diversität und Inklusion. Internationale Perspektiven. Schöningh Paderborn, Paderborn

AQAS e.V. Bonn (2005) AQAS. http://www.aqas.de/. Zugegriffen: 21. Juli 2016

Astin AW (1993) What matters in college? Lib Educ 79(4):4–15

Auferkorte-Michaelis N (2005) Hochschule im Blick. Innerinstitutionelle Forschung zu Lehre und Studium an einer Universität. Bildung – Hochschule – Innovation, Bd. 5. Lit-Verl, Münster

Auferkorte-Michaelis N, Ladwig A (2013) Vielfalt im Gespräch? Zur Implementierung von Diversity – Aspekten in Studium und Lehre an der Universität Duisburg-Essen. In: Spiekermann A (Hrsg) Lehrforschung wird Praxis. Blickpunkt Hochschuldidaktik, Bd. 124. Bertelsmann, Bielefeld, S 149–157

Auferkorte-Michaelis N, Linde F (2016) Diversity Management an Hochschulen. In: Genkova P, Ringeisen T (Hrsg) Handbuch Diversity Kompetenz, Bd 1. Perspektiven und Anwendungsfelder. Springer, Wiesbaden, S 803–817

Auferkorte-Michaelis N, Stahr I, Schönborn A, Fitzek I (Hrsg) (2009) Gender als Indikator für gute Lehre. Erkenntnisse, Konzepte und Ideen für die Hochschule, 1. Aufl. Budrich Uni Press Ltd, Opladen

Auferkorte-Michaelis N, Weihofen K (2012) Das UDE-Mentoring-System: eine erste Zwischenbilanz. Pers Einrichtungen Lehre Forsch (p-oe) 7(3):83–88

Bamber J, Tett L (2001) Ensuring integrative learning experiences for non-ensuring integrative learning experiences for non-traditional students in higher education in higher education. Widening Particip Lifelong Learn 3(1):8–16

Banks JA (2006) Race, culture, and education. The selected works of James A. Banks. Routledge, New York

Barajas HL, Higbee JL (2003) Where do we go from here? Universal design as a model for multicultural education. In: Higbee JL (Hrsg) Curriculum transformation and disability. Implementing universal design in higher education. University of Minnesota: Center for Research on Developmental Education and Urban Literacy, Minnesota, S 285–290

Bartolo PA, Mol Lous A, Hofsäss T (2007) Responding to student diversity. Teacher's Handbook. University of Malta, Malta

Becker R, Kortendiek B (2009) Modell zur Verankerung der Geschlechterforschung. Fachübergreifende Lehrinhalte und Vermittlungsformen. In: Auferkorte-Michaelis N, Stahr I, Schönborn A, Fitzek I (Hrsg) Gender als Indikator für gute Lehre. Erkenntnisse, Konzepte und Ideen für die Hochschule, 1. Aufl. Budrich UniPress Ltd, Opladen, S 139–151

Bender S-F, Schmidbaur M, Wolde A (Hrsg) (2013) Diversity entdecken. Reichweiten und Grenzen von Diversity Policies an Hochschulen. Diversity und Hochschule. Beltz Juventa, Basel

Berthold C, Meyer-Guckel V, Rohe W (Hrsg) (2010) Mission Gesellschaft. Engagement und Selbstverständnis der Hochschulen. Ziele, Konzepte, internationale Praxis. Edition Stifterverband, Essen

Biggs JB, Tang CS (2011) Teaching for quality learning at university. What the student does, 4. Aufl. Open University, Maidenhead

Bildungsdirektion Kanton Zürich (Hrsg) (2011) Handbuch Schulqualität. Qualitätsansprüche an die Volksschulen des Kantons Zürich, 2. Aufl. Lehrmittelverlag, Zürich

Bloxham S (2009) Marking and moderation in the UK: false assumptions and wasted resources. Assess Eval High Educ 34(2):209–220

Boaler J (2008) Promoting ‚relational equity' and high mathematics achievement through an innovative mixed ability approach. British Educ Res J 34(2):167–194

Bönsch M (1995) Differenzierung in Schule und Unterricht. Ansprüche, Formen, Strategien. EGS-Texte. Ehrenwirth, München

Böss-Ostendorf A, Senft H (2010) Einführung in die Hochschul-Lehre. Ein Didaktik-Coach. UTB Schlüsselkompetenzen, Bd. 3447. Budrich, Opladen

Boud D (2000) Sustainable assessment: rethinking assessment for the learning society. Stud Contin Educ 22(2):151–167

Bowl M (2005) Valuing diversity in the social science curriculum. Learn Teach Soc Sci 2(2):121–136

Brown JS, Adler RP (2008) Minds on fire. Educause Rev Mag 43(1):16–32 (http://www.educause.edu/ero/article/minds-fire-open-education-long-tail-and-learning-20. Zugegriffen: 26. Juli 2016)

Buckridge M, Guest R (2007) A conversation about pedagogical responses to increased diversity in university classrooms. High Educ Res Dev 26(2):133–146

Bülow-Schramm M (Hrsg) (2009) Hochschulzugang und Übergänge in der Hochschule. Selektionsprozesse und Ungleichheiten. 3. Jahrestagung der Gesellschaft für Hochschulforschung, Hamburg. Lang, Berlin

Buß I (2010) Diversity-Management an deutschen Hochschulen. Die Auswirkungen von Diversität auf Bildungsprozesse. In: Jent N, Vedder G, Krause F (Hrsg) Zur Verbreitung von Diversity Management. Entwicklung von TQM und DiM, Diversity Management in Städten, Diversity Management in Südafrika, DiM an deutschen Hochschulen, 1. Aufl. Trierer Beiträge zum Diversity Management, Bd. 11. Rainer Hampp Verlag, Mering, S 118–197

Carless D (2007) Learning oriented assessment: conceptual bases and practical implications. Innov Educ Teach Int 44(1):57–66

Carroll AB (1999) Corporate social responsibility. Evolution of a definitional construct. Bus Soc 38(3):268–295

Clayton-Pedersen AR, O'Neill N, McTighe Musil C (2009) Making excellence inclusive. A framework for embedding diversity and inclusion into colleges and universities' academic excellence mission. Association of American Colleges and Universities, Washington D.C.

Crosling GM, Thomas L, Heagney M (2008) Improving student retention in higher education. The role of teaching and learning. Routledge, New York

Czollek LC, Perko G (2008) Eine Formel bleibt eine Formel … Gender- und diversitygerechte Didaktik an Hochschulen: ein intersektionaler Ansatz. In: Alker U, Weilenmann U (Hrsg) Gender Mainstreaming und Diversity Management. FH-Campus Wien, Wien.

Deutsches Studentenwerk (Hrsg) (1996) Informationen und didaktische Hinweise für Lehrende an Hochschulen, die behinderte und chronisch kranke Studierende unterrichten. Informations- und Beratungsstelle Studium und Behinderung, Bonn. https://www.htw-berlin.de/fileadmin/HTW/Zentral/ZHV_IIIA_-_Studienberatung/Infos_fuer_Lehrende.pdf. Zugegriffen: 26. Juli 2016

De Vita G (2000) Inclusive approaches to effective communication and active participation in the multicultural classroom: an international business management context. Act Learn High Educ 1(2):168–180

Dubs R (2006) Besser schriftlich prüfen: Prüfungen valide und zuverlässig durchführen. In: Berendt B, Voss H-P, Wildt J (Hrsg) Neues Handbuch Hochschullehre. Lehren und Lernen effizient gestalten, Bd. H 5.1. Raabe, Berlin, S 1–26

Ebert A, Stammen K-H (2013) Bildungsbenachteiligung im Übergang vom Bachelor zum Master? Die Hochschule: Journal für Wissenschaft und Bildung 2:173–189. https://bibliographie.ub.uni-due.de/servlets/DozBibEntryServlet?mode=show&id=50700

Ebner M, Schön S, Nagler W (2013) Einführung. Das Themenfeld „Lehren und Lernen mit Technologien". In: Ebner M, Schön S (Hrsg) L3T – Lehrbuch für Lrnen und Lehren mit Technologien. http://l3t.eu/homepage/das-buch/ebook-2013/kapitel/o/id/109/name/einfuehrung. Zugegriffen: 28. Juli 2016

Ehmsen S (2010) Die Vielfalt gestalten. Diversity an Hochschulen. Schriftenreihe des Gender- und Technik-Zentrums der Beuth-Hochschule für Technik Berlin, Bd. 3. Eva-Maria Dombrowski und Antje Ducki, Berlin. http://projekt.beuth-hochschule.de/fileadmin/projekt/

f/Veroeffentlichungen/Schriftenreihe/EhmsenBd3_Druckfassung_endv1.pdf. Zugegriffen: 28. Juli 2016

Elkana Y, Klöpper H (2012) Die Universität im 21. Jahrhundert. Für eine neue Einheit von Lehre, Forschung und Gesellschaft. Ed. Körber-Stiftung, Hamburg

El-Mafaalani A (2012) BildungsaufsteigerInnen aus benachteiligten Milieus. Habitustransformation und soziale Mobilität bei Einheimischen und Türkeistämmigen. Springer VS, Wiesbaden

Esfijani AH, FarookhKadeer H, Chang E (2013) University social responsibility ontology. Eng Int Syst 21(4):271–281

Flechsig K-H (1974) Prüfungen und Evaluation. IZHD, Hamburg

Forman D, Nyatanga L, Rich T (2002) E-learning and educational diversity. Nurse Educ Today 22(1):76–82

Francis B (2006) Troubling trajectories. Gendered ‚choices' and pathways from school to work. In: Carole L, Becky F (Hrsg) Gender and lifelong learning. Critical feminist engagements. Routledge, New York, S 57–69

Franzke A, Lutz H, Roukonen-Engler M-K, Streich N, Wolde A (2013) VIELFALT an Hochschulen entdecken, fördern, nutzen. Handlungsempfehlungen für diversitätssensible Mentoring-Projekte an Hochschulen. Goethe Universität, Frankfurt a. M. https://www.uni-frankfurt.de/47703225/2013_06_MIGMENTO_Leitfaden_web.pdf. Zugegriffen: 28. Juli 2016

Fuller M, Georgeson J, Healey M, Hurst A, Kelly K, Riddell S (Hrsg) (2009) Improving disabled students' learning. Experiences and outcomes. Routledge, New York

Gardenswartz L, Rowe A (1994) Diverse teams at work. Capitalizing on the power of diversity. Irwin Professional Publishing, Chicago

Gorard S, Smith E, May H, Thomas L, Adnett N, Slack K (2006) Review of widening participation research: addressing the barriers to participation in higher education. A report to HEFCE by the University of York. Higher Education Academy and Institute for Access Studies, York. http://dera.ioe.ac.uk/6204/1/barriers.pdf. Zugegriffen: 28. Juli 2016

Gordon S, Reid A, Petocz P (2010) Educators' conceptions of student diversity in their classes. Stud High Educ 35(8):961–974

Haggis T (2006) Pedagogies for diversity: retaining critical challenge amidst fears of ‚dumbing down'. Stud High Educ 31(5):521–535

Hall T, Stahl S (2006) Using universal design for learning to expand access to higher education. In: Adams M, Brown S (Hrsg) Towards inclusive learning in higher education. Routledge, Abingdon, S 67–78

Hasselhorn M, Gold A (2009) Pädagogische Psychologie: erfolgreiches Lernen und Lehren. Kohlhammer, Stuttgart

Hattie J (2012) Visible learning for teachers. Maximizing impact on learning. Routledge, New York

Helmke A (2012) Unterrichtsqualität und Lehrerprofessionalität. Diagnose, Evaluation und Verbesserung des Unterrichts, 4. Aufl. Kallmeyer in Verbindung mit Klett, Seelze

Hernández R (2012) Does continuous assessment in higher education support student learning? High Educ 64(4):489–502

Higbee JL (Hrsg) (2003) Curriculum transformation and disability. Implementing universal design in higher education. University of Minnesota: Center for Research on Developmental Education and Urban Literacy, Minnesota. http://www.cehd.umn.edu/CRDEUL/books-ctad.html. Zugegriffen: 28. Juli 2016

Higgins R, Hartley P, Skelton A (2001) Getting the Message Across: The problem of communicating assessment feedback. Teach High Educ 6(2):269–274

Hochschulrektorenkonferenz (HRK). Die Stimme der Hochschulen (2008) Für eine Reform der Lehre in Hochschulen (3. Mitgliederversammlung der HRK am 22.04.2008). Bonn. https://www.hrk.de/uploads/tx_szconvention/Reform_in_der_Lehre_-_Beschluss_22-4-08.pdf. Zugegriffen: 28. Juli 2016

Hochschulrektorenkonferenz (HRK). Die Stimme der Hochschulen (2009) Eine Hochschule für alle. Empfehlung der 6. Mitgliederversammlung am 21.04.2009 zum Studium mit Behinderung/chronischer Krankheit. Bonn. https://www.hrk.de/uploads/tx_szconvention/Entschliessung_HS_Alle.pdf. Zugegriffen: 28. Juli 2016

Hockings C, Bowl M (2008) Learning and teaching for social diversity and difference in HE. Full research report ESRC end of award report. RES-139-25-0222. Hg. v. ESRC. Swindon.

Hockings C (2010) Inclusive learning and teaching in higher education: a synthesis of research. Higher Education Academy, York. https://www.heacademy.ac.uk/resources/detail/resources/detail/evidencenet/Inclusive_learning_and_teaching_in_higher_education. Zugegriffen: 28. Juli 2016

Hockings C (2011) Hearing voices, creating spaces: the craft of the ‚Artisan' in a mass higher education system. Crit Stud Educ 52(2):191–205

Hockings C, Cooke S, Yamashita H, McGinty S, Bowl M (2009) I'm neither entertaining nor charismatic ...' negotiating university teacher identity within diverse student groups. Teach High Educ 14(5):483–494

Hockings C, Cooke S, Bowl M (2010) Learning and teaching in two universities within the context of increasing student diversity: complexity, contradictions and challenges. In: David M et al (Hrsg) Improving learning by widening participation in higher education. Routledge, Abingdon, S 95–108

Hounsell D, Entwistle N (2004) Enhancing teaching-learning environments in undergraduate courses. Final Report to the economic and social research council on TLRP project L139251099. Economic and Social Research Council/TLRP. http://www.etl.tla.ed.ac.uk/docs/ETLfinalreport.pdf. Zugegriffen: 28. Juli 2016

Hounsell D, Xu R, Tai CM (2007a) Integrative assessment. Balancing assessment of and assessment for learning. Guide No. 2. The Quality Assurance Agency for Higher Education, Mansfield. http://www.enhancementthemes.ac.uk/docs/publications/guide-no-2---balancing-assessment-of-and-assessment-for-learning.pdf?sfvrsn=16. Zugegriffen: 28. Juli 2016

Hounsell D, Xu R, Tai CM (2007b) Integrative Assessment. Blending Assignments and Assessments for High-Quality Leaning. Guide No. 3. The Quality Assurance Agency for Higher Education, Mansfield. http://www.enhancementthemes.ac.uk/docs/publications/guide-no-3---blending-assignments-and-assessments-for-high-quality-learning.pdf?sfvrsn=14. Zugegriffen: 28. Juli 2016

Hughes G (2007) Diversity, identity and belonging in e-learning communities: some theories and paradoxes. Teach High Educ 12(5):709–720

Hughes G (2010) Identity and belonging in social learning groups: the importance of distinguishing social, operational and knowledge-related identity congruence. British Educ Res J 36(1):47–63

Hurtado S, Dey EL, Gurin PY, Gurin G (2003) College environments, diversity, and student learning. In: Smart JC, Tierney WG (Hrsg) Higher education. Handbook of theory and research, Bd. 18. Kluwer Academic, Dordrecht, S 145–190

Inclusive Design Research Centre (o. J.) Introduction – Inclusive Learning Design Handbook. OCAD University, Toronto. http://handbook.floeproject.org. Zugegriffen: 28. Juli 2016

Jacob AK (2013) Diversität unter Wissenschaftlern an deutschen Hochschulen. QiW 7(2):46–55

Johnson-Bailey J, Cervero RM (2004) Widening Access for the Education of Adults in the United States. In: Osborne M, Gallacher J, Crossan B (Hrsg) Researching widening access to lifelong learning. Issues and approaches in international research. RoutledgeFalmer, New York, S 77–90

Joint Information Systems Committee (JISC) (2010) Effective assessment in a digital age. A guide to technology-enhanced assessment and feedback. Bristol. http://www.jisc.ac.uk/media/documents/programmes/elearning/digiassass_eada.pdf. Zugegriffen: 28. Juli 2016

Kamphans M, Auferkorte-Michaelis N (2009) Gender Mainstreaming als Instrument des Wandels universitärer Strukturen. In: Schneider R, Szczyrba B, Welbers U, Wildt J (Hrsg) Wandel der Lehr- und Lernkulturen. Blickpunkt Hochschuldidaktik, Bielefeld, Bd. 120. Bertelsmann, Bielefeld, S 173–189

Kember D (2000) Misconceptions about the learning approaches, motivation and study practices of Asian students. High Educ 40(1):99–121

Klein U (2013) Diversityorientierung und Hochschulen im Wettbewerb. Ein Plädoyer für Diversitypolitik. In: Bender S-F, Schmidbaur M, Wolde A (Hrsg) Diversity entdecken. Reichweiten und Grenzen von Diversity Policies an Hochschulen. Diversity und Hochschule. Beltz Juventa, Weinheim, S 79–96

KomDiM (o. J.) Zentrum für Kompetenzentwicklung für Diversity Management in Studium und Lehre an Hochschulen in NRW: Startseite. http://www.komdim.de/index.php. Zugegriffen: 28. Juli 2016

Kopp M, Ebner M, Nagler W, Lackner E (2013) Technologie in der Hochschullehre. Rahmenbedingungen, Strukturen und Modelle. In: Ebner M, Schön S (Hrsg) L3T – Lehrbuch für Lernen und Lehren mit Technologien. http://l3t.tugraz.at/index.php/LehrbuchEbner10/article/view/114. Zugegriffen: 28. Juli 2016

Krell G (2004) Managing Diversity and Gender Mainstreaming. ein Konzeptvergleich. Sozialwissenschaften Berufsprax 27(4):367–376

Krell G (2013) Vielfältige Perspektiven auf Diversity: erkunden, enthüllen, erzeugen. In: Bender S-F, Schmidbaur M, Wolde A (Hrsg) Diversity entdecken. Reichweiten und Grenzen von Diversity Policies an Hochschulen. Diversity und Hochschule. Beltz Juventa, Weinheim, S 61–78

Kuh GD (2004) The Contributions of the Research University to assessment and innovation in undergraduate education. In: Becker WE, Andrews ML (Hrsg) The scholarship of teaching and learning in higher education. Contributions of research universities. Indiana University, Bloomington, S 161–178

Kuh GD, Hu S (2001) The Effects of student-faculty interaction in the 1990s. Rev High Educ 24(3):309–332

Kuh GD, Kinzie J, Buckley JA, Bridges BK, Hayek JC (2006) What matters to student success: a review of the literature. Commissioned Report for the national symposium on postsecondary student success: spearheading a dialog on student success. Hg. v. NPEC: National Postsecondary Education Cooperative. http://nces.ed.gov/npec/pdf/kuh_team_report.pdf. Zugegriffen: 28. Juli 2016

Ladwig A, Weihofen K (2013) Kompetente Hochschuldidaktiker/innen und innovative Hochschulstruktur für gelingende Tutorienarbeit gesucht. In: Kröpke H, Ladwig A (Hrsg) Tutorienarbeit im Diskurs. Qualifizierung für die Zukunft. Lit-Verlag, Berlin, S 29–38

Laurillard D (2002) Rethinking university teaching. A conversational framework for the effective use of learning technologies, 2. Aufl. RoutledgeFalmer, New York

Leach L (2011) I treat all students as equal': further and higher education teachers' responses to diversity. J Furth High Educ 35(2):247–263

Lee A, Williams R, Kilaberia R (2012) Engaging Diversity in First-Year College Classrooms. Innov High Educ 37(3):199–213

Linde F (2009) Qualitätsentwicklung in der Hochschullehre durch Peer-Besuche. In: von Richthofen A, Lent M (Hrsg) Qualitätsentwicklung in Studium und Lehre. Blickpunkt Hochschuldidaktik, Bd. 119. Bertelsmann, Bielefeld, S 199–207

Lutz H (2013) Aufbruch oder business as usual? Vielfalt und Diversitätspolitik an deutschen Universitäten. In: Bender S-F, Schmidbaur M, Wolde A (Hrsg) Diversity entdecken. Reichweiten und Grenzen von Diversity Policies an Hochschulen. Diversity und Hochschule. Beltz Juventa, Weinheim, S 13–31

Marton F, Hounsell D, Entwistle NJ (Hrsg) (1997) The experience of learning. Implications for teaching and studying in higher education, 2. Aufl. Scottish Academic, Edinburgh

Matten D, Moon J (2004) Corporate social responsibility education in Europe. J Bus Ethics 54(4):323–337

Mayntz R (Hrsg) (1980) Implementation politischer programme. Empirische Forschungsberichte. Gruppe Athenäum, Königstein (Neue wissenschaftliche Bibliothek, 97)

McGuire JM, Scott SS, Shaw SF (2003) Universal design for instruction. The paradigm, the paradigm, its principles, and products for enhancing instructional access. J Postsecond Educ Disabil 17(1). http://www.facultyware.uconn.edu/UDI_principles.htm. Zugegriffen: 28. Juli 2016

McLean M, Abbas A (2009) The ‚biographical turn' in university sociology teaching: a Bernsteinian analysis. Teach High Educ 14(5):529–539

Meer D (2003) Sprechstundengespräche an der Hochschule. „Dann jetz Schluss mit der Sprechstundenrallye": ein Ratgeber für Lehrende und Studierende. Schneider-Verlag Hohengehren, Baltmannsweiler

Mense L (2013) Theoretische Perspektiven auf Gender – die Genese eines Begriffes. In: Hille N, Unteutsch B (Hrsg) Gender in der Lehre. Best Practice Beispiele für die Hochschule. Budrich UniPress, Leverkusen, S 13–30

Mertz E (2007) The language of law school. Learning to „think like a lawyer". Oxford Univ., New York

Metz-Göckel S, Roloff C (2002) J Hochschuldidaktik. Genderkompetenz Als Schlüsselqualifikation 13(1):7–10. http://www.zhb.tu-dortmund.de/hd/fileadmin/JournalHD/2002/Journal_HD_2002_1.pdf. Zugegriffen: 28. Juli 2016

Meyer H (2010) Was ist guter Unterricht? 7. Aufl. Cornelsen-Scriptor, Berlin

Morgan H, Houghton A-M (2011) Inclusive curriculum design in higher education. Generic considerations for effective practice across and within subject areas. Hg. v. The Higher Education Academy. https://www.heacademy.ac.uk/sites/default/files/resources/generic_considerations_of_inclusive_curriculum_design.pdf. Zugegriffen: 21. Juli 2016

Nejati M, Shafaei A, Salamzadeh Y, Daraei M (2011) Corporate social responsibility and universities: a study of top 10 world ‚universities' websites. African J Bus Manag 5(2):440–447. http://ssrn.com/abstract=1868688. Zugegriffen: 21. Juli 2016

Northedge A (2003) Rethinking Teaching in the Context of Diversity. Teach High Educ 8(1):17–32

Price M, Rust C, O'Donovan B, Handley K (2012) Assessment literacy. The foundation for improving student learning. Oxford Brookes University, Oxford

Prosser M, Trigwell K (1999) Understanding learning and teaching. The experience in higher education. Society for Research into Higher Education & Open University, Philadelphia

Quinn J (2006) Mass participation but no curriculum transformation: the hidden issue in the access to higher education debate. In: Jary D, Jones R, Archer L (Hrsg) Perspectives and practice in widening participation in the social sciences. C-SAP Monographs, Bd. 3. C-SAP, Birmingham, S 135–153

Raths D (2013) How badges really work in higher education. Digital badge initiatives at colleges and universities across the country are challenging assumptions about learning and assessment. Campus Technology. http://campustechnology.com/Articles/2013/06/20/How-Badges-Really-Work-in-Higher-Education.aspx?m=2&Page=1. Zugegriffen: 28. Juli 2016

Reay D, Crozier G, Clayton J (2010) Fitting in' or ‚standing out': working-class students in UK higher education. British Educ Res J 36(1):107–124

Reis O (2010) Kompetenzorientierte Prüfungen – Wer sind sie und wenn ja, wie viele? In: Terbuyken G (Hrsg) In Modulen lehren, lernen und prüfen. Herausforderung an die Hochschuldidaktik. Loccumer Protokolle, Bd. 78/09. Evangelische Akademie Loccum, Rehburg-Loccum, S 157–183

Rohr D, Ouden H den, Rottlaender E-M (2016) Hochschuldidaktik im Fokus von Peer Learning und Beratung. Beltz Juventa, Weinheim und Basel

Ruokonen-Engler M-K (2013) Chancengleichheit durch gezielte Förderung? Zur Bedeutung diversitätsgerechter Förderangebote im Bildungssystem am Beispiel von Studierenden mit Migrationshintergrund. In: Bender S, Schmidbauer M, Wolde A (Hrsg) Diversity ent-decken. Reichweiten und Grenzen von Diversity Policies an Hochschulen. Beltz Juventa, Weinheim, S 145–164

RWTH Aachen (2013) Aachener mentoring modell. Aachen. http://www.rwth-aachen.de/cms/root/Studium/Lehre/Exzellente-Lehre/Ziele-Kernbereiche/Kernbereich-Studierende/~cczs/Mentoringsysteme-Aachener-Mentoring-Modell/. Zugegriffen: 21. Juli 2016

Sadler DR (2009a) Indeterminacy in the use of preset criteria for assessment and grading. Assess Eval High Educ 34(2):159–179

Sadler DR (2009b) Transforming holistic assessment and grading into a vehicle for complex learning. In: Gordon J (Hrsg) Assessment, learning and judgement in higher education. Springer, S 45–63

Schaper N, Reiss O, Wildt J (2012) Fachgutachten zur Kompetenzorientierung in Studium und Lehre. Unter Mitarbeit von Oliver Reiss, Johannes Wildt, Eva Horvath und Elena Bender. Hg. v. Hochschulrektorenkonferenz (HRK). Projekt nexus. Konzepte und gute Praxis für Studium und Lehre. Bonn. http://www.hrk-nexus.de/fileadmin/redaktion/hrk-nexus/07-Downloads/07-02-Publikationen/fachgutachten_kompetenzorientierung.pdf. Zugegriffen: 28. Juli 2016

Schindler G (2005) Grundzüge eines Konzepts für die Studienfachberatung in den Fachbereichen an den Universitäten in Bayern. Monographien// Bayerisches Staatsinstitut für Hochschulforschung und Hochschulplanung, Bd. 71. Bayerisches Staatsinst. für Hochschulforschung und Hochschulplanung, München

Schlüter A (2010) Didaktische Kompetenz und Intersektionalität. In: Auferkorte-Michaelis N, Ladwig A, Stahr I (Hrsg) Hochschuldidaktik für die Lehrpraxis. Interaktion und Innovation für Studium und Lehre an der Hochschule. Budrich UniPress, Leverkusen, S 157–168

Schmitt L (2010) Bestellt und nicht abgeholt. Soziale Ungleichheit und Habitus-Struktur-Konflikte im Studium, 1. Aufl. Springer VS, Wiesbaden

Sharp K, Earle S (2000) Assessment, disability and the problem of compensation. Ass Eval High Ed 25(2):191–199

Siemens G (2005) Connectivism: a learning theory for the digital age. Int J Instr Technol Distance Learn 2(1). http://www.itdl.org/Journal/Jan_05/article01.htm. Zugegriffen: 02. Aug. 2016

Singer M (2008) Feministische Wissenschaftskritik und Epistemologie. Voraussetzungen, Positionen, Perspektiven. In: Becker R, Kortendiek B (Hrsg) Handbuch Frauen- und Geschlechterforschung. Theorie, Methoden, Empirie, 2. Aufl. Geschlecht & Gesellschaft, Bd. 35. Springer VS, Wiesbaden, S 285–294

Spelsberg K (2013) Diversität als Leitmotiv. Handlungsempfehlungen für eine diversitäts- und kompetenzorientierte Didaktik. Internationale Hochschulschriften, Bd. 591. Waxmann, Münster

Stifterverband für die Deutsche Wissenschaft (2013) Charta guter Lehre. Grundsätze und Leitlinien für eine bessere Lehrkultur. Unter Mitarbeit von Bettina Jorzik. Essen. https://www.stifterverband.org/download/file/fid/187. Zugegriffen: 02. Aug. 2016

Taylor J (2008) Does new educational technology enhance e learning? The use of action research to investigate viability, attitudes and impact in a diverse student group. Widening Particip Lifelong Learn 10(1):41–46

Thomas RR (1996) Redefining diversity. American Management Association, New York

Thomas L, May H (2010) Inclusive learning and teaching in higher education. The Higher Education Academy, York. https://www.heacademy.ac.uk/sites/default/files/inclusivelearningandteaching_finalreport.pdf. Zugegriffen: 02. Aug. 2016

Tietz C (2009) UN-Behindertenrechtskonvention umsetzen – Inklusive Bildung verwirklichen. Hg. v. Sozialverband Deutschland e.V. http://www.sovd.de/fileadmin/downloads/broschueren/pdf/un-behindertenrechtskonvention_umsetzen.pdf. Zugegriffen: 02. Aug. 2016

Tomlinson CA, Imbeau MB (2010) Leading and managing a differentiated classroom. ASCD, Alexandria

Toynton R (2007) The de-representation of science and queer science students in higher education within the queer/gay discourse. Teach High Educ 12(5–6):593–605

Treeck T van, Himpsl-Gutermann K, Robes J (2013) Offene und partizipative Lernkonzepte. E-Portfolios, MOOCs und Flipped Classrooms. In: Ebner M, Schön S (Hrsg) L3T – Lehrbuch für Lrnen und Lehren mit Technologien. http://l3t.eu/homepage/das-buch/ebook-2013/kapitel/o/id/149/name/offene-und-partizipative-lernkonzepte. Zugegriffen: 02. Aug. 2016

Twigg CA (2005) Improving learning and reducing costs – new models for online learning. International conference of the association for learning technology, University of Manchester, Manchester, 07.09.2005. https://www.alt.ac.uk/altc2005/altc2005_documents/caroltwigg.pdf. Zugegriffen: 02. Aug. 2016

Vasilescu R, Barna C, Epure M, Baicu C (2010) Developing university social responsibility: a model for the challenges of the new civil society. Proced Soc Behav Sci 2(2):4177–4182

Vedder G (Hrsg) (2006) Managing equity and diversity at universities. Trierer Beiträge zum Diversity Management, Bd. 8. Rainer Hampp Verlag, Mering

Viebahn P (2008) Lernerverschiedenheit und soziale Vielfalt im Studium. Differentielle Hochschuldidaktik aus psychologischer Sicht. Buchreihen und Hefte aus Forschung und Praxis: Reihe 2, Motivierendes Lehren und Lernen in Hochschulen: Praxisanregungen, Bd. 8. Webler, Bielefeld

Viebahn P (2010) Differentielle Hochschuldidaktik. Strategien des konstruktiven Umgangs mit Lernerverschiedenheit im Hochschulunterricht. In: Berendt B, Voss H-P, Wildt J (Hrsg) Neues Handbuch Hochschullehre. Lehren und Lernen effizient gestalten, Bd. B 1.7. Raabe, Berlin, S 1–30

Wagenschein M (1995) Die pädagogische Dimension der Physik, 1. Aufl. Grundthemen der pädagogischen Praxis. Hahner Verlagsgesellschaft, Aachen-Hahn

Walzik S (2012) Kompetenzorientiert prüfen. Leistungsbewertung an der Hochschule in Theorie und Praxis. UTB Schlüsselkompetenzen, Bd. 3. Budrich, Opladen

Warren D (2002) Curriculum design in a context of widening participation in higher education. Arts Humanit High Educ 1(1):85–99

Waterfield J, West B (2006) Inclusive assessment in higher education: a resource for change. University of Plymouth, Plymouth. https://www.plymouth.ac.uk/uploads/production/document/path/3/3026/Space_toolkit.pdf. Zugegriffen: 02. Aug. 2016

Weinert FE (1997) Notwendige Methodenvielfalt. In: Lernmethoden, Lehrmethoden. Friedrich-Jahresheft, Bd. XV, S 50–52

Wex P (2012) Selbsttäuschung der Universitäten: Das leere Versprechen der Kompetenzenprüfung. http://www.faz.net/aktuell/feuilleton/ forschung-und-lehre/selbsttaeuschung-der-universitaeten-das-leere-versprechen-der-kompetenzenpruefung-11910676.html. Zugegriffen: 02. Aug. 2016

Wissenschaftsrat WR (2008) Empfehlungen zur Qualitätsverbesserung von Lehre und Studium. Drs. 8639-08. Berlin. http://www.wissenschaftsrat.de/download/archiv/8639-08.pdf. Zugegriffen: 02. Aug. 2016

Wray M (2013) Developing an inclusive culture in higher education: final report. Higher Education Academy, York. https://www.heacademy.ac.uk/sites/default/files/inclusive_culture_report_0.pdf. Zugegriffen: 02. Aug. 2016

Yorke M (2001) Formative assessment and its relevance to retention. High Educ Res Dev 20(2):115–126

Zepke N, Leach L (2007) Improving student outcomes in higher education: New Zealand teachers' views on teaching students from diverse backgrounds. Teach High Educ 12(5):655–668

Prof. Dr. Frank Linde, Professor für Wirtschaftswissenschaften, insbesondere Informationsökonomie, am Institut für Informationswissenschaft der TH Köln. LernCoach, Ausbildung zum Kommunikationsberater mit Schwerpunkt Coaching (Schulz von Thun, Institut für Kommunikation). Multiplikator im Weiterbildungs- und Netzwerkprogramm zur Entwicklung der Hochschullehre „Lehre[n] – Impuls zur wissenschaftlichen Lehre" (Alfred Toepfer Stiftung). Hochschuldidaktischer Mentor der TH Köln und Sprecher des Mentor*innenkreises des Netzwerks Hochschuldidaktische Weiterbildung in Nordrhein-Westfalen (hdw-nrw). Seit 2012 in der Projektleitung des „Zentrums für Kompetenzentwicklung für Diversity Management in Studium und Lehre an Hochschulen in NRW" (www.komdim.de).

Dr. phil Nicole Auferkorte-Michaelis, zertifizierte hochschuldidaktische und schreibdidaktische Moderatorin, Multiplikatorin im Weiterbildungs- und Netzwerkprogramm „Lehre^n" der Alfred Toepfer Stiftung. Ihre Arbeitsschwerpunkte sind die Professionalisierung und Konzeptentwicklung für Studium, Lehre und Wissenschaftskarriere, die Implementierung von Diversity Management für das Lehren und Lernen, hochschuldidaktisches Coaching und Institutional Research. Derzeit kommissarische Geschäftsführerin des Zentrums für Hochschul- und Qualitätsentwicklung der Universität Duisburg-Essen und seit 2012 in der Projektleitung des „Zentrums für Kompetenzentwicklung für Diversity Management in Studium und Lehre an Hochschulen in NRW" (www.komdim.de) tätig.

Chance und Herausforderung: Diversity Management und CSR am Beispiel internationaler Unternehmen

Christopher Stehr und Markus Vodosek

1 Diversity Management und Corporate Social Responsibility

Der Diskurs um Diversity wird insbesondere im angloamerikanischen Raum schon seit Jahrzenten geführt und geht mindestens bis in die 60er-Jahre des letzten Jahrhunderts zurück (vgl. dazu u. a. Cross 2000; Engel 2007; Gardenswartz und Rowe 1994; Hansen in diesem Band). In europäischen Unternehmen im Allgemeinen (European Commission 2005) und in deutschen Unternehmen im Speziellen hat der bewusste Umgang mit Diversity – also dem, was wir heute als Diversity Management verstehen – erst zu Beginn des 21. Jahrhunderts verstärkt Einzug gehalten (Köppel 2010). Das Allgemeine Gleichbehandlungsgesetz (AGG) von 2006 hat diesen Prozess beschleunigt. Dennoch lagen die deutschen Unternehmen einige Zeit in Bezug auf die Einführung und Umsetzung von Diversity Management im Vergleich zu ihren europäischen und angloamerikanischen Wettbewerbern zurück (Köppel 2007). Mittlerweile hat sich der Abstand verringert und Diversity Management hat innerhalb deutscher Unternehmen generell zugenommen (Völklinger Kreis e. V. 2011). Dies ist insbesondere bei Großunternehmen bzw. multinationalen Unternehmen der Fall, die oft über ein ausgeprägtes Diversity Management verfügen. Diversity Management gewinnt aufgrund verschiedener Diversity-fördernder Faktoren wie etwa Migration, Alterung der Bevölkerung, Globalisierungsprozesse und technische Entwicklungen weiter an Bedeutung.

Eine entscheidende Frage ist die nach dem Mehrwert von Diversity und der Messbarkeit von Diversity-Maßnahmen, ein Thema, das aktuell unter dem Begriff „Diversity

C. Stehr (✉) · M. Vodosek
German Graduate School of Management and Law (GGS)
Bildungscampus 2, 74072 Heilbronn, Deutschland
E-Mail: christopher.stehr@ggs.de

M. Vodosek
E-Mail: markus.vodosek@ggs.de

Controlling" diskutiert wird (Herrmann-Pillath 2009). So versuchen auch internationale Unternehmen wie die Otto-Unternehmensgruppe mittels Diversity Controlling ihre Diversity-Maßnahmen situativ anzupassen (Europäische Kommission 2013).

Inwieweit gelingt es insbesondere in der unternehmerischen Praxis durch Diversity Management eine „Kapitalisierung" (Gardenswartz und Rowe 2003), d. h. einen betriebswirtschaftlichen Mehrwert, zu generieren und damit den mittel- und langfristigen Erfolg des Unternehmens zu sichern? Oder reicht der ethisch-moralische und philanthropische Impetus des Unternehmers aus der Debatte um Corporate Social Responsibility (CSR) für die Implementierung von Diversity Management und Diversity-Maßnahmen bereits aus? Anhand verschiedener unternehmerischer Beispiele wird diesen Fragen im Folgenden nachgegangen.

Diversity beschreibt die Vielfalt von Menschen bezüglich ihrer individuellen Unterschiede innerhalb einer Organisation (vgl. u. a. Gardenswartz und Rowe 1994; Sepehri 2002). Menschen unterscheiden sich anhand von Eigenschaften, die sich im sogenannten

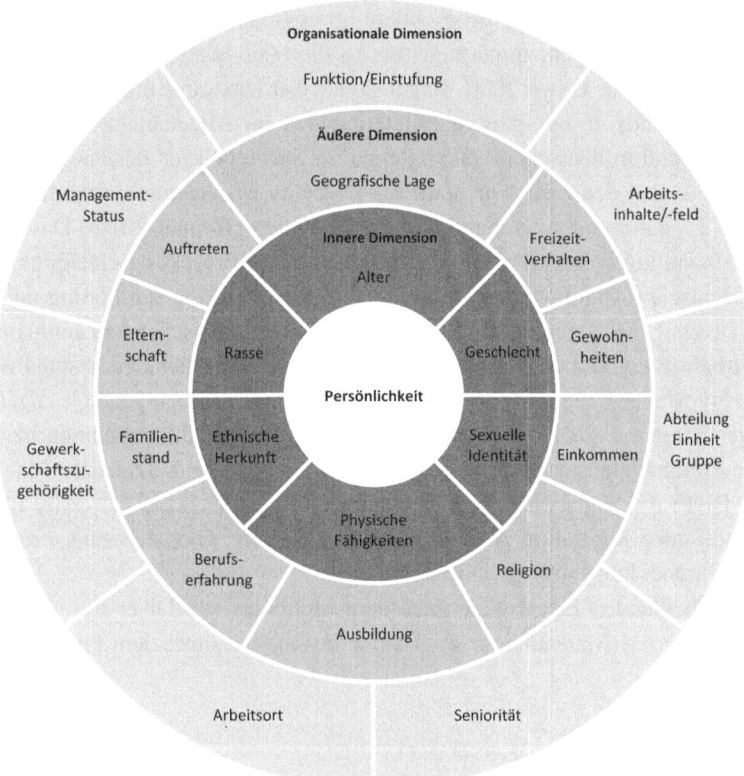

Abb. 1 Das Diversity-Rad: Dimensionen und Beispiele von Eigenschaften, durch die sich Menschen in Organisationen voneinander unterscheiden. (Erstellt nach: Gardenswartz und Rowe 2003)

„Diversity-Rad" vier Dimensionen zuordnen lassen (siehe Abb. 1). Diversity Management beinhaltet dann alle unternehmerischen Maßnahmen, die dazu führen, dass Diversity als wertschöpfende Kraft für das Unternehmen angesehen wird (vgl. Cox und Blake 1991). In der Realität internationaler Unternehmen werden allerdings sowohl Diversity Management als auch CSR-Maßnahmen oft nur als notwendige, juristisch nicht vermeidbare Compliance-Maßnahmen verstanden und nicht als ganzheitlicher Ansatz für wertorientierte und verantwortungsvolle Unternehmensführung (Regierungskommission Deutscher Corporate Governance Kodex 2013). Aus einer holistischen Perspektive heraus betrachtet gehen aber sowohl Diversity Management als auch CSR über die reine Einhaltung von Gesetzen hinaus. Diversity Management im Speziellen beinhaltet den konstruktiven Umgang sowohl mit den negativen als auch den positiven Aspekten der Vielfalt menschlicher Unterschiede.

2 Bezüge zwischen Diversity Management und CSR

Die Bezüge zwischen Diversity Management und CSR sind vielfältig (vgl. dazu insbesondere auch den Beitrag Hansen in diesem Band). Das Diversity Management auf Basis des Diversity Rades geht von vielfältigen Persönlichkeitsausprägungen aus und erfasst über die Ebenen innere, äußere und organisationale Dimension die gesamte Bandbreite der menschlichen Individualität. Diese gilt es im Rahmen von Diversity Management von Unternehmen zu berücksichtigen und zu fördern. Bei CSR liegt darüber hinaus der Fokus auf den betriebsspezifischen sozialen Verantwortlichkeiten. Bei Diversity Management in Unternehmen steht die Individualität der einzelnen Mitarbeiter im Zentrum. CSR hat neben dieser Perspektive insbesondere die Auswirkungen der unternehmerischen Aktivitäten auf die Gesellschaft im Blick, aber eben damit auch den Umgang mit den Mitarbeitern in ihrer ganzen Unterschiedlichkeit. Demnach existieren hier konzeptionelle Schnittmengen. Die gesellschaftliche unternehmerische Verantwortung beinhaltet im weiteren Sinne als übergreifendes Konzept das Diversity Management und integriert die Diversity-Forderungen von weiteren Anspruchsgruppen sowie der globalisierten Öffentlichkeit. Diese trägt zunehmend ihre Erwartungen in Bezug auf Gleichstellung, fairen Handel, ethisches Investment etc. an die Unternehmensführungen heran (European Commission 2005). Damit wird die Verknüpfung der ethischen Ebene von Coporate Social Responsibility mit der moralischen Handlungsebene des Diversity Management in der unternehmerischen Praxis forciert und gleichzeitig auf seine Konsistenz hin überprüft.

3 Ursachen von Diversity – Auswirkungen auf Unternehmen

Diversity hat eine Reihe von Ursachen. Dazu gehören im Wesentlichen die Migration, die der demografische Wandel und Globalisierungsprozesse im Zusammenhang mit technischen Entwicklungen sowie die Zunahme der internationalen Unternehmenstätigkeiten.

3.1 Migration

Etwa 20 % der Bevölkerung in Deutschland hat einen Migrationshintergrund, d. h. ist entweder in die Bundesrepublik Deutschland zugewandert, als Ausländer in Deutschland geboren, oder in Deutschland als Deutsche oder Deutscher geboren, mit zumindest einem zugewanderten oder als Ausländer in Deutschland geborenen Elternteil (Statistisches Bundesamt 2013). Migranten unterscheiden sich oft nicht nur äußerlich und durch ihre Sprache, sie sind auch geprägt von den in ihrem Herkunftsland vorherrschenden sozialen, politischen, und kulturellen Wertvorstellungen.

3.2 Demografischer Wandel – Alterung der Bevölkerung

Zurzeit beträgt das Durchschnittsalter in Deutschland 44 Jahre. Im Vergleich dazu ist das Durchschnittsalter in Europa 40 Jahre, in der Türkei 28 Jahre und in Indien sogar nur 24 Jahre (United Nations 2013). Die Belegschaft in deutschen Unternehmen zeichnet sich daher durch einen hohen Anteil an älteren Mitarbeitern aus. Das hohe Durchschnittsalter ist auch ein Zeichen dafür, dass es nicht ausreichend jüngere Menschen gibt, die als Fachkräftenachwuchs zur Verfügung stehen. In der Zukunft wird sich diese Situation noch verschlechtern, da die Anzahl der Einschulungen seit vielen Jahren rückgängig ist und damit die Pipeline für Auszubildende und Studierende immer leerer wird. Konkret gab es im Jahr 2012 14 % weniger Einschulungen als zehn Jahre zuvor (Kolodziej 2012).

Eine Vielzahl von Untersuchungen deutet darauf hin, dass der Fachkräftemangel ein Problem für deutsche Unternehmen darstellt und akuter Handlungsbedarf besteht. Eine Studie von McKinsey aus dem Jahr 2011 prognostiziert für das Jahr 2020 zwei Millionen fehlende Fachkräfte (McKinsey Deutschland 2011). Das Prognos-Institut sagte 2008 eine Fachkräftelücke von 5,2 Mio. Personen bis zum Jahr 2030 voraus (Prognos AG 2008). Obwohl es unwahrscheinlich ist, dass Unternehmen und Gesellschaft diesen Prognosen untätig entgegen sehen, wird die Situation z. T. bereits heute als suboptimal empfunden.

Eine Umfrage des ifo-Instituts im Jahr 2010 ergab, dass 37 % von 830 befragten Unternehmen vom Fachkräftemangel stark oder mittel betroffen sind (ifo 2010). Der Fachkräftemonitor der IHKs in Baden-Württemberg, eine interaktive Webseite, die Trendaussagen über Angebot und Nachfrage für zahlreiche Berufsgruppen und Branchen liefert, prognostiziert, dass in Baden-Württemberg im Jahr 2014 mehr als 180.000 Fachkräfte fehlen (Fachkräftemonitor 2030 2013). Als ein ausgewähltes regionales Beispiel kann hier die Region Heilbronn-Franken mit ihren zahlreichen Mittelständischen Unternehmen dienen. Laut Monitor fehlten hier 2013 bereits 13.000 Fach- und Führungskräfte (Industrie- und Handelskammer Heilbronn-Franken 2012). In einer im August 2013 veröffentlichten Studie der Dualen Hochschule Ravensburg erwarten 86 % der befragten 383 Unternehmen in der Zukunft Schwierigkeiten bei der Gewinnung hochqualifizierter Mitarbeiter (Hackl 2013).

Dieser Fachkräftemangel wird dazu führen, dass Unternehmen verstärkt Mitarbeiter aus derzeit in Unternehmen unterrepräsentierten Bevölkerungsgruppen wie Frauen, ältere Menschen, Behinderte und Menschen aus anderen Regionen der Welt rekrutieren werden, was eine Erhöhung der Diversity in den Unternehmen zur Folge haben wird (vgl. u. a. Bundesagentur für Arbeit 2011).

3.3 Globalisierung und technische Entwicklungen

Globalisierungsprozesse und technische Entwicklungen tragen dazu bei, dass Menschen zunehmend über die Grenzen der anfangs erwähnten Unterschiede hinweg zusammenarbeiten. Projekte mit vielen internationalen Partnern unterschiedlichster Eigenschaften gehören zunehmend zum Arbeitsalltag (Wolf 2011). Damit diese auch zunehmen digital internationale Zusammenarbeit funktioniert und damit die negativen Aspekte von Diversity minimiert und die positiven Aspekte maximiert werden, ist Diversity Management notwendig (Ernst & Young 2012).

4 Negative Aspekte von Diversity

Der Umgang mit Diversity ist auf gesellschaftlicher, unternehmerischer und individueller Ebene eine Herausforderung. Auf der individuellen und unternehmerischen Ebene kommt dabei die Gesamtheit der Unterschiedlichkeiten von Vorgesetzten, Mitarbeitern und Kollegen zum Tragen. Menschen, die anders sind als die Mehrheit, werden oft diskriminiert. Menschen, die anders sind, werden leicht undifferenziert kategorisiert und mit negativen Wertigkeiten belegt, was sich je nach kultureller Ausprägung der nationalen Gesellschaft stark unterscheidet.

Zahlreiche Beispiele aus dem nationalen und internationalen Unternehmenskontext liegen vor. Eine Studie des Forschungsinstituts zur Zukunft der Arbeit aus dem Jahr 2010 zeigte, dass ein Bewerber um einen Ausbildungsplatz mit deutschem Namen eine 14 % höhere Wahrscheinlichkeit hatte vom Ausbildungsbetrieb zurückgerufen zu werden als ein Bewerber mit türkischem Namen. Und dies, obwohl sämtliche anderen Informationen in den Bewerbungsunterlagen identisch waren. Bei Firmen mit weniger als 50 Beschäftigten war die Wahrscheinlichkeit sogar um 24 % höher (Krause et al. 2012; vgl. dazu auch Kaas und Manger 2010).

Erhebungen des Deutschen Instituts für Wirtschaftsforschung aus dem Jahr 2012 zeigen, dass Frauen durchschnittlich 23 % weniger verdienen als Männer (Holst et al. 2012). Geringbezahlte, niedrige, untergeordnete sowie gefährliche Arbeiten werden oft von Beschäftigten ausgeführt, die sich von der Mehrheit der Bevölkerung unterscheiden. Die negative Einschätzung und daraus folgende Benachteiligung von Menschen, die anders sind, resultieren oft in Konflikten, die negative Konsequenzen für alle Beteiligten nach sich ziehen. Management- und Sozialforscher haben sich in der Vergangenheit viel mit den negativen Folgen von Diversity auseinandergesetzt (Kaas und Manger 2010). Nicht zuletzt aus ethisch-moralischer Überzeugung, die sich in der Debatte um CSR widerspiegelt, ist der Großteil der europäischen Gesellschaften zu der Erkenntnis gekommen, dass die negativen Folgen von Diversity minimiert werden müssen. Aber erst in den letzten zwei Jahrzehnten haben sich Forschung, Unternehmen und Gesellschaft verstärkt mit den positiven Aspekten von Diversity beschäftigt (Ng und Burke 2005).

5 Positive Aspekte von Diversity

Die Vielfalt menschlicher Unterschiede bedeutet auch eine Vielfalt an Perspektiven, Ideen, Fähigkeiten und Möglichkeiten, die genutzt werden können. Städte wie San Francisco, Paris oder Berlin üben eine magische Anziehungskraft aus, nicht zuletzt aufgrund der Diversity, der man dort begegnet. Der Soziologe Richard Florida hat gezeigt, dass Städte und Regionen, die Diversity bewusst fördern, wirtschaftlich besser dastehen als Städte und Regionen, welche dies nicht tun (Florida 2005).

Ähnliches lässt sich auch für international agierende Unternehmen feststellen. Für die oben aufgestellte Frage nach dem tatsächlichen Mehrwert und Nutzen für Unternehmen gibt es unterschiedliche Befunde. Grundsätzlich besteht nach früheren Untersuchungen ein überwiegend positiver Zusammenhang zwischen Diversity Management und Organisationserfolg, bzw. dem Grad der Diversity, der Performance und den unternehmerischen Ergebnissen unabhängig von ihrem jeweiligen Standort (vgl. dazu u. a.: Ely und Thomas 2001; Kochen et al. 2003).

In einer umfassenden europäischen Studie bestätigten 83 % der befragten Unternehmen den positiven Einfluss von Diversity Management auf den Unternehmenserfolg (European Commission 2005). In einer Umfrage unter deutschen Unternehmen, die international und global tätig sind, wurden insbesondere die Kategorien „Zusammenarbeit und internationaler Erfolg" sowie die „Kundenorientierung und Marktzugang" als zentraler Nutzenaspekt genannt (Köppel 2007).

In einer Befragung von internationalen Studierenden, Führungskräften und Diversity-Beauftragten zum Thema „Cultural Diversity" wurde der wirtschaftliche Nutzen von kultureller Vielfalt bestätigt (Söffker 2012). Dabei wurde gleichzeitig auch eine Unterscheidung innerhalb der Unternehmen augenfällig, denn laut dieser Untersuchung stehen andere Diversity-Bereiche wie z. B. Age Diversity oder Gender Diversity bei den Befragten gegenüber der Cultural Diversity im Vordergrund (Söffker 2012; Ernst & Young 2012). Bei Gender Diversity wiederum – als Teil des Diversity Management – sind die empirischen Befunde in Bezug auf Organisationserfolg und Ausprägung der Gender Diversity unterschiedlich zu interpretieren. Eine Metauntersuchung zu international durchgeführten Diversity-Studien ergab widersprüchliche Effekte auf den Organisationserfolg in Abhängigkeit der jeweiligen Rahmenbedingungen. Insbesondere im Dienstleistungsbereich zeigten sich dabei aber positive Zusammenhänge (Boerner et al. 2012).

Zahlreiche weitere Forschungsarbeiten haben gezeigt, dass sich Diversity positiv auf die Kreativität von Teams auswirkt (Stahl et al. 2010a, 2010b). Vor allem große internationale Unternehmen wie z. B. Bosch, Daimler, IBM, Shell oder Siemens haben erkannt, dass es wirtschaftlich sinnvoll ist, wenn sich die zunehmende Vielfalt ihrer Kunden- und Arbeitsmärkte auch in der Vielfalt ihrer Mitarbeiter widerspiegelt (Siemens 2013a). Dadurch wird zum einen das Verständnis für unterschiedliche Abnehmer- und Arbeitsmärkte vertieft, zum anderen wird das Unternehmen von der Vielfalt seiner potentiellen Kunden und Mitarbeiter bereitwilliger akzeptiert. Innerhalb dieser international tätigen Unternehmen besteht aufgrund der reinen Größe und der damit einhergehenden internationalen und z. T. globalen Ausbreitung eine diverse Arbeitnehmerschaft allein aufgrund der Anzahl der internationalen Niederlassungen.

Kleine und mittlere Unternehmen (KMU) verfügen nicht über diese Größeneffekte (Pfohl 2006). Aufgrund der zunehmenden globalen Ausrichtung binden aber auch international tätige Familienunternehmen Diversity-Aspekte in ihre Internationalisierungsstrategie mit ein (Wolf 2011). Insbesondere innerhalb des internationalen Human Resource Managements und der internationalen Markteintrittsstrategien sind Cultural Diversity bzw. Ethnic Diversity Aspekte von entscheidender Bedeutung. Für KMU spielen zusätzlich Innovationsaspekte und die Möglichkeit mit Diversity die eigene Produktivität zu erhöhen eine wichtige Rolle (European Commission 2008a). So ergibt sich ein signifikanter Unterschied zwischen größeren Unternehmen und KMU. Stark vereinfacht ausgedrückt: Je größer und internationaler das Unternehmen, umso größer die Wahrscheinlichkeit eines ausgeprägten expliziten Diversity Managements (European Commission 2005; Süß und Kleiner 2005; Völklinger Kreis e. V. 2011).

Dennoch verfügen KMU oft über implizite „Diversity-Aktivitäten" aufgrund ihrer Eigentümer- oder Familienstruktur. Der Gründer oder Inhaber bezeichnet diese Aktivitäten dann nicht explizit als Diversity Management sondern führt diese aus einer unternehmerischen Intuition und Intention heraus durch (European Commission 2008a), die sich wie beschrieben mit der ethischen Ebene von Coporate Social Responsibility überschneiden.

Zwischen der oben beschriebenen vorhandenen individuellen Vielfalt aufgrund der internationalen Kunden- und Arbeitsmärkte mit den beschriebenen vier Dimensionen (siehe Abb. 1) gibt es dann speziell auch auf der „Äußeren Dimension" (geografische Lage, Religion, etc.) und der „Organisationalen Dimension" (Managementstatus, Gewohnheiten, etc.) zusätzliche Herausforderungen.

Führt man sich das Diversity-Rad in Abb. 1 vor Augen, verdeutlichen sich mögliche weitere Konfliktbereiche. Es kann zu Friktionen kommen zwischen der ethnozentrischen Wahrnehmung der Unternehmenszentrale bzw. dem nationalen Stammhaus und dem polyzentrischen Verständnis der weltweiten Niederlassungen und Töchterunternehmen im Rahmen von Ethnic bzw. Cultural Diversity (siehe dazu das sogenannte EPRG-Model nach Perlmutter und Heenan 1974; vgl. dazu Kutschker und Schmid 2008).

Wie diese Diskussion aufzeigt, hat Diversity sowohl positive als auch negative Aspekte. Aufgabe des Diversity Managements ist es nun, die Nachteile von Diversity zu minimieren und die Vorteile von Diversity zu maximieren, um somit Vielfalt konstruktiv zu

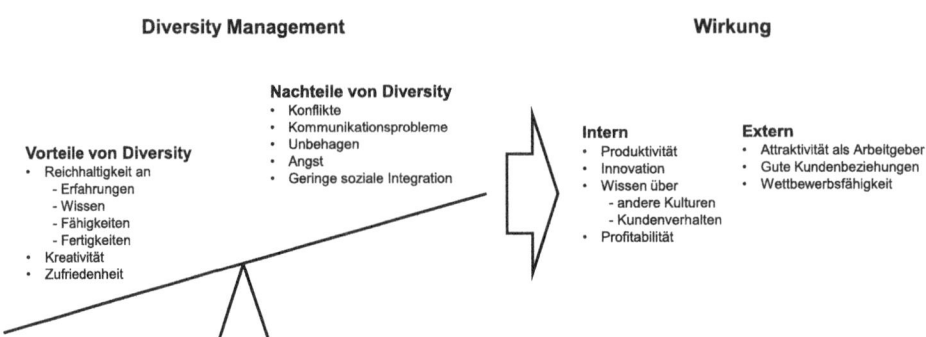

Abb. 2 Diversity Management als Balanceakt zwischen den Vor- und Nachteilen von Diversity. (Eigene Darstellung)

nutzen (siehe Abb. 2). Unternehmen, die mit Diversity umzugehen wissen und Diversity aktiv managen, haben einen Wettbewerbsvorteil gegenüber Firmen, die sich mit Diversity schwertun (Williams und Bauer 1994).

6 Diversity Management in der Unternehmenspraxis

Diversity Management zielt in erster Linie auf eine betriebliche Haltungsänderung ab und fördert das Miteinbeziehen von allen Beschäftigten in formale Programme und informale Netzwerke. Diversity Management strebt dabei ein Betriebsklima an, in dem sich jeder Beschäftigte voll entfalten kann. Dazu gehört zunächst innerhalb des Unternehmens ein Umdenken und ein Bewusstseinswandel, um dann Diversity als betriebliche Ressource zur Schaffung von unternehmerischem Mehrwert tatsächlich nutzen zu können (Köppel 2013).

Die Motivation, Diversity Management insbesondere bei Großunternehmen in der betrieblichen Praxis einzuführen, variiert von der Förderung des Kulturwandels im Rahmen eines Change Managements bis hin zur Hebung des organisationalen Mehrwertes (European Commission 2005). Dabei werden unterschiedliche Dimensionen und Aktivitäten angegeben, die von den Diversity-Maßnahmen positiv beeinflusst werden und einen Geschäftsnutzen generieren: Mitarbeiterentwicklung und -förderung, Führungskräfteentwicklung, Attraktivitätssteigerung für zukünftige Fach- und Führungskräfte, Reputations- und Markenmanagement, Innovations- und Kreativitätsvorteil, Internationalisierungsstrategie, Strategieimplementierung sowie organisatorische Ebenen und Prozessabläufe (European Commission 2008b; Köppel 2013). In einer anderen Erhebung unter Großunternehmen wurden die Beweggründe weiter fokussiert. Dabei stachen als Gründe für Diversity Management die Selbstverpflichtung zur Frauenquote, der demografische Wandel und die zunehmende Internationalität hervor (Ernst & Young 2012).

Tab. 1 Diversity Dimensionen und Maßnahmen in international tätigen Unternehmen. (Quelle: Ernst & Young 2012)

Dimensionen von Diversity	Häufigste Diversity Maßnahmen befragter Unternehmer
Geschlecht	Einführung der Frauenquote
	Mentoring-Programme
	Netzwerke für Frauen, Männer und Väter
Alter/Demographie	Angebot und Bezuschussung von Gesundheits- und Fitnessprogrammen
	Ergonomisch gestaltete Arbeitsplätze
	Begleitung von pädagogischen Programmen bei Jugendlichen, die nicht ausbildungsreif sind
Work-Life-Balance	Kostenfreie Unterstützung bei der Vermittlung von Altenbetreuung; Kinderbetreuung
	Flexible Arbeitszeiten
	Job Sharing
Sexuelle Orientierung	Netzwerke für Homosexuelle
	Workshops zum Umgang mit Homosexualität
Internationalität	Job Rotation/Internationales Recruiting
	Englische Stellenausschreibungen
	Multikulturelle englischsprachige Firmenveranstaltungen, z. B. „Eat-and-Speak"
	Relocationservice für Expatriates und Impatriates
Inklusion/Akzeptanz innerhalb der Belegschaft schaffen	Workshops für Management Teams
	Roadshows für Mitarbeiter
	Öffentliche Veranstaltungen und Kooperationen mit Hochschulen

In einer weiteren aktuellen Untersuchung wurde nochmals detaillierter in Bezug auf die Bereiche Gender Diversity, Age Diversity und Ethnic Diversity im Hinblick auf weitere spezifische Maßnahmen in Unternehmen nachgefragt (Deloitte 2013). Dabei wurde festgestellt, dass innerhalb der Unternehmen eine abnehmende Priorisierung von Gender Diversity über Age Diversity zu Ethnic Diversity stattfindet. Zugleich konnte festgestellt werden, dass in Unternehmen der Bedarf nach einer Messung des tatsächlichen Erfolges unter dem Stichwort Diversity Controlling in Bezug auf den finanziellen Erfolg von Diversity-Maßnahmen steigt (Ernst & Young 2012). Wie wichtig mittlerweile nicht nur der Diskurs zu diesem Thema geworden ist, sondern wie vielfältig die unternehmerischen Lösungsansätze sind demonstrieren nicht nur Tab. 1 und 2, sondern auch die nachfolgenden Beispiele.

Tab. 2 Weitere spezifische Maßnahmen in deutschen Unternehmen. (Quelle: nach Deloitte 2013)

Gender Diversity	Age Diversity	Ethnic Diversity
Flexible Arbeitszeiten	Flexible Arbeitszeiten für ältere Mitarbeiter, Altersteilzeit	Gezielte Rekrutierung ausländischer Fach- und Führungskräfte
Frauenquote für weibliche Führungskräfte	Altersgerechte Gestaltung der Arbeitsinhalte	Globale Talentpools
Teilzeitverträge nach Elternzeit	Ergonomische Gestaltung der Arbeitsplätze	Entsendung von Führungskräften ins Ausland/Mentoring
Rückkehrgespräche nach Elternzeit	Systematische Personalentwicklung für ältere Mitarbeiter	Auslandserfahrung als Voraussetzung für Führung
Ansprechpartner bei Familienthemen	Freizeit-/Sportangebote	Abteilung zur Unterstützung ausländischer Mitarbeiter
Arbeiten von Zuhause	Horizontale Tätigkeitswechsel	Workshops mit internationalem Fokus
„Job-Sharing" von Führungspositionen	Persönliche Gesundheitsberatung für ältere Mitarbeiter	
Kinderbetreuung		

6.1 Umsetzung: Unternehmenskultur, HR-Management und Globalisierung

Für die Umsetzung von Diversity Management auch in Bezug auf das Diversity-Rad (siehe Abb. 1) gibt es strukturelle und prozess-orientierte Lösungen, die sich in drei Themenfelder kategorisieren lassen: Unternehmenskultur, Personalmanagement (HR-Management) und die Erschließung neuer Kunden- bzw. Arbeitsmärkte im Rahmen der zunehmenden unternehmerischen Ausbreitung und Internationalisierung (Becker und Seidel 2006; Wolf 2011). Folgende Unternehmensbeispiele zeigen, welche Aktivitäten Firmen in diesen drei Themenfeldern bereits unternehmen: Hier fällt insbesondere die nationale Initiative der sogenannten „Charta der Vielfalt" ins Auge. Mehr als 1500 Firmen in Deutschland, darunter 386 Firmen mit über 1000 Beschäftigten und 517 Firmen mit 51 bis 1000 Beschäftigten, haben sich öffentlich zur Wichtigkeit von Diversity Management bekannt, indem sie die Charta der Vielfalt unterschrieben haben (Charta der Vielfalt e. V. 2014; siehe hierzu auch Hardenberg und Tote in diesem Band). Ähnliche Chartas gibt es zur Zeit in 11 weiteren europäischen Ländern.

6.2 Unternehmenskultur – Diversity Management

Verschiedene international tätige Großunternehmen haben seit ca. 2008/2009 zahlreiche Stellen geschaffen, die sich mit dem Thema Diversity ganzheitlich befassen. Dabei handelt es sich dann um sogenannte Chief Diversity Officer oder Diversity Manager bzw. Diversity-Beauftragte. Die Zahlen speziell für die im DAX gelisteten, z. T. globalisierten Unternehmen haben sich positiv entwickelt und stagnieren aktuell gerade: 2010 verfügten 16 der DAX-Unternehmen über ein Diversity Management. 2011 praktizierten bereits 23 der 30 Dax Unternehmen Diversity Management mittels Diversity-Management-Verantwortlichen. 2012 sind nochmals 2 DAX-Unternehmen dazugekommen. Diese Entwicklung scheint sich nicht fortgesetzt zu haben. 2013 verfügten nur noch 22 DAX-Unternehmen über einen Verantwortlichen für Diversity Management (Köppel 2013). Dennoch sorgten in der öffentlichen Debatte Unternehmen mit Diversity-Aspekten für Aufmerksamkeit. Die Firma SAP machte im Mai 2013 Schlagzeilen damit, verstärkt Autisten einstellen zu wollen, um deren besondere analytisch-logischen Fähigkeiten unter anderem für das Testen von Software zu nutzen (SAP 2013; DGFP 2013; Vorwerk-Gundermann und Preuk 2013).

Siemens hat als eines dieser genannten global agierenden Unternehmen innerhalb seiner Diversity-Strategie die Bildung von sogenannten globalen Diversity-Netzwerken vorangetrieben. Mittlerweile gibt es laut eigener Aussage 60 Mitarbeiternetzwerke mit ca. 3000 Mitarbeitern zum Oberthema Diversity. Neben aktuell z. B. 600 Diversity-Botschaftern kümmert sich u. a. ein weltweites Frauennetzwerk als Mentorinnen um die Nachwuchsführungskräfte (Siemens 2013b). Noch spezifischer im Hinblick auf die kulturellen Unterschiede hat ein in Nordrhein-Westfalen ansässiges international agierendes Unternehmen der Durchflussmesstechnik mit 306 € Mio. Umsatz und 2564 Beschäftigten ein internationales Austauschprogramm für Kinder von Mitarbeitern organisiert. Dadurch beschäftigen sich sowohl Kinder als auch deren Eltern mit kulturellen Unterschieden mit der Möglichkeit kulturell bedingte Stereotype zu überwinden (Wolf 2011).

Neben dieser Aktivitäten im Bereich der „Cultural Diversity" gibt es auch positive Beispiele im Bereich der „Gender Diversity": Bei einem baden-württembergischen Personaldienstleister, bei dem ein überwiegender Anteil der Mitarbeiter Frauen sind, unterhalten sich die Mitarbeiterinnen frei über ihre geplanten Schwangerschaften, um Projekte bestmöglich betreuen zu können. Während des Mutterschutzes und der Elternzeit werden die Mitarbeiterinnen über Aktivitäten des Unternehmens informiert und zu Festen und Veranstaltungen eingeladen, um den Kontakt mit dem Unternehmen aufrechtzuerhalten. Neben diesen positiven Beispielen auf Mitarbeiterinnenebene sind die Entwicklungen auf Managementebene trotz prozentualer Zielvorgaben für den Anteil an weiblichen Führungskräften im Top-Management der Dax-30 Unternehmen stagnierend bzw. rückläufig. Die Anzahl weiblicher Vorstandsmitglieder hat 2013 wieder abgenommen (Köppel 2013).

Um Differenzen zwischen den Generationen zu überwinden und Age Diversity zu unterstützen organisiert eine international agierende Orgelbaufirma monatliche Betriebsakademien bei denen ältere Mitarbeiter Tipps und Tricks geben und jüngere Mitarbeiter aus der Meisterschule berichten. Danach wird gemeinsam saubergemacht und gegrillt (Pullen et al. 2010).

6.3 Globalisierung – Erschließung neuer Kunden- und Arbeitsmärkte

Wie oben bereits erwähnt, beurteilen insbesondere international agierende Unternehmen ihre Diversity-Aktivitäten positiv im Hinblick auf die Erschließung neuer Zielmärkte. So wirbt z. B. ein süddeutsches mittelständisches Unternehmen aktuell gezielt in süd- und osteuropäischen Ländern mittels seiner Handelsvertreter vor Ort für die Einstellung von Praktikanten und Studierenden dualer oder berufsbegleitender Studiengänge aus diesen Zielmärkten mit dem Angebot, die berufsbegleitende Ausbildung mit bis zu 100 % zu finanzieren.

Bei einem Personaldienstleister, der insbesondere Schichtarbeiter aus verschiedenen Ländern vermittelt, sprechen sich zu religiösen Feiertagen (z. B. allgemein Weihnachten, orthodoxes Weihnachten, Fastenzeiten) die Arbeiter mit ihren unterschiedlichen kulturell bedingten Bedürfnissen über die Arbeitszeiten ab. Zusätzlich stellen beteiligte Unternehmen z. T. Ruheräume als Gebetsräume zur Verfügung. Beide Maßnahmen resultierten in positiven Reputationseffekten, wodurch sich weitere ausländische Fach- und Führungskräfte bei diesem Personaldienstleiser bewarben.

Eine weitere Möglichkeit international weiter erfolgreich zu sein, bietet die in den jeweiligen Unternehmen bereits vorhandene Cultural Diversity. Ein einfaches Mittel bilden dabei Informationsmaterialien über das Unternehmen in Sprachen von Zielmärkten, sowohl für Kunden- als auch Arbeitsmärkte. Ein mittelständisches Unternehmen in Nordrheinwestfalen mit 270 Mitarbeitern aus dem verarbeitenden Gewerbe hat dafür Arbeitnehmer mit bi- oder trikulturellem Hintergrund in den jeweiligen lokalen Landessprachen eine Filmbotschaft für „qualifizierte Landsleute" ihrer früheren Herkunftsländer erstellen lassen. Neben Informationsmaterialien können auch zielgruppenspezifische Schulungen von Mitarbeitern zur Förderung sowohl der Cultural als auch der generellen Diversity führen. Ein Busunternehmen in den neuen Bundesländern schult beispielsweise Fahrer, die türkische Kinder zu türkischen Schulen, Senioren auf Exkursionen und psychiatrische Patienten zu Ausflügen fahren (Pullen et al. 2010).

7 Fazit

Diversity in seiner Gesamtheit ist schon heute eine Tatsache in nationalen, internationalen und globalen Arbeits- und Kundenmärkten. Alle aktuellen wissenschaftlichen Untersuchungen gehen davon aus, dass sich dieser Trend auf allen Ebenen von Diversity – Persönlichkeit sowie der inneren, äußeren und organisationalen Dimension – weiter verstärken wird. Unternehmen die weiter international erfolgreich sein wollen, können die verschiedenen Facetten von Diversity für die unternehmerische Globalisierung nutzen. Insbesondere deutsche Unternehmen haben dabei im Vergleich zu den anglo-amerikanischen Wettbewerbern noch Potential an Diversity, das ausgeschöpft werden kann. Vor allem mittelständische Unternehmen, in denen der ethisch-moralische Ansatz von CSR aufgrund der intrinsischen Motivation des Unternehmers oder Eigentümers bereits gelebt wird, haben strategische Vorteile bei der weiteren Implementierung von Diversity-Maßnahmen, weil der unternehmerische Mehrwert dieser Maßnahmen „unternehmerisch intuitiv" erfasst wird und es in diesem Bereich inhaltliche und operative Überschneidungen gibt zwischen den beiden Konzepten von Diversity und CSR.

Auch wenn in der unternehmerischen Realität Diversity Management je nach Unternehmensgröße bereits eine wichtige Rolle spielt, ist es bis zur tatsächlichen erfolgreichen Umsetzung mit einem sichtbaren Mehrwert für Unternehmen ein langer Weg. Zahlreiche Beispiele zeugen von erfolgreicher praktischer Umsetzung im unternehmerischen Alltag. Um erfolgreich mit dieser Vielfalt umgehen und um aus ihr Werte schöpfen zu können, bedarf es eines nachhaltigen sowie systemischen Ansatzes und eines unternehmerischen langfristigen Engagements. Organisationen, die Ressourcen investieren, um Chancen zu nutzen, die sich durch diese Vielfalt ergeben, werden erfolgreicher sein als Unternehmen, die solche Investitionen nicht tätigen.

Literatur

Becker M, Seidel A (Hrsg) (2006) Diversity Management: Unternehmens- und Personalpolitik der Vielfalt. Schäfer-Poeschel, Stuttgart

Boerner S, Keding H, Hüttermann H (2012) Gender Diversity und Organisationserfolg – Eine kritische Bestandsaufnahme. Schmalenbachs Z Betriebswirtschaftliche Forsch (zfbf) 64:37–70

Bundesagentur für Arbeit (2011) Perspektive 2025: Fachkräfte für Deutschland. Nürnberg: Bundesagentur für Arbeit. www.arbeitsagentur.de/zentraler-Content/Veroeffentlichungen/Sonstiges/Perspektive-2025.pdf. Zugegriffen: 6. Jan. 2014

Charta der Vielfalt e. V. (2014) Unterzeichner der Charta der Vielfalt. Berlin. http://www.charta-der-vielfalt.de/unterzeichner/unterzeichner-der-charta-der-vielfalt.html. Zugegriffen: 4. Jan. 2014

Cox TH, Blake St (1991) Managing cultural diversity. Aom Exec 5(3):45–55

Cross EY (2000) Managing diversity – The courage to lead. Quorum Books, Westport

Deloitte (2013) Talent & diversity management in deutschen Unternehmen. Ausgewählte Studienergebnisse. Eine Kooperation von Deloitte und der Universität Köln, August 2013. München. www.deloitte.com/assets/Dcom-Germany/LocalAs-sets/Documents/01_Consulting/2013/C-HCAS-Talent-Diversity-Studie-2013.pdf. Zugegriffen: 1. Jan. 2014

DGFP, Deutsche Gesellschaft für Personalführung e. V. (2013) Diversity bei SAP: Autisten im Fokus. www.dgfp.de/aktuelles/dgfp-news/diversity-bei-sap-autisten-im-fokus-4069. Zugegriffen: 13. Okt. 2013

Ely R, Thomas A (2001) Cultural diversity at work: The effects of diversity perspectives on work group processes and outcomes. Admin Sci Quart 46:229–273

Engel R (2007) Die Vielfalt der Diversity Management Ansätze – Geschichte, praktische Anwendung und zukünftige Herausforderungen in Europa. In: Koall I, Bruchhagen V, Höher F (Hrsg) Diversity outlooks. Managing diversity zwischen Ethik, Profit und Antidiskriminierung. LIT, Hamburg, S 92–110

Ernst &Young (2012) Messbarkeit von Diversity Management in deutschen Unternehmen. Frankfurt a. M., November 2012. www.ey.com/Publication/vwLUAssets/Messbarkeit_

von_Diversity_Management_-_November_2012/$FILE/Studienergebnisse Diversity Controlling_2012.pdf. Zugegriffen: 4. Jan. 2013

European Commission (2005) The business case for diversity – Good practices in the workplace. Office for Official Publications of the European Communities, Luxembourg

European Commission (2008a) Diversity for talent and competitiveness: The SME business case for diversity. Brüssels. http://www.iegd.org/pdf/Task%202%20-%20SMEs.pdf. Zugegriffen: 1. Jan. 2014

European Commission (2008b) Turning diversity into talent and competitiveness for SMEs – Tools Package. Brüssels. http://www.larrge.eu/uploads/tx_larrgeguide/Turning_Diversity_into_Talent_and_Competitiveness_for_SMEs_ttool_package.pdf. Zugegriffen: 4. Jan. 2014

Europäische Kommission (2013) Otto-Unternehmensgruppe (weltweit): „Diversity Controlling". http://ec.europa.eu/justice/gender-equality/equality-pays-off/women-mean-business/good-practice/example-five/index_de.htm. Zugegriffen: 31. Jan. 2014

Fachkräftemonitor 2030 (2013) Stuttgart: Baden-Württembergischer Industrie und Handelskammertag. http://www.fachkraeftemonitoring-bw.de. Zugegriffen: 5. Jan. 2014

Florida R (2005) Cities and the creative class. Routledge, London

Gardenswartz L, Rowe A (1994) Diverse teams at work: Capitalizing on the power of diversity. Irwin, Chicago

Gardenswartz L, Rowe A (2003) Diverse teams at work: capitalizing on the power of diversity. Society for Human Resource Management, Alexandria

Hackl B (2013) Branchenübergreifende Studie: Best Practices zur Gewinnung und Bindung hochqualifizierter Mitarbeiter. Duale Hochschule Baden-Württemberg, Ravensburg

Herrmann-Pillath C (2009) Diversity Management und diversitätsbasiertes Controlling: Von der „Diversity Scorecard" zur „Open Balanced Scorecard". Frankfurt School – Working Paper Series, Bd 119.

Holst E, Busch A, Kröger L (2012) Führungskräfte-Monitor 2012: Update 2001–2010. DIW (Deutsches Institut für Wirtschaftsforschung), Berlin

Ifo-Institut für Wirtschaftsforschung (2010) Ifo-Schnelldienst. 24/2010 – 63. Jahrgang, Demographischer Wandel und Fachkräfteentwicklung: Konsequenzen für Bildung und Handwerk. www.cesifo-group.de/DocDL/ifosd_2010_24_5.pdf. Zugegriffen: 20. Nov. 2012

Industrie- und Handelskammer Heilbronn-Franken (2012) Vorläufiger Höhepunkt beim Fachkräfteengpass in Heilbronn-Franken im Jahr 2013. http://heilbronn.ihk.de/index.aspx?nmi0=Pressemitteilungen&tabID=0&msgID=2779. Zugegriffen: 20. July 2012

Kaas L, Manger C (2010) Ethnic discrimination in Germany's labour market: a field experiment. Discussion Paper, Bd. 4741. IZA, Bonn

Kolodziej D (2012) Fachkräftemangel in Deutschland. Statistiken, Studien und Strategien. Wissenschaftliche Dienste, Deutscher Bundestag, Infobrief, Abschluss der Arbeit. www.bundestag.de/dokumente/analysen/2012/Fachkraeftemangel_in_Deutschland.pdf (Erstellt: März 2012). Zugegriffen: 5. Jan. 2014

Kochen T, Bezrukova K, Ely R, Jackson S, Joshi A, Jehn K, Leonard J, Levine D, Thomas D (2003) The effects of diversity on business performance: report of the diversity research network. Hum Resour Manag 42:3–21

Köppel P (2007) Cultural Diversity Management in Deutschland hinkt hinterher, Bertelsmann Stiftung, Gütersloh. http://www.bertelsmann-stiftung.de/bst/de/media/xcms_bst_dms_21374_2.pdf. Zugegriffen: 22. Dez. 2013

Köppel P (2010) Diversity Management in Deutschland – eine Unternehmensbefragung. In: Badura B, Schröder H, Klose J, Macco K (Hrsg) Fehlzeiten-Report 2010. Vielfalt managen: Gesundheit fördern – Potenziale nutzen, Wissenschaftliches Institut der AOK. Springer, Berlin, S 23–35

Köppel P (2013) Diversity Management in Deutschland 2013: Ein Benchmark unter den DAX 30-Unternehmen. Synergy Consult, Köln, Parsdorf. www.synergie-durch-vielfalt.de/fileadmin/diverse_PDF/Benchmark_DM_2013.pdf. Zugegriffen: 3. Jan. 2014

Krause A, Rinne U, Zimmermann KF, Böschen I, Alt R (2012) Pilotprojekt „Anonymisierte Bewerbungsverfahren". Abschlussbericht. Research Report, Bd. 44. Institut zur Zukunft der Arbeit (IZA), Bonn

Kutschker M, Schmid S (2008) Internationales Management, 6. Aufl. Oldenbourg Wissenschaftsverlag, München

McKinsey D (2011) Wettbewerbsfaktor Fachkräfte: Strategien für Deutschlands Unternehmen. McKinsey & Company, Berlin

Ng ESW, Burke RJ (2005) Person-organization fit and the war for talent: Does diversity management make a difference? Int J Hum Resour Man 16:1195–1210

Perlmutter HV, Heenan DA (1974) How multinational should your top managers be? Harvard Bus Rev 52(6):121–132

Pfohl H-C (Hrsg) (2006) Betriebswirtschaftslehre der Mittel- und Kleinbetriebe: Größenspezifische Probleme und Möglichkeiten zu ihrer Lösung, 4. Aufl. Erich Schmidt, Berlin

Prognos AG (2008) Arbeitslandschaft 2030: Steuert Deutschland auf einen generellen Personalmangel zu? vbw, München

Pullen J, Koll E, Schramm F (2010) Diversity management in kleinen und mittleren Unternehmen: Erfolgreiche Umsetzungsbeispiele. RKW, Berlin

Regierungskommission Deutscher Corporate Governance Kodex (2013) Deutscher Corporate Governance Kodex in der Fassung vom 13. Mai 2013 mit Beschlüssen aus der Plenarsitzung. http://www.corporate-governance-code.de/ger/download/kodex_2013/D_CorGov_Endfassung_Mai_2013.pdf (Erstellt: 13. Mai 2013). Zugegriffen: 13. Okt. 2013

SAP AG (2013) SAP und Specialisterne fördern Menschen mit Autismus. http://www.sap.com/corporate-de/news.epx?pressid=20942. Zugegriffen: 13. Dez. 2013

Sepehri P (2002) Diversity und Managing Diversity in internationalen Organisationen – Wahrnehmungen zum Verständnis und ökonomischer Relevanz. Rainer Hampp, München und Mering

Siemens AG (2013a) Personnel Department Deutschland – Fachcenter Diversity Management, Gender Balance, Eine Arbeitswelt für Frauen und Männer. https://www.gender.edu.tum.de/tl_files/downloads/Gender_Balance.pdf. Zugegriffen: 13. Dez. 2013

Siemens AG (2013b) Diversity bedeutet Geschäftserfolg. http://www.siemens.de/jobs/arbeiten_bei_siemens_de/diversity/Seiten/home.aspx. Zugegriffen: 13. Dez. 2013

Söffker C (2012) Cultural Diversity Management – Handlungsempfehlungen für Rekrutierung, Entwicklung und Bindung von Personen mit Migrationshintergrund. Arbeitspapierreihe Wirtschaft & Recht. Lüneburg. www.leuphana.de/fileadmin/user_upload/PERSONALPAGES/_ijkl/janner_steve/files/LFP_SoSe12_Cultural_Diversity_Management-Druck.pdf. Zugegriffen: 2. Okt. 2014

Stahl GK, Mäkelä K, Zander L, Maznevski ML (2010a) A look at the bright side of multicultural team diversity. Scand J Manag 26:439–447

Stahl GK, Maznevski ML, Voigt A, Jonsen K (2010b) Unraveling the effects of cultural diversity in teams: A meta-analysis of research on multicultural workgroups. J Int Bus Stud 41:690–709

Statistisches Bundesamt (2013) Bevölkerung und Erwerbstätigkeit, Bevölkerung mit Migrationshintergrund – Ergebnisse des Mikrozensus 2012. Fachserie 1 Reihe, Bd. 2.2. Wiesbaden

Süß S, Kleiner M (2005) Diversity-Management in Deutschland. Ergebnisse einer Unternehmensbefragung. Hagen. www.fernuni-hagen.de/BWLOPLA/html/download/ErgebnisberichtDivMan. Zugegriffen: 2. Jan. 2014

United Nations (2013) Department of economic and social Affairs. World Population Ageing 2013. United Nations, New York. http://www.un.org/en/development/desa/population/publications/ageing/WorldPopulationAgeingReport2013.sshtm. Zugegriffen: 6. Jan. 2014

Völklinger Kreis e. V. (2011) Diversity Management in Deutschland 2011, eine empirische Studie des Völklinger Kreis e. V., Berlin. www.vk-online.de/fileadmin/vk/regionalgruppen/Geschaeftsstelle/Drucksachen/111031_Div.Studie-Summary_VK-Online.pdf. Zugegriffen: 3. Jan. 2014

Vorwerk-Gundermann L, Preuk M (2013) Autisten sind Meister der Analyse. Focus Online. http://www.focus.de/gesundheit/ratgeber/psychologie/krankheitenstoerungen/tid-12929/autismus-krankheit-mit-vielen-gesichtern_aid_356925.html (Erstellt: 23. Mai 2013). Zugegriffen: 1. Jan. 2014

Williams ML, Bauer TN (1994) The effect of a managing diversity policy on organizational attractiveness. Group Organ Manage 19:295–308

Wolf K (2011) Internationalisierungsstrategien von deutschen Familienunternehmen. Josef Eul, Lohmar

Prof. Dr. Christopher Stehr, 1996 Studium der Betriebswirtschaftslehre und Diplom-Politikwissenschaftler Ludwig-Maximilian Universität München, 2003 Dr. rer. pol. Freie Universität Berlin, 2003 bis 2009 Habilitationsanwärter/Assistent an der Fakultät für Mathematik und Wirtschaftswissenschaften der Universität Ulm, Institut für Unternehmensplanung, 2009 bis 2010 Professor für Internationales und Interkulturelles Management an der Karlshochschule International University, seit 2011 Professor für Internationales Management an der German Graduate School of Management and Law (GGS), Heilbronn, seit 2009 Lehrbeauftragter an u. a. Alanus Hochschule Alfter/Bonn, Andrássy Universität Budapest, DHBW Heilbronn, Université Haut-Alsace Mulhouse. Forschungsschwerpunkte: Mittelstandsforschung, Globalisierung, Internationalisierung, Interkulturelle Kompetenzen, Regionalentwicklung.

Prof. Ph.D. Markus Vodosek ist Professor für strategisches Management und Führung sowie akademischer Leiter des MBA-Programms an der German Graduate School of Management and Law (GGS) in Heilbronn. Vor seiner Berufung 2010 an die GGS lehrte und forschte er an der University of Utah und der University of Michigan, wo er 2003 promovierte. Seine Forschungsschwerpunkte sind Global Leadership Skills als strategische Ressource, strategisches Management, interpersonale Beziehungen in Teams und Organisationen, soziale Netzwerke in Organisationen, Konfliktmanagement und Cultural Diversity. Seine Forschungsarbeiten erschienen u. a. im Journal of Management Inquiry, dem International Journal of Psychology und dem International Journal of Conflict Management. Markus Vodosek ist Mitherausgeber des 2014 erscheinenden Bandes International Management in der Wiley Encyclopedia of Management.

Teil III
Inclusion in der Unternehmenspraxis

Astrid Bosten
Brigitte Kasztan

Einleitung

Das dritte Kapitel fokussiert den Umgang mit Vielfalt in Unternehmen und setzt sich daher in besonderem Maße mit der Frage nach dem „Business Case" auseinander. Dabei verfolgt es die Fragestellungen:

Welche Bedeutung nimmt CSR in unternehmerischen Diversity-Konzepten ein bzw. welche Bedeutung kann sie einnehmen? Welche Empfehlungen geben Unternehmen, die langjährige Erfahrungen mit Diversity besitzen?

Die Autorinnen dieses Kapitels gehen detailliert auf die Frage nach der erfolgreichen Umsetzung von Diversity-Management in der Wirtschaft ein. Sie konzentrieren sich dabei auf die Meso-Ebene der Unternehmen, machen von dieser ausgehend aber durchaus auch Ausflüge auf die Makro- und die Mikro-Ebene (Gesellschaft bzw. Individuum). Die hier vertretenen Unternehmen stellen in diesem Feld wichtige und anerkannte „Best-Practices" des Umgangs mit Vielfalt dar. Insofern werden den Leser_innen interessante und wichtige Angebote macht, aus den Erfahrungen dieser Praxisbeispiele für CSR und Diversity zu lernen.

Astrid Bosten stellt unter dem Motto „Wertschöpfung durch Wertschätzung" den Ansatz der Henkel AG zum Umgang mit Diversity vor, das sich vor allem der „Marktreflektion und -legitimierung" verpflichtet fühlt. Zentrales Ziel des Henkel-Ansatzes ist die langfristige Weiterentwicklung des Unternehmens hin zu einer Organisation mit einer offenen und wertschätzenden Unternehmenskultur. Auch hier bilden globale Megatrends den Bezugsrahmen für ein betriebsspezifisches, holistisches Konzept, das Diversity eng mit Inclusion verbindet. Als eigentliche Herausforderung sieht Bosten die Inclusion an. Die Autorin erläutert Organisation und Implementierung des Ansatzes bei Henkel und betont dessen ökonomische Relevanz. Damit und mit der vorrangig extern orientierten (karitativen) Ausrichtung der CSR-Aktivitäten von Henkel verbindet die Autorin die Forderung nach einer strikten Trennung von Diversity und CSR.

Brigitte Kasztan berichtet aus der Perspektive eines „First Movers" in Deutschlands Diversity-Landschaft. Die Autorin zeichnet die Schritte der Entwicklung des Diversity-Managements bei Ford in Deutschland und Europa nach und erläutert das dort entwickelte und implementierte Organisationskonzept. Diversity wird aus unternehmerischer Perspektive betrachtet, die aber CSR durchaus und sehr hohe Relevanz zuspricht.

Wertschöpfung durch Wertschätzung

Astrid Bosten

1 Wertschöpfung durch Wertschätzung

1.1 Vielfältiges Deutschland

„Willkommen in Deutschland! Willkommen Vielfalt!" – So könnte die aus der Diversity-Management-Perspektive formulierte Überschrift 2016 lauten. Deutschland war bunt, ist bunt und wird immer bunter. Nicht nur aufgrund des vielseitig thematisierten Flüchtlingsstroms, sondern auch aufgrund einer zunehmenden Umschlagsgeschwindigkeit des Wissens, dank Digitalisierung (Wagner-Döbler 1997), und eines zunehmenden Verständnisses, Vielfalt als Chance zu betrachten.

2007 bescheinigte eine internationale Studie deutschen Unternehmen noch einen erhöhten Nachholbedarf in Sachen Diversity-Management (Köppel 2010). Zu wenig Unternehmen engagierten sich bereits aktiv in der Diversity-Frage, oder hatten sogar Diversity institutionalisiert. Gemäß einer Anfang 2015 veröffentlichten Studie des Völklinger Kreis hat sich dieser Nachholbedarf relativiert: Von 215 befragten Unternehmen gaben 65 % an, sich bereits mit dem Thema Diversity zu befassen, oder es zukünftig tun zu wollen, mehr als ein Drittel haben sogar das Vielfaltskonzept schon fest in ihren Wertekatalog integriert, und 45 % haben es bereits institutionalisiert (Behr 2015).

Vielfalt ist alltäglich und allgegenwärtig in Deutschland geworden und verleiht dem Land ein neues Gesicht. Diversity ist zu einem gleichermaßen wichtigen Begriff für Wirtschaft, Gesellschaft und Politik geworden. Die Unternehmensinitiative „Charta der Vielfalt" spiegelt diesen Bedeutungszuwachs anschaulich wider. Sie feiert in diesem Jahr ihr 10-jähriges Bestehen, der von ihr initiierte Deutsche Diversity-Tag jährte sich bereits das vierte Mal und auch die Anzahl der Unterzeichner ist mittlerweile auf mehr als 2250 Unternehmen und öffentliche Einrichtungen angestiegen (Charta der Vielfalt 2016).

A. Bosten (✉)
Stüttgener Str. 80, 41468 Neuss, Deutschland
E-Mail: astrid.bosten@henkel.com

1.2 Die Umschlagsgeschwindigkeit der Vielfalt

Das 21. Jahrhundert hat seine eigenen Gesetzmäßigkeiten und seine eigenen Megatrends: die Globalisierung der Märkte, die zunehmende wirtschaftliche Bedeutung der sogenannten Schwellenländer, Arbeitnehmergenerationen mit unterschiedlichen Wertesystemen, Männer und Frauen, deren Geschlechterrollen sich in ihrem Selbstverständnis immer weiter annähern und nicht zuletzt der Faktor „Digitalisierung und Vernetzung" (Horx 2011), der die Umschlaggeschwindigkeit des Wissens der Menschheit nicht nur drastisch erhöht, sondern auch die von Nachrichten, Meinungen und letztendlich von Diversity.

2 Der Begriff der Vielfalt & Einbeziehung

Vielfalt bzw. Diversity ist also nicht nur einfach da, sondern hat ihren Stellenwert in der Gesellschaft, der Politik und der Wirtschaft eingefordert – und nicht nur hier. Im europäischen Umfeld hat sich das Konzept vom anfänglichen sozio-politischen US-Gedanken zum ökonomischen Ansatz der Marktreflektion und -legitimierung emanzipiert. Hierzulande versteht man Diversity überwiegend als ganzheitliches Konzept, das sowohl innere Dimensionen wie unveränderbare Persönlichkeitsmerkmale einbezieht, als auch äußere und veränderbare Dimensionen, wie beispielsweise Familien-, Bildungsstand oder der soziale Status einer Person.

Leider wird der Begriff „Diversity" jedoch zu oft eher eindimensional verwendet und entweder im Zusammenhang mit dem Thema „Migration" oder der viel diskutierten „Frauenquote" verstanden. Das ist nicht nur bedauerlich, sondern beschneidet das eigentliche Potenzial dieses holistischen Konzepts in erheblichem Maße. Natürlich geht es beim Diversity-Konzept um die individuelle Betrachtung von Personen bzw. Persönlichkeitsmerkmalen, aber nicht ausschließlich!

2.1 Der Inclusion-Begriff

In der unternehmerischen Praxis hat sich zum Begriff „Diversity" noch ein zweiter Ausdruck gesellt: der englische Begriff „Inclusion". Dieser Begriff „Inclusion" beschreibt ein eigenständiges, dem Diversity-Konzept gleichgewichtiges Konzept der Wertschätzung und Einbeziehung, und stellt die notwendige Ergänzung der grundlegenden Diversity-Idee dar.

Bezieht sich „Diversity" primär und von seiner eigentlichen Wortbedeutung eher auf die individuellen Vielfaltsaspekte einer Person oder einer Personen-Gruppe, verweist der „Inclusion"-Begriff eher auf die bewusste Nutzung ihrer Vielfaltsattribute.

Die Wichtigkeit der erweiterten Betrachtung, also neben den eigentlichen Diversity-Dimensionen auch die entsprechende Wertschätzung und Einbeziehung der Vielfalt in den

Mittelpunkt des Engagements zu heben, wurde in Europa schnell erkannt und mündete in der häufig in der Wirtschaft verwendeten Bereichsbezeichnungen „Diversity & Inclusion".

2.2 „Inclusion" ist nicht „Inklusion"

Die direkte Übersetzung des englischen Begriffs „Inclusion" mit dem deutschen Wort „Inklusion" birgt die Gefahr einer Fehlinterpretation. Unter „Inklusion" wird im deutschsprachigen Raum ein pädagogischer Ansatz der Einbeziehung von behinderten Menschen, insbesondere von Kindern, im edukativen Kontext verstanden (Stichweh 2007).

Der englische Begriff „Inclusion" als Wortpaar-Ergänzung zu Diversity bezieht sich jedoch auf eine Grundhaltung der Wertschätzung und Einbeziehung aller Menschen in sämtlichen Lebensbereichen, unabhängig vom Leistungs- und Handlungsvermögen der einzelnen Person.

Die Inclusion- und Diversity-Konzepte sind sich gegenseitig bedingende, jedoch gleichwertige Konzepte. Ist die Generierung einer vielfältigen Mischung (Diversity) der erste, hinreichende Schritt bei der Umsetzung des Konzepts, stellt Inclusion den zweiten, notwendigen Schritt dar: der Schritt der bewussten Potenzialentfaltung.

2.3 Diversity – Ein Change-Management-Konzept

Auch wenn die Diversity-Idee einen eigenen Konzeptgedanken für sich beansprucht, stellt sie in ihrer grundlegenden Betrachtung ein umfangreiches Change-Management-Konzept dar. Gegenstand des Veränderungsprozess ist jedoch, entgegen der weitläufigen Meinung, nicht die gezielte Gewichtung bestimmter Mehr- und Minderheiten in definierten Diversity-Dimensionen (wie z. B. die Verteilung von weiblichen und männlichen Mitarbeitern einer Belegschaft); Gegenstand des Veränderungsprozesses ist vielmehr die Unternehmenskultur, also die Summe aller geteilten Werte, Normen, Einstellungen und Verhaltensweisen, die die Mitarbeiter eines Unternehmens weltweit formen und teilen.

3 Diversity@Henkel

3.1 Das Unternehmen aus Diversity-Perspektive

Mit der Erfahrung aus rund 140 Jahren Geschäftserfolg ist es die Henkel-Vision, global führend mit Marken und Technologien zu sein. Heute ist Henkel mit bekannten Marken wie Persil, Schwarzkopf oder Loctite führender Anbieter im Konsumenten- und im Industriegeschäft. Henkel ist in drei Geschäftsfeldern tätig: Laundry & Home Care (Wasch-/Reinigungsmittel), Beauty Care (Schönheitspflege) und Adhesive Technologies (Klebstoff-Technologien). Das DAX 30-Unternehmen hat seinen Sitz in Düsseldorf und ist stolz auf seine weltweit rund 50.000 Mitarbeiter aus mehr als 125 Nationen. Henkel ist weltweit tätig und in allen wichtigen Wachstumsmärkten präsent. 2015 konnte das Unternehmen 43 % des Gesamtumsatzes in den Wachstumsmärkten generieren (Henkel AG und Co. KGaA 2016).

Wie vielfältig Henkel 2016 aufgestellt ist, spiegelt sich schon alleine in den Kennziffern der drei definierten Kerndimensionen der Vielfalt des Konzerns wider: alleine am Hauptsitz in Düsseldorf arbeiten Mitarbeiter aus 64 Nationen, vier Arbeitnehmergenerationen arbeiten Hand in Hand und Ende 2015 waren 33,6 % der Gesamtbelegschaft Frauen, davon rund 33,1 % in Führungspositionen (Henkel AG und Co. KGaA 2015).

Und auch die Leitungsgremien des Unternehmens verdeutlichen den Stellenwert des Vielfaltgedankens bei Henkel. So wurde Dr. Simone Bagel-Trah, die der Henkel-Familie angehört, bereits 2009 als erste Aufsichtsratsvorsitzende eines DAX 30-Unternehmens berufen (Henkel AG und Co. KGaA 2016). Im Mai 2016 übernahm der Belgier Hans van Bylen den Vorstandsposten von seinem dänischen Vorgänger Kasper Rorsted. Sein Nachfolger wiederum als Vorstand des Beauty Care Bereichs ist der Franzose Pascal Houdayer (Henkel AG und Co. KGaA 2016).

3.2 Die Diversity-Strategie von Henkel

Auch Henkels Konzept der Vielfalt beruht auf dem Grundgedanken der Marktreflektion und -legitimierung. So vielfältig die Produkte und Henkel-Marken, und so unterschiedlich die Märkte der 125 Länder sind, in denen diese Produkte vertrieben werden, so wichtig ist es für das Unternehmen diese Vielfalt in der Mitarbeiterstruktur zu reflektieren.

Henkel verfolgt einen holistischen Diversity & Inclusion-Ansatz, der alle veränderbaren und unveränderbaren Diversity-Dimensionen berücksichtigt. Spezieller Fokus bei der Messung der Diversity-Kennzahlen liegt dabei auf den Dimensionen Internationalität/Kultur, Alter/Seniorität und Geschlecht. Ihre Gewichtung und Relevanz richtet sich weltweit nach den unterschiedlichen Marktgegebenheiten (Henkel AG und Co. KGaA 2016).

Primäres Ziel der Diversity & Inclusion-Strategie von Henkel ist jedoch nicht die Erreichung von definierten Diversity-Kennzahlen (sie dienen eher der Erfolgsmessung zielgerichteter Diversity-Maßnahmen), sondern die langfristige Weiterentwicklung des Unternehmens hin zu einer Organisation mit einer offenen und wertschätzenden Unternehmenskultur.

3.3 Organisatorischer Aufbau & Implementierung

Das Diversity-Management von Henkel ist in einer globalen Matrix-Organisation strukturiert. Die weltweite Steuerung übernimmt eine zentrale Diversity & Inclusion-Abteilung. Die ersten drei Jahre des Aufbaus war dieser Bereich eine Stabsstelle des Vorstandsvorsitzenden. Mit der Benennung eines dezidierten Personalvorstandes 2011 wechselte er in den Verantwortungsbereich der amtierenden Personalvorständin, Kathrin Menges (Henkel AG und Co. KGaA 2016).

In der Verantwortung des globalen Diversity & Inclusion Teams steht neben der Entwicklung der Diversity-Strategie die weltweite Steuerung globaler und regionaler Diversity-Maßnahmen. Darüber hinaus wird zentral von dieser Abteilung ein Netzwerk von regional und lokal verantwortlichen Diversity-Experten geleitet. Diese Experten sind für die Umsetzung der Diversity-Strategie und für die Implementierung zielgerichteter Diversity-Maßnahmen in den verschiedenen Ländern und Regionen verantwortlich.

An der Basis und über Unternehmensbereichs- und Ländergrenzen hinweg sorgt eine Vielzahl an Mitarbeiternetzwerken und Multiplikatoren-Gruppen für eine entsprechende partizipative Etablierung des Diversity-Konzepts auf allen Ebenen.

3.4 Ökonomische Relevanz

Wichtig bei der Betrachtung des Diversity-Konzepts im unternehmerischen Umfeld ist das Verständnis der ökonomischen Bedeutung.

Primäre ökonomische Ziele, die Henkel mit dem Einsatz des Diversity-Managements verfolgt, sind u. a. die Generierung eines komparativen Wettbewerbsvorteils durch eine bessere Antizipation von Marktentwicklungen und -bedürfnissen, die Steigerung der Innovationskraft und der Problemlösungskompetenz des Gesamtunternehmens, sowie Ziele der Personalbeschaffung und -attrahierung.

Lassen Sie mich hierzu ein kurzes Beispiel geben. Henkels Unternehmensstrategie sieht eine Expansion in den sogenannten Schwellenländern, wie z. B. China vor. Der Diversity-Idee folgend und basierend auf dem Grundgedanken der Marktreflektion und -legitimierung ist es für Henkel entscheiden, die Marktbegebenheiten der chinesischen Märkte in der Mitarbeiterstruktur zu reflektieren. Dementsprechend ist es für das Unternehmen maßgeblich auf dem chinesischen Arbeitsmarkt als attraktiver Arbeitgeber wahrgenommen zu werden. Vielfach gilt die Bezahlung als vorrangiges Mittel der Mitarbeitergewinnung. Mit der Einführung der globalen Work-Life Flexibility-Charta in 2012, die es den Mitarbeitern ermöglicht, zeit- und ortsunabhängige Arbeitsarrangements mit dem jeweiligen Vorgesetzten zu vereinbaren, ist es Henkel gelungen, neben einem monetären Anreiz noch einen zusätzlichen und für den chinesischen Arbeitsmarkt ungewöhnlichen Akzent zu setzen: den einer besseren Work-Life Balance.

4 Diversity und CSR

Der CSR-Bereich ist seit der Unternehmensgründung fester Bestandteil von Henkel und Ausdruck des Selbstverständnisses von verantwortungsbewusstem Handeln. Die CSR-Inhalte sind sowohl in den Unternehmenswerten, als auch in der Nachhaltigkeitsstrategie fest verankert. Gemeinsam mit Mitarbeitern und Pensionären, Kunden, Verbrauchern und gemeinnützigen Organisationen engagiert Henkel sich weltweit in den Bereichen der Förderung des Mitarbeiterengagements, Unternehmens- und Markenpartnerschaften für das Gemeinwohl sowie Nothilfe in Katastrophenfällen.

Im Gegensatz dazu ist das Diversity & Inclusion-Konzept seit der Einführung bei Henkel expliziter Bestandteil der Unternehmensstrategie und damit unmittelbar mit ökonomischen Zielen verbunden. Bei der Verankerung des Diversity-Konzepts im Unternehmen ist dieser ökonomische Bezug von entscheidender Bedeutung für die Positionierung, Implementierung und Akzeptanz im Top-Management. Der sogenannte Business Case, also die Erklärung der wirtschaftlichen Relevanz von Diversity für das Unternehmen, ist dabei zentraler Bestandteil der Kommunikation.

CSR und Diversity unterscheiden sich aber nicht alleine durch die Positionierung der Themen im Unternehmen, sondern auch durch ihre Wirkungsrichtungen. Diversity-Verantwortliche sind Change-Manager mit dem Ziel der Weiterentwicklung der Unternehmenskultur und der HR-Prozesse. Corporate Social Responsibility-Initiativen sind dagegen ausgewählte Projekte mit einem vorrangig externen Fokus, die häufig in karitativen Zusammenhängen benachteiligter Gruppen oder umweltorientierter Maßnahmen stehen.

Die Fokussierung auf ökonomische Ziele im Diversity-Bereich einerseits und der philanthropische Ansatz der CSR-Aktivitäten andererseits bedingen die strikte Trennung beider Ansätze im Unternehmensalltag.

5 Inclusion als eigenständiges Konzept

Für Henkel bedeutet Inclusion die Wertschätzung und Einbeziehung aller sichtbaren und unsichtbaren Vielfaltsmerkmale unserer Mitarbeiter zur Schaffung einer leistungsfähigen Organisation, in der alle Mitarbeiter die gleichen Chancen haben. Henkel-Mitarbeiter sollen ein Arbeitsumfeld vorfinden, das ihnen erlaubt, ihre Kenntnisse und Fähigkeiten ungeachtet ihrer Herkunft, Lebensweisen, Einstellungen oder Möglichkeiten frei zu entfalten, und in dem sie Respekt und Anerkennung erfahren.

Eine wertschätzende und offene Unternehmenskultur ist jedoch nichts, was sich auf einem Reißbrett skizzieren oder „verordnen" lässt. Eine wertschätzende und offene Unternehmenskultur muss wachsen, und das auf den Schultern von – im Fall von Henkel – rund 50.000 Individuen. Und das ist die eigentliche Herausforderung!

Warum die Umsetzung des Inclusion-Konzepts als Ergänzung des ganzheitlichen Diversity-Ansatzes der vermeintlich herausforderndere Teil ist, lehrt uns die geschichtliche Entwicklung.

Ging man zunächst davon aus, es reiche aus, eine definierte Gewichtung von Minder- und Mehrheiten in einem bestimmten Umfeld zu erzeugen, um eine entsprechende positive Auswirkung auf die Kulturkomponente eines Unternehmens nachweisen zu können, belehrte die Entwicklung des Diversity-Konzepts die Verantwortlichen im Zeitverlauf eines Besseren. Diversity im Sinne einer vielfältigen Belegschaft ist vergleichsweise einfach zu beeinflussen. Doch das alleine führt lediglich zu einem bunten Blumenstrauß unterschiedlicher Individuen. Ihre Einstellungen und Wertesysteme können von einem reinen Diversity-Konzept gänzlich unberührt bleiben. Erst die bewusste Nutzung und Einbeziehung der Vielfaltsaspekte bringt das in der Vielfalt verborgene Potenzial zur wirklichen Entfaltung.

Was damit gemeint ist, lässt sich an einem einfachen Beispiel veranschaulichen. Betrachten wir eine Abteilung, die seit Jahren aus denselben Mitarbeitern besteht. Alle Teammitglieder sind im gleichen Kulturkreis aufgewachsen und sprechen dieselbe Sprache. Die Prozesse im Team laufen reibungslos. Man könnte sagen: alle „verstehen sich blind". Ein ausländischer Kollege wurde nun aus einer Niederlassung in dieses Team entsendet. Von Anfang an wird deutlich, dass es eine zentrale und nicht zu unterschätzende Barriere gibt: die Sprache. Bislang konnte das Team untereinander in seiner gemeinsamen Sprache kommunizieren. Nun müssen die „alten" Teammitglieder jedoch auf die englische Sprache ausweichen. Aber nicht nur sie. Auch der neue Kollege benutzt Englisch als Ausweichsprache. Zudem kommt der neue Kollege aus einem Kulturkreis, welcher einem anderen Wertesystem, einer anderen Weltanschauung unterliegt. Und auch seine religiösen Ansichten weichen von denen des Teams ab. Obwohl sich alle sehr bemühen, ist das Miteinander im Team plötzlich sehr angestrengt. Natürlich begegnen sich die Teammitglieder weiterhin mit Respekt, aber die Prozesse laufen nicht mehr so selbstredend wie vorher und die Stimmung ist angespannt. Zudem wundern sich die „alten" Teammitglieder über die andersartigen Verhaltensweisen und die abweichenden Kommunikationsformen des neuen Kollegen, so dass sich ein Großteil der informellen Gespräche um den „sonderbaren" neuen Kollegen rankt.

Dieses plakative Beispiel verdeutlicht, welche besonderen Herausforderungen mit der Vielfalt einhergehen. Andersartigkeit stellt uns Menschen vor neue Herausforderungen, die nicht nur gemeistert, sondern im Unternehmenskontext gesteuert und geführt werden wollen. Und obwohl gegenseitiger Respekt und Wertschätzung so selbstverständlich erscheinen, sind eben diese humanen Grundhaltungen in manchen Situationen diejenigen, die bewusst nicht erzeugt werden können.

5.1 Das Konzept der unbewussten Vorannahmen

Das Konzept der unbewussten Vorannahmen (im englischen: Unconscious Bias) hat in den letzten Jahren im Diversity-Kontext mehr und mehr an Bedeutung gewonnen. Galt zunächst die Konzentration auf den Inclusion-Aspekt als notwendige Weiterentwicklung des originären Diversity-Konzepts, stießen die Diversity-Verantwortlichen auch bei diesem Ansatz bald an ihre Grenzen.

Es scheint nicht auszureichen, dem Vielfalt-Konzept den Aspekt der Wertschätzung (Inclusion) an die Seite zu stellen, um den erwünschten Kulturwandel in Unternehmen herbeizuführen. Es bedarf also einer zusätzlichen, weiterführenden Überlegung.

Warum aber reicht es nicht aus? Die einfache Antwort darauf lautet: eine Grundhaltung der Wertschätzung und Einbeziehung lässt sich leider nur zu einem erstaunlich geringen Teil bewusst steuern. Der Großteil der menschlichen Entscheidungsprozesse läuft unbewusst und basierend auf einer Vielzahl von persönlichen Erfahrungswerten ab. So formen sich im Zeitverlauf des individuellen Sozialisierungsprozesses jedes Einzelnen Wahrnehmungsfilter, die es uns ermöglichen, in komplexen und auch reizüberfluteten Situationen diejenigen Informationen herauszufiltern, die bewusst bewertet bzw. entschieden werden müssen.

So haben wir z. B. im Verlaufe unserer Kindheit gelernt, dass Herdplatten heiß sind, Schokolade süß schmeckt und Blumen duften. Das führt zur Verallgemeinerung dieser unbewussten Vorannahmen, wenn wir Herdplatten, Schokoladen oder Blumen sehen. Unser Gehirn ordnet diesen Erlebnissen automatisch eine Bewertung zu. Dank Induktionsherden gibt es jedoch heutzutage auch Herdplatten, die man anfassen kann, es gibt Chili-Schokolade, die nur bedingt süß schmeckt und Blumen, die alles andere als duften. Um das jedoch herausfinden zu können und die Kette der unbewussten Vorannahme und Filterentscheidung zu durchbrechen, muss man sich dieser Möglichkeit erst einmal bewusst werden, es verinnerlichen und neu bewerten.

5.2 Unser subjektiver Wahrnehmungsfilter

Ein subjektiver Wahrnehmungsfilter sorgt also dafür, dass wir unsere Umwelt so wahrnehmen, wie sie für uns sinnvoll erscheint: individuell und basierend auf unseren Sozialisationsprozessen und unseren Erfahrungen.

Auch hier ein kleines Beispiel, das verdeutlichen soll, wie entscheidend unser individueller Wahrnehmungsfilter dafür ist, wie wir unsere Umwelt wahrnehmen.

Aussagen von Zeugen sind oft das Zünglein an der Waage, wenn es darum geht, einen Unfallhergang zu rekonstruieren und ggf. Täter einer Straftat zu identifizieren. In einem Experiment wurde untersucht, wie verlässlich Zeugenaussagen tatsächlich sind. Hierfür wurden Probanden in einem Foyer mit einem handgreiflichen Zwischenfall mit drei Beteiligten konfrontiert und später zum Tathergang und den Betroffenen befragt. Weder der Verlauf der Auseinandersetzung, noch die Anzahl und das Geschlecht der Beteiligten oder die vermeintliche Schuldfrage (wer fing den Streit an), konnte auch nur einer der anwesenden Probanden wahrheitsgetreu, gemäß der Videodokumentation, wiedergeben werden.

Warum das so ist, lässt sich von Psychologen leicht erläutern: unsere individuellen Wahrnehmungsfilter stützen sich auf gelernte Schemata, die wir im Zeitverlauf entwickeln und die in bestimmten Situationen zu Hilfe genommen werden, um aus der unendlichen Vielzahl an unterschiedlichen Informationen, die sekündlich auf uns einstürzen, die wichtigen und relevanten herauszufiltern.

Dieses Beispiel soll der Verdeutlichung der massiven Bedeutung des Unterbewusstseins für unsere Wahrnehmung dienen. Wir wissen, dass wir ein Buch nicht nach der Umschlagsbeschreibung beurteilen sollten. Dennoch ist es genau das, was wir sehr häufig tun: Wir sehen den Titel und das Titelbild eines Buches und treffen Vorannahmen über den Inhalt. Was danach folgt, ist lediglich die Legitimierung dieses ersten Eindrucks. War der Titel vielversprechend, wird uns die Zusammenfassung nur in unserer ersten Einschätzung bestärken – und umgekehrt genauso.

5.3 Jeder von uns trifft unbewusste Vorannahmen

Die gute Nachricht an dieser Stelle ist: Jeder von uns hat einen individuellen Wahrnehmungsfilter und jeder von uns trifft unbewusste Vorannahmen. Und das ist auch gut so. Denn gäbe es sie nicht, müssten wir die Flut der Informationen und sämtlicher peripheren Eindrücke bewusst steuern und verarbeiten. Und noch eine gute Nachricht: sehr häufig führen uns unsere unbewussten Vorannahmen zu den richtigen Entscheidungen – ganz automatisch.

Es gibt aber auch Fälle, in denen unsere unbewussten Vorannahmen ungewollt wünschenswerte Veränderungen blockieren. Und hier schließt sich der Kreis zum Inclusion-Konzept. Selbstverständlich wird sich kaum jemand bewusst gegen die Einbeziehung von ausländischen Mitarbeitern, Homosexuellen, Menschen unterschiedlicher Glaubensbekenntnisse, mit physischen oder mentalen Einschränkungen, oder auch gegen Frauen in Führungspositionen stellen. Unbewusst kann es aber sehr wohl aufgrund von individuellen Erfahrungen und Sozialisationsprozessen zu einem latenten Ausschluss einer bestimmten Gruppe von Menschen oder einer Mitarbeiter-Gruppe kommen.

Auch hier wieder ein Beispiel: Stellen Sie sich vor, Sie sind Führungskraft in einem Unternehmen (ob eine männliche oder weibliche Führungskraft ist nicht so entscheidend). Im jährlich wiederkehrenden Mitarbeiterbeurteilungsprozess stehen Sie vor der Aufgabe, Ihre Mitarbeiter zu bewerten und über nächste Karriereschritte zu entscheiden. Ihre Überlegungen betreffen sowohl eine weibliche Mitarbeiterin, mit der Sie sehr zufrieden sind und die einen exzellenten Job macht, als auch einen männlichen Mitarbeiter. Ein möglicher nächster Karriereschritt für beide wäre eine Jobrotation ins Ausland. Beide Mitarbeiter sind verheiratet und haben Kinder. Objektiv betrachtet befinden sich also beide Personen in einer gleichen Situation. Subjektiv unterliegt diese Situation jedoch unbewussten Vorannahmen, die auf Erfahrungen beruhen, die Sie in Ihrem eigenen Umfeld machen oder gemacht haben. Hat Ihre Mutter sich beispielsweise in Ihrer eigenen Kindheit um Kinder und Haushalt gekümmert, oder sind Sie vielleicht mit einer Frau verheiratet, die eben diese Rolle einnimmt, ist die Wahrscheinlichkeit sehr groß, dass Sie zögern die weibliche Mitarbeiterin aufgrund ihrer familiären Situation für einen Auslandsaufenthalt vorzuschlagen. (Übrigens laufen diejenigen Führungskräfte, die bereits eine berufstätige Mutter hatten oder mit einer berufstätigen Frau verheiratet sind, weniger häufig Gefahr, in diese Stereotypenfalle zu tappen.) Und nach einem ähnlichen unbewussten Bewertungssystem fällt leider sehr häufig auch die Beurteilung der Leistungsfähigkeit von Vätern aus, die in Elternzeit waren. Auch hier fehlt es häufig an Referenzmodellen im Familien- oder Freundeskreis. Oder hatten Sie einen Vater, der sich um Haushalt und Kinder kümmerte?

Dieses Beispiel soll verdeutlichen, dass es also nicht nur gilt, an das Verständnis der bewussten Einbeziehung und Wertschätzung diverser Mitarbeiter zu appellieren (Inclusion), sondern vielmehr das Bewusstsein dafür zu wecken, dass unsere Wahrnehmungsfilter wider besseren Willens unsere bewussten Entscheidungen beeinflussen, bzw. sogar die (Vor-) Entscheidungen treffen.

Ist diese Erkenntnis erst einmal gewonnen, und sind die Mitarbeiter hinsichtlich der Existenz von Wahrnehmungsfiltern sensibilisiert, ist der Weg, in entscheidenden Situationen diese Wahrnehmungsfilter durchlässiger zu machen, zumindest etwas mehr geebnet.

5.4 Der Prozess zur Überwindung von unbewussten Vorannahmen

Wie aber kann man die Wirkungskraft des eigenen Wahrnehmungsfilters aufweichen?

Der erste Schritt lautet: Erkenntnis. Für jeden Einzelnen ist es wichtig, sich seiner individuellen Wahrnehmungsfilter bewusst zu werden. Hierfür gibt es eine Vielzahl unterschiedlicher Möglichkeiten wie z. B. Online-Tests oder Trainings- und Workshop-Angebote im und außerhalb des Unternehmens.

5.5 Trainings- und Workshops

Eine einfache, eingängige und jederzeit verfügbare Möglichkeit, sich initial mit den eigenen unbewussten Vorannahmen auseinanderzusetzen, ist der von der Harvard Business School initiierte Implicit Association Test (IAT)

Das Projekt „Implicit" und mit ihm der Implicit Association Test wurde als sozialpsychologische Initiative in der wissenschaftlichen Literatur 1998 das erste Mal eingeführt und betrachtet den Zusammenhang zwischen mentalen Abbildern von Konzepten in den Köpfen von Menschen, und ihren Entscheidungen (Project Implicit 2016).

Basierend auf der Grundannahme, dass Menschen nicht nur nicht immer „ihre Meinung sagen", sondern sehr häufig noch nicht mal „ihre Meinung wissen", hat eine interdisziplinäre Projektgruppe 14 unterschiedliche Tests zu verschiedenen Fragestellungen wie beispielsweise Religion, Sexualität, Rasse, Alter, Behinderung und Geschlecht entwickelt.

Vielleicht inspiriert Sie dieser Grundgedanke dazu auch einmal einen IAT durchzuführen? Der Test kann jederzeit kostenlos unter folgender URL durchgeführt werden: https://implicit.harvard.edu/implicit/germany/.

Auch bei Henkel wurde der Schwerpunkt auf die zusätzliche Sensibilisierung der Entscheidungsträger und Führungskräfte gelegt, um das volle Potenzial einer immer vielfältigeren Belegschaft entfalten und nutzen zu können.

So wurden seit 2012 in alle Entwicklungsmaßnahmen für Führungskräfte und Entscheidungsträger Elemente zum Abbau von unbewussten Vorannahmen eingeführt. Ziel dieser Adaptation ist die Sensibilisierung für die übergeordnete Idee der unbewussten Vorannahmen bei den Teilnehmern im Allgemeinen und insbesondere in Situationen, in denen diese zu beeinflussten Entscheidungen führen können.

Speziell werden hier wiederkehrende Situationen betrachtet wie z. B. die Einstellung von neuen Mitarbeitern, Personalentwicklungsgespräche, Beförderungsentscheidungen und die Vergabe von Projektverantwortlichkeiten an Mitarbeiter. Meist reicht es aus, das Bewusstsein hinsichtlich der Existenz eines Wahrnehmungsfilters zu schaffen, um es den Teilnehmern zu ermöglichen, sich selbst in entscheidenden Situationen dahingehend zu disziplinieren, möglichst objektive und faire Entscheidungen zu treffen. Diese Bewusstseinsschärfung muss keinen großen Raum einnehmen, sondern kann durch kleine Anstöße, z. B. in Form eines kurzen Videos oder einer Karikatur den gewünschten Effekt haben.

Im jährlich wiederkehrenden Personalbeurteilungsprozess von Henkel ist das „Unconscious Bias"-Konzept beispielsweise ein fester Bestandteil der zentralen Führungskräfte-Kommunikation.

6 Das Zusammenspiel von Awareness und Engagement

Wie bereits eingangs erwähnt, handelt es sich beim Konzept des Diversity-Managements in seiner originären Betrachtung um ein umfangreiches und langfristiges Change-Management-Projekt. Und wie bei allen Change-Management-Maßnahmen ist eine konsistente und transparente Kommunikation gegenüber den Stakeholdern zur Bewusstseinsbildung der erste, wichtige Schritt für eine erfolgreiche Umsetzung.

Der angestrebte Kulturwandel, der als übergeordnetes Ziel des Diversity-Konzepts gilt, basiert jedoch auf dem Wandel persönlicher Einstellungen und Werte aller Mitarbeiter eines Unternehmens.

Hierbei spielt der Inclusion-Ansatz die zweite, entscheidende Rolle, der mit dem Konzept der unbewussten Vorannahmen die Handlungskompetenz auf die Mitarbeiter und Entscheidungsträger eines Unternehmens überträgt. Erst wenn das Bewusstsein zu einem Verständnis reift, und sich dieses Verständnis in konkreten Handlungen und Einstellungen jedes Einzelnen manifestiert, kann das Potenzial einer vielfältigen Belegschaft vollumfänglich zur Entfaltung gelangen.

Henkel befindet sich nach rund 10 Jahren seit Einführung des Diversity & Inclusion-Konzepts im Unternehmen in der Phase der Integration. Das Konzept ist mittlerweile im Unternehmen angekommen und etabliert. Jetzt und in Zukunft geht es vor allem darum, die gewonnen Erkenntnisse zu festigen und weiterhin in konkreten Handlungen und Verhaltensweisen münden zu lassen.

Weltweite Initiativen, wie die globalen Diversity & Inclusion Wochen, die seit 2013 jährlich an allen Standorten weltweit stattfinden, unterstützen diesen Prozess der Verfestigung. Inspirierende Elemente im Rahmen dieser Woche, wie beispielsweise die „Make the Match of your Day"-Initiative, in der Führungskräfte interessierten Nachwuchsmanagern ermöglichen, einen Tag an allen Gesprächen und Terminen teilzunehmen und damit das gegenseitige Verständnis im Austausch der Generationen zu fördern. Ähnlich erfolgreich ist das Reverse-Mentoring-Programm, in dem im Rollentausch der Wissensträger 160 digital versierte Nachwuchskräfte rund 220 Top-Manager im Umgang mit digitalen Medien schulten (Henkel AG und Co. KGaA 2016).

Literaturverzeichnis

Behr R et al (2015) Diversity Management in Deutschland 2015. Völklinger Kreis e. V., Berlin

Charta der Vielfalt (2016) Charta der Vielfalt. http://www.charta-der-vielfalt.de/charta-der-vielfalt/ueber-die-charta.html

Henkel AG & Co. KGaA (2015) Nachhaltigkeitsbericht Henkel AG & Co. KGaA. http://nachhaltigkeitsbericht.henkel.de/kennzahlen/mitarbeiter-kennzahlen/

Henkel AG & Co. KGaA (2016) henkel.de. http://www.henkel.de/presse-und-medien/specials/diversity-inclusion

Henkel AG & Co. KGaA (2016) henkel.de. http://www.henkel.de/blob/40878/75fcd36dec6c4a06a9ba641e6e9bcdf3/data/cv-simone-bagel-trah-d.pdf

Henkel AG & Co. KGaA (2016) henkel.de. http://www.henkel.de/unternehmen/management-und-gremien/management-board

Henkel AG & Co. KGaA (2016) henkel.de. http://www.henkel.de/unternehmen/diversity-and-inclusion

Henkel AG & Co. KGaA (2016) henkel.de. http://www.henkel.de/unternehmen/diversity-and-inclusion

Henkel AG & Co. KGaA (2016) henkel.de. http://www.henkel.de/presse-und-medien/specials/diversity-inclusion

Horx M (2011) Das Megatrend-Prinzip: Wie die Welt von morgen entsteht. Deutsche Verlags-Anstalt München, München

Köppel DP (2010) Diversity Management in Deutschland: Ein Benchmark unter den DAX 30-Unternehmen. Synergie Consult, Parsdorf

Project Implicit (2016) Project Implicit. https://implicit.harvard.edu/implicit/germany/

Stichweh RPD (2007) Inklusion und Exklusion in der Weltgesellschaft – Am Beispiel der Schule und des Erziehungssystems. Wiesbaden

Wagner-Döbler R (1997) Wachstumszyklen technisch-wissenschaftlicher Kreativität. Eine quantitative Studie unter besonderer Beachtung der Mathematik. Frankfurt/Main

Astrid Bosten ist Global Communication & Change Manager bei Henkel. Als Kommunikationsspezialistin mit Schwerpunkt Change-Kommunikation baute sie den Bereich Diversity & Inclusion bei Henkel mit weltweiter Kommunikationsverantwortung mit auf.

Vielfalt als Stärke: Diversity bei der Ford-Werke GmbH

Brigitte Kasztan

Die Vielfalt in unserem Unternehmen ist zum Teil bereits Geschichte: In den 50er und 60er-Jahren hat Ford Diversity Maßnahmen ergriffen, ohne dass dies seinerzeit so genannt wurde. Durch Anwerbemaßnahmen von Mitarbeitern und Mitarbeiterinnen aus anderen Ländern ist das Unternehmen seit langem durch eine große nationale bzw. ethnische Vielfalt gekennzeichnet. In den 60er-Jahren kamen durch das Anwerbeverfahren in der Türkei in erster Linie muslimische Mitarbeiter und Mitarbeiterinnen nach Köln. Das Unternehmen stellte den sogenannten „Gastarbeitern" zu Beginn nicht nur Wohnmöglichkeiten zur Verfügung, sondern bot neben Übersetzern vor allem deutsche Sprachkurse an. Daneben stellte man die Verpflegung auf die Bedürfnisse von Muslimen um: Jedes Mittagsmenü in der Kantine bietet auch ein Gericht ohne Schweinefleisch an. Viele der damals eingeführten Anpassungshilfen gibt es auch heute noch.

1 Erste Schritte

Seit Beginn des Jahres 1996 beschäftigt sich die Ford-Werke GmbH offiziell mit dem Thema der Vielfalt – Diversity. Die Anregung dazu kam aus dem Mutterkonzern in den USA, wo Diversity in den 70er-Jahren auf dem Verständnishintergrund „Gleichbehandlung und Antidiskriminierung" in den Universitäten und den Unternehmen aufgegriffen wurde. In Deutschland wurde das amerikanische Konzept von dem neu gegründeten deutschen Diversity Council auf die Gegebenheiten innerhalb des Landes angepasst. Das Council setzte sich aus Vertretern und Vertreterinnen aller Unternehmensbereiche und aller Gehaltsgruppen zusammen – von der Sekretärin bis hin zum Manager.

B. Kasztan (✉)
NY/M-1167, Ford-Werke GmbH
Henry-Ford-Str. 1, 50735 Köln, Deutschland
E-Mail: bkasztan@ford.com

© Springer-Verlag GmbH Deutschland 2017
K. Hansen (Hrsg.), *CSR und Diversity Management*,
Management-Reihe Corporate Social Responsibility, DOI 10.1007/978-3-662-54087-9_11

Zunächst erarbeitete eine Arbeitsgruppe des Councils den deutschen Business Case zum Thema Diversity. Dieser ließ sich sehr schnell auf drei wesentliche Pfeiler stützen: das Produkt, die Bereiche Marketing und Kunden sowie die Unternehmenskultur. Heute kommt als zusätzlicher Pfeiler das ehrenamtliche Engagement der Beschäftigten, genannt Community Involvement, hinzu.

In einem weiteren Schritt wurde ein Awareness Training entwickelt, um allen Beschäftigten die Begrifflichkeiten zu erklären und sicherzustellen, dass jeder im Unternehmen versteht, warum sich Ford diesem Thema widmet, und welche Implikationen damit verbunden sind. Um das Training an die Belegschaft auszurollen, wurden aus jedem Funktionsbereich Diversity Beauftragte benannt, die nach einer Train-The-Trainer-Ausbildung ihren eigenen Bereich schulten. Das Training erläuterte zum einen die Definition von Diversity im Allgemeinen und zum anderen das Verständnis von Diversity bei Ford. Darüber hinaus wurden Begrifflichkeiten wie Mobbing und Diskriminierung in der Theorie erklärt und an Beispielen verständlich gemacht. Das Training wurde für alle Mitarbeiterinnen und Mitarbeiter ausgerollt.

2 Die Institutionalisierung von Diversity und Diversity Management

Für ein Großunternehmen wie Ford ist es unerlässlich, Diversity Management zu institutionalisieren, um eine Entwicklung und Erfolge zu ermöglichen. Das folgende Schaubild veranschaulicht, wie Diversity Management organisatorisch verankert ist.

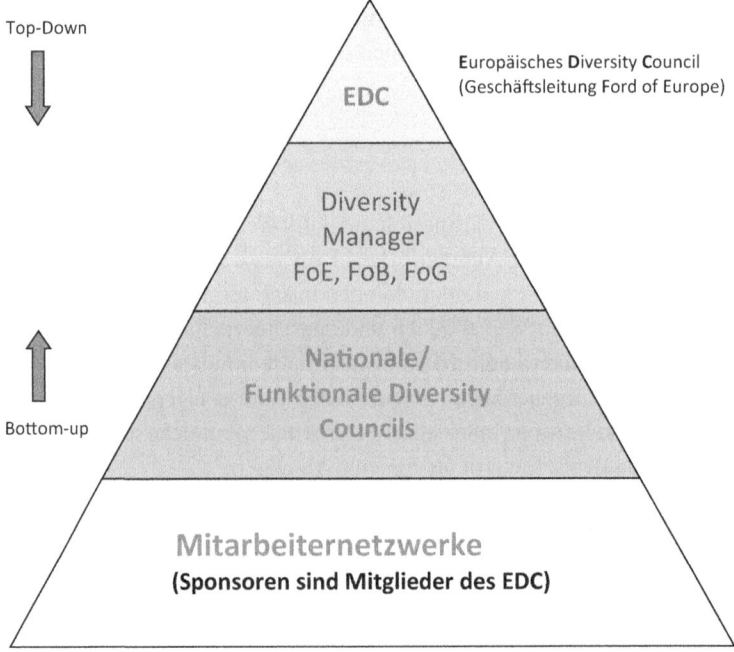

An der Spitze des Diversity Managements steht das Europäische Diversity Council (EDC), das sich aus der europäischen Geschäftsleitung zusammensetzt und jährlich die übergeordneten Ziele für Diversity festlegt. Diese Ziele werden während des laufenden Jahres anhand einer Scorecard auf die Zielerreichung hin überprüft. Das EDC findet einmal pro Halbjahr statt. Die festgelegten Ziele werden von den Diversity Managern in die Gesamtorganisation kommuniziert und pro Bereich heruntergebrochen bzw. angepasst und konkretisiert. Die Verantwortung der Umsetzung liegt jeweils in den einzelnen Funktionsbereichen, wobei die Diversity Manager Unterstützung und Hilfestellung geben, wenn notwendig oder angefragt. Zusätzlich gibt es innerhalb des Unternehmens sowohl nationale als auch funktionale Diversity Council. Funktionale Council, z. B. innerhalb des Einkaufs oder der Finanz, unterstützen bei der Umsetzung der gesetzten Ziele und geben außerdem Anregungen, welche Themen innerhalb ihres Bereichs, z. B. der Produktentwicklung, aufgegriffen werden sollten. Die Basis des Diversity Managements bei Ford bilden die Mitarbeiternetzwerke. Mitarbeiternetzwerke bilden sich eigeninitiativ; sie haben keine Vorgaben, sondern definieren ihre Ziele selbst. Das Unternehmen hat grundsätzliche Regeln festgelegt, nach denen ein offiziell anerkanntes Mitarbeiternetzwerk etabliert werden kann. Dazu gehört z. B. dass das Netzwerk die Ziele und Grundsätze des Unternehmens verfolgen und eine freiwillige Mitgliedschaft allen Beschäftigten anbieten sollte. Mitarbeiternetzwerke sind aber nicht berechtigt, ohne Absprache das Unternehmen zu repräsentieren oder in dessen Namen zu sprechen oder sich politisch, juristisch, lobbyistisch oder rechtlich im Namen von Ford zu engagieren.

Jedes anerkannte Netzwerk hat einen Sponsor aus der europäischen Geschäftsleitung. In der Regel trifft sich das Netzwerk zweimal jährlich mit dem Sponsor und berichtet über Aktivitäten oder wendet sich an den Sponsor, um Unterstützung für ein konkretes Anliegen zu erhalten. Dabei geht es nicht selten um die Hilfe bei der Durchsetzung von Maßnahmen, bei denen die Unterstützung des Top Managements notwendig ist. Dies verdeutlicht eine flexible und dynamische Gestaltung des Top-Down und Bottom-Up Prinzips.

Innerhalb der deutschen Ford Organisation existieren folgende Netzwerke: Professional Women's Network (PWN), Women's Engineering Panel, Women in Finance, Women in IT, Elternnetzwerk, Netzwerk Arbeiten und Pflegen, GLOBE (Gay, Lesbian or Bisexual Employees), TRG (Turkish Resource Group) sowie die Arabic Resource Group.

3 Praktische Bedeutung für das Unternehmen

Die praktische Bedeutung von Diversity Management bemisst sich daran, welchen Beitrag die Maßnahmen zum unternehmerischen Erfolg leisten. Dies wird bei Ford in vier Feldern gesehen: der innovativen Produktgestaltung, der Nähe zu aktuellen und potenziellen Kundengruppen (Marketingmaßnahmen und Ansprache), der internen Kommunikation einer offenen Unternehmenskultur im Hinblick auf das Humankapital (wertschätzende Haltung) und Corporate Social Responsibility/Community Involvement.

4 Produkt

Bei der Entwicklung von globalen Produkten für den Weltmarkt sind vielfältig zusammen gesetzte Teams unabdingbar. Wie viele andere Unternehmen mit einem überwiegend technischen Hintergrund, sind auch innerhalb von Ford Frauen, vor allem in den technischen Berufen, in der Minderheit. Dort, wo die Expertise nicht direkt innerhalb des Teams zur Verfügung steht, versucht man daher, die weiteren Ressourcen im Unternehmen zu nutzen. Eine Gruppe von Frauen aus verschiedenen Bereichen und unterschiedlichen Nationalitäten wurde von der Produktentwicklung befragt, wenn es um die Frage geht, welche Funktionalitäten sich Frauen für Fahrzeuge wünschen. Die Gruppe entwickelte einen Leitfaden für die Produktentwicklung, was bei einem Fahrzeug bei der Entwicklung beachtet werden sollte, damit es für Frauen attraktiv ist. Konkrete Umsetzungen sind z. B. der Kofferraum, der sich durch eine Fußbewegung unterhalb der Stoßstange öffnen lässt oder aber ein herausklappbarer konvexer Spiegel, der sich oberhalb der Windschutzscheibe befindet, und es ermöglicht, die gesamte Rückbank zu übersehen. Von diesem Angebot profitieren nicht nur Mütter und Väter, die mit einem Blick erkennen können, was die Kinder auf dem Rücksitz tun, sondern auch Tierbesitzer, die ein Auge auf ihren Hund halten wollen. Es ist ein schöner Erfolg, dass der Ford Fiesta 2013 von einer internationalen Jury zum Frauenauto des Jahres gewählt wurde.

Exkurs: FiT – Frauen in technischen Berufen Seit 2001 ist FiT – Frauen in technischen Berufen – ein Teil der Diversity Strategie innerhalb von Ford Deutschland, um den Anteil weiblicher Auszubildender in der gewerblich-technischen Ausbildung zu steigern und mehr Facharbeiterinnen und Ingenieurinnen im Unternehmen zu beschäftigen. FiT offeriert Mädchen und jungen Frauen vielfältige Möglichkeiten, sich über technische Berufe zu informieren. Im Unterschied zu allen anderen Maßnahmen im Unternehmen, die grundsätzlich allen offen stehen, gelten die Angebote von FiT nur für Mädchen und junge Frauen. Dies liegt darin begründet, dass nach unserer Erfahrung sich viele Mädchen in gemischten Gruppen das Thema Technik nicht wirklich zutrauen. Mädchen ab der 8. Klasse können bei Ford an speziellen Infotagen für Mädchen teilnehmen, selbst etwas Technisches ausprobieren (z. B. Erstellen eines Kerzenhalters aus Metall) oder ein Ferienpraktikum absolvieren. Dabei werden sie von weiblichen Auszubildenden betreut oder erhalten die Gelegenheit, Ingenieurinnen zu ihrem Arbeitsalltag und ihren Erfahrungen zu befragen. Wichtig ist es, den Mädchen und jungen Frauen Vorbilder zu zeigen, die diesen Weg bereits erfolgreich eingeschlagen haben. Der erste Kontakt zu dem Thema Technik findet häufig über den Girls' Day statt, an dem jährlich mehr als 400 Mädchen teilnehmen. Insgesamt interessieren sich durchschnittlich 800 Mädchen pro Jahr für das Angebot, einen Einblick in technische Berufe zu erhalten. Für junge Frauen, die vor der Entscheidung stehen, welches Studium sie ergreifen sollen, bietet Ford das einwöchige „TryIng-Programm" an, bei dem die Frauen einen Teil an einer Fachhochschule im Fachbereich „Fahrzeugtechnik" verbringen und im zweiten Teil ein praktische Projekt bei Ford in der Produktentwicklung realisieren. All diese Initiativen werden durch

Frauen aus den Netzwerken, hier besonders durch das Womens' Engineering Panel, unterstützt.

Mittlerweile ist es Ford gelungen, den Anteil von Frauen in der technischen Berufsausbildung von 5 % im Jahr 1999 auf über 20 % zu steigern. Im bundesweiten Durchschnitt liegt der Anteil der weiblichen Auszubildenden bei den für die Automobilindustrie relevanten Ausbildungsberufen nur bei ca. 5 %. Dies zeigt, dass ein nachhaltiges Engagement langfristig erfolgreich ist. In dem von Ford angebotenen dualen Ausbildungsgang do2technik (technische Ausbildung plus technisches Studium) liegt der Anteil der Frauen bei durchschnittlich 40 %. Interne Daten zeigen, dass der überwiegende Anteil der Frauen, die eine technische Ausbildung oder ein technisches Studium bei Ford beginnen, im Vorfeld an mehreren Angeboten von FiT teilgenommen haben. Neben den Direktkontakten zu Mädchen und Frauen informiert FiT Multiplikatoren in Schulen, veranstaltet Eltern-Info-Tage oder nimmt an Berufsorientierungsbörsen teil.

5 Kundengruppen und Märkte

Eine vielfältige Belegschaft, die das Wissen über Kunden und Märkte und deren angemessene Ansprache in sich trägt, erleichtert den Zugang zu neuen Märkten und trägt somit zur Erfolgssicherung bei. Dies gilt in internationalen Bereichen im Hinblick auf interkulturelle Fähigkeiten oder im nationalen Geschäft bei der Ansprache spezieller Zielgruppen. Ein bereits älteres Beispiel hierzu bezieht sich auf eine Verkaufsaktion von Ford auf dem Kölner Großmarkt, die speziell auf türkische Händler abgestimmt war. Neben der Präsentation der Fahrzeuge (Ford Transit) und der Möglichkeit, diese Probe zu fahren, standen den Händlern türkischsprechende Verkaufs- und Finanzierungsberater zur Verfügung. Natürlich fand auch die Plakatierung in türkischer Sprache statt. Immerhin führte diese Maßnahme zu einer messbaren Verkaufssteigerung von 5 % im entsprechenden Berichtszeitraum – eine der wenigen Gelegenheiten, wo ein Engagement in Diversity unmittelbar messbar war. Ein Faktor, der schwer zu erfassen ist, unter Umständen aber einen noch größeren Effekt hat, war in diesem Fall, dass sich die türkische Community durch dieses Event sehr wertgeschätzt fühlte. Es ging nicht in erster Linie darum, dass die Händler nicht genug Deutsch sprachen, sondern auch um den Aspekt, in der Muttersprache angesprochen zu werden und von Menschen beraten zu werden, die den Herkunftskulturkreis kennen.

Ein weiteres Beispiel zur Pflege und Ausweitung spezifischer Zielgruppen stellt die Beteiligung von Ford an der Christopher Street Day (CSD) Parade dar. Schon früh kam aus den Reihen der homosexuellen Mitarbeiterinnen und Mitarbeitern unseres Unternehmens die Anregung, sich aktiv am CSD (Christopher Street Day) in Köln zu beteiligen. Seit dem Jahr 1996 ist Ford mit einem Paradewagen und einer Fußgruppe vertreten. Dabei nehmen aus der Belegschaft sowohl Homosexuelle als auch Heterosexuelle teil, die dadurch ihre Solidarität zum Ausdruck bringen. Neben speziellen Anzeigen, stellt Ford zudem jedes Jahr den Hauptgewinn der Tombola, zum 20-jährigen Jubiläum 2016 einen

Ford Mustang. Auch hier lässt sich feststellen, dass der offene Umgang von Ford mit dem Thema Homosexualität innerhalb der Community sehr geschätzt wird. Dabei sollte nicht übersehen werden, dass homosexuelle Paare häufig über ein doppeltes Einkommen und somit über eine hohe Kaufkraft verfügen. Untersuchungen zeigen darüber hinaus, dass Homosexuelle eher die Produkte erwerben und deren Hersteller unterstützen, die unverkrampft mit dem Thema umgehen.

Im Bereich des Personalmarketings lässt sich in den letzten Jahren feststellen, dass der Umgang mit dem Thema Diversity Ford als attraktiven Arbeitgeber erscheinen lässt. Zunehmend mehr Bewerberinnen und Bewerber geben die Diversity Kultur als entscheidenden Grund für ihre Bewerbung an.

6 Unternehmenskultur

Bei Ford ist Diversity Management ein wesensbestimmender Bestandteil der Unternehmenskultur geworden. Diversity am Arbeitsplatz adressiert alle Unterschiede, die jede und jeden von uns als individuelle Persönlichkeit definieren. Gelingt es, diese Unterschiede zu verstehen, zu respektieren und in ihrem Wert zu schätzen, können die positiven Effekte für die Arbeit genutzt werden. Eine Diversity-orientierte Unternehmenskultur führt dazu, dass sich Beschäftigte mit ihrem Arbeitgeber und ihren Aufgaben stärker identifizieren, loyaler zum Unternehmen sind und sich mehr engagieren. Um die positive Seite von Diversity lebendig werden zu lassen und nutzbar zu machen, muss Raum und Sicherheit gegeben werden, Vorurteile zu relativieren oder aufzulösen. Dazu gehört in einem ersten Schritt: Probleme auf den Tisch und nicht unter den Teppich. Zu diesen Problemen gehören auch Diskriminierungen oder Belästigungen. Bereits seit Januar 2002 – also bereits deutlich vor Inkrafttreten des AGG – hat Ford die Betriebsvereinbarung „Partnerschaftliches Verhalten am Arbeitsplatz" geschlossen, die ein klares Benachteiligungs- und Belästigungsverbot definiert und zudem disziplinarische Konsequenzen bei Zuwiderhandlungen regelt, deren letzte Stufe bis hin zur Kündigung geht. Zeitgleich wurde eine Beratungsstelle eingerichtet, die sich paritätisch aus Vertretern aus Betriebsrat und Personalabteilung sowie einem Betriebsarzt und einem Managementvertreter zusammensetzt. Die Mitglieder der Beratungsstelle wurden für ihre Zusatztätigkeit speziell ausgebildet und werden kontinuierlich supervisiert. Der Vorteil der Beratungsgruppe liegt darin, dass jemand, der sich diskriminiert oder belästigt fühlt, einen Ansprechpartner aus der Gruppe wählen kann, der oder die eine völlig neutrale Position einnimmt, was z. B. bei dem für den Bereich zuständigen Betriebsrat oder Personalbetreuer nicht immer gegeben sein muss. Alle Gespräche werden selbstverständlich vertraulich behandelt, die weitere Vorgehensweise wird eng mit der betroffenen Person abgestimmt. Durch dieses Angebot können viele Konflikte bearbeitet und ausgeräumt werden. Die Ford-Werke GmbH hatte bislang noch keinen anhängigen Gerichtsfall in Bezug auf Diskriminierung oder Mobbing und dies trotz hoher Diversität der Belegschaft. Dies ist eine erfolgreiche interne Umsetzung der Null-Toleranz-Politik gegen Diskriminierung und Belästigung.

Ein weiteres Beispiel für die Diversity Kultur ist das Mitarbeiternetzwerk „Arbeiten und Pflegen" bei Ford. Die Mitglieder dieses Netzwerks helfen Kolleginnen und Kollegen, die plötzlich mit einer Pflegesituation in der Familie konfrontiert werden, ganz konkret durch einen Notfallplan, der auflistet, was in einem solchen Fall zu tun ist und wo man Hilfe erhalten kann. Diesen Notfallplan gibt es auch in türkischer Sprache. Hilfreich ist aber vor allem das Angebot, mit jemandem sprechen zu können, der eine ähnliche Situation erlebt oder erlebt hat. Der Austausch in der Gruppe „Arbeiten und Pflegen" trägt in vielen Fällen dazu bei, dass Betroffene die schwierige persönliche Situation schneller meistern können oder erst durch die Ermutigung der Gruppe den Vorgesetzten über die Situation informieren. Gemeinsam wird dann kurzfristig nach Lösungsmöglichkeiten gesucht, die dem erhöhten Bedarf an Arbeitszeitflexibilität Rechnung tragen.

Das Unternehmen fördert das kontinuierliche Diversity Engagement von Mitarbeitern und Mitarbeitergruppen durch den Chairman's Leadership Award for Diversity (CLAD). Dieser Preis wird jährlich an Ford-Beschäftigte vergeben, die sich beispielhaft um die Weiterentwicklung von Vielfalt und das Miteinander der Kulturen im Unternehmen verdient gemacht haben, und die den Diversity-Gedanken über ihren persönlichen Arbeitsbereich hinaus leben. Der CLAD Award wird in folgenden fünf Kategorien verliehen: beispielhaftes Engagement, besonderer Einsatz für eine vielfältige Belegschaft, Schaffung eines respektvollen und integrativen Arbeitsumfeldes, besonderer Einsatz für ein flexibles Arbeitsleben, Förderung externer Partnerschaften. Prinzipiell kann jeder jeden nominieren, Einzelpersonen oder Teams. In der Nominierung wird das besondere Engagement erläutert und anhand von Beispielen belegt. Eine fünfköpfige Jury bewertet unabhängig voneinander die Nominierungen nach festgelegten Kriterien. Die Einzelwertungen werden dann zusammengeführt und in einer gemeinsamen Jurysitzung pro Kategorie drei Gewinner ermittelt. Im Schnitt werden pro Jahr über 100 Nominierungen aus ganz Europa eingereicht. Die Nominierten werden im Oktober zu der Verleihungszeremonie eingeladen, wobei die Gewinnerinnen oder Gewinner erst während der Veranstaltung bekanntgegeben werden. Die Ausgezeichneten erhalten einen eigens für diesen Zweck von der Lehrwerkstatt entworfenen und gestalteten CLAD Award als Symbol der Anerkennung. In besonderer Weise wird als Anerkennung das feierliche Begehen der Übergabe unter Beteiligung der europäischen Geschäftsleitung erlebt. Der Vice President Human Resources Ford of Europe führt durch die Zeremonie, die Preise überreicht der Executive Vice President, Europe, Middle East and Africa, Ford Motor Company. Beeindruckend bei den Nominierungen ist die Vielfalt der Engagements, sowohl intern als auch extern. Gerade in der Kategorie „Förderung externer Partnerschaften", in der traditionsgemäß die meisten Nominierungen eingereicht werden, finden sich viele Community Involvement Projekte.

7 Community Involvement

Ford ist der Auffassung, dass ein Unternehmen in den Regionen, in denen es tätig ist, auch gesellschaftliche Verantwortung übernehmen sollte – und zwar gegenüber den einzelnen

Bürgerinnen und Bürgern. Ihnen möchte Ford daher etwas geben, was über die eigentlichen Produkte, Dienstleistungen und Arbeitsplätze hinausreicht – und damit seine Rolle als „good corporate citizen" wahrnehmen. Bill Ford, der Vorstandsvorsitzende der Ford Motor Company, formuliert folgendermaßen:

> Wir sehen keinen Konflikt zwischen geschäftlichem Erfolgsstreben und sozialem und umweltpolitischem Engagement. Für mich ist der Unterschied zwischen einem guten und einem großartigen Unternehmen der Folgende: Ein gutes Unternehmen bietet exzellente Produkte und Dienstleistungen. Ein großartiges Unternehmen bietet exzellente Produkte und Dienstleistungen und ist gleichzeitig bestrebt, eine bessere Welt zu schaffen.

Seit Mai 2000 stellt Ford in ganz Europa unentgeltlich seine Beschäftigten – und damit wertvolles Know-how und Arbeitskraft – für gemeinnützige Aufgaben zur Verfügung. Die Teilnahme ist selbstverständlich freiwillig, ebenso die Entscheidung, für welches Projekt man sich engagieren möchte. Für 16 Arbeitsstunden oder zwei Arbeitstage pro Jahr werden alle Interessierten bezahlt freigestellt. Da manchmal diese Zeit nicht ausreicht, beenden die Teams ihre Projekte nicht selten in der Freizeit.

Der anfängliche Fokus der Projekte lag in der Aus- und Weiterbildung, im Umweltschutz und im sozialen Sektor. So haben Teams des Unternehmens Schulen renoviert, Unterrichtsstunden zu speziellen Themen gestaltet, Indianerzelte aus Weidenruten für Kindergärten gebaut und städtische Brachflächen in Blumenwiesen verwandelt. Seit Sommer 2002 ist das Themenangebot erweitert worden, so dass nun sechs unterschiedliche Bereiche offen stehen: Umwelt und Naturschutz, Gesundheit und Soziales, Sport, Bildung und Wissenschaft, Hilfs- und Rettungsdienste, Kunst und Kultur. Ziel aller Aktivitäten ist es, sich nicht auf kurzfristigen Gewinn zu konzentrieren, sondern nachhaltig und verantwortungsvoll zu agieren.

Jährlich nehmen im Schnitt fast 1000 Beschäftige an über 100 Projekten teil, so dass wir Anfang 2016 auf insgesamt 1700 realisierte Projekte zurückblicken konnten, die von fast 14.000 Beschäftigten umgesetzt wurden. Dies ergibt die stolze Zahl von 210.000 Arbeitsstunden, die als Investition von Ford für das Gemeinwohl zusammenkamen. Hinzu kommt das sogenannte Mobilitätssponsoring mit fast 800 Fahrzeugeinsätzen. So fuhren z. B. im Jahr 2015 Ford Fahrzeuge über 82.000 km „für eine gute Sache". Durch das Projekt „FAIR – Fordler aktiv im Ruhestand" sind in diese Aktivitäten auch pensionierte Ford Beschäftigte mit einbezogen.

Erklärte Ziele von Community Involvement bei Ford sind: die Unterstützung der ökologischen und sozialen Umwelt, die Einbindung unseres Unternehmens in ein regionales Netzwerk und eine Aufwertung des Umfelds am jeweiligen Standort, die Förderung einer Unternehmenskultur und Identität, in der freiwilliges Engagement für andere eine bedeutende Rolle spielt, die Unterstützung einer Belegschaft, die sich bereits ehrenamtlich engagiert, die Förderung von Teamgeist, Eigeninitiative und sozialer Kompetenz der Beschäftigten sowie der Imagegewinn gegenüber Kunden und potenziellen Bewerbern durch die aktive Übernahme gesellschaftlicher Verantwortung.

Community Involvement (CI) schafft eine dreifache Win-Situation für die Gesellschaft, das Unternehmen und die Belegschaft. Eine Untersuchung innerhalb unseres Unternehmens hat ergeben, dass Mitarbeiterinnen und Mitarbeiter, die an CI Projekten teilgenommen haben, eine hohe Loyalität zum Unternehmen aufweisen und sehr stolz auf das Engagement ihres Arbeitgebers sind.

Ein konkretes Beispiel eines CI Projektes ist das seit einigen Jahren stattfindende Event „Autofahren für Blinde und Sehbehinderte", das in Kooperation mit der Caritas und anderen Partnern, blinden und sehbehinderten Menschen ermöglicht, am Steuer von Ford-Fahrschulautos zu sitzen und in Begleitung von professionellen Fahrlehrern über das Ford-Testgelände in Köln-Merkenich zu fahren. Blinde und sehbehinderte Menschen orientieren sich an den Geräuschen der Fahrzeuge und stellen sich Autos daher sehr groß und auch sehr bedrohlich vor. Daher wollen wir sie mit dieser Veranstaltung darin bestärken, aktiv am Straßenverkehr teilzunehmen. Außerdem möchten wir ihr Selbstbewusstsein speziell im Umgang mit dem Auto stärken und ihnen ein Stück mehr Lebensqualität schenken. Nicht zuletzt geht es auch um die Sensibilisierung „normal" Sehender für die Schwierigkeiten blinder und sehbehinderter Menschen im Straßenverkehr.

Immer wieder werden CI Projekte auch von Beschäftigten initiiert, die sich in Netzwerken engagieren. Die Turkish Resource Group der Ford-Werke hat gemeinsam mit dem türkischen Konsulat, der türkisch-deutschen Handelskammer, der Agentur für Arbeit und anderen Unterstützern das Projekt „Mobile Beratung" koordiniert. Ford hat dazu eine mobile Beratungsmöglichkeit in Form eines Ford Transit mit Beratungstisch zur Verfügung gestellt. Türkische Jugendliche wurden über Aus- und Weiterbildungsmöglichkeiten informiert. Falls gewünscht, wurde auch, basierend auf den individuellen Ausbildungsprofilen und Wünschen, ein persönlicher Berufs- und/oder Ausbildungsplan erstellt. Außerdem wurden die türkischen Jugendlichen und deren Eltern über Prävention gegen Drogen- und Spielsucht informiert, da Untersuchungen belegen, dass gerade unter neu eingewanderten männlichen Jugendlichen der Anteil an Drogen- und Spielsucht sehr hoch ist. Die Auswahl der mobilen Beratungsstellen zielte auf Gebiete mit hoher türkischer Einwohner- und Versammlungsdichte, wie z. B. freitags vor Moscheen, ab und wurde in vier Städten angeboten.

Eine schöne externe Bestätigung für das Engagement von Ford im Bereich Corporate Social Responsibility ist neben der Auszeichnung mit dem Kölner Bürgerpreis und einer Ernennung des Unternehmens zum Kölner Kulturpaten auch die Auszeichnung der Ford-Werke durch das Land NRW, das das CI Programm von Ford als „Engagement des Jahres 2012" auszeichnete.

Ford ist der Auffassung, dass sich Diversity Management in all seinen Facetten für das Unternehmen lohnt. Dies wird durch die Mitarbeiterinnen und Mitarbeiter in den jährlichen Mitarbeiterumfragen bestätigt, in denen Fragen zu Diversity sehr hohe positive Wertungen erhalten.

Brigitte Kasztan 57 Jahre, verheiratet, keine Kinder. Studium der Russistik und Germanistik an der Uni Köln (Lehramt). Berufsbegleitendes Studium der Betriebswirtschaft an der VWA Köln. Seit mehr als 20 Jahren bei der Ford-Werke GmbH im Bereich Human Resources. Mitbegründerin des deutschen Diversity Councils im Jahr 1996 innerhalb von Ford. Verschiedene Personalfunktionen, z. B. Personalleiterin der Ford Bank (dort auch Mitglied der Geschäftsleitung), Personalleiterin der Europäischen Werke in GFT (GETRAG-Ford-Transmissions). 5 Jahre Diversity Managerin Ford of Europe und Ford of Germany und seit Ende 2015 Personalleiterin der Fahrzeugfertigung in Köln.

Teil IV
Diversity-Praxis nachhaltig gestalten

Carola Eck-Philipp und Angelika Krämer
Christa Stienen
Barbara Lutz
René Behr
Hans W. Jablonski
Daniela De Ridder

Einleitung

Die Beiträge des vierten Kapitels sind aus der Sicht externer Akteur_innen verfasst. Hier kommen ein Unternehmensverband, ein Berufsverband, Initiativen und Beratungsunternehmen mit sehr unterschiedlichen Ausrichtungen zu Wort. Die Leitfrage dieser Beiträge lässt sich wie folgt formulieren:

Wie kann ein nachhaltig erfolgreicher Umgang mit Diversity und CSR durch Einbeziehung externer Akteur_innen unterstützt werden?

Den Anfang macht der Beitrag von Carola Eck-Philipp und Angelika Krämer. Sie gehen von der Grundthese aus, dass sowohl Diversity als auch CSR das Potenzial wirtschaftlichen Erfolges für Unternehmen bergen. Sie zeigen am Beispiel von Frauen in Top-Management-Positionen im deutschsprachigen Raum auf, wie Diversity dort hergestellt werden kann – oder eben auch nicht.

Es folgt ein Beitrag von Christa Stienen. Aus Sicht des Verbandes der Personalmanager geht sie von der Erkenntnis aus, dass Unternehmen ausreichend viele weibliche Fachkräfte in einem frühen Karrierestadium gewinnen und dann im mittleren Management gezielt fördern müssen, um später bei der Besetzung von Top-Positionen auf Frauen zurückgreifen zu können. Daher sieht sie die Förderung von Gender Diversity als eine der wesentlichen Herausforderungen für das Personalmanagement an. Als ein Tool empfiehlt sie den Dynamic Gender Index® (DGI) des BPM. Stienen erläutert das Prinzip und Vorgehen des DGI in ihrem Beitrag und schlägt zur Umsetzung einen 10-Punkte-Plan vor. Die Autorin bezieht ihren Ansatz zwar nicht explizit auf CSR, ihre Ausführungen sind aber direkt anschlussfähig an die CSR-Konzeption der EU. Insofern sollte dieser Beitrag als konsequente Darstellung eines Business Case gewürdigt werden, der im Sinne eines „Shared Value"-Konzeptes mit CSR hochkompatibel ist.

Auch Barbara Lutz nimmt Frauenkarrieren als Beispiel für eine (gelungene) Verbindung von CSR und Diversity Management in den Blick. In ihrem Beitrag werden Arbeitsweise und Ziele des Frauen-Karriere-Index (FKi) vorgestellt, einem faktenbasierten

Instrument, das Unternehmen unterstützen soll, die sich aktiv und strukturiert mit dem Thema Frauen in Führungspositionen auseinandersetzen möchten.

Ein weiterer Beitrag wird von Rene Behr vorgelegt, der die Sichtweise des Völklinger Kreises auf CSR und Diversity darlegt. Der Völklinger Kreis versteht sich als Berufsverband schwuler Führungskräfte. Er vertritt ein umfassendes Verständnis von Diversity, in welchem alle Dimensionen von Diversity wie sexuelle Orientierung und geschlechtliche Identität, Alter, Behinderung, Geschlecht, Herkunft, Kultur und Religion Berücksichtigung finden. Der Völklinger Kreis stärkt die Persönlichkeit und eigene Positionierung seiner Mitglieder insbesondere am Arbeitsplatz. Er begleitet sie bei ihrer beruflichen Entwicklung und sucht gleichzeitig die Zusammenarbeit und den Dialog mit Unternehmen, Institutionen und Verwaltungen. Insofern zeigt Behr in diesem Beitrag die Bedeutung einer Verbindung aller Ebenen, von der Mikro-Ebene bis zur Makro-Ebene, auf und weist auf die besonderen Chancen einer solchen ganzheitlichen Perspektive hin.

Hans Jablonski erläutert vor dem Hintergrund seiner langjährigen Praxiserfahrung als Diversity-Verantwortlicher in Unternehmen und als Berater die Funktion von Beratungen bei der Entwicklung und Umsetzung von Konzepten zum geeigneten Umgang mit Diversity. Der Autor schlägt Kriterien zur Entscheidung für oder gegen die Beauftragung von Beratungsunternehmen in Diversity-Fragen vor und stellt eine Reihe sinnvoller Einsatzfelder externer Beratungskompetenz dar, wie z. B. die Unterstützung bei der Kommunikation der Haltung zu Diversity oder auch bei der Erfassung des Status quo in quantitativer und qualitativer Hinsicht. Als hilfreich sieht er die Einbeziehung von Beratungen ferner bei der Begleitung der Umsetzung und vor allem dem Aufbau eines Diversity-Controllings an. Hier empfiehlt Jablonski die Entwicklung von Diversity Score Cards bzw. von Diversity Cockpits.

Daniela De Ridder stellt am Beispiel des Auditierungsverfahren „Vielfalt gestalten in NRW" dar, inwieweit und in welcher Form Diversity-Konzepte sinnvoll auditierbar sind. Die Autorin stellt die Besonderheit hochschulpolitischer Diversitykonzepte heraus und betont hierbei insbesondere die Bedeutung kulturellen Wandels, der auch angesichts identifizierbarer generell wirksamer Trends (wachsendes Interesse an Bildung, demographischer Wandel, Internationalisierung) die Spezifität der jeweiligen Hochschule dringend berücksichtigen muss. Das von der Autorin mitentwickelte Auditierungsverfahren verknüpft konsequent gesellschaftspolitische mit hochschulpolitischen Zielen und nimmt dabei sowohl die Perspektive der Lehrenden als auch der Lernenden ein.

Diversity in der Praxis: Die Quote allein reicht nicht

Carola Eck-Philipp und Angelika Krämer

Diversity und Corporate Social Responsibility (CSR) bieten Unternehmen, egal welcher Größe und welcher Branche, eine zuverlässige Möglichkeit ihren wirtschaftlichen Erfolg zu steigern und für hochqualifizierte Bewerber und Bewerberinnen mit Perspektive attraktiv zu sein. Denn Fach- und Führungskräfte legen immer mehr Wert auf sinnvolle Tätigkeit und zeitgemäße Strukturen. Diversity-Strategien und eine offene Unternehmenskultur sind dabei von wesentlicher Bedeutung, wobei ein Indikator dafür Aufstiegschancen von Frauen ins TopManagement ist. Die aktuelle Studie: „Die Quote allein reicht nicht" liefert konkrete Ansatzpunkte für Entscheider und Entscheiderinnen in Unternehmen und für Frauen auf dem Weg in die oberste Führungsebene.

Mit der Studie WOMEN ON BOARD (Eck-Philipp und Krämer 2010) wurde die Situation von Frauen in Vorstand und Aufsichtsrat im deutschsprachigen Raum (DACH-Deutschland, Österreich, Schweiz) untersucht und es wurden Hindernisse und Erfolgsbarrieren identifiziert. Daran anschließend wurde in der vorliegenden Studie erhoben, welche konkreten Erfahrungen Frauen mit dem Ziel Aufsichtsrätin machen.

Interessensschwerpunkte waren die Fragen danach

- was der Auslöser war und warum Frauen eine Position im Aufsichtsrat anstreben,
- wieviel Zeit sie investieren und wie sie vorgegangen sind,
- welche Erfahrungen sie mit männlichen und weiblichen Unterstützern gemacht haben,
- welche persönlichen Erfolge sie errungen haben,
- welche Hindernisse sie erfahren haben,

C. Eck-Philipp (✉)
Wege in den Aufsichtsrat
Am Poppelsdorfer Weiher 3, 53115 Bonn, Deutschland
E-Mail: eck-philipp@online.de

A. Krämer
Ratsstr. 28, 52355 Düren, Deutschland
E-Mail: ach.kraemer@t-online.de

- welche Auswirkungen der Quote sie spüren und ob die Quote sie unterstützt,
- was sie auf dem bisherigen Weg überrascht hat.

Aus den Antworten und deren Häufigkeiten wurden Erkenntnisse gewonnen und Empfehlungen abgeleitet, um die Erfahrungen unserer Interviewpartnerinnen auch für andere Frauen nutzbar zu machen und Männern Ansatzpunkte zu liefern, wie es gelingt, qualifizierte Frauen für Aufsichtsgremien zu finden. Von Interviewpartnerinnen wurden weitere Forderungen an Politik und Medien formuliert.

1 Die Untersuchung

Die Fragestellung: „Was erleben Frauen aktuell auf dem Weg in den Aufsichtsrat?" wurde methodisch im Rahmen qualitativer Sozialforschung (vgl. Mayring 2002) mit Leitfaden gestützten, narrativen Interviews mit Frauen untersucht, die gezielt Mandate in Aufsichtsräten anstreben oder bereits Mandatsträgerinnen sind (N = 18).

Die qualitative Studie ermöglicht, Trends sichtbar zu machen und Erfahrungen in der Tiefe zu erheben. Es wurden Indikatoren identifiziert, die zu Thesenbildungen führen und Hinweise für weitere Forschungsfragen geben, aber auch allen Personen (Männern und Frauen), die an der Aufsichtsrats- Besetzung beteiligt sind, konkrete Handlungsoptionen beschreiben.

Die Befragungen fanden zwischen Juni und Dezember 2015 durch die Autorinnen statt.

Die zu befragende Population wurde durch Empfehlungen rekrutiert, durch laufende Coach-Begleitungen (http://www.wegeindenaufsichtsrat.de) und darüber hinaus durch interessierte Frauen.

Die befragten 18 Frauen zeichneten sich durch folgende Merkmale aus:

- Sie sind bereits im AR oder streben ein Mandat an.
- Sie befassen sich im Durchschnitt drei Jahre gezielt mit dem Thema Aufsichtsrat.
- Sie sind Selbständige oder Angestellte.
- Sie sind zwischen 38 und 56 Jahren alt.
- Sie sind qualifiziert quer durch viele Fachrichtungen mit Jahrzehnte langer Berufserfahrung in leitenden Positionen:
  z. B. Juristin in der Finanzdienstleistungsbranche, promovierte Diplomkauffrau in der Energiewirtschaft, Diplom-Volkswirtin im Top-Management der Gesundheitswirtschaft, promovierte Chemikerin mit MBA-Abschluss in der Chemie und Pharmaindustrie.
- Sie leben regional verteilt in Deutschland.

In Kenntnis vorhergehender Studien und Literaturrecherchen wurde ein Gesprächsleitfaden entwickelt, der in sieben Pretests verifiziert wurde. Daraus konnten deduktiv Antwortkategorien entwickelt werden mit der Option, diese im laufenden Erhebungsverfahren zu erweitern. Die Interviews wurden auf Tonträger mitgeschnitten, im Anschluss schriftlich protokolliert, um die Angaben den entwickelten Antwortitems zuzuordnen bzw. neue Kategorien aufzunehmen.

Entlang von 9 Leitthemen garantierte die explorative Befragungsmethode, dass die Vielfalt der Erfahrungen und Meinungen der Befragten in die Ergebnisse einfloss.

2 Ergebnisse der Studie

Die Erfahrungen der interviewten Frauen sind vielfältig. „Die Quote allein reicht nicht", das ist eine Erfahrung, die fast alle interviewten Frauen gemacht haben.

Was tun Frauen selbst auf diesem Weg?
Was war für Frauen der Auslöser für ihre Suche nach dem Aufsichtsratsmandat, wieviel Zeit investieren sie dafür und wie gehen sie konkret vor?

Der Auslöser für die Suche nach einer Aufsichtsratsposition ist bei mehr als der Hälfte der Befragten: sie sind qualifiziert, möchten ihr Know-how einbringen. Sie haben keinen Zweifel an ihrer Eignung: Verantwortung in einem Aufsichtsratsgremium zu übernehmen scheint attraktiv, besonders die Möglichkeit, die „Helikopter-Perspektive" einzunehmen und einen anderen Blick auf das Unternehmen zu werfen. Kurz: Frauen möchten Einfluss gewinnen, um positive Veränderungen durchsetzen zu können.

Ein Viertel benennt die Unzufriedenheit mit ihrer beruflichen Situation als zusätzlichen Auslöser, denn

> die Karrieren der meisten erfolgreichen Managerinnen um die Fünfzig stagnieren. Sie leiden darunter, dass sie an relevanten Entscheidungen nicht teilhaben, denn aus ihrer Sicht wären viele der fehlerhaften Entscheidungen und Prozesse im Unternehmen vermeidbar (Funken 2011).

Nur einer geringen Zahl von Frauen (18 % der von uns Interviewten) wird ein Aufsichtsratsmandat angeboten. Dieser für Männer übliche Weg ist für Frauen die Ausnahme.

Einen positiven Effekt hat die Diskussion um die Frauenquote gebracht. Schon deutlich vor Einführung des Gesetzes hat sie unsere Interviewpartnerinnen ermutigt, sich für ein Aufsichtsratsmandat zu interessieren und gezielt zu qualifizieren. 22 % der Befragten bereiten sich auf ihre Tätigkeit als Aufsichtsrätin durch Seminarbesuche vor. Dies bringt ihnen einen zusätzlichen Kompetenzgewinn und Sicherheit.

Die von uns befragten Frauen waren im Schnitt drei Jahre auf der Suche nach einer Position, haben ca. ein bis zwei Tage im Monat für die Suche investiert. Dieses Kontingent unterliegt großen Schwankungen. Bei Seminarteilnahme, Veranstaltungen, Vortragsvorbereitung liegt das zeitliche Engagement deutlich höher. Der Zeitaufwand nimmt über die Jahre eher zu, macht aber auch mehr Freude. „Das Ganze ist ein Entwicklungsprozess", wie eine Befragte resümierte.

Allen Frauen gemeinsam ist eine intensive Recherche zu rechtlichen Grundlagen, fachlichen Aufgaben des AR, Quotenrealisierung in den Unternehmen, Anforderungen an den AR und vor allem Haftungsrisiken.

Das Wissen um die eigenen, unverwechselbaren Kompetenzen ist ein entscheidender Punkt in der Vorbereitung. Nur wer den eigenen „unique selling point" (USP) kennt, ist in der Lage, zu beschreiben, welchen Unternehmen man nutzen kann und welchen nicht. Das sollte man sich im Vorfeld klarmachen, darauf weisen die Interviewten mehrfach hin.

Einzelne vertiefen diese Strategie. Sie fragen sich: Welche Unternehmen kommen für mich in Frage und wie kann ich mich dort platzieren? Diese Strategie wird z. T. unterstützt von einem Coach oder Förderer.

Die Hälfte der Befragten startet mit aktivem Netzwerken: berufliche Kontakte nutzen, mit vielen sprechen, Frauen, die ein AR-Mandat haben, gezielt ansprechen, aber auch Männer und frühere Förderer. Rührige Netzwerkerinnen, die mit offenen Augen unterwegs sind, haben Erfolg. Häufig werden Veranstaltungen zum Netzwerken genutzt: „Neue Kontakte aufzubauen ist das Schwierigste an der Übung", seufzte eine unserer Befragten. Da lineares strategisches Vorgehen nicht möglich zu sein scheint, wird gezielt Raum für „Zufälle" geschaffen.

Der nächste Schritt, den mehrere der befragten Frauen machen, ist die Kontaktaufnahme zu einem Personalberater oder Headhunter. Aber die Erfahrungen mit Headhuntern und Personalberatern sind größtenteils negativ. Dies ist umso interessanter, als in dem aktuellen Diskussionspapier der Wirtschaftsprüfungsgesellschaft KPMG (2014) „KPMG fragt nach: Sind deutsche Unternehmen bereit für die Frauenquote?" zu lesen ist, dass der Weg über Headhunter und Personalberater der meist genannte Weg der befragten Unternehmen war.

In nur einem Fall lohnte sich der Kontakt. Die meisten Frauen waren von dem Sekundärmarkt sehr enttäuscht. Sie versprachen sich mehr davon. „Es kostet Zeit und Geld und sie tun nichts für uns." Hierbei war es unerheblich, ob der Kontakt zu einem Headhunter oder einer Headhunterin bestand.

Nach dem Motto „Frauen, seid sichtbar!" (3. Businessfrauentag der IHK in München 2. Juli 2015) sind ein Drittel der befragten Frauen aktiv geworden und bemühen sich um Visibilität, z. B. durch Veröffentlichungen von Artikeln in Fachzeitschriften, Vorträgen und Teilnahme an Diskussionsrunden. Aber: der Erfolg stellt sich nicht unmittelbar ein.

Wichtig scheint es zu sein, mehrere Wege auszuprobieren und seine beruflichen und privaten Kontakte zu nutzen. „Innerlich aktiv zu werden ist der entscheidende Punkt, sich einen breiteren Blick zu trauen, ist von Vorteil", fasst es eine unserer interviewten Frauen zusammen.

Wer unterstützt Frauen auf dem Weg in den Aufsichtsrat?
Neben dem Zutrauen in die eigene Stärke und die individuelle fachliche Eignung ist das private Umfeld – Familie, Partner, Freunde – ein wesentlicher unterstützender Faktor. Sich mit gleichgesinnten Frauen regelmäßig auszutauschen, ist gerade in der Anfangsphase motivierend.

Die Frage nach Unterschieden im Verhalten der Geschlechter der Unterstützer*innen bei der Suche nach einer Aufsichtsratsposition wurde nur einmal verneint.

Die anderen Frauen gaben an, dass sie zuerst mit Frauen über das Thema „Aufsichtsrätin" gesprochen haben. Mit ihnen können sie besser auf der persönlichen Ebene reden, sie sind sehr unterstützend mit Worten, emotional aufbauend. Die Bereitschaft zu unterstützen ist vorhanden, wird aber nicht konkret, sie helfen nicht mit Taten. Das Fehlen der weiblichen Machtpositionen macht sich bemerkbar. In Frauennetzwerken, wo das Netzwerken leichter fällt, ergeben sich keine konkreten Kontakte, die die Frauen ihrem Ziel Aufsichtsrätin näher bringen.

Einer der ersten Schritte ist häufig die Mitgliedschaft in einem bekannten Frauennetzwerk. Dieser Weg erweist sich nach Aussage der Interviewpartnerinnen als phasenweise unterstützend aber nicht zielführend. Die Netzwerkfrauen vermitteln einander keine Kontakte, viele sind auch auf der Suche. „Frauennetzwerke machen nicht das, was sie machen sollen: sich untereinander gezielt ins Spiel bringen." – so das Fazit einer Befragten.

So berichten Frauen von schlechten Einzel-Erfahrungen: Konkurrenz und Neid spielen häufig eine Rolle. „Die greift nach den Sternen", wird missgünstig formuliert.

Seilschaften auf der Karriereleiter zu bilden ist Frauen fremd.

Diese Tatsache wird von den meisten interviewten Frauen sehr bedauert. Es wäre besser, wenn sich Frauen unterstützen würden, aber es beginnt wohl erst allmählich ein Reifeprozess mit der Erkenntnis: Wenn wir uns unterstützen, sind wir erfolgreich!

Bei der Frage: Wie verhalten sich Männer als Unterstützer? ist das Ergebnis zwiespältig:

Über die Hälfte der Befragten hat keine positiven Erfahrungen gemacht. Männer sind immer noch in Rollenklischees verhaftet. „Was will die hier?" ist der Eindruck – von einer Interviewten formuliert. Männer, die sonst sehr unterstützend agieren, haben bei dem Thema ein Problem. Lukrative Aufsichtsratsposten will man als Mann lieber selbst übernehmen oder einen Weggenossen empfehlen. Auch in Männernetzwerken bleibt man am liebsten unter sich – so sind die Erfahrungen, die die Frauen mit einem Teil der Männer machen.

Aus Sicht der befragten Frauen gibt es aber eine gleichgroße Gruppe von Männern, die anders reagieren. Sie sind zuerst überrascht, sie kommen nicht von alleine darauf, Frauen für den Aufsichtsrat zu empfehlen, aber sie reagieren mit offener Neugier, anerkennend, konkreter und sachlicher in der Unterstützung als Frauen. Und sie liefern auch konkrete Namen und Vorschläge.

Besonders positiv wird das Verhalten älterer Männer erwähnt: Von ihnen fühlen sich Frauen verstanden. Die erfahrenen Herren reagieren positiv und unterstützen tatkräftig. Einen Mann als Förderer im Bekanntenkreis zu haben, zahlt sich aus.

Männer anzusprechen, muss Frau sich trauen und sie machen es ihr nicht immer leicht.

Was sind Hindernisse?
„Eigentlich nichts, Entschluss fassen ist das Wichtigste", aber das sagt nur eine der interviewten Frauen.

Als größte Hürde empfinden die Frauen die alten Strukturen: männliche Netzwerke und männliche Seilschaften. Es geht immer darum: Kenne ich Leute in meinem männlichen Netzwerk, die für die AR-Position in Frage kommen? „Als Mann hätte ich schon längst drei bis vier Aufsichtsratspositionen", so ist eine Meinung. Die Besetzung von Aufsichtsratspositionen hat viel mit Vertrauen zu tun. Wen man nicht kennt, dem vertraut man nicht.

Eine Rolle spielt auch das Beharren auf veralteten Anforderungen: Wer in den Aufsichtsrat will, muss Vorstandserfahrung mitbringen, schließt Frauen bei der aktuellen Quote 5,51 % im Vorstand (FidAR 2015) weitgehend aus. Managementerfahrungen und auch Erfahrungen als Unternehmerin bringen fast alle Befragten mit. Dass Entscheider sich offen und neugierig mit ihren Kompetenzen auseinandersetzen, vermissen mehrere der Interviewten.

Bei der Intransparenz des Marktes ist es schwierig, eine Strategie zu finden, sichtbar zu werden, Vorträge zu halten, etc.: den Stein ins Rollen zu bringen. Die Motivation dabei nicht zu verlieren, weiterhin genügend Zeit für die Suche neben dem Job und den Alltagsaufgaben zu reservieren und die eigenen Zweifel zu bekämpfen sind Hürden, die fast jede fünfte der Befragten erlebt.

Oft stellen sich die Frauen die Frage: Wo treffe ich Entscheider, wie komme ich in Kontakt und wie baue ich Vertrauen auf?

Was sind persönliche Erfolge?
Was als persönlicher Erfolg gewertet wird, ist in erster Linie abhängig davon, ob die Befragten bereits ein Aufsichtsratsmandat innehaben oder nicht.

- Bei sieben Befragten war dies der Fall. „Besonders wenn man schon mit 30 für kompetent gehalten wird und ein Mandat erlangt und auch Akzeptanz in diesem Gremium erfährt". Auch das zweite Mandat, das man erfolgreich im Konkurrenzkampf erworben hat, macht stolz. Für gute Arbeit in den Aufsichtsrat wiedergewählt, auf 10 Jahre Aufsichtsratsarbeit mit Mitte 40 zurückblicken zu können, ist ein großer Erfolg.
- Auf eine Liste für eine zukünftige Besetzung eines Aufsichtsrates zu gelangen oder eine Anfrage zu erhalten – auch bei Nichterfolg – sowie gelungenes Sichtbarwerden in Vorträgen und Artikeln werden als positive Schritte auf dem steinigen Weg in den AR betrachtet.
- Den Mut aufzubringen, sich positiv ins Gespräch zu bringen: „Ich will Aufsichtsrätin werden", Netzwerken zu lernen, einen neuen Job zu finden, der einen als ersten Schritt in eine andere Liga bringt, werden als persönliche Weiterentwicklung geschätzt.
- Fachlich und sozial kompetent wahrgenommen zu werden, ist für alle Frauen von entscheidender Bedeutung.

Was hat Sie überrascht auf Ihrem Weg?
Es gibt viele qualifizierte Frauen, die in den Aufsichtsrat wollen. Das hat die meisten Frauen überrascht. Sie sind zu der Erkenntnis gekommen, dass der Mangel an Interessentinnen

offenbar herbeigeredet wird. Es geht nicht allein um Leistung, entsprechend qualifizierte Frauen sind keine Mangelware, aber man braucht ein Vertrauensverhältnis zu den Männern und das ist ein langer Weg.

Über die „Weinerlichkeit" der Männer und dass sie demnächst keine Chance haben, antwortet eine unserer interviewten Frauen nur lapidar: „Na klar, wenn sie nicht qualifiziert sind – sonst schon."

Wie schwer es ist, die alten Strukturen aufzubrechen, wie stark die Seilschaften weiterhin sind und wie mühsam es ist, alte Vorurteile abzubauen, haben Frauen erlebt, die ein Mandat anstreben. Es ist leichter in den Vorstand zu kommen als in den Aufsichtsrat, ist das Fazit einer Befragten. Ärger und Frustration machen sich nach einiger Zeit bei den Frauen breit, es noch nicht geschafft zu haben, nichts aus eigener Kraft bewegen zu können, den Schlüssel noch nicht gefunden zu haben, ist schwer einzusehen für eine, „die will und kann".

Im Gegensatz dazu auch die positive Überraschung: Es kann auch schnell gehen, leicht und unkompliziert sein. Positiv war auch die Erfahrung, wie die eigene Netzwerk-Kompetenz sich im Laufe der Zeit positiv verändert, mehr Zeit in Anspruch nimmt, mehr Spaß macht und man einen neuen Teil seiner Persönlichkeit entdecken lernt.

Die eigene Entwicklung wird von fast allen Interviewten positiv beurteilt:

- „Ich bin selbstbewusster geworden."
- „Die positive Resonanz auf meine Veröffentlichungen hat mich gefreut."
- „Ich bin mir meiner Stärken bewusster geworden."
- „Ich bin kein Mitläufer, lasse mich nicht kirre machen, gehe dosiert vor."
- „Mein Blick ist breiter geworden."
- „Die Arbeit im Aufsichtsrat, besonders an wichtigen Unternehmensentscheidungen mitzuwirken, macht Sinn und Spaß."

Wie unterstützt oder behindert die Quote den Weg in den Aufsichtsrat für Frauen?
Als Auslöser für die Suche nach einer Aufsichtsrats-Position war die Quotendiskussion sehr hilfreich. Die Idee wuchs: „Das könnte was für mich sein" – so berichteten die Interviewpartnerinnen.

Am 1. Mai 2015 ist das „Gesetz für die Gleichberechtigte Teilhabe von Frauen und Männern an Führungspositionen in der Privatwirtschaft und im öffentlichen Dienst" in Kraft getreten (29.09.2015, #diequotegilt http://www.bmfsfj.de/BMFSFJ/gleichstellung, did=88098.html).

Mit diesem Gesetz hat die Politik ein deutliches Signal – „eine historische Wegmarke" – wie Manuela Schwesig, Bundesministerin für Familie, Senioren, Frauen und Jugend sagt – gesetzt, um mehr Frauen in Führung zu bringen – insbesondere in Vorstände und Aufsichtsräte (EAF Berlin 2015).

Die Quote unterstützt nach Ansicht von zwei Dritteln der Befragten ihr Vorhaben Aufsichtsrätin zu werden. Sie sind der Meinung, ohne Quote läuft gar nichts, von alleine würden Männer nicht auf die Idee kommen, Frauen in den AR zu berufen. Heutzutage braucht ein Aufsichtsratsvorsitzender sich nicht mehr zu rechtfertigen, wenn er eine Frau in den AR holt.

Bei mittelständischen Unternehmen dagegen wird die Freiwilligkeit bleiben und bei den Industrie- und Handelskammern (IHK) ist das Thema noch gar nicht angekommen.

Was die Frauen ärgert, ist die Tatsache, dass die Unternehmen sich der Quote nicht konstruktiv stellen. Sie sitzen die Flexiquote aus.

Positive Auswirkungen der Quote spüren bisher nur wenige der Interviewten. Das Denken muss sich ändern, ist ihre Botschaft. Vielfalt muss als Bereicherung gesehen werden, Umdenken der Entscheider wird gefordert – ohne das geht es nicht. Die Politik muss dranbleiben, es muss sich das Bewusstsein ändern.

Als Quotenfrau bezeichnet zu werden, finden fast alle nicht diskriminierend. Selbstbewusst sagen sie: „Damit kann ich gut umgehen, ich habe deswegen keine Komplexe, wir sind alle qualifiziert, sonst hätten wir keine Chance." Das Alter spielt dabei eine entscheidende Rolle: „Mit 20 hätte ich keine Quotenfrau sein wollen", gestehen zwei von ihnen. Laut Manager Monitor Umfrage der ULA (United Leaders Association 2016) bei 300 Führungskräften bewerten Männer und Frauen das Gesetz sehr unterschiedlich: Frauen sehen es mehrheitlich positiv, Männer mehrheitlich negativ.

3 Erkenntnisse

Es gibt genügend qualifizierte Frauen!
Es gibt genügend qualifizierte Frauen. Diese Erfahrung verwundert die Interviewten. Sie scheinen offensichtlich die Äußerungen der Männer: „Wir finden keine qualifizierten Frauen", ernst genommen zu haben. Wie viele es sind, sehen sie in Veranstaltungen, z. B. bei FidAR, Seminaren und Netzwerktreffen. Heutzutage von nicht ausreichend qualifizierten Frauen zu sprechen, empört sie. Die Abwertung „Quotenfrau" tangiert keine von ihnen. „Entscheidend ist, dass die Unternehmen nicht nur suchen sondern fest entschlossen sind geeignete Kandidatinnen zu finden" (Arenberg und Eck-Philipp 2014).

Ihre Erfolgsstrategien greifen nur seltener als bei Männern
Mögliche Gründe dafür sind:

Frauen unterstützen sich nicht mit Taten Die befragten Frauen waren zum Teil sehr enttäuscht von der mangelnden Unterstützung durch ihre Geschlechtsgenossinnen. Sich gegenseitig unterstützen geht offenbar nur in langjährigen, vertrauten Beziehungen. „Sie sind es nicht gewöhnt, sich die Bälle zuzuspielen, das kann man mit ihnen nicht absprechen".

Frauennetzwerke helfen nicht Frauen sind natürlich nicht so oft in Machtpositionen, aber sich beruflich Wege ebnen, Kontakte herstellen, Empfehlungen aussprechen ist bei

Ihnen bisher leider die Ausnahme. Auch sich in Frauennetzwerken zu engagieren, Zeit dafür aufzuwenden ist positiv – allerdings dient dies eher zur Stärkung der eigenen Motivation und um Erfahrungen auszutauschen. Zur Vergabe von AR-Mandaten oder wenigstens, um Entscheider zu erreichen, hilft das Netzwerken unter Frauen wenig.

Headhunter sind keine „Türöffner"! Die Erfahrungen mit Headhuntern sind bis auf wenige Ausnahmen von den Interviewten als eher enttäuschend beschrieben worden. Diese Strategie erfordert Zeit und Geld, führte aber bei den Befragten nur selten zum Erfolg.

In den Umfragen wird der Weg über Headhunter als der für Frauen erfolgreiche Weg empfohlen (Hengeler Müller und Thorborg 2015). Auch Unternehmen geben an, dass der Weg über Personalberater der übliche Weg sei (KPMG Wirtschaftsprüfungsgesellschaft 2014).

Unsere Befragten bestätigen dies nicht.

Männliche Seilschaften und Intransparenz machen den Weg schwer Eine Strategie für den Weg in den Aufsichtsrat zu entwickeln, ist für viele Frauen schwierig. Sie bauen eher auf Qualifikation, erwerben Zertifikate für den AR in Seminaren. Die Intransparenz des Marktes, das Old Boys Network und die alten Muster aufzubrechen, ist trotz Quote schwierig. Netzwerken auf Augenhöhe, Männer neugierig machen, andere Wege gehen, sich nicht einschüchtern lassen, führte aber bei mehreren der Befragten zum Erfolg.

Männliche Förderer sind extrem hilfreich Männern dagegen ist es vertraut, sie verstehen sich ohne Worte, Erwartungen werden ausgetauscht, „Mann" kennt sich und steigt gemeinsam auf der Karriereleiter nach oben. Einer zieht den anderen nach. Ihr Netzwerk funktioniert und jeder in der Seilschaft profitiert. Die Unterstützung eines gut vernetzten Mannes zu gewinnen, ist für Frauen ein sehr erfolgversprechender Weg. Der schnellste und einfachste Weg in den Aufsichtsrat ist ein für Männer typischer Weg:

Sie werden von AR-Vorsitzenden angesprochen oder ihnen empfohlen. Für Frauen ist dieser Prozessverlauf eher selten. Damit er möglich ist, brauchen Frauen männliche Förderer aus dem beruflichen oder privaten Umfeld, die Zugang zu den entsprechenden Aufsichtsratsnetzwerken haben.

Die Quote wirkt unterstützend!
Die öffentliche Diskussion um die Quote bleibt wichtig. Interessant ist, dass schon die Ankündigung der Quote für zahlreiche Frauen ein Auslöser für ihr Ziel Aufsichtsrätin war.

Aber die Realität sieht so aus: Unternehmen, die gezielt Frauen für AR-Positionen suchen und versuchen, aktiv die Quote umzusetzen, sind noch eher die Ausnahme, besonders bei den 3500 Unternehmen, die keine Sanktionen zu befürchten haben. Oder noch schlimmer: Die neu zu besetzenden AR-Posten wurden in 2015 vorsorglich mit Männern besetzt, um „Schaden zu begrenzen".

Eine Ursache dafür kann sein, dass männliche Aufsichtsräte sich keine Verbesserung ihrer Aufsichtsratsarbeit durch einen höheren Frauenanteil in ihrem Gremium vorstellen können, dass sie keine Erfahrungen mit der Zusammenarbeit mit Frauen in diesem Gremium haben und ihnen die Suche nach geeigneten Aufsichtsrätinnen schwer fällt (vgl. Hengeler Müller und Thorborg 2015).

Monika Schulz-Strelow, 2015: „Die Unternehmen arbeiten sich sehr schwerfällig an das Gesetz heran. Bis das Bewusstsein für einen Kulturwandel in allen Institutionen angekommen ist, müssen noch viele Beteiligte wachgerüttelt werden. Es geht doch – aber wann? ist wohl eher die Frage."

Erfolgswege von Mandatsträgerinnen
Zwei Beispiele zeigen etwas ungewöhnliche Wege zu einem Aufsichtsratsmandat, die aber durchaus eine interessante Möglichkeit sind:

Beispiel 1: Frauen kommen über die Politik in den Stadtrat und erlangen aus dieser Position ein erstes Aufsichtsratsmandat, in dem sie Erfahrungen sammeln. Der Weg zu einem zweiten Mandat ist dann deutlich leichter.
Beispiel 2: Frauen stellen sich als Arbeitnehmervertreterin zur Wahl, führen Wahlkampf und engagieren sich für das Unternehmen, in dem sie arbeiten und bekannt sind. Im Aufsichtsratsgremium haben Frauen dann die Möglichkeit, durch gute Arbeit zu überzeugen und damit die Arbeitgeberseite auf sich aufmerksam zu machen. Man(n) kennt und schätzt sich aus der Zusammenarbeit im AR, daraus kann sich ein weiteres Aufsichtsratsmandat ergeben.

Unsere Empfehlungen an Frauen

▶ Fordern Sie eine Aufsichtsrats-Position selbstbewusst ein.

You get in life what you have the courage to ask for (Oprah Winfrey).

Das Gesetz ist eine Chance. Die Unternehmen müssen sich mit der Frauenquote beschäftigen. Für alle Aufsichtsräte ist es entweder verpflichtend, die Quote zu erreichen oder die aktuellen und die angestrebten Zahlen in diesem Gremium für die nächsten Jahre zu veröffentlichen.

Die Frauen sind entsprechend qualifiziert und für das Aufsichtsratsgremium eine Bereicherung. Ihre Führungserfahrung, ihre fachliche, internationale, sowie ihre Branchen Expertise ist für das Kontrollorgan der Unternehmen wichtig und nutzbringend.

Sichtbar werden bei Diskussionen und Vorträgen, beim Netzwerken, Redner und Diskussionsteilnehmer ansprechen, neue Kontakte aufbauen und im Wettbewerb mit anderen um das AR-Mandat sich behaupten – das alles braucht Mut und Kampfgeist.

Selbstbewusst auf Augenhöhe ihr Ziel zu verfolgen, Männer dafür zu gewinnen, heißt nicht, sich anzubiedern. Frauen müssen sich für ihre eigenen Ziele einsetzen. Voraussetzung dafür ist, von den vorhanden eigenen Kompetenzen überzeugt zu sein und nicht an ihnen zu zweifeln. Welche AR-Materie kann ich beurteilen und wie kann ich mich dort platzieren, diese Strategie mit aktivem Netzwerken und der Einstellung: „Ich kommuniziere auf Augenhöhe" erweitert, sind eine gute Ausgangsbasis für den Erfolg.

▶ Gehen Sie in Solidarität mit anderen Frauen.

Frauen haben zum eigenen Geschlecht einen emotional besseren Zugang. Mit ihnen wird zuerst diskutiert, welche Ziele man erreichen will. Stärkend und unterstützend sind sie in den meisten Fällen. Was fehlt und von fast allen Frauen gefordert wird, ist die aktive konkrete Hilfe:

- Sinnvolle Kontakte herstellen,
- die eigene Machtposition einsetzen, um andere Frauen zu fördern,
- Zusammenschluss mit anderen Frauen und sich gegenseitig aktiv bei der Zielerreichung unterstützen.

Jede Frau kann ihr Verhalten in diesem Punkt überprüfen. Die Frauennetzwerke sollten sie dabei unterstützen: ihren Einfluss als Netzwerk und ihre Kontakte zum Karriere-Aufstieg ihrer Mitgliedsfrauen nutzen.

Unsere Empfehlungen für Unternehmen

▶ Diversity installieren.

„An der Qualität kann man etwas verbessern," das fällt einer unserer interviewten Frauen auf, die im AR sitzt. Frauen setzen sich sehr ernsthaft mit der Frage auseinander: „Bin ich für diesen AR geeignet?", prüfen es erst, sagen nicht leichtfertig zu, stellen Bedingungen.
Wenn Vielfalt nicht bei der Besetzung berücksichtigt wird, mangelt es dem Gremium an entscheidender Kompetenz. „Mehr Vielfalt in Unternehmen ist Triebkraft für Innovation und trägt zu Steigerung der Bruttowertschöpfung bei", sagt Rocio Lorenzo, Partnerin und Autorin der Studie „Frau Dich!" der Boston Consulting Group (Knoop 2015). „Hätten Frauen die gleichen Aufstiegschancen wie Männer, müssten sie um 40 % mehr im Spitzenmanagement vertreten sein", sagt Lorenzo. Das gilt sowohl für die Privatwirtschaft als auch für den öffentlichen Sektor. Ganz entscheidend ist jedoch, dass eine offene Kultur, durch konsequentes und glaubwürdiges Vorleben im Topmanagement gefestigt wird.
Klare ehrgeizige Zielvereinbarungen für den Aufsichtsrat und den Vorstand (wie hoch ist der Anteil der Frauen heute, bis wann soll er wie wachsen), die konsequent umgesetzt und kommuniziert werden, sind ein deutlicher Schritt zu mehr Diversity.
Es ist die Aufgabe eines Aufsichtsratsvorsitzenden, Diversity im AR zu installieren und jede Gruppe mit ihrer Kompetenz auf Dauer zu integrieren. Die AR-Vorsitzenden sind

aufgefordert, den Fokus bei der Besetzung offener AR-Positionen nicht nur auf Männer zu legen, sondern aktiv auch Frauen zu suchen.

Es ist schon auffällig, dass man weiterhin in vielen Aufsichtsräten auf Homogenität setzt. Diversity wird ausgeblendet, obwohl oft der unternehmerische Nutzen in Studien bewiesen wird. Dass Männer in der Zusammenarbeit mit Frauen nur gewinnen können und dass das Thema nicht etwa peinlich, sondern sehr geschäftsrelevant ist, wird häufig ignoriert.

4 Fazit

Die Quote allein reicht nicht und männliche Erfolgsstrategien greifen für Frauen zu wenig: Männer nehmen die Kompetenzen der Frauen nicht wahr, sie bieten ihnen kaum AR-Positionen an, sie nehmen sie nicht in ihre Netzwerke auf, um sie näher kennenzulernen und Vertrauen aufzubauen und Headhunter sind für Frauen selten Türöffner.

Frauen untereinander nutzen ihre Kontakte und ihren Einfluss zu wenig, um sich beim Aufstieg zu unterstützen. In Frauennetzwerken sich nur emotional zu unterstützen und zu motivieren ist eine gute Basis, aber der nächste Schritt fehlt häufig: aktive Unterstützung.

Männer wie Frauen könnten dies sofort ändern.

Frauen sollten ihre Positionen mutig gemeinsam einfordern, Männer sich aktiv an dem Prozess beteiligen.

Die Politik ist aufgefordert, die Chancengleichheit für Frauen weiterhin intensiv zu beobachten und zu verfolgen, ob die gegenwärtigen gesetzlichen Vorschriften ausreichen.

Für Unternehmen heißt es Diversity auf allen Ebenen, insbesondere aber im Vorstand und Aufsichtsrat zu etablieren, als sichtbares Zeichen, dass die Unternehmensführung es verstanden hat, das Potential von Frauen zu nutzen. Auch die CSR Initiativen der Unternehmen werden dadurch unterstützt und tragen zur Arbeitgeberattraktivität entscheidend bei.

Literatur

Arenberg P, Eck-Philipp C (2014) Nicht nur suchen – auch finden wollen. Harvard Business Manager, S 91–95

Knoop C (2015) BCG Studie: das verschenkte Potential von Frauen in faznet. http://www.faz.net/aktuell/wirtschaft/unternehmen/bcg-mit-mehr-frauen-ginge-es-der-wirtschaft-besser-13973566.html (Erstellt: 18. Dez. 2015)

EAF Berlin (2015) Diversity in Leadership. In: KPMG AG Wirtschaftsprüfungsgesellschaft (Hrsg) Zielsicher. Mehr Frauen in Führung. Praxisleitfaden zum Gesetz. Oktober Druck, Berlin

Eck-Philipp C, Krämer A (2010) Women on Board. Wege ins Top-Management. Eine international vergleichende Studie in den DACH-Ländern zu Frauen in Vorstand und Aufsichtsrat. Im Auftrag von European Women's Management Development (EWMD) und der Helga Stödter-Stiftung. www.ewmd.org

Frauen in die Aufsichtsräte e. V. (FidAR e. V.) (2015) Women on Board Index 100. Studie zum Frauenanteil in Führungspositionen der rund 100 börsennotierten und voll mitbestimmungspflichtigen Unternehmen in Deutschland. Berlin. http://www.fidar.de/wob-indizes/wob-index-100/aufsichtsrat.html

Funken C (2011) Managerinnen 50plus – Karrierekorrekturen beruflich erfolgreicher Frauen in der Lebensmitte. Bundesministerium für Familie, Frauen, Senioren und Jugend. http://www.bmfsfj.de/BMFSFJ/Service/Publikationen/publikationsliste,did=169342.html. Zugegriffen: 7. Sept. 2015

Hengeler Mueller, Thorborg H, Deutsches Kundeninstitut (DKI) (2015) Aufsichtsräte in Deutschland 2015. https://www.hengeler.com/fileadmin/medien/broschueren/Studie_Hengeler_Mueller_Thorborg_2015_final.pdf

KPMG Wirtschaftsprüfungsgesellschaft (2014) KPMG fragt nach: Sind deutsche Unternehmen bereit für die Frauenquote? Diskussionspapier. https://home.kpmg.com/de/de/home/insights/2014/11/frauenquote-in-aufsichtsrat-und-vorstand.html (Erstellt: 11. Nov. 2014)

Mayring P (2002) Einführung in die Qualitative Sozialforschung. Beltz Studium. Weinheim und Basel

Schulz-Strelow M (2015) Das Gesetz ist nur ein Etappensieg in VDI-Nachrichten. http://www.vdi-nachrichten.com/Management-Karriere (Erstellt: 18. Dez. 2015) (Ausgabe Nr. 51)

ULA (United leaders association, Vereinigung der deutschen Führungskräfteverbände) (2016) Monitor 01/2016: Mehr Frauen in Führungspositionen

Carola Eck-Philipp ist Volkswirtin und Wirtschaftspädagogin. Sie verfügt über langjährige Erfahrung in der strategischen Beratung von Change-Management Projekten in einem internationalen Konzern. Als Projektleiterin der Studie WomenONBoard im Auftrag des internationalen Managerinnennetzwerkes EWMD untersuchte sie die Situation von Frauen in Vorstand und Aufsichtsräten in den DACH-Ländern. Seit 8 Jahren berät sie Frauen auf dem Weg in den Aufsichtsrat und Vorstände von Unternehmen und Organisationen bei der Erreichung ihrer Diversity Ziele.

Angelika Krämer ist Diplompädagogin und Dozentin, Schwerpunkt Sozialforschungen. Mitarbeit und wiss. Begleitung der Studien: Die Quote allein reicht nicht und WomenONBoard.

Women Up! – Handlungsempfehlungen des Bundesverbands der Personalmanager (BPM) zur erfolgreichen Implementation von Gender Diversity

Christa Stienen

1 Die Debatte um die Frauenquote bleibt aktuell

Die Diskussion über die Einführung einer gesetzlichen Frauenquote in den Führungsetagen von Unternehmen hält weiter an – nach wie vor beschäftigt das Thema Politik und Wirtschaft. CDU/CSU und SPD haben sich in den Koalitionsverhandlungen auf eine Geschlechterquote in den Aufsichtsräten börsennotierter und voll mitbestimmter Unternehmen verständigt. Zusätzlich sollen die großen deutschen Unternehmen verbindliche Zielgrößen für den Frauenanteil im Topmanagement veröffentlichen. Zur selben Zeit wird auf europäischer Ebene eine Quotenregelung für die Aufsichtsräte börsennotierter Unternehmen diskutiert.

Die Herausforderung bleibt hochaktuell. Trotz der Selbstverpflichtung der Wirtschaft zu mehr Frauen in Führungspositionen waren 2012 lediglich 4 % der Vorstandssitze und 13 % der Aufsichtsratsposten in den deutschen Top-200-Unternehmen von Frauen besetzt (Holst und Schimeta 2013). Fast jedes vierte deutsche börsennotierte Unternehmen hat gar keine Frau in der Führungsetage (FidAR 2013). Eine realistisch umsetzbare Lösung, um mehr Frauen in Führungspositionen zu bringen, steht also noch immer aus. Doch welche Strategie und welche Maßnahmen sind tatsächlich erfolgversprechend? Der BPM hat hierzu eine Formel entwickelt, die den Weg für mehr Frauen in Führungspositionen ebnet. Doch mehr dazu später.

Der Bundesverband der Personalmanager (BPM) setzt sich in seiner Arbeit aktiv für die Förderung von Gender Diversity in den Führungsgremien der Unternehmen ein. Die Forderung nach mehr Frauen in Führung hat nicht nur ideellen Wert, sondern folgt auch ökonomischer Raison. Mehr Vielfalt im Führungsteam führt zur besseren Gesamtperformance eines Unternehmens (Desvaux und Devillard 2008). Aus unserer Sicht ist eine

---

C. Stienen (✉)
Bundesverband der Personalmanager (BPM)
Oberwallstr. 24, 10117 Berlin, Deutschland
E-Mail: info@bpm.de

© Springer-Verlag GmbH Deutschland 2017
K. Hansen (Hrsg.), *CSR und Diversity Management*,
Management-Reihe Corporate Social Responsibility, DOI 10.1007/978-3-662-54087-9_13

gesetzliche Quote jedoch nicht das geeignete Mittel, um einen höheren Anteil von Frauen in Führungspositionen zu erreichen, da eine allgemeine Quote die unterschiedlichen Ausgangssituationen in den verschiedenen Wirtschaftsbranchen verkennt. Während beispielsweise drei Viertel der Mitarbeiter im Gesundheitswesen Frauen sind, liegt der Anteil weiblicher Beschäftigter in der Metall- und Elektroindustrie nur bei rund 20 %. Diesen Bedingungen muss durch ein Angebot verschiedenartiger Maßnahmen Rechnung getragen werden. Eine pauschale Quotenregelung ist über alle Branchen hinweg in unseren Augen nicht zielführend.

Da es im ureigenen Interesse der Arbeitgeber liegt, die eigene Führungsmannschaft zu diversifizieren und weibliche Potenzialträger in ihrer Karriereentwicklung zu unterstützen, muss die Förderung von Gender Diversity auch vor Ort, d. h. im Unternehmen, ansetzen. Der BPM hat dazu in der Arbeitsgruppe „Women Up" konkrete Handlungsempfehlungen erarbeitet, die Personalmanager bei der nachhaltigen Implementation von Gender Diversity im Unternehmen unterstützen sollen. Voraussetzung für die Fortentwicklung des Frauenanteils in Leitungspositionen bildet zunächst die Analyse des Status Quo und der Entwicklungsperspektiven. Der Dynamic Gender Index® (DGI) des BPM ist dafür ein geeignetes Berechnungstool, um die Entwicklung des Frauenanteils im Unternehmen und einzelnen Unternehmensbereichen zu prognostizieren.

Obwohl in den Unternehmen viel dafür getan werden kann, den Anteil von Frauen in Führungspositionen signifikant zu erhöhen, müssen natürlich auch die gesellschaftlichen Rahmenbedingungen dafür stimmen. Umfassende und qualitativ hochwertige Kinderbetreuungskonzepte, eine gerechte Aufteilung der Familienarbeit durch beide Partner und die gesellschaftliche Akzeptanz dafür sowie die gleiche Entlohnung von Frauen und Männern sind da nur einige Stichworte.

2 Die Förderung von Gender Diversity als Strategie zur Fachkräftesicherung

Durch den demografischen Wandel wird das Erwerbspersonenpotenzial in Deutschland in den kommenden Jahrzehnten deutlich sinken. Auch in einem günstigen Szenario mit steigenden Erwerbsquoten und einer positiven Nettozuwanderung sinkt die Zahl der potenziellen Erwerbspersonen bis 2050 um 12 Mio. (Fuchs et al. 2011). Andere Szenarien prognostizieren gar einen Rückgang des Arbeitskräfteangebots um 40 % bis 2050 im Vergleich zum Jahr 2008 (Fuchs et al. 2011). Damit stehen den Betrieben immer weniger Arbeitskräfte zur Verfügung. Diese Zahlen sind aus der Perspektive des Personalmanagements besorgniserregend. Bereits heute können fast ein Drittel der Unternehmen offene Stellen zwei Monate und länger nicht besetzen (DIHK 2013). Dass der Fachkräftemangel insbesondere für gewisse Branchen und Regionen akut sein wird, darüber sind sich Personalverantwortliche einig. Es ist also Kreativität gefordert, um die negativen Konsequenzen des demografischen Wandels zumindest einzudämmen.

Eine Möglichkeit zur Deckung des Fachkräftebedarfs ist die Rekrutierung von Mitarbeitern aus dem Ausland. Dies ist sicherlich an der einen oder anderen Stelle wirksam und vor dem Hintergrund einer immer weiter zunehmenden wirtschaftlichen Internationalisierung sinnvoll und wünschenswert. Es liegt allerdings näher, zunächst Potenziale aus dem eigenen Land zu identifizieren und konsequenter zu fördern. Frauen bilden dabei ein riesiges Reservoir an gut ausgebildeten Fachkräften. Schon heute machen mehr Mädchen Abitur als Jungen. 51 % der Hochschulabsolventen sind weiblich – Tendenz steigend.

Unter dem Titel „Women Matter 2" führte Mc Kinsey im Jahre 2008 eine Studie durch (McKinsey&Company 2008), die zu dem Ergebnis kam, dass vor allem weibliche Führungskräfte zur Steigerung des Unternehmenserfolgs beitragen können (Desvaux und Devillard 2008). Dies liegt laut der Studie in dem unterschiedlichen Führungsstil von Frauen begründet. Dieser Befund untermauert die Forderung nach einem signifikant höheren Frauenanteil in den Chefetagen. Die Rahmenbedingungen für Frauenkarrieren wurden in den letzten Jahren von Seiten der Politik stetig verbessert und das klassische Rollenbild der Frau in der Familie aufgebrochen – eine Entwicklung, die sich in Zukunft weiter fortsetzen wird. Doch auch die Unternehmen und insbesondere die Personalmanager müssen diese Veränderungen mittragen und aktiv gestalten.

3 Dynamic Gender Index® – das Bemessungssystem zur Berechnung des Frauenanteils in Unternehmen

Um individuelle und realistische Zielwerte zum Anteil von Frauen in Führungspositionen angeben zu können, benötigen Unternehmen geeignete Instrumente, die auch unterschiedlich große Planungshorizonte berücksichtigen. Der Dynamic Gender Index® (DGI) ist ein vom BPM entwickeltes Berechnungstool, das unter Einbeziehung der aktuellen Unternehmensdaten sowohl die IST-Situation des Frauenanteils abbildet, als auch dessen Entwicklung parallel zur regulären Unternehmensentwicklung. Der DGI wurde zur differenzierten Bestimmung von Zielgrößen für Selbstverpflichtungen über den Anteil von Frauen in Führungspositionen entwickelt.

Der DGI betrachtet zunächst den Frauenanteil eines frei zu definierenden Unternehmensbereichs zu einem bestimmten Zeitpunkt und gibt eine Prognose über deren Entwicklung in den kommenden Jahren. Dabei werden der aktuelle Anteil von Frauen im Unternehmen, die Fluktuationsquote, die Neubesetzungen und dessen Frauenanteil einbezogen.

Ausgangspunkt für ein Bemessungssystem

1. Ist-Personalbestand
   − Fluktuation (Abgänge)
   + Einstellungen (Zugänge)
   = Personalbestand-Neu

2. Frauenanteil (f) = Anzahl an Frauen / Gesamtzahl an Mitarbeitern

Was wird bemessen?

$f_{(t+1)}$ = Frauenanteil innerhalb eines

a. definierten Unternehmensbereiches,
b. zum Zeitpunkt t + 1,
c. zum Beispiel Vorstand, Aufsichtsrat, Führungsebene 1, bis x, alle Führungskräfte,
d. zum Beispiel in 12 Monaten, in 2 Jahren, bis zum Jahr 2015.

Beispielrechnung

$$f_{t+1} = \frac{FA_t - (FQ_{t+1} \cdot FA_t) + (E_{t+1} \cdot BQ^F_{t+1})}{G_t - (FQ_{t+1} \cdot G_t + (E_{t+1}))}.$$

1. FA_t entspricht Frauen zum Zeitpunkt t (absolute Zahl).
2. $-(FQ_{t+1} \cdot FA_t)$ entspricht der Fluktuationsquote bis Zeitpunkt t + 1 × Frauenanteil zum Zeitpunkt t.
3. $+(E_{t+1} \cdot BQ^F_{t+1})$ entspricht den Einstellungen bis zum Zeitpunkt t + 1 × Frauenanteil der Einstellungen bis zum Zeitpunkt t + 1,
   wobei BQ^F_{t+1} beeinflusst ist durch:

$$BQ^F_{(t+1)} = BQ \cdot g + BQ \cdot (100-g).$$

BQ_i = Frauenanteil bei internen Besetzungen,
BQ_e = Frauenanteil bei externen Besetzungen,
g = Gewichtungsfaktor je Besetzungsweg.

4. G_t entspricht der Mitarbeiterzahl Gesamt zum Zeitpunkt t.
5. $-(FQ_{t+1} \cdot G_t)$ entspricht der Fluktuationsquote bis zum Zeitpunkt t + 1 Mitarbeiterzahl Gesamt in t.
6. $+(E_{t+1})$ entspricht den Einstellungen bis zum Zeitpunkt t + 1.

$f_t = \frac{40}{200} = 20\,\%$ Frauenanteil Ist-Stand

$f_{t+1} = \frac{40-(10\,\% \cdot 40)+(20 \cdot 50\,\%)}{200-(10\,\% \cdot 200)+20}$

$f_{t+1} = \frac{46}{200} = 23\,\%$ Zukünftiger Frauenanteil

→ Bei t + 1 = ein Jahr steigt der Frauenanteil des betrachteten Unternehmensbereichs in diesem Jahr um 15, absolut 3 %.

4 Aller Anfang ist schwer – Der 10 Punkte-Plan zur Verwirklichung von mehr Gender Diversity

Frauen fördern ja, aber was ist die beste Herangehensweise? Es ist definitiv nicht damit getan, bei der Personalauswahl und -einstellung Frauen bloß zu einem gewissen Grad stärker zu berücksichtigen. Die Förderung von Frauen muss vielmehr im strategischen Handeln von Organisationen verankert werden, damit die Thematik nicht zur Einzelfallentscheidung wird, sondern eine nachhaltig positive Entwicklung erfährt.

Der folgende 10 Punkte-Plan soll eine Anleitung dafür geben, wie ein solcher Ansatz umgesetzt werden kann. Die zehn Punkte lassen sich dabei in drei Phasen unterteilen. Die erste Phase (Punkt 1–3) dient der Schaffung eines guten Nährbodens, in dem Geschlechtergerechtigkeit gedeihen kann. In dieser Anfangsphase geht es vor allem darum, dass sich die Führungskräfte zu Gender Diversity bekennen. Wenn das Top-Management seine Aufmerksamkeit auf diese Frage lenkt, ist auch eher mit der Bereitstellung von Ressourcen zur Erprobung von Lösungsansätzen zu rechnen. Damit wird sichergestellt, dass die Umsetzungsphase erfolgreich verläuft. Verantwortlich und gleichzeitig Treiber sollte in dieser ersten Phase allein das Personalwesen sein. In der zweiten Phase (Punkt 4–6) wird gewährleistet, dass die zuvor geschürte Aufmerksamkeit nicht zu einem Strohfeuer verkommt. Eine Verankerung von Gender Diversity in der Unternehmens- und Personalstrategie gewährleistet optimale, langfristige Aufmerksamkeit und eine angemessene Einstufung in die Prioritätenliste der Organisation. In dieser Phase wird zusätzlich das Top-Management mit in die Pflicht genommen, um die Authentizität sicherzustellen. In der dritten Phase (Punkt 7–10) wird die breite Umsetzung der Diversity-Strategie in der Organisation vorgenommen. Neben der allgemeingültigen und transparenten Verpflichtung werden die operativen Umsetzungsschritte durch das Qualitätsmanagement oder durch sonstige Instrumente der Unternehmenssteuerung begleitet. Dabei ergeben die Schritte „Plan-Do-Check-Act" einen zeitlich kontinuierlichen Kreislauf (zum Beispiel jährlich), um den bestmöglichen Einsatz von Ressourcen durch ein zielgerichtetes Monitoring der Wirkung einzelner Maßnahmen zu ermöglichen.

1. Allgemeine Bewusstseinsschärfung
   Im ersten Schritt ist es von Bedeutung, das allgemeine Bewusstsein für Gender Diversity zu schärfen. Der Belegschaft und dem Management muss verdeutlicht werden, warum die Förderung der Geschlechtergerechtigkeit sinnvoll ist und welchen Mehrwert Diversity für das Unternehmen bringt. Zudem sollte das Bewusstsein für den demografischen Wandel erhöht werden – auch im Hinblick darauf, alle Potenziale im Talent Management Prozess auszuschöpfen.
2. Herausarbeiten der Vorteile für das eigene Unternehmen
   Um die Vorteile eines verstärkten Engagements im Bereich Gender Diversity für das Unternehmen herauszustellen, lohnt sich die Auswertung von Markt- und Wettbewerbsanalysen. Auch Image-Analysen im Kontext des Employer Brandings können

dazu herangezogen werden. Diese Analysen bieten auch Gelegenheit, mögliche Wettbewerbsvorteile gegenüber Konkurrenten herauszuarbeiten.

3. Sensibilisierung des Top-Managements
  Wenn Initiativen zur Förderung von Gender Diversity Erfolg haben sollen, müssen das Top-Management und andere wichtige Führungskräfte frühzeitig in die Planungen eingebunden werden. Zudem sollten weitere strategische Fachbereiche wie die Unternehmenskommunikation mit ins Boot geholt werden.

4. Verknüpfung mit der Unternehmens- und Personalstrategie
  Es ist von großer Bedeutung, das Thema Geschlechtergerechtigkeit in die weitere Unternehmens- und Personalstrategie einzubetten, um einen nachhaltigen Erfolg der Initiative zu sichern. Geschlechtergerechtigkeit sollte authentisch in die Unternehmenskultur eingebettet werden. Darüber hinaus sollten die entsprechenden Rahmenbedingungen im Unternehmen wie der Werte-Kodex oder Code of Conduct auf Übereinstimmung überprüft und gegebenenfalls verändert werden.

5. Interne Umfeldanalyse
  Mithilfe einer internen Umfeldanalyse können die Chancen und Risiken des eigenen Unternehmens herausgearbeitet und sichtbar gemacht werden (SWOT) – gerade auch im Hinblick auf das größere Engagement in Bereich Gender Diversity.

6. Situationsanalyse
  Auf die Umfeldanalyse folgt die Situationsanalyse im Unternehmen. Dazu wird der Bereich, in dem der Frauenanteil gesteigert werden soll, definiert – das kann die Führungsebene, der Standort oder das Gesamtunternehmen sein. Anschließend muss der Frauenanteil in diesem zuvor definierten Bereich erhoben werden.

7. Die Selbstverpflichtung (Plan)
  Als nächster Schritt müssen sich alle Beteiligten auf konkrete Zielwerte zur Erreichung von mehr Gender Diversity im Unternehmen und im Management verständigen. Dazu sollten zunächst die Einflussfaktoren auf den Frauenanteil im Unternehmen analysiert werden und dann über den Dynamic Gender Index® (DGI) der zukünftige Frauenanteil als Zielgröße definiert werden. Mithilfe des DGI kann auch ein realistischer Zeithorizont für die Maßnahmen bestimmt werden. Dann gilt es, die Ressourcen und das Budget für einen ausgewählten Mix an Fördermaßnahmen zu planen. In diesem Zusammenhang sollten frühzeitig Evaluationsschritte festgelegt werden, um die Erfolgskontrolle zu sichern.

8. Konzeptentwicklung und Zusammenstellung des Maßnahmen-Mix (Do)
  Zur Umsetzung der festgelegten Zielgrößen ist ein Bündel von mehreren Einzelmaßnahmen nötig, die auf das Unternehmen abgestimmt sind (siehe Checkliste). Dazu können beispielsweise Mentoringprogramme oder Soft Skills-Seminare speziell für Frauen zählen. Was der geeignete Maßnahmen-Mix ist, muss häufig erst ausprobiert werden und erschließt sich durch „Learning by Doing". In der Vergangenheit hat die Autorin beispielsweise gute Erfahrungen mit speziellen Veranstaltungen für weibliche Führungskräfte gesammelt, die auf Netzwerken basierten. Dabei sollte jeweils eine Managerin aus der Ebene 1 eine Kollegin aus der darunter liegenden Ebene mitbringen.

Auf diese Weise wurden gezielt Netzwerke zwischen gestandenen Managerinnen und dem weiblichen Führungskräftenachwuchs gesponnen. Außerdem gewannen die talentierten Frauen im Unternehmen so gegenüber dem Vorstand an Sichtbarkeit. Dabei sollten allerdings keine reinen „Frauenthemen" diskutiert werden, sondern Fragestellungen von allgemeiner Relevanz für das Unternehmen oder die Branche. Es gilt also, geeignete Frauen zu identifizieren, zusammenzubringen und für den Vorstand sichtbar zu machen. Auf diese Weise kann langfristig der Weg dafür geebnet werden, dass mehr Frauen für Vorstandsposten nominiert werden. Der Umsetzungserfolg der Diversity-Strategie wird dann noch dadurch gesteigert, dass die Entwicklungsziele sowohl intern als auch extern kommuniziert werden und sich darauf berufen werden kann.

Checkliste

- Gezielte Development Programme für Frauen, z. B. Meisterinnen-Programme.
- Angebot von Soft Skills-Seminaren für Frauen, z. B. zum Machtverständnis, Verhalten.
- Mentoring-Programme für weibliche Nachwuchsführungskräfte.
- gesteuerte Bildung von Netzwerken, z. B. junger Unternehmerinnenstammtisch.
- Einbeziehung von Gender-Aspekten in bestehende Führungstrainings und Entwicklungsprogramme.
- Diversity Workshops für Führungskräfte („Encouraging Female Talent").
- Aufnahme der Erhöhung des Frauenanteils in die Zielvereinbarungen der Führungskräfte.
- Employer Branding auf Messen und in Vorträgen an Universitäten, wie beispielsweise dem „Girls Day".
- Studentinnen-Bindungsprogramme in Kooperation mit Universitäten.
- Zusammenarbeit mit Branchenverbänden zur Erhöhung des weiblichen Anteils bei Auszubildenden und Studierenden.
- Herausstellen weiblicher Vorbilder.
- Kaminabende mit Top-Managern.
- Einführung klar strukturierter und transparenter Rekrutierungs- und Beförderungswege.
- Flexible Arbeitszeit- und Arbeitsortgestaltung sowie Karrieremöglichkeiten anbieten.
- Wiedereinstiegsmöglichkeiten schaffen.

9. Evaluation der Maßnahmen (Check)
Die gewählten Strategien zur Steigerung der Gender Diversity im Unternehmen sollten in regelmäßigen Abständen anhand der definierten Erfolgskriterien evaluiert werden. Initiativen, die zum Erfolg geführt haben, können als Best-Practice für andere Unternehmensteile dienen.

10. Anpassung der Maßnahmen (Act)

    Je nachdem, welchen Erfolg die Maßnahmen zur Steigerung der Gender Diversity zeigen, sollten sie angepasst und gegebenenfalls durch weitere Programme ergänzt werden. Langfristig sollte es das Ziel sein, Standards zu etablieren.

Ein ausgewogeneres Geschlechterverhältnis bedingt häufig eine Veränderung in der Unternehmenskultur. Dieser kulturelle Wandel sollte für die Belegschaft einladend und erlebbar gestaltet werden – es gilt der Vorsatz „Tue Gutes und rede darüber". Die „Sorge vor Kontrollverlust"-Mentalität und „Bei uns geht das nicht"-Haltung muss überwunden werden, um eine für Geschlechtergerechtigkeit förderliche Kultur zu schaffen.

5 Ausblick – was wird die Zukunft bringen?

Unabhängig vom Ausgang der Quotendiskussion sollten sich Führungskräfte und Personalverantwortliche für Geschlechtergerechtigkeit und die Erhöhung der Zahl weiblicher Führungskräfte in ihren Organisationen engagieren. Personaler sind sich dieser Verantwortung bewusst. Dabei gilt es, passgenaue Modelle für Unternehmen unterschiedlicher Größen und Branchen zu entwickeln und die variierenden Ausgangssituationen zu berücksichtigen. Tools wie der Dynamic Gender Index® (DGI) unterstützen Personalmanager dabei, eine realistische Einschätzung zur Erhöhung des Frauenanteils abzugeben und eine zielorientierte Selbstverpflichtung einzugehen.

Fakt ist, dass eine über alle Wirtschaftsbereiche einheitliche Quote der Realität in den Organisationen nicht gerecht würde und nur schwer umsetzbar wäre. Insbesondere in den von Männern dominierten Branchen, wie zum Beispiel der Stahl- und Automobilindustrie kann der Frauenanteil nicht von heute auf morgen – und auch nicht in den nächsten drei Jahren – verdoppelt werden. Hier wäre bereits eine jährliche Erhöhung um ein bis zwei Prozent ein großer Erfolg. Die Förderung von talentierten Frauen sollte aber nicht erst im Top-Management, sondern bereits viel früher beginnen. Nur wer ausreichend weibliche Fachkräfte in einem frühen Karierestadium gewinnt und diese im mittleren Management gezielt fördert, kann später bei der Besetzung von Top-Positionen auf Frauen zurückgreifen. Insgesamt ist die Förderung von Gender Diversity – ohne andere Gruppen dabei vernachlässigen zu wollen – damit eine der wesentlichen Herausforderungen für das Personalmanagement.

Stand 2015

Literatur

DIHK: Fachkräfte – auch bei schwächerer Wirtschaftslage gesucht. DIHK Arbeitsmarktreport 2012/13

FidAR (2013) Women-on-Board-Index I. http://www.fidar.de/wob-index/aufsichtsrat-und-vorstand.html. Zugegriffen: 29. Nov. 2013

Fuchs J et al (2011) Projektion des Arbeitskräfteangebots bis 2050. Rückgang und Alterung sind nicht mehr aufzuhalten. IAB-Kurzbericht, Bd. 16. Nürnberg, S 2

Holst E, Schimeta J (2013) Frauenanteil in Topgremien großer Unternehmen in Deutschland nimmt geringfügig zu – DAX-30-Unternehmen mit größerer Dynamik. Diw Wochenbericht 3:3–14

McKinsey&Company (2008) Women matter 2. Female leadership, a competitive edge for the future. McKinsey & Company, New York

Christa Stienen ist seit 2014 Senior Vice President Corporate Human Resources bei der Lufthansa Catering-Tochter LSG Sky Chefs (2014: 2,6 Mrd. Euro Umsatz und 32.800 Mitarbeiter sowie 208 Betriebe in 54 Ländern, Teil der LSG Lufthansa Service Holding AG). Sie ist zudem Aufsichtsrätin der LSG SkyChefs Frankfurt ZD GmbH (ca. 2.000 MA) und Vizepräsidentin im Bundesverband der Personalmanager (BPM).

Zuvor war sie beim japanischen Pharmaunternehmen Daiichi Sankyo Europe (2010 weltweit: 30.000 Mitarbeiter und 7,26 Mrd. Euro Umsatz, davon 757 Mio. Euro in Europa) tätig, wo sie seit 2011 den Bereich Human Resources International leitete.

Zwischen 2001 und 2010 war sie in verschiedenen HR-Positionen für den Großhandelskonzern Metro Group (2015: 59,2 Mrd. Euro Umsatz und 226.895 Mitarbeiter) tätig, zuletzt als Head of Corporate People Development. Frau Stienen verfügt über langjährige Führungs- und Projekterfahrung in verschiedenen Branchen und in der öffentlichen Verwaltung.

Mehr Frauen in Führung ist machbar – Wie der Frauen-Karriere-Index (FKi) in Unternehmen das Diversity Management fördern kann

Barbara Lutz

1 Hintergrund und Ziele des Frauen-Karriere-Index

Der Frauen-Karriere-Index untersucht die Frage, wie mehr Frauen in den Unternehmen über die Karrierepfade in Führung gelangen können. Er analysiert die Wirkungsweisen einer nachhaltigen internen Veränderung und bewertet, wie Frauen sich innerhalb des Unternehmens entwickeln können. Der FKi identifiziert die dafür erforderlichen Veränderungen – insbesondere die notwendige Öffnung der Unternehmenskultur –, um mehr Frauen in Führungspositionen zu bringen. Darüber hinaus unterstützt er weitere Diversity-Maßnahmen innerhalb der Unternehmen.

Im Diversity Management haben Frauen das größte Potenzial. Schon allein auf Grund ihrer reinen Anzahl in den Unternehmen, aber auch, weil Entwicklung und Aufstieg der weiblichen Mitarbeiter tatsächlich gemessen und bewertet werden können. Um die Karrieren von Frauen zu unterstützen und ihre Gleichstellung im Unternehmen voranzutreiben, schaffen Gender Reporting sowie das systematische Verfolgen der Durchlässigkeit und der Entwicklung klare Indikatoren für die Erfolge der Maßnahmen und Programme, die zur Anwendung kommen. Genau hier liefert der FKi ein objektives und transparentes Verfahren systematischer Analysen und Bewertungen.

Zudem bietet der Index den Unternehmen, die Frauen erfolgreich durch alle Karrierepfade fördern, unmittelbar einen verlässlichen Indikator für die interne kulturelle Veränderung.

B. Lutz (✉)
Frauen-Karriere-Index, Barbara Lutz Index Management GmbH
Amiraplatz 3, 80333 München, Deutschland
E-Mail: b.lutz@frauen-karriere-index.de

© Springer-Verlag GmbH Deutschland 2017
K. Hansen (Hrsg.), *CSR und Diversity Management*,
Management-Reihe Corporate Social Responsibility, DOI 10.1007/978-3-662-54087-9_14

1.1 Zahlen, Daten, Fakten

Die Frage nach mehr Frauen in Führungspositionen wird mittlerweile als wichtiger Faktor erfolgreicher Unternehmensführung angesehen und unterliegt einem öffentlichen Konsens. Die mit dem FKi erhobenen Zahlen, Daten und Fakten helfen, die Diskussionen in den Unternehmen und auch in der Öffentlichkeit zu versachlichen und konkrete Lösungsansätze zu präsentieren. Welches sind erfolgreiche Konzepte, was unterstützt die Umsetzung und was sind relevante Kennzahlen? Frauen in Führung mit und ohne Familie sind noch lange keine Selbstverständlichkeit in Deutschland. Eine sachliche und ergebnisorientierte Debatte wird hier zur Normalität beitragen.

Der notwendige kulturelle und gesellschaftliche Wandel kann nachhaltig nur vollzogen werden, wenn immer mehr Frauen auf dem Karrierepfad von „unten nach oben" erfolgreich sind. Dies wird auch einen positiven Effekt auf die zukünftige Verweildauer von Frauen in Vorstandsetagen haben. Frauen in Toppositionen werden so langfristig Realität und eine Selbstverständlichkeit.

Mit dem FKi wird die Frauenförderung in Unternehmen und Organisationen in Deutschland transparent und vergleichbar. Er untersucht, wie sich Frauen in verschiedenen Führungsebenen in ihren Karrieren entwickeln und wie solche Entwicklungen unterstützt werden können. Der Index vergleicht keine eigenen Zielgrößen der Unternehmen, sondern Maßnahmen und Entwicklungen sowie deren tatsächliche Effekte auf Basis des eigenen Potentials.

1.2 Vergleichbarkeit und Wettbewerb

Unternehmen müssen sich dem internationalen Vergleich stellen, um die besten und talentiertesten Arbeitnehmer zu gewinnen. Transparenz, Vergleichbarkeit und Wettbewerb sind sowohl für Unternehmen als auch für Arbeitnehmer durch die Möglichkeiten von Internet und Digitalisierung zum Standard geworden. Dies gilt gerade auch für die Themen Unternehmenskultur, Diversity und Karriere. Daher sind umfassende Offenheit und gezielte Kommunikation für die erfolgreiche Außendarstellung der Unternehmenskultur und den Wettbewerb um die Talente notwendig. Daten und Fakten bieten Transparenz und schaffen eine Grundlage für die sachlichen internen, insbesondere aber auch für öffentliche Diskussionen und Bewertungen.

Die Veröffentlichung eines Rankings der Top 10 FKi Unternehmen folgt der Philosophie des Top-50-Rankings von DiversityINC (USA), welches seit 2001 die sog. „Top-50-Methode" durchführt und auf Zahlen, Daten und Fakten der Unternehmen basiert. Dieses Programm zeigt den einzelnen Unternehmen in den USA die jeweiligen Entwicklungen über die Jahre auf und fördert den Wettbewerb um die besten Lösungen und Ergebnisse. Für die Unternehmen und für die Öffentlichkeit gehört es zur Philosophie und Kultur, mögliche negative Entwicklungen im Ranking als Anstoß für einen aktiven Prozess zu verstehen und zu handhaben.

Wesentliches Ergebnis des FKi Rankings ist jedoch, dass im Wettbewerb die erfolgreichsten Maßnahmen und Prozesse erkannt, überprüft und transparent werden. So profitieren alle direkt von den vergleichenden Ergebnissen der Studie.

2 Entwicklung des FKi

Der Frauen-Karriere-Index ist ein überprüftes und neutrales Instrument. Die Ergebnisse des Index basieren auf einem umfassenden unternehmensinternen Erhebungsbogen. Das Index-Modell und der FKi-Erhebungsbogen wurden in mehreren Stufen über zwei Jahre (2012–2014) entwickelt. Die Themen und Fragen wurden gemeinsam mit den Unternehmen identifiziert, wissenschaftlich überprüft, getestet und bis heute immer weiter ergänzt. In der Pilotphase wurden der Pretest und die ersten drei Erhebungswellen durch das Bundesministerium für Familie, Senioren, Frauen und Jugend gefördert. 2015 hat Frau Bundesministerin Manuela Schwesig die Schirmherrschaft für die Auszeichnung übernommen.

Im Jahr 2015 haben sich bereits zum vierten Mal bekannte und namhafte Unternehmen durch den Frauen-Karriere-Index indizieren lassen. Der FKi wird weiterhin jährlich erhoben. So entsteht eine umfassende Wissensdatenbank, die zeitliche Entwicklungsvergleiche erlaubt und Trends und Erfahrungen abbildet.

Die Analysen beschränken sich auf messbare Zahlen, Daten und Maßnahmen. Die Daten der beteiligten Unternehmen sind in der Auswertung bekannt und können überprüft werden. Die Unternehmen übersenden zudem Unterlagen und Belege für ihre Aktivitäten und Maßnahmen. Alle Daten liegen ausschließlich dem Marktforschungsinstitut vor. Die beteiligten Unternehmen erhalten ein umfassendes Reporting zu ihren eigenen Ergebnissen in Form eines „Dashboards". Für den übergeordneten Vergleich und die Ermittlung genereller Befunde werden die Daten anonymisiert veröffentlicht.

2.1 Wirkungsweise im Unternehmen

Unternehmen sind sich darüber im Klaren, dass zur Förderung von mehr Frauen in Führung essenzielle Verhaltensmuster und Strukturen verändert werden müssen. In den letzten Jahren hat sich zudem deutlich gezeigt, dass Unternehmen, denen es gelungen ist, nachweislich über alle Ebenen mehr Frauen in Führung zu bringen, ihre Strukturen nachhaltig verändern konnten und eine grundsätzliche Durchlässigkeit sowie Akzeptanz für mehr Diversity geschaffen haben. Für viele Unternehmen ist dies jedoch eine anspruchsvolle Aufgabe, die oftmals nur schwer zu bewältigen ist.

In der Vergangenheit wurden viele Maßnahmen und Initiativen ergriffen, deren Wirkungsweise und Erfolge kaum nachweisbar waren. Im Fokus vieler Unternehmen steht also die Frage: Welche Effekte haben die initiierten Maßnahmen auf die Diversity-Entwicklung im Unternehmen und wie können diese konsequent verfolgt werden?

Mithilfe des Frauen-Karriere-Index werden sowohl Verbindlichkeit als auch Nachhaltigkeit in Bezug auf das Thema Karriere von Frauen in Unternehmen geschaffen. Die einzelnen Maßnahmen der teilnehmenden Unternehmen werden regelmäßig erfasst, überprüft und gegebenenfalls justiert. Der FKi soll den Teilnehmern das Controlling beim Erreichen ihrer Ziele ermöglichen: für Frauen attraktiver zu werden und ihnen beste Aufstiegsmöglichkeiten zu eröffnen. Somit wird die Nachhaltigkeit der Initiativen und Maßnahmen im Unternehmen gewährleistet und die erfolgreiche Prozessführung für die Verantwortlichen dort direkt unterstützt.

Bereits schon das Ausfüllen des Erhebungsbogen und die Auseinandersetzung mit den verschiedenen Themenblöcken wird von den Unternehmen als wertvoll und inspirierend beschrieben – durch die Struktur und die Gliederung der Fragen werden Zusammenhänge deutlich und neue Maßnahmen inspiriert.

Mit der Veröffentlichung des jährlichen FKi-Reports im Rahmen der Auszeichnung der teilnehmenden Unternehmen werden deren Initiativen und Erfolge in der öffentlichen Debatte lösungsorientiert vorgestellt und etabliert.

2.2 Austausch und Dialog

Der datenbasierte Ansatz des Frauen-Karriere-Index liefert umfassende Einsichten zum jeweiligen Status im eigenen Unternehmen sowie generelle Befunde und Erkenntnisse aus der Gesamtheit der Erhebung. Damit bietet der FKi eine breit gefächerte Grundlage für den Dialog und den Gedankenaustausch der teilnehmenden Unternehmen untereinander. Als Forum für Diskussion und Dialog wurde die Arbeitsgemeinschaft Frauen-Karriere-Index (AG-FKi) ins Leben gerufen. Diese steht allen Teilnehmern offen – solchen, die sich bereits aktiv mit dem Thema Frauenförderung beschäftigen, ebenso wie jenen, die sich noch am Anfang befinden. Im Mittelpunkt stehen dabei Analyse, Lösungsansätze und deren Umsetzung. Neue Mitglieder können von der Teilnahme profitieren und erfahrene Unternehmen ihren Status überprüfen.

Durch aktive Mitgestaltung der Inhalte, den regelmäßigen Erfahrungsaustausch, die Teilnahme an Workshops sowie die konstante Weiterentwicklung des Fragenprogramms entsteht für die Teilnehmer ein Leitfaden, der die Zusammenhänge der Maßnahmen, die Qualität der Umsetzung und die Wirksamkeit der Aktivitäten im Unternehmen darstellt. Von Anfang an war ein zentrales Anliegen des Frauen-Karriere-Index, ein Erhebungsinstrument zu entwickeln, das vorhandene Initiativen und Maßnahmen erhebt und abfragt, das aber auch lernfähig ist und über mehrere Wellen neue Ideen und Maßnahmen aufnehmen kann – wobei stets die Vergleichbarkeit der Ergebnisse in Zeitreihen gewährleistet bleibt. Darüber hinaus erlaubt es das Benchmarking mit weiteren Unternehmen, die eigene Situation einzuordnen und zu beurteilen, um entsprechend weitere Aktivitäten zu planen und strategische Entscheidungen treffen zu können.

3 Aufbau und Wirkungsweise des Frauen-Karriere-Index

Um mit dem FKi die entscheidenden Erfolgsfaktoren bei der Frauenförderung zu ermitteln, wurden im Vorlauf seiner Entwicklung gemeinsam mit Sozial- und WirtschaftswissenschaftlerInnen weltweit theoretische und empirische Studien zur Karriereförderung von Frauen in Unternehmen analysiert und beurteilt. Darüber hinaus wurden 20 Interviews mit Personalvorständen oder Personalbeauftragten in DAX-, MDAX- und TecDAX- sowie Familienunternehmen geführt. Auf Basis dieser Vorstudien und mithilfe eines Pretest wurde das eigentliche Instrumentarium mit Erhebungsbogen, Belegen und Auswertungsmodell entwickelt.

Bei den Fragen wurde sichergestellt, dass die Antworten sowohl in der Kreuzauswertung als auch in der Einzelbetrachtung immer hinsichtlich eines faktischen Effektes betrachtet werden. So wird beispielsweise die Frage nach der Möglichkeit für Teilzeit im Unternehmen immer verknüpft mit der Frage, auf welchen Ebenen diese dann auch tatsächlich genutzt wird. Denn nur, wenn Teilzeit auch in Toppositionen möglich ist und aktiv genutzt wird, ist Teilzeit kein „Karrierekiller", sondern ein etabliertes Instrument, das für alle Ebenen geeignet ist. So wird Teilzeit auch für Männer attraktiv, verliert ihre Sonderposition und bekommt Vorbildcharakter. Es ist eine wesentliche Frage, ob Frauen in der Elternphase es sich zutrauen, in Teilzeit zu gehen, und gleichzeitig ihre Karriere fortführen können.

Das standardisierte Erhebungsmodell des FKi ermöglicht die Vergleichbarkeit für die Unternehmen. Beispielsweise ist der relative Vergleich der Führungsebenen wichtig, um die eigene Situation einschätzen zu können. Der Vergleich der Führungskräfte in den verschiedenen Unternehmen erfolgt durch das Abfragen der betrieblichen Führungsebenen und die Erhebung der aktuellen Beförderungen im Betrachtungsjahr. Hierbei werden also unternehmensspezifisch konkrete Zahlen und Strukturen ermittelt. Diese sind unerlässlich, um die Aufstiegsmöglichkeiten der eigenen MitarbeiterInnen im Unternehmen zu beurteilen. Für den Vergleich zwischen unterschiedlichen Unternehmen müssen die Hierarchieebenen vergleichbar und daher normiert werden. Die Normierung von Führungsebenen erfolgt über die Unternehmensgröße sowie über die Zahl der Führungskräfte in den verschiedenen Führungsebenen. Im Durchschnitt liegt der Anteil von Führungskräften bei 5 % der Belegschaft. Bei Großkonzernen ist dieser Anteil wesentlich geringer und liegt bei etwa 1 % der Belegschaft, bei kleineren Einheiten liegt der Anteil der Führungskräfte mit etwa 10 % der Belegschaft deutlich höher.

Im FKi spiegeln sich beide Sichtweisen: der Aufstieg von Frauen in den Hierarchieebenen des eigenen Unternehmens und der Anteil von Frauen an den normierten und somit vergleichbaren Führungsebenen.

3.1 Bildung des Frauen-Karriere-Index

Der Gesamtindex setzt sich aus drei Teilindizes zusammen, die nach ihrer Relevanz für die Entwicklung von mehr Frauen in Führung definiert wurden. In dem über 30-seitigen Erhebungsbogen gibt es für jeden Teilindex verschiedene Fragencluster, die in den jeweiligen Teilindex einzahlen. Der Erhebungsbogen wird meistens von den Personalverantwortlichen ausgefüllt, mit Belegen versehen und durch den Vorstand freigegeben. Die Ausprägungen der Antworten in den jeweiligen Fragenclustern werden in ein Punktesystem überführt. Somit können für jeden Teilindex Werte von 0 bis 100 erreicht werden. Er umfasst alle Erhebungsdaten, Punktabzüge kann es nicht geben. Der Gesamtindex ergibt sich dann als arithmetisches Mittel über die drei Teilindizes.

Die drei Teilindizes sind:

- **A. Status und Dynamik:** dokumentiert den aktuellen Zustand und die tatsächliche Entwicklung des Unternehmens.
  Fragencluster:
  – Angaben zu Beschäftigten
  – Frauenanteil nach Altersgruppen
  – Fluktuation
  – Führungspositionen
  – Teilzeitkräfte in Führungspositionen
  – Freistellungen in Führungspositionen
- **B. Commitment:** bestimmt das Gewünschte, die Stärke der Absichten und die Fähigkeit, diese Absichten im Unternehmen umzusetzen.
  Fragencluster:
  – Besetzung und Beförderung auf Führungspositionen
  – Beförderung von Teilzeitkräften
  – Vermehrtes Ausscheiden von Frauen in Führungspositionen
  – Förderung von Frauen (extern)
  – Maßnahmen und Kommunikation intern
  – Unternehmensbereiche mit geringen Frauenanteilen
  – Austausch von Fördermaßnahmen
- **C. Rahmenbedingungen:** definiert das kurzfristig Machbare und den Rahmen, in dem die Umsetzung stattfindet.
  Fragencluster:
  – Gleichstellung im Mission Statement
  – Zielvereinbarungen/Ebenen
  – Nichterreichung der Ziele
  – Interne Kommunikation (wer/wann/wie)
  – Ausschreibung Kandidatensuche
  – Frauen im Bewerbungsprozess
  – Flexibilität

- Präsenzkultur
- Besondere Maßnahmen und Ideen
- Besonderheiten des Unternehmens und Kommentare

Erfolgsentscheidend beim Teilindex **Status und Dynamik** ist die faktenbasierte Ermittlung des Ist-Zustandes und die Angabe der tatsächlichen Ergebnisse. Um hier zu aussagekräftigen Ergebnissen zu kommen, muss strukturiertes Gender Reporting entwickelt werden. Dabei wird transparent gemacht, wie viele Frauen sich auf welchen Ebenen befinden und wie sich die Ebenen in den einzelnen Bereichen entwickeln.

Viele Unternehmen haben noch keine umfassenden Erkenntnisse über den Frauenanteil in den verschiedenen Führungsebenen, denn die Personalsysteme sind häufig dafür noch nicht ausgelegt. Auch Unternehmen, die sich erstmals am FKi beteiligen, können oft keine absoluten Zahlen liefern. Die Investition in das Reporting lohnt sich jedoch und Unternehmen, die diese Lücke erfolgreich geschlossen haben, erzielen bessere Ergebnisse und sind in der Lage, Umsetzungsproblematiken im Unternehmen zu identifizieren.

Der Teilindex **Commitment** steht für die Stärke der Absichten und die Fähigkeit, diese im Unternehmen umzusetzen. Commitment beinhaltet all die Maßnahmen, die die Situationen der Frauen unterstützen, wie Personalentwicklung und familienbezogene Maßnahmen – zudem ist es ein starker Indikator für den Veränderungswillen des Unternehmens. Dieser Teilindex fällt bei den am FKi teilnehmenden Unternehmen in der Regel relativ hoch aus, da sie bereits ein großes Engagement zeigen und die Maßnahmen der Frauenförderung von der Unternehmensleitung unterstützt werden. Steigerungen in diesem Index sind daher eher moderat. Viele Unternehmen arbeiten insbesondere an der Fragestellung, wie das häufig sehr starke Commitment des Vorstandes glaubhaft innerhalb der Organisation kommuniziert und erfolgreich umgesetzt werden kann.

Der Teilindex **Rahmenbedingungen** ist entscheidend für die zukünftigen Entwicklungschancen des Unternehmens sowie die Schnelligkeit der Umsetzung von Maßnahmen. Er bildet den Rahmen ab, in dem die Umsetzung stattfindet. Manchmal ist es sehr schwer, diesen faktisch zu verändern, beispielsweise in Bezug auf notwendige Schichtarbeit. Doch mit der Verbesserung der Rahmenbedingungen entsteht der langfristige Erfolg – die Rahmenbedingungen sind Investitionen in die Zukunft. Und das nicht nur für die Chancen der Frauen, sondern auch, was die Modernität und Flexibilität des Unternehmens insgesamt angeht. Themen wie Flexibilität, Gleichstellung im Mission Statement, Maßnahmen bei Nichterreichen der Ziele oder ein Abbau unnötiger „Präsenz-Erwartung" haben einen unmittelbaren Einfluss auf die allgemeine Unternehmenskultur.

Der zugehörige Fragencluster beinhaltet Fragen rund um die Besetzungsprozesse ebenso wie etwa die Vorgehensweise bei Nichterreichen der Ziele in Bezug auf mehr Frauen in Führungspositionen. Unternehmen, die hier Erfolge verzeichnen können, haben über Jahre hinweg intensiv und konstant in die Maßnahmen und die Umsetzung investiert und erfolgreich die Rahmenbedingungen angepasst.

4 Auszüge und Ergebnisse aus FKi-Erhebungsberichten

In der Auswertung der ersten drei Erhebungswellen stand die Frage nach der Einordnung der Ergebnisse und den ermittelten Schwellenwerten in den drei Teilindizes im Vordergrund. Zudem wurden unternehmens- und branchenspezifische Besonderheiten diskutiert.

Mittlerweile hat sich die Fragestellung für die Unternehmen verändert. In der aktuellen Erhebungswelle (Erhebung in 2015 für das Berichtsjahr 2014; Frauen-Karriere-Index 2015) stehen Fragen nach Wirkungsweisen von Maßnahmen sowie nach erreichten Veränderungen im Vordergrund. Der inzwischen entstandene Datenpool erlaubt es zudem, neue und differenziertere Analysen zu erstellen und neue Schwerpunkte festzulegen. Darüber hinaus wurde die Möglichkeit genutzt, neue Fragen in die Erhebung zu integrieren und so zeitnah auf aktuelle Themenstellungen reagieren zu können.

FKi-Erhebungsberichte

A. Bericht über die dritte Erhebungswelle (2014)
Analyse der ersten 3 Wellen in den Jahren 2012, 2013, 2014 – Ergebnisse und Schlussfolgerungen zu den Berichtsjahren 2011 bis 2013 (Frankfurt, im August 2014).

An den ersten drei Erhebungswellen (Daten bezogen auf die Berichtsjahre 2011–2013) haben 128 Unternehmen teilgenommen. 102 Unternehmen haben davon einen Indexwert von 30 und mehr erzielt.

In der Auswertung werden 6 Branchen unterschieden: „Industrie", „Neue Technologien", „Banken und Versicherungen", „Gesundheit/Soziales/Bildung", „Sonstige regionale Dienstleister/Handel" sowie „Überregionale Dienstleister/Handel". In allen Branchen gleichermaßen gibt es Unternehmen mit hohen und niedrigen Indizes.

- Einen Indexwert von 65 und mehr und damit einen Platz in der oberen Hälfte erreichen drei Viertel der Unternehmen der „Neuen Technologien" sowie 60 % bei „Banken und Versicherungen" und „Industrie". Noch knapp die Hälfte der „Überregionalen Dienstleister" und der Unternehmen im Bereich „Gesundheit/Soziales/Bildung" findet sich in der oberen Hälfte, während dies nur ein Drittel der „Regionalen Dienstleister" schafft.
- In den oberen 20 % (Index 75+) befinden sich sieben Unternehmen aus dem Bereich „Neue Technologien", je vier aus den Bereichen „Industrie" sowie „Banken und Versicherungen" und je drei aus den Bereichen „Gesundheit/Soziales/Bildung" bzw. „Überregionale Dienstleister".
- Auffallend ist der relativ hohe Anteil von Unternehmen in Deutschland in dieser Spitzengruppe, die an ein Headquarter außerhalb Deutschlands berichten. Von diesen besten 21 Unternehmen haben neun ihr Headquarter im Ausland – und das, obwohl insgesamt dies nur bei einem Fünftel der Unternehmen der Fall ist.

Herauszustellen ist also, dass unabhängig von der Struktur der Unternehmen gute Ergebnisse und positive Frauen-Karriere-Indizes erreichbar sind, auch wenn für das ein oder andere Unternehmen die Hürden deutlich höher sind. Der Index ist für alle Unternehmen nutzbar.

Die teilnehmenden Unternehmen wurden darüber hinaus in drei Unternehmenstypen unterteilt:

- Männerdominierte Unternehmen mit einem Frauenanteil bis 39 %.
- Frauendominierte Unternehmen mit einem Frauenanteil größer 60 %.
- Unternehmen mit einem „ausgeglichenen Mix" – Frauenanteil 40–60 %.

Hierbei ist festzustellen, dass in den „männerdominierten" Unternehmen das Engagement im Bereich der Frauenförderung deutlich höher ist als in Unternehmen mit einem ausgeglichenen Geschlechteranteil und in den „frauendominierten" Unternehmen. In der ersten Gruppe haben 56 % der Unternehmen einen Index von 65 und höher, während es in den beiden anderen Unternehmenstypen nur 48 % sind. Ein hoher Frauenanteil im Unternehmen ist kein Garant für hohe Indexwerte.

Auffällig zeigt sich die Gegenüberstellung der Index-Resultate von „MINT-Unternehmen", in denen aufgrund des traditionell geringeren Interesses von Frauen an den naturwissenschaftlich-technischen Berufen wenig Frauen beschäftigt sind, mit den Ergebnissen der anderen Unternehmen. Offensichtlich wurden in solchen Unternehmen Maßnahmen und Anstrengungen zur Frauen-Karriere-Förderung frühzeitig verstärkt, denn 72 %, also fast drei Viertel, der MINT-Unternehmen, haben einen Index von 65 und höher. Bei den anderen sind dies nur 44 % – also nicht einmal die Hälfte der Unternehmen.

Zusammenfassend lässt sich festhalten:

- Vergleiche der Unternehmen sind möglich.
- Es gibt in allen Branchen Unternehmen mit sehr erfolgreichen Maßnahmen, aber auch weniger erfolgreiche Unternehmen.
- Viele Frauen im Unternehmen sind kein Garant für viele Frauen in Führung.
- MINT-Unternehmen sind in den Maßnahmen sehr engagiert und versuchen nachhaltig, mehr Frauen in Führung zu bringen.
- Für ausländische Unternehmen in Deutschland ist es viel leichter, Frauen in Führung zu bringen, als für deutsche Unternehmen. Dies ist ein starker Indikator dafür, dass Kultur und Akzeptanz entscheidende Faktoren sind. Denn die Frauen haben in den deutschen Niederlassungen ausländischer Unternehmen den gleichen Hintergrund und die gleiche Ausbildung wie in deutschen Unternehmen – sind jedoch in den Karrieren deutlich erfolgreicher.
- Familiengeführte Unternehmen sind oft wegweisend, da sie über einfachere Strukturen und Ebenen verfügen – die Vorbildfunktion des Eigners oder der Eignerfamilie ist ein Indikator für den Erfolg.
- Zielvorgaben sind ein Hilfsmittel zum Erreichen einer Veränderung, aber ohne Commitment und die richtigen Maßnahmen und Rahmenbedingungen zeigen diese keinerlei Effekt.

B. Ergebnisse Frauen-Karriere-Index (2015)
(Berichtsjahr 2014)– Report zur Veröffentlichung der Ergebnisse (Bloomberg, Frankfurt, 26. Januar 2016).

Im Erhebungszeitraum 2015 für das Berichtsjahr 2014 zeigen sich folgende Ergebnisse:

- Jene Unternehmen, die von Anfang an am Frauen-Karriere-Index teilgenommen haben, zeigen oftmals konstante Verbesserungen und positive Tendenzen, insbesondere bei der Weiterentwicklung der Rahmenbedingungen. Dieser Teilindex gilt als einer der wesentlichen Erfolgsfaktoren, da hier die Grundsteine für den langfristigen Erfolg bei der Förderung von Frauen in Führungspositionen gelegt werden.
- Dabei wird besonders deutlich, dass Konstanz ein wichtiger Faktor ist, wenn es um die Entwicklung hin zu erfolgreicher Frauenförderung geht. Ein Drittel der Unternehmen, die sich seit 2012 an den Erhebungen beteiligen und einen Indexwert von 69 oder niedriger hatten, konnten sich in den letzten drei Jahren auf einen Wert von 76 steigern. Dies verdeutlicht anschaulich, dass der Beginn und die Etablierung des Themas durchaus langwierig und schwierig sind. Werden aber konstante und langfristige Maßnahmen eingeführt, so sind deutliche Verbesserungen und signifikante Steigerungen bei den Werten zu verzeichnen.
- Im Vergleich von 2012 zu 2014 stellen sich die Steigerungsraten in den Unternehmen sehr unterschiedlich dar. So waren die Werte im Teilindex „Commitment" von Anbeginn relativ hoch und der Wille zur Veränderung bereits formuliert. Die höchsten Steigerungsraten sind im Teilindex „Maßnahmen" zu verzeichnen. In diesem Bereich findet man die konkreten Anpassungen und Angebote sowohl an Frauen als auch an Männer. Ein wesentlicher Faktor beim Erfolg der Umsetzung ist hier Qualität und Vielfalt der ergriffenen Maßnahmen.

4.1 Veränderungsgeschwindigkeit

Eine der am häufigsten diskutierten Fragen ist, wie schnell Unternehmen Veränderungen in ihrer Führungsstruktur vornehmen und den Anteil von Frauen in Führungspositionen erhöhen können. Eine ganze Reihe von Fragen im Erhebungsbogen beziehen sich auf diese Problemstellung (Teilindex A „Status und Dynamik"). Für das Berichtsjahr 2013 war es möglich, in diesem Bereich für 29 Unternehmen einen dynamischen Vergleich durchzuführen, im Berichtsjahr 2014 für 15 Unternehmen.

Folgende Modellrechnung zeigt, dass selbst bei überproportionalen Anstrengungen das Wachstum an weiblichen Führungskräften im Unternehmen eine langfristige Aufgabe ist:

- Bei der folgenden Modellrechnung für ein Unternehmen mit 20.000 Mitarbeitern, basierend auf empirischen Ergebnissen und normierten Führungsebenen, wird von einem Führungskräfteanteil von 5 % ausgegangen. Das entspricht 1000 Führungskräften in

diesem Unternehmen. Bei einer Ist-Verteilung von 75 % Männern und 25 % Frauen sind dies 750 Männer und 250 Frauen in Führungspositionen.
- Im Berichtsjahr 2014 (in den vorigen Erhebungen gab es ähnliche Größenordnungen) verlassen oder verlieren 4,8 % aller Führungskräfte – bei den weiblichen 4,9 % – ihre Führungsposition. Im Modell insgesamt also 48 Führungskräfte, davon 36 Abgänge bei den Männern und 12 bei den Frauen.
- Die am FKi teilnehmenden Unternehmen haben von außerhalb insgesamt 2,9 % der Führungskräfte neu eingestellt, bei den Frauen sind es sogar 4,2 %. Im Modell sind das 19 Männer und 10 Frauen – dies entspricht einem Verhältnis bei den Frauen von 34,5 % zu vorher 25 %.
- Im gleichen Jahr wurden 68 Beförderungen ausgesprochen und zwar bei 43 Männern und 25 Frauen. Der Frauenanteil bei den Beförderungen betrug demnach 36,8 % zu vorher 25 %.
- Am Jahresende ergibt das im Bereich der Führungskräfte ein Plus von 23 Frauen und 26 Männern inklusive Neueinstellungen und Beförderungen. Anzumerken ist jedoch, dass die Beförderungen auch Führungskräfte betrafen, die bereits zuvor in einer Führungsposition waren.
- Nimmt man nun an, dass die Zahl der Führungskräfte insgesamt nicht gestiegen ist und dass die Beförderungen bei den Führungskräften dem ursprünglichen Anteil von männlichen und weiblichen Führungskräften entsprochen hatten, so findet man hierunter 36 Männer und (mit Bonus) 13 Frauen.
- Somit ergibt sich abschließend, dass es unter den 1000 Führungskräften nun 10 Frauen mehr (und entsprechend 10 Männer weniger) gibt. Das bedeutet ein Wachstum an weiblichen Führungskräften von lediglich 1 % – und das, obwohl konstant bei Neueinstellungen und Beförderungen die Wahl zu 35 % auf Frauen fiel.

Diese Zahlen machen deutlich, dass selbst Unternehmen, die zum Ist-Status sehr aktiv am Thema Frauen und Karriere arbeiten und Frauen deutlich überproportional einstellen oder befördern, dabei keine kurzfristigen Erfolge erzielen können. Um mehr Frauen in Fuhrung zu bringen, muss langfristig geplant werden – die Entwicklung von Instrumenten zur Förderung, die Etablierung einer offenen Kultur und deren Akzeptanz dauern mehrere Jahre. Im Durchschnitt zeigen sich Erfolge erst nach etwa drei Jahren.

4.2 Positive Tendenz bei den Aufstiegschancen

Die Aufstiegschancen der Frauen sind nach wie vor nur halb so groß wie die der Männer – aber mit deutlich steigender Tendenz in den Ebenen C und B. In der Ebene A (Vorstand und Geschäftsführung) ist die Entwicklung allerdings rückläufig. Die berühmte „gläserne Decke" zu den Vorstandsetagen besteht nach wie vor.

Folgende Modellrechnung mit empirischen Ergebnissen nach normierten Führungsebenen ermöglicht diesbezüglich einen Vergleich sowie Trendabbildungen:

- Nach dieser Modellrechnung sind durchschnittlich 5 % der Mitarbeiter auf den Karrierestufen Vorstand/Geschäftsführung (Ebene A) und den normierten Ebenen darunter (B und C) angesiedelt. Bei großen Unternehmen sind es sehr viel weniger Führungskräfte (etwa 1 % der Belegschaft), bei kleineren deutlich mehr (etwa 10 % der Belegschaft).
- In den oberen Stufen (A und B) sind 1,54 % der Belegschaft vertreten, im Vorstand/Geschäftsführung sind es nur noch 0,31 % aller Mitarbeiter. Frauen haben im Verhältnis zu Männern eine halb so große Chance, in eine Führungsposition zu gelangen. Betrachtet man nur die Ebene A, so verringert sich die Wahrscheinlichkeit nochmals um 10 Prozentpunkte.
- Im Modell zeigt sich im Vergleich zwischen 2012 und 2014 jedoch eine Verbesserung bei den Aufstiegschancen. Gegenüber 2012 ist die Chance für Frauen auf eine Führungsposition um +7 Prozentpunkte angewachsen. Jedoch ist im gleichen Vergleichszeitraum die Chance auf eine Führungsposition auf der Stufe A sogar leicht rückläufig. Es bleibt also festzustellen, dass der Durchbruch auf die Vorstands-/Geschäftsleitungsebene für die Frauen nach wie vor schwierig ist.

4.3 Veränderungsphasen bringen Chancen und Risiken

In Phasen der Veränderung müssen sowohl die Anteile von Frauen in Führungspositionen im Unternehmen als auch die Talentpools besonders genau beobachtet werden.

Change-Projekte beinhalten Chancen, aber auch Risiken für Frauen. Wenn beabsichtigt ist, die Unternehmenskultur nachhaltig zu verändern, kann eine Erhöhung des Frauenanteils in der Führung gewünscht werden. Im Umkehrschluss sind allerdings Change-Maßnahmen, die nicht das Thema Frauen und Karrieren berücksichtigen, leider oftmals für die Frauen nicht förderlich, da in Veränderungsphasen gerne eingespielte Normen und Netzwerke zum Tragen kommen.

Dies ist auch der Fall bei Maßnahmen zum Personalabbau. Hier müssen die Entwicklungen bei den Frauen ebenfalls gesondert beobachtet und gleichzeitig die Karrierepools aufrechterhalten werden – nur so verbleiben genügend Frauen im Unternehmen.

Ein Wachstumsboom ist nicht automatisch auch gut für die Chancen der Frauen im Unternehmen. Denn in solchen Phasen sind schnelle Lösungen und rasche Einstellungen und Besetzungen von Positionen erforderlich. Dies wird bei Frauen allerdings erschwert durch oftmals langwierigere Auswahlverfahren sowie eine schwierigere Ansprache (z. B. in den MINT-Berufen, in denen Frauen noch deutlich seltener vertreten sind).

4.4 Relevante Maßnahmen und Erfolgskorrelation

Die Maßnahmen, die die Unternehmen ergreifen, um das Ziel von mehr Frauen in Führungspositionen zu erreichen, sind im Rahmen der Gesamtaktivitäten ein wesentlicher

Faktor. Der Frauen-Karriere-Index unterteilt diese Maßnahmen in unterschiedliche Stufen eines Lebenszyklus. Was heute noch neu und relevant ist, kann sich abnutzen und zur Selbstverständlichkeit werden. Erfolgreiche Unternehmen sind sich dessen bewusst, investieren zum Teil erheblich in die Neuentwicklung von Ideen und überprüfen die Funktionen und Effekte von etablierten Maßnahmen kontinuierlich.

Der Lebenszyklus, den die Maßnahmen durchlaufen, umfasst vier Schritte:

1. Experimental-Maßnahmen: Neues wird getestet. Da die Maßnahmen erst in der Erprobung sind, ist die konkrete Ausgestaltung noch offen. Diese Art von Maßnahmen wird von wenigen Unternehmen genutzt und gegebenenfalls wieder aufgegeben. Bei Anzeichen von Wirkung und Erfolg gehen die Maßnahmen in die zweite Phase.
2. Maßnahmen der Zukunft: Diese Maßnahmen haben die erste Phase überlebt und werden nun in die Unternehmensprozesse eingearbeitet. Sie werden ebenfalls noch von wenigen Unternehmen genutzt, besitzen aber einen hohen Wettbewerbsvorteil.
3. Maßnahmen der Stunde: Diese Maßnahmen sind mittlerweile üblich, weit verbreitet und für den Erfolg relevant. Sie werden bereits von vielen Unternehmen eingesetzt. Ihre Umsetzung empfiehlt sich, entscheidend für den individuellen Erfolg sind hier in besonderem Maß Ausgestaltung und Qualität.
4. Standard-Maßnahmen: Sie werden bereits von vielen Unternehmen angeboten und gelten fast als etabliert, eine Notwendigkeit im Kanon der guten Unternehmensführung. Sobald sie als Selbstverständlichkeit angesehen werden, verlieren sie ihre differenzierende Bedeutung und bieten keinen Wettbewerbsvorteil mehr. Dann kommen sie erneut auf den Prüfstand, werden entweder aufgegeben oder neu justiert und sind somit wieder im Experimentalstadium.

Auf Basis der Ergebnisse der ersten drei Wellen wurden in einem Workshop gemeinsam mit den beteiligten Unternehmen 46 relevante Maßnahmen identifiziert und in der darauf folgenden Welle (2015) fokussiert untersucht. Jedes Unternehmen hat in dieser Erhebung angegeben, wie intensiv diese Maßnahmen genutzt werden. Aus diesen Angaben und dem Erfolg der Unternehmen beim FKi wurde für jede Maßnahme die Erfolgswahrscheinlichkeit berechnet.

Die identifizierten 46 Maßnahmen wurden nicht nur nach ihren Lebenszyklen unterteilt, sondern zudem in vier Themenbereiche aufgegliedert:

- Außenwirkung (7 Einzelmaßnahmen)
- Wirkung im Unternehmen (15 Einzelmaßnahmen)
- Arbeitszeit (10 Einzelmaßnahmen)
- Familienunterstützung (14 Einzelmaßnahmen)

Die 46 identifizierten Maßnahmen wurden in der Auswertung des FKi 2015 anhand einer Korrelationsanalyse bezüglich Gesamtindex vergleichend bewertet. So konnte die Relevanz der einzelnen Maßnahmen bestimmt werden. Folgende Beispiele stehen für relevante Maßnahmen, aufgeteilt nach Position im Lebenszyklus und zugehörigem Themenbereich:

Experimental-Maßnahmen – Themenfeld: Arbeitszeit

- Aktive Förderung von Teilzeitarbeit bei Männern
  Ein Merkmal innovativer Unternehmen. Die Teilzeit verliert ihren Charakter als Instrument zur Bevorzugung der Frauen und hilft, den Betriebsfrieden zu stabilisieren. Die Maßnahme ist außerdem ein gutes Instrument für frauendominierte Unternehmen, die ein ausgeglichenes Geschlechterverhältnis anstreben.
- Sabbaticals
  Das Modell der längeren Auszeiten scheint sich nicht bewährt zu haben. Daher wird dieses Modell jetzt umgewandelt in Wahlarbeitszeiten für bestimmte Lebensphasen bzw. Zeitperioden. Hier zeigt sich ein Beispiel für die Weiterentwicklung einer Experimental-Maßnahme zu einer Maßnahme der Zukunft.

Maßnahmen der Zukunft – Themenfeld: Wirkung im Unternehmen

- Existenz bzw. Etablierung eines weiblichen Talentpools
  Immer mehr Unternehmen erkennen, dass es nicht nur darum geht, die verschiedenen Führungsebenen ausgeglichen zu besetzen, sondern dass sie frühzeitig mit der Förderung von gleichermaßen weiblichen wie männlichen Talenten beginnen müssen, um die Aufstiege geschlechtergleich bzw. geschlechterneutral zu gestalten.
- Rollenvorbilder in der internen und externen Kommunikation
  Eines der nachhaltigsten Instrumente und in Phasen der Selbstzweifel eine starke Unterstützung – und das für Frauen und Männer gleichermaßen.
- Jobsharing von Führungspositionen
  Diese noch relativ neue Art des Arbeitens wird von den teilnehmenden Unternehmen bereits häufiger genutzt als die Wahlarbeitszeit und erfordert eine Unternehmenskultur, die durch Flexibilität, Teamorientierung und Vertrauen geprägt ist.

Maßnahmen der Stunde – Themenfeld: Wirkung im Unternehmen

- Leitfaden für Mitarbeitergespräche vor und während der Familienphase
  Ein effizientes Instrument, das in der kritischen Phase der vermeintlichen Entscheidung zwischen Beruf und Familie wertvolle Unterstützung bieten kann.
- Intern kommunizierte Frauenquoten für Führungskräfte
  Dieses Instrument zeigt Chancen auf und erfordert ein Klima der Offenheit. Die Kandidatinnen wissen so, woran sie sind und welche Möglichkeiten ihnen zur Verfügung stehen.

Standard-Maßnahmen – Themenfelder: Arbeitszeit und Familienunterstützung

- Förderung der Elternzeit auch für Männer
  Unterstreicht die Elternzeit als normalen Bestandteil der Berufsbiografie auch bei Männern. Festigt den Betriebsfrieden durch Gleichbehandlung aller Mitarbeiter.

- Anrechnung von Teilzeitarbeit als volle Berufserfahrungsjahre
  Effiziente Maßnahme, um Schwellenangst abzubauen. Bei ihrer Anwendung werden im Betrieb allerdings Lösungen notwendig, um Teilzeit harmonisch und wirkungsvoll in den Betriebsablauf zu integrieren.

Diese Auswahl an Maßnahmen soll nicht nur die Förderung weiblicher Karrieren unterstützen – einige von ihnen sind für Frauen und Männer gleichermaßen relevant. Mittlerweile ist einer der wichtigsten Trends, dass die Teilnahme an Maßnahmen grundsätzlich allen Mitarbeitern offensteht.

Als Instrumente im Rahmen einer geschlechtsunabhängigen, fortschrittlichen Personalpolitik können ausgewählte Maßnahmen zu effizienten Tools im Bereich Diversity Management werden. Dies ist von einiger Bedeutung, da gerade bei jüngeren Männern das Bedürfnis wächst, ebenso flexibel, familienorientiert und selbstbestimmt zu agieren, wie Frauen das bereits anstreben.

Unternehmen, die darauf vorbereitet sind, können von diesem Trend deutlich profitieren. Durch die rechtzeitige Ausrichtung auf die Anforderungen der Frauen ebenso wie auf die veränderten Werte und Bedürfnisse der nächsten Generation der Arbeitnehmer – Männer wie Frauen – werden die Unternehmen langfristig wettbewerbsfähiger und erfolgreicher sein. Mit mehr Flexibilität und gezielten strukturellen Veränderungen schaffen sie dabei die wichtigste Voraussetzung für mehr Innovationen, Ideenvielfalt und Durchlässigkeit.

4.5 Erfolgsfaktoren und Fokus der erfolgreichen Unternehmen

Im FKi 2015 wurden die Unternehmen nach deren jeweiligen Erfolgsfaktoren befragt. Dabei wurden folgende drei wesentlichen Erfolgsfaktoren ermittelt:

- Sponsor und Manager
  Das Thema Frauen und Karriere sollte im Unternehmen sowohl auf höchster Führungsebene verankert sein als auch mit der nötigen Kompetenz und ausreichendem Fokus auf der operativen HR-Ebene ausgestattet sein.
- Konstanz und Nachhaltigkeit
  Erfolgreiche Unternehmen betrachten das Thema als eine dauerhafte Managementaufgabe und verfolgen die Ziele konstant.
- Talentpools
  Die gezielte Förderung von Talenten und die systematische Sicherstellung eines Talentpools erweisen sich insbesondere auch bei einem anstehenden strukturellen Wandel als bedeutende Erfolgsfaktoren.

Zudem zeigte sich im Frauen-Karriere-Index 2015 die Bedeutung des Themas „Unconscious Bias" für viele Unternehmen. Der „Unconscious Bias" steht für die im Unterbewusstsein verankerten Stereotypen, aus denen Vorurteile und in der Konsequenz unterschiedliche Arten von Benachteiligungen resultieren. Überholte Denkmuster nehmen beispielsweise Einfluss auf Teamzusammenstellungen, Projektvergaben und Beförderungen. Und dies geschieht nicht nur zum Nachteil von Frauen, sondern auch von Männern.

Viele Unternehmen haben das Problem erkannt und bieten Maßnahmen und Trainings an, um Frauen und Männer die tiefsitzende Verankerung und Hartnäckigkeit solcher Stereotypen bewusst zu machen und diese Schritt für Schritt zu überwinden. Die Maßnahmen, die solche unbewusste Benachteiligung adressieren, sind in den Unternehmen sehr gefragt. Dennoch verändern sich etablierte Verhaltensweisen in den Unternehmen nur sehr langsam.

5 Fazit: Frauenförderung als Strategie der Zukunftsfähigkeit

Die Anforderungen der Frauen an Chancengleichheit, moderne Unternehmensstrukturen und Führung verändern Organisationen und Management fundamental: Sie werden beweglicher und transparenter, teamorientierter und vernetzter und damit nicht nur für gut qualifizierte Frauen attraktiv, sondern allgemein für die nachfolgenden Generationen junger Arbeitnehmer.

Diese Modernisierung ist für Unternehmen, die bei der immer schwieriger werdenden Suche nach Talenten erfolgreich sein wollen, einer der wesentlichen Faktoren, die über ihre Zukunftsfähigkeit entscheiden.

Die Veränderungen, die notwendig sind, um Frauenkarrieren in Unternehmen zu erleichtern, sind gravierend – doch gerade deswegen können sie als Wegbereiter für neue Denkweisen fungieren und damit Bestandteil einer umfassenden Unternehmensstrategie der Erneuerung werden. Der FKi ist ein belastbares und aussagekräftiges Instrument, solche Veränderungen zu gestalten. Mehr Frauen in Führung ist möglich – und ein deutlicher Indikator für ein agiles, modernes und auf zukünftige Herausforderungen gut vorbereitetes Unternehmen.

Literatur

Geffroy EK, Albiez D (2016) Herzenssache Mitarbeiter – Die neue Unternehmenskultur im digitalen Zeitalter. Redline Verlag, München

Hellman D (2008) When Is Discrimination Wrong. Harvard University Press, Cambridge, Massachusetts and London England

Homma N, Bauschke R (2010, 2015) Unternehmenskultur und Führung. Springer Gabler, Wiesbaden

Moskaliuk J (2016) Generation Y als Herausforderung für Führungskräfte. Essentials Springer, Wiesbaden

Sattelberger T, Welpe I, Boes A (2015) Das demokratische Unternehmen: Neue Arbeits- und Führungskulturen im Zeitalter digitaler Wirtschaft. Haufe, Freiburg (Fachbuch)

Widuckel W, de Molina K, Ringlstetter MJ, Frey D (Hrsg) (2015) Arbeitskultur 2020 – Herausforderungen und Best Practices der Arbeitswelt der Zukunft. Springer Gabler, Wiesbaden

Berichtsbände Frauen-Karriere-Index

Bericht Frauen-Karriere-Index 2015 (Berichtsjahr 2014) – Report zur Veröffentlichung der Ergebnisse bei Bloomberg, Frankfurt, 26. Januar 2016. http://www.frauen-karriere-index.de/wp-content/uploads/2016/02/fki_ergebnisse_2015.pdf

Berichtsbände Frauen-Karriere-Index. Bericht über die ersten drei Erhebungswellen 2014 (Ergebnisse und Schlussfolgerungen zu den Berichtsjahren 2011 bis 2013), Frankfurt, im August 2014. http://www.frauen-karriere-index.de/wp-content/uploads/2015/07/FKiErgebnisberichtDritteWelle.pdf

Barbara Lutz ist Gründerin des Frauen-Karriere-Index sowie Geschäftsführerin des Unternehmens Barbara Lutz Index Management GmbH. Als langjährige Geschäftsführerin und Executive Manager bei börsennotierten amerikanischen, französischen und deutschen Unternehmen konnte Frau Lutz die völlig unterschiedlichen Herangehensweisen der Unternehmen zu Frauen in Toppositionen selbst erfahren. Die Selbstverständlichkeit, mit der dies im internationalen Vergleich für Frauen möglich ist, sollte auch für deutsche Unternehmen machbar werden. Frau Lutz ist verheiratet und hat zwei Kinder.

Vielfalt und Wertschätzung – aus Überzeugung handeln

René Behr

Die Triebfeder des strategischen Ansatzes des Diversity Managements (DiM) ist die Überzeugung, dass die Vielfalt der Mitarbeiter gewinnbringend für die Ziele des Arbeitgebers genutzt werden kann. Als Ursprung gilt die gesellschaftliche und politische Bewegung in den USA der 60er-Jahre, in der die Frauenrechtsbewegung mit der für Bürgerrechte zusammengeführt wurde. In der unübersehbar größer werdenden Verschiedenheit entdeckten Führungskräfte die Chance, Wertschätzung für Vielfalt zu generieren. Von aufgeklärten Großunternehmen wurde dieses Potential in strategische Unternehmensziele übersetzt. So entwickelte sich das DiM in den letzten Jahrzehnten vor allem in den USA zu einem Konzept der Unternehmensführung, das die Vielfalt aller Beschäftigten wertschätzend anerkennt, sie aktiv gestaltet und zum Vorteil aller nutzen möchte.

Die Beschäftigung mit DiM im europäischen Raum ist eine Folge der dynamischen Internationalisierung von Unternehmen und der Globalisierung der Märkte. International tätige Konzerne werden Ende der 90er-Jahre auch in Europa im Zuge von Unternehmenszusammenschlüssen mit Zielsetzung und Leitlinien des DiMs angloamerikanischer Prägung konfrontiert. Sie fungieren schließlich als Katalysator bei der Entwicklung eines europäisch geprägten DiMs, das der unterschiedlichen Genese der Managementsysteme und Organisationskulturen in beiden Kulturräumen Rechnung trägt.

„Diversity" im Allgemeinen greift Unterschiedlichkeit und Vielfalt als etwas grundsätzlich Positives auf und erkennt die Individualität aller Menschen an, ob Kunden, Lieferanten, Anteilseigner oder Beschäftigte. In der Praxis gelten folgende Unterscheidungsmerkmale als sogenannte Kerndimensionen des DiMs und werden am häufigsten aktiv bearbeitet:

- Geschlecht
- Ethnische Herkunft

R. Behr (✉)
Winterthurerstr. 83, 8006 Zürich, Schweiz
E-Mail: rene.behr@web.de

- Nationalität
- Alter
- Behinderung
- Sexuelle Orientierung und Identität
- Religion oder Weltanschauung

Werden diese Kerndimensionen innerhalb eines Gesamtkonzepts bearbeitet, spricht man von einem ganzheitlichen DiM-Ansatz. Weitere Aspekte, die zunehmend an Bedeutung gewinnen, sind (alleinerziehende) Elternschaft, Sozial- und Bildungshintergrund oder die Querschnittsdimension „Work-Life-Balance".

DiM ist mittlerweile ein weltweit eingesetztes Konzept, das die Unterschiedlichkeit aller Mitarbeiter aufgreift und nutzt. Besonders Unternehmen und Behörden, die es ganzheitlich anwenden, erkennen operative und strategische Vorteile (Völklinger Kreis 2015).

Auch wenn der Völklinger Kreis e. V. (VK) ein Berufsverband schwuler Führungskräfte ist, richten wir unser Verständnis von DiM nach allen Dimensionen von Diversity wie Alter, Behinderung, Geschlecht, Herkunft, Kultur und Religion aus, nicht nur auf sexuelle Orientierung und geschlechtliche Identität.

Der VK vertritt die Überzeugung, dass ein ganzheitliches Konzept zu „Vielfalt & Wertschätzung" weitreichende Vorteile für alle bringt – für Unternehmen, die sich diesem Thema verpflichtet haben, für eine Gesellschaft, die offen ist und gegenseitige Wertschätzung und Respekt lebt sowie für jeden Einzelnen selbst, der Wertschätzung erfährt und lebt.

So hat sich der VK auch im Rahmen der Charta der Vielfalt zu einem wertschätzenden und respektvollen Umgang mit Vielfalt unter seinen Mitgliedern, seinen Mitarbeiter_innen, Kooperationspartner_innen und Anderen gegenüber verpflichtet.

Unternehmen, die Vielfalt wirklich wertschätzen und nutzen, sind erfolgreicher. Das ist nicht nur unser Leitsatz, sondern Fazit aus fünfundzwanzig Jahren Aktivität des Verbandes, Erfahrungen unserer Mitglieder und Resultat wiederholter Studien. Nur ein offener Umgang miteinander erlaubt allen Beschäftigten, ihr Potenzial, ihre Fähigkeiten und ihr Engagement ganz ins Unternehmen einzubringen. So erschließen sich neue Marktchancen im Absatz, aber auch im Recruiting. Erst ein ganzheitliches Diversity Management bietet das Maximum weitreichender Vorteile für alle Beteiligten in der Wirtschaft.

Der VK hat sich zum Ziel gesetzt, die Persönlichkeit und eigene Positionierung seiner Mitglieder – insbesondere am Arbeitsplatz – zu stärken. Er begleitet sie bei ihrer beruflichen Entwicklung.

Er unterstützt den Umgang mit Vielfalt durch Kongresse, Seminare, Auszeichnungen, Veröffentlichungen sowie Studien/Benchmarks und sucht die Zusammenarbeit und den Dialog mit den Unternehmen, Institutionen und Verwaltungen.

Eine Zukunftsaufgabe des Völklinger Kreises wird daher darin bestehen, das Wissen über den Nutzen eines ganzheitlichen Diversity Managements in deutschen Unternehmen sowie öffentlichen Einrichtungen zu verbreiten. Insbesondere in der mittelständischen

Wirtschaft ist dieses Potential noch ungenutzt– auch die Geschäftsführungen dieser Unternehmen können nur gewinnen, wenn sie in Vielfalt investieren.

Dafür sind unternehmerische Erfolgsgeschichten notwendig und Best-Practice-Beispiele, die auf die vielfältigen Strukturen in kleineren Organisationen skalierbar sind.

Neben der personalstrategischen und marketingorientierten Perspektive ist das Thema Vielfalt auch im Bereich Corporate Social Responsibility (CSR) heimisch. Arbeitgeber, die sich und ihren Mitarbeiter_innen entsprechende Verhaltensregeln (Code of Conduct) verordnen, sollten auch die Vielfalt in der Belegschaft und bei Geschäftspartner_innen berücksichtigen. CSR und DiM sind im Idealfall untrennbar miteinander verbunden. Wenn Organisationen soziale Verantwortung übernehmen, bedeutet dies, Chancengleichheit für alle Teile der Gesellschaft zu fördern und dem Gedanken der Vielfalt einen besonderen Stellenwert einzuräumen. Unternehmen, die sozial verantwortlich handeln, müssen jeglicher Art der Ungleichbehandlung entgegenwirken.

Einen Fokus auf Vielfalt in der Organisation zu haben, nur weil andere es tun, weil es der Trend ist oder erwartet wird, mag ein erster Schritt sein. Triebfeder muss langfristig die Überzeugung werden, dass die Vielfalt der Mitarbeiterinnen und Mitarbeiter – richtig implementiert, gefördert und gemanagt – nur gewinnbringend für die Ziele des Unternehmens werden kann. Aus dieser wertschätzenden Überzeugung heraus sollten Unternehmensführungen und Personaler der Vielfalt ihrer Belegschaft begegnen.

Dies ist der Weg, um unternehmerischen Gewinn und gesellschaftlichen Fortschritt zu erzielen.

Literatur

Diversity Studie des Völklinger Kreises e. V. Diversity Management in Deutschland 2015

René Behr hat sechs Jahre im Vorstand des Völklinger Kreis e. V. – dem Bundesverband schwuler Führungskräfte – mitgearbeitet und den Verband in den letzten zwei Jahren als Vorsitzender geführt. Er hat die zahlreichen Projekte zu Diversity Management im Verband verantwortet und weiterentwickelt. Besonders die tatsächliche Mitbehandlung von sexueller Orientierung und Geschlechtsidentität im Rahmen ganzheitlichen Diversity Managements ist sein Schwerpunkt. Der studierte Mediziner ist als Personaldirektor bei einem Schweizer Uhrenhersteller tätig und lebt mittlerweile in Zürich.

Beratung in der Diversity Praxis für Unternehmen

Hans W. Jablonski

Beratung ist eine externe Unterstützung von Unternehmen. Sie wird nachgefragt, wenn Wissen, Expertise oder Ressourcen gefragt sind, die dem Unternehmen (noch) nicht zur Verfügung stehen, oder wenn Unterstützung bei der Realisierung von Projekten notwendig ist. Dementsprechend kann sich die Beratung auf die Vermittlung und Anwendung von Expertenwissen beziehen (Expertenberatung) oder auf die Unterstützung in der Umsetzung (Prozessberatung).

1 Was ist Diversity Beratung?

In den letzten Jahren hat sich in Deutschland wie in anderen Ländern Europas das Beratungsangebot zur Einführung und Umsetzung von Diversity Management breit entwickelt. Als das Thema Diversity vor einigen Jahren lediglich Expertinnen und Experten bekannt war, wurde häufig die Frage danach gestellt, ob es sich dabei um ein Modethema handelt, das von Unternehmensberatungen als „neue Sau durchs Dorf getrieben" wird und ein neues, lukratives Beratungs- und Produktfeld für die Beratungen erschließt. Heute stellt sich diese Frage nicht mehr. Viele Unternehmen haben das Potenzial von Diversity Management und die Chancen erkannt, die sich daraus für das Unternehmen ergeben. Entsprechend nutzen Unternehmen zunehmend die Beratung zu Diversity Management. Die Beratungsmöglichkeiten zu Diversity als Querschnittsfunktion im Unternehmen sind vielfältig. Sie reichen von einer strategischen Beratung zur Einführung oder Umsetzung eines globalen Diversity Managements bis hin zur Beratung in der Umsetzung einzelner Programme im Rahmen des Diversity Managements. Welche Art von Beratung Unternehmen nutzen, hängt von Faktoren wie dem internen Erkenntnisstand zum Thema Diversity,

H. W. Jablonski (✉)
jbd BUSINESS DIVERSITY
Köln, Deutschland
E-Mail: jablonski@business-diversity.biz

© Springer-Verlag GmbH Deutschland 2017
K. Hansen (Hrsg.), *CSR und Diversity Management*,
Management-Reihe Corporate Social Responsibility, DOI 10.1007/978-3-662-54087-9_16

vom Geschäftsumfeld, von Geschäftsstrategie und -zielen sowie von der wirtschaftlichen Situation ab.

2 Beratungsunternehmen

Ließen sich vor acht bis zehn Jahren die Zahl der Beratungen zu Diversity in Deutschland noch an einer Hand abzählen, hat sich das Angebot mittlerweile ins Unüberschaubare erweitert. Einerseits haben sich die bekannten großen Beratungsunternehmen des Themas angenommen. Über die eigentliche Beratungstätigkeit hinaus haben sie zahlreiche Studien über Notwendigkeit, Auswirkungen sowie über den Nutzen von Diversity Management verfasst. Andererseits haben meist mittlere und kleinere Beratungsunternehmen, die in Diversity-nahen Themenfeldern tätig waren, ihr Beratungsangebot um das Thema Diversity erweitert oder das bestehende Portfolio mit dem Thema Diversity ausgestaltet. Das trifft besonders auf die Beratungen zu, die zuvor auf interkulturelle Themen spezialisiert waren. Zu beobachten ist zudem, dass die Zahl der Beratungen, die sich ausschließlich auf das Thema Diversity Management spezialisiert haben, stetig zunimmt. Somit stehen Unternehmen auf dem nationalen wie auf dem internationalen Markt Beratungen mit unterschiedlichen Schwerpunkten, Größen, Expertisen und Erfahrungen zur Verfügung.

3 Beratungsfelder zu Diversity

Entsprechend dem spezifischen Bedarf des Unternehmens und der eigenen Hintergründe für die Einführung bzw. Umsetzung von Diversity sind die Beratungsfelder im Diversity Management individuell anpassbar. Der Beratungsbedarf ist je Entwicklungs- bzw. Erkenntnisgrad zu Diversity unterschiedlich ausgeprägt.

3.1 Anti-Diskriminierung

Unabhängig von einem breiten Diversity-Ansatz erscheint es für mache Unternehmen ausreichend, das Unternehmen auf Antidiskriminierung auszurichten. Vor allem in den Jahren, als in vielen Ländern der EU die Anti-Diskriminierungsrichtlinien umgesetzt wurden, war die Sicherstellung der Nicht-Diskriminierung ein stark nachgefragter Beratungsschwerpunkt.[1] Zielsetzung der Unternehmen war in diesem Fall, den Richtlinien des AGG (Sieben und Schimmelpfeng 2011) zu entsprechen und das Risiko eines Verstoßes gegen das Gesetz und die damit verbundenen Konsequenzen wie Strafzahlungen oder Imageverluste zu minimieren. Die Beratung selbst bezog sich bei diesen Aufträgen in erster Linie

---

[1] In Deutschland wurden die EU Anti-Diskriminierungsrichtlinien 2006 durch das AGG (Allgemeines Gleichbehandlungsgesetz) umgesetzt.

auf die Pflichten der Arbeitgebenden sowie die Überprüfung von Personalinstrumenten, -Prozessen und -Strukturen auf mögliche Diskriminierung. Als bekanntes Beispiel ist die Überarbeitung der Stellenausschreibungen zu nennen, die nun Gender-gerecht und ohne Präferenz auf eine bestimmte Altersgruppe formuliert sein sollte. Ebenso wurden Unternehmen bei der Einrichtung einer Beschwerdestelle unterstützt sowie sichergestellt, dass die Qualifizierung der damit betrauten Personen ausreichend und Prozesse zur Bearbeitung von Vorfällen genau definiert waren.

Nach der Anti-Diskriminierungsarbeit rückte das Diversity Management stärker in den Fokus von Unternehmen und Beratungen. Dabei ging es um eine ähnliche Themenstellung, aber eine andere Perspektive. Auf Basis der Diskriminierungs-Freiheit galt es nun, brach liegende Potenziale für das Unternehmen zu nutzen. Diese waren bislang nicht erkannt und vernachlässigt worden, versprachen aber, einen wesentlichen Beitrag zum wirtschaftlichen Erfolg leisten zu können. Diversity Management als ganzheitlicher Ansatz lenkte die Betrachtung auf das Potenzial im Unternehmen und damit verbundene Chancen für eine zukunftsfähige Ausrichtung.

Für die Beratungen war und ist es nicht immer leicht, den Unterschied zwischen Anti-Diskriminierungsarbeit, Chancengleichheit und Diversity Management deutlich zu machen. Noch heute herrscht in vielen Unternehmen die Auffassung, dass Diversity Management aus sozialen, altruistischen Gründen der Chancengleichheit eingeführt wird. Die Erkenntnis, dass Diversity Management für Unternehmen vor allem eine wirtschaftliche Bedeutung hat und sich die Steuerung von Vielfalt als strategisches Instrument nutzen lässt, ist auf die Arbeit der Beratungen in den letzten Jahren zurückzuführen. Vielfalt wird heute als Erfolgsfaktor erkannt. Der Produktionsfaktor ist aber nicht die Vielfalt allein, sondern der Umgang mit der Vielfalt. Denn erst eine Unternehmenskultur, die wertschätzende mit dem Faktor Vielfalt umgeht, kann vom Potenzial der Vielfalt profitieren. Diversity muss gut gemanagt werden, um wertschöpfend zu sein.

4 Grundlage des Diversity Management

Es bedeutet eine große Herausforderung, verständlich zu machen, dass Diversity Management ein komplexer und eher langfristig angelegter Ansatz ist. Von daher ist der erste Schritt in der Beratung, der Unternehmensleitung die oben genannten Erkenntnisse zu vermitteln und deutlich zu machen. Schließlich ist die Überzeugung der Geschäftsleitung die Grundlage für eine erfolgreiche Investition in den Faktor Vielfalt. Bei ihr sollte die Einsicht reifen, dass Diversity Management kein Förderprogramm für Minderheiten ist, sondern ein strategisches Instrument, das auf die Unterstützung der Geschäftsstrategie ausgerichtet ist. Dementsprechend herausfordernd ist die Gestaltung einer Diversity-Management-Strategie, die einerseits als Querschnittsfunktion in alle Unternehmensbereiche wirkt und sich somit beispielsweise mit der Vielfalt bei den Lieferanten *(Supplier Diversity)*, der Personalpolitik und -entwicklung sowie mit der Produktgestaltung und einer „diversen" Kundschaft auseinander setzt.

Entsprechend anspruchsvoll ist die Vermittlung von Diversity Management als lohnenswerte Investition in die Zukunftsfähigkeit von Unternehmen, die sich nicht nur auf Anti-Diskriminierung und soziale Zielsetzungen reduziert.

Seriöse Studien haben wiederholt den Nutzen und die Notwendigkeit von Diversity Management betont. Sie beschreiben einen positiven Beitrag auf das Geschäftsergebnis, Kosten, Kreativität und Innovationsfähigkeit sowie auf das Arbeitgeberimage und Investoren. Die Ansprüche an einen Nutzennachweis sind groß, ebenso die Erwartungen an den viel zitierten *Business Case* für Diversity. Er soll möglichst mit konkreten Zahlen belegbar sein. Anders als bei technischen Investitionen, die mit relativ einfachen Messgrößen das Investment abbilden und beeinflussen, lassen sich Investition in *intangible* oder sogenannte „weiche" Faktoren schwieriger zu messen. Es stellt sich die Frage, ob und – wenn ja – wie sich diese überhaupt erfassen lassen und an welchen Indikatoren sich eine Entwicklung in die gewünschte Richtung ablesen lässt. Vor diesem Hintergrund ist der Nutzennachweis nicht nur im speziellen Diversity-Zusammenhang eine Herausforderung. Generell gilt: Faktoren wie Personal und Unternehmenskultur (Personalentwicklung, Führungskräfteentwicklung, Teamentwicklung) lassen sich kaum auf belastbare Zahlen reduzieren. Das belegen fortlaufende Debatten um die Messung des Faktors *Human Capital* in Unternehmen.

5 Einführung von Diversity Management

Neben unternehmerischen gibt es weitere Aspekten, die für eine Einführung von Diversity Management sprechen. Gründe können beispielsweise gesellschaftliche und politische Erwartungen sein, die heute stärker denn je an Unternehmen gestellt werden. Konkret kann sich dies in der Formulierung einer Frauenquote für DAX-Unternehmen ausdrücken oder in einer Selbstverpflichtung, wie sie von NGO oder Politik gefordert werden.[2] Von einer freiwilligen Auseinandersetzung mit dem Thema Diversity Management kann in solchen Fällen nicht gesprochen werden. Der Druck von außen setzt eine eher gezwungene Auseinandersetzung mit dem Thema Vielfalt in Gang. Entsprechend schwierig gestaltet sich auf dieser Basis die Beratung und Umsetzung des Themas im gesamten Unternehmen. Ist die Unternehmensleitung dagegen von den Diversity-Vorteilen überzeugt und bezieht entsprechend Position, liegt der Schwerpunkt des Beratungsbedarfs in der Einführung und Umsetzung des Diversity Managements.

Ein *Top-Down*-Ansatz stellt die unternehmensweite Einführung eines einheitlichen Diversity Managements sicher. Dazu bedarf es allgemeingültiger Botschaften: Was wird im Unternehmen unter Diversity & Inclusion (Wertschätzung) verstanden, warum wird Diversity Management eingeführt und wie soll das Thema umgesetzt werden? Beratungen unterstützen Unternehmen bei der Entwicklung einer individuellen Diversity-Vision, einer

---

[2] Non-Governmental-Organisationen wie FIDAR (Frauen in den Aufsichtsrat) befürworten eine Gender-Quote in Unternehmen.

praktikablen Definition und einer Zielsetzung. Ein übliches Beratungsfeld in dieser Phase ist die Unterstützung bei der Erfassung des Status quo. Denn bei der Implementierung von Diversity Management dient die Analyse der IST-Situation dazu, Schwerpunkte für konkrete Interventionen festzulegen und im späteren Ablauf anhand spezifischer Parameter die gewünschte Entwicklung kontrollieren zu können. Die Erfassung des Status quo erfolgt im Hinblick auf quantitative und qualitative Daten.

5.1 Quantitative Daten

Entsprechend der Diversity Dimensionen wie Geschlecht, Alter, Internationalität werden repräsentative Daten erhoben. Die messbaren Dimensionen wie die Gender-Verteilung, Internationalität und Altersdemographie sind mittlerweile als Standard in die Erfassung von Diversity-Daten eingegangen.

Auch wenn in den Gesamtzahlen des Unternehmens Vielfalt repräsentiert wird, zeigt sich bei den meisten Unternehmen ab einem bestimmten Hierarchielevel eine ungleiche Verteilung der Geschlechter? Beispielsweise arbeiten in vielen Dienstleistungsunternehmen wie Banken oder Versicherungen über 50 % Frauen. Allerdings nimmt ihr Anteil mit zunehmender Hierarchieebene ab, so dass Kolleginnen auf der Ebene der Geschäftsführung oder des Vorstands oft gar nicht mehr repräsentiert sind. In den meisten Unternehmen gibt es eine Hierarchieebene, ab der die Homogenität (hier der Anteil der Männer) signifikant zunimmt. Im Diversity Management wird in diesem Zusammenhang von der „Glasdecke" gesprochen: Sie gibt den Blick nach oben frei, bietet für bestimmte Talente jedoch kein oder nur geringfügiges Durchkommen. Zurückbleiben müssen nicht nur Frauen. Auch interkulturelle Talente, Menschen mit Behinderung, bestimmte Altersgruppen sowie Mitarbeitende anderer sexueller Orientierung oder geschlechtlicher Identität werden in ihrer Karriereentwicklung ausgebremst. Weiß man um die Verteilung der unterschiedlichen Talente bzw. Homogenität der Talente im Unternehmen, schließt sich als nächster logischer Schritt die Untersuchung der Prozesse an, die für diese Verteilung verantwortlich sind. Vor allem Rekrutierungsprozesse und das *Talent Management* rücken in den Fokus der Untersuchung. Zusammen mit der Expertise von Beratungen werden in Unternehmen die Schwachpunkte der Prozesse identifiziert und Hinweise auf Verbesserungen sowie gute Praxisbeispiele aus anderen Unternehmen gegeben.

5.2 Qualitative Daten

Zusätzlich zu den quantitativen Daten werden qualitative Daten in Interviews, Fokusgruppen, Befragungen oder Umfragen erhoben. Sie geben hilfreiche Hinweise, um eine mögliche Dominanz von bestimmten Gruppen im Unternehmen festzustellen. In Fokusgruppen werden beispielsweise Männer und Frauen getrennt befragt, wie sich aus ihrer Sicht im Unternehmen Karrieremöglichkeiten, die Vereinbarkeit von Arbeitszeit und Freizeit, Führung und Bezahlung bzw. Entlohnung und ähnliches darstellen. Wird bei Männern und Frauen eine unterschiedliche Wahrnehmung der Faktoren festgestellt, gilt es, die Ursachen zu identifizieren und Maßnahmen zu entwickeln, die sicherstellen, dass sowohl Männer als auch Frauen das Unternehmen wertschätzend erleben.

Ebenso bringen Untersuchungen zur Interkulturalität aufschlussreiche Erkenntnisse darüber, inwieweit eine bestimmte Kultur des Unternehmens als dominant wahrgenommen wird. Ebenso lässt sich aufzeigen, welche Kulturkreise sich nicht vertreten fühlen oder sogar den Eindruck haben, dass die eingebrachte Leistung nur wenig oder keine Aufmerksamkeit erhält – und deswegen weniger eingebracht wird. Befragungen von Kundinnen und Kunden decken auf, wie (welt-)offen ein Unternehmen wahrgenommen wird. Zur Überraschung vieler Unternehmen spiegelt ihre Kundschaft wider, dass das Unternehmen als „national dominiert" („zu deutsch") wirkt, obwohl die eigene Unternehmenskultur als „sehr international" empfunden wird.

Neben den Fokusgruppen und Interviews nutzen Unternehmen die üblichen Mitarbeiterumfragen, um den Zustand der Unternehmenskultur und des Klimas in der Belegschaft zu ermitteln. Vor allem die Auswertung nach Personengruppen wie Alter, Geschlecht oder kultureller Hintergrund ist dabei ausschlaggebend. Qualitative Daten liefern somit Hinweise auf die Unternehmenskultur aus unterschiedlichen (diversen) Perspektiven und können im Unternehmen zu neuen Einsichten und Erkenntnissen führen.

Ebenso können im Rahmen von Interviews persönliche Einstellungen, Werte und das Bewusstsein zu Diversity erfasst werden. Insbesondere die Einstellungen von Führungskräften zum Diversity Management sind relevant. Denn als Vorbilder besetzen sie Schlüsselfunktionen zur Umsetzung von Diversity im Unternehmen. Interviews mit Führungskräften können aufzeigen, ob die Führungskräfte das Thema und dessen wirtschaftliche Bedeutung verstanden haben und ein entsprechendes wertschätzendes Verhalten gegenüber den Mitarbeitenden praktizieren. Weil ihr Verhalten im Bezug auf die Umsetzung von Diversity Management maßgeblich ist, haben Unternehmen Diversity mit Begriffen wie „wertschätzende Führung" oder „Inclusive Leadership" als feste Kompetenz der Führungskräfte definiert und festgelegt.

Bei der Analyse der qualitativen Daten spielen externe Beratungen eine besondere Rolle. Zum einen ist mit der externen Perspektive häufig eine Neutralität der Untersuchung verbunden. Ebenso wird die Spiegelung externer Sichtweisen als Bereicherung empfunden, die vor Betriebsblindheit schützt. Externe Beratungen können außerdem garantieren, dass Antworten und Ergebnisse der Befragten nicht zum Nachteil im Unternehmen verwendet werden. Auch bei der Befragung der Kundschaft ist eine anonyme Erhebung gegeben – sowohl in Richtung der Kundschaft als auch in Richtung des Unternehmens.

Wie oben beschrieben dienen die erhobenen Daten der IST-Analyse dazu, mit der definierten Zielsetzung abgeglichen zu werden (gap) und daraus Handlungsfelder zur Umsetzung zu entwickeln. Letztere werden in manchen Unternehmen in einer *Diversity Score Card* formuliert, die sich an der *Business Score Card* des Unternehmens orientiert (Becker und Seidel 2006; Rieger 2006). Die Entwicklung und Erstellung dieser Diversity

Score Card erfolgt in vielen Fällen in Unternehmen mit externer Unterstützung durch Beratungen.

Erfahrungsgemäß haben Unternehmen einen hohen Beratungsbedarf, wenn es darum geht, mit der Expertise und der Erfahrung einer externen Beratung die inhaltlichen Schwerpunkte festzulegen und darüber hinaus eine erfolgreiche Implementierungsstrategie zu entwickeln. Die verbindliche Festlegung einer solchen Strategie im Unternehmen ist ein wichtiger Baustein für eine erfolgreiche Umsetzung des Diversity Managements. In vielen Fällen werden in den Unternehmen sogenannte *SWOT-Analysen* zur Identifizierung von Stärken, Schwächen, Möglichkeiten und Herausforderungen durchgeführt.

Ebenso gehört zur Umsetzungsstrategie ein Plan für das gesamte Vorgehen, der die Aktivitäten und deren zeitliche Reihenfolge beschreibt. Manche Unternehmen halten dies in einer *Diversity Roadmap* fest. Darin werden in zeitlicher Reihenfolge die Schwerpunkte der Diversity Dimensionen festgelegt, für die besondere Ziele und Aktivitäten geplant sind. Auch wenn Unternehmen eine breite Definition von Diversity für sich selbst gewählt haben, liegen die Schwerpunkte der Aktivitäten meist auf den Diversity-Dimensionen Geschlecht, Alter, Interkulturalität und Work Life. Das Thema Behinderung findet nur vereinzelt in Unternehmen Beachtung und ist eher unter dem Schwerpunkt des Leistungswandels und des Generationenmanagement bzw. Leistungserhalt subsumiert. Die Themen Sexuelle Orientierung und geschlechtliche Identität und Religion sind die Dimensionen, die in der Diversity-Arbeit am wenigsten Beachtung finden.

6 Aktivitäten zu Diversity Management

Großen Beratungsbedarf melden Unternehmen bei einem zentralen Aspekt der Diversity-Management-Strategie an: die Entwicklung und Durchführung einer überzeugenden Kommunikationsstrategie. Aufgrund der Komplexität des Themas und der bereits beschriebenen vielfältigen Hintergründe ist die Vermittlung der Gründe, weshalb Diversity Management eingeführt werden soll, ebenso wichtig wie die Botschaft, was Diversity für das Unternehmen bedeutet. Es ist klar aufzuzeigen, wie die Umsetzung durchgeführt werden soll und welche Erwartungen damit an jede einzelne Person im Unternehmen geknüpft sind.

6.1 Kommunikation

Eine erfolgsversprechende Kommunikationsstrategie sollte so ausgerichtet sein, dass eine breite Aufmerksamkeit für das Thema Diversity geschaffen wird und insbesondere die Führungskräfte den geschäftlichen Nutzen des Diversity Managements verstanden haben. Stärker noch als bei anderen Themen, die im Unternehmen eingeführt werden, ist zudem mit Bedenken aus der Belegschaft und zum Teil mit offenen oder auch verdeckten Widerständen zu rechnen. Die Kommunikationsstrategie sollte daher schon im Vorfeld

Bedenken aufgreifen und durch gezielte Kommunikation Einsicht und Motivation für das Thema Diversity schaffen.

Erfolgreiche Kommunikationsstrategien sind durch folgende Aspekte gekennzeichnet:

- Wiederkehrende Kommunikation mit einheitlichen Botschaften über unterschiedlichste Kanäle. Vor allem auf internen Konferenzen oder Treffen sollte das Thema als fester Bestandteil *top-down* kommuniziert und für die jeweils Teilnehmenden in der praktischen Arbeit anschaulich gemacht werden.
- Deutliche Vermittlung des Nutzens von Diversity für das Unternehmen.
- Benennung der wichtigsten Sponsoren mit überzeugenden Aussagen.
- Vermittlung von Einsichten in eine erfolgreiche Umsetzung (gute Praxisbeispiele) und vorbildliches Verhalten, insbesondere von Führungskräften.
- Schaffung von Dialog- und Diskussionsmöglichkeiten, auch für eine konträre Auseinandersetzung mit Diversity.

Neben der Kommunikation ist eine funktionierende Struktur mit Zuschreibung von Rollen und Aufgaben für alle Beteiligten notwendig, um Diversity Management im Unternehmen erfolgreich zu konsolidieren. Beratungen unterstützen Unternehmen beim Aufbau einer Infrastruktur unter anderem mit Elementen wie einem Diversity-Büro, Diversity-Managern und -Managerinnen oder Diversity-Councils. Die Verantwortlichen im Unternehmen benötigen im Rahmen ihrer außerordentlichen und komplexen Aufgabenstellung Beratung von Expertinnen und Experten. Sie lassen sich für die inhaltliche und die strukturelle Arbeit coachen.

6.2 Personalbereich

Der Personalbereich („Human Resources": HR) spielt für das Diversity Management eine strategisch herausragende Rolle. Vor allem die HR Business Partner haben als Aufgabe, die Geschäftsbereiche über die Notwendigkeit und Umsetzung zu informieren und zu beraten. Ferner haben sie auf die Herausforderungen bei der Umsetzung hinzuweisen und die Diversity-Kompetenz von Führungskräften zu stärken. Die Voraussetzung sollte sein, dass die HR-Business-Partner bzw. der gesamte HR-Bereich über die notwendige Kompetenz verfügen, um die Implementierung von Diversity Management pro-aktiv zu unterstützen. Entsprechende Qualifizierungsprogramme werden für die HR-Community in Unternehmen angeboten.

6.3 Lernen

Um einen Personalentwicklungsprozess bei unterschiedlichen Zielgruppen zu initiieren und zu steuern, werden in Zusammenarbeit mit der Abteilung Personalentwicklung Lern-

Interventionen für die verschiedenen Zielgruppen initiiert bzw. verbindlich angeboten (Pflichtseminare). Dieses Angebot umfasst ebenso *e-learning*-Angebote. Auch wenn es eine Vielzahl von *e-learning* Programmen zur Vermittlung von Diversity-Inhalten gibt, beschränken sich diese eher auf die kognitive Beschäftigung mit dem Thema. Für eine tiefere Auseinandersetzung und Diskussion über Diversity, die persönliche Einstellung, Werte und Verhaltensänderung sind Workshops und die persönliche Auseinandersetzung mit dem Thema deshalb unerlässlich. Als erfolgreiche Interventionen werden in Unternehmen unterschiedliche Maßnahmen angeboten. Dazu gehören:

- Besonders nachgefragt sind Workshops zu „Unconscious Bias", also zu unbewusster Voreingenommenheit. In diesen Workshops geht es darum, den Einfluss von unbewusster Voreingenommenheit auf Personalentscheidungen bewusst zu machen und zu minimieren. Letztendlich bedeutet dies, das Faktoren, die von der Leistungsbeurteilung ablenken, minimiert werden und so unterschiedlichste Talente Ihren Erfolgsbeitrag bringen können.
- Workshops oder Coaching für Führungskräfte, um das Bewusstsein für Diversity zu schärfen.
- *Lunch & Learn*-Veranstaltungen für Führungskräfte, um einen Austausch über Hierarchieebenen zu ermöglichen.
- *Mentoring* und *Reverse Mentoring* als Lernmöglichkeit für alle Beteiligten.
- Workshops mit den Schwerpunkte Gender, Interkulturalität oder Generationen, um für diese Themen zu sensibilisieren und Handlungsfähigkeit herzustellen.
- Aufnahme von Diversity-Inhalten in das Führungskräfte-Curriculum.

6.4 Netzwerke

Ein weiterer, nicht unerheblicher Teil der Infrastruktur des Diversity Managements sind die Diversity-Netzwerke oder Diversity-Ressource-Gruppen. Bei der Einführung von Diversity Management in Unternehmen melden sich meist Vertretungen von bisher informellen Netzwerken, die eine offizielle Anerkennung für sich und ihre Arbeit anstreben. Diese Netzwerke stellen einen bedeutsamen Teil des *Bottom* Up-Ansatzes von Diversity dar. Um die Arbeit der Netzwerke steuern zu können, werden in Zusammenarbeit mit Beratungen in Unternehmen Richtlinien und Bedingungen formuliert, in deren Rahmen die Netzwerke ihre Aktivitäten einbringen können. Das Unternehmen kann von der Perspektivenvielfalt der Netzwerke profitieren, indem die Mitglieder der Netzwerke dem Unternehmen Perspektiven und Einsichten zur Verfügung stellen, die bisher nicht bekannt oder nicht berücksichtigt worden waren. Dieses Vorgehen hat sich vor allem bei der Ansprache unterschiedlichster Talente im Rahmen der Rekrutierung oder Kundengruppen bewährt. Personalberater und Headhunter berichten, dass Unternehmen in ihren Aufträgen zur Personalsuche häufig großen Wert auf die Berücksichtigung unterschiedlicher Talente hinsichtlich Geschlecht und Interkulturalität legen und hierzu verbindliche Vorgaben machen.

6.5 Flexibles Arbeiten

Mit flexiblem Arbeiten ist im Diversity-Zusammenhang das Ziel verbunden, die Erbringung einer beruflichen Leistung orts- und möglichst auch zeitunabhängig unter Berücksichtigung der jeweiligen Lebensphase zu gestalten. Ermöglichen oder erleichtern sollen das Angebot wie Telearbeit, Teilzeit, Job-Sharing sowie Kinderbetreuung, Haushaltsleistungen und Gesundheitsmaßnahmen. Externe Agenturen haben sich darauf spezialisiert, Unternehmen bei der Vermittlung von Kinderbetreuungsmöglichkeiten oder bei der Suche nach Pflegeeinrichtungen für Familienangehörige zu unterstützen. In vielen Unternehmen sind viele dieser Möglichkeiten verfügbar, allerdings werden diese nur selten oder gar nicht aus der Belegschaft nachgefragt. Untersuchungen haben ergeben, dass die Gründe für die eingeschränkte Nutzung in einer restriktiven Unternehmenskultur liegen, die eine hohe Verfügbarkeit und Anwesenheit belohnt und flexibles Arbeiten nicht gutheißt oder nur als Notlösung vermittelt. Zahlreiche Beratungsangebote zeigen Unternehmen auf, wie sie die Herausforderungen bei der Einführung von flexiblerem Arbeiten meistern und darüber hinaus Zertifizierungen für besondere Familienfreundlichkeit erwerben können.

6.6 Gesellschaftliche Verantwortung

Wird Diversity Management professionell und strategisch umgesetzt, ist es als ganzheitliches Querschnittsthema in allen Bereichen und Tätigkeiten eines Unternehmens zu finden – unter anderem auch in den Aktivitäten zur Bildung von *Corporate Responsibility* (CR) und *Corporate Social Responsibility* (CSR). Eine Möglichkeit bürgerschaftlichen Engagements ist das so genannte „Corporate Volunteering". Unternehmen unterstützen dabei aktiv den ehrenamtlichen Einsatz von Mitarbeiterinnen und Mitarbeitern des Unternehmens. Davon profitiert nicht nur die Gesellschaft, sondern nachweislich auch das engagierte Unternehmen. Denn das Übernehmen gesellschaftlicher Verantwortung ist meist verbunden mit einem Einblick in andere Arbeits-oder Lebenswelten sowie einem unmittelbaren, positiven Feedback, das die Motivation der Mitarbeiter erhöht und diese im Team enger zusammenrücken lässt. Die identitätsstiftende Wirkung führt bei Mitarbeiterinnen und Mitarbeitern nachweisbar zu mehr Leistungsbereitschaft und erhöhter Produktivität.

Das Management der Vielfalt ist im Idealfall also sowohl in ökonomischer wie auch in sozialer Hinsicht erfolgreich und förderlich: Es verknüpft soziales Engagement mit wirtschaftlichem Erfolg. So werden beispielsweise durch die berufliche Qualifizierung von Jugendlichen aus bildungsfernen Schichten nicht nur die Chancen der Geförderten verbessert. Das Unternehmen profitiert, weil ihm später talentierte Mitarbeiter und Mitarbeiterinnen als Potenziale zur Verfügung stehen. Zahlreiche Profit- und Non-Profit-Institutionen sowie Unternehmen werben in ihrer Belegschaft für bürgerschaftliches Engagement und stehen für die Umsetzung der Programme zur Verfügung.

6.7 Controlling

Um den Erfolg von Diversity-Maßnahmen zu erfassen nutzen Unternehmen neben der bereits erwähnten *Diversity Score Card*, die mittel- und langfristige Entwicklungen aufzeigt, auch sogenannte *Diversity Cockpits*.

Ein *Diversity Cockpit* gibt einen anschaulichen Überblick über die wichtigsten Steuerungsgrößen des Diversity Managements im Unternehmen. Meist werden verschiedene qualitative als auch quantitative Kennziffern mit dem jeweils aktuellen Stand dargestellt. Häufig ist eine Darstellung mit farblichen Kennzeichen wie „rot", „gelb" oder „grün" Bereichen zu finden, die den Status der Umsetzung im Hinblick auf die Zielerreichung angibt. Typische Kennziffern in Diversity Cockpits sind beispielsweise die Anzahl von Frauen und Männern in Führungsebenen, Talent-Pools und Karrierepfaden, Internationale Talente, Umfrageergebnisse oder Umsetzung von Maßnahmen wie die Teilnahme an Diversity Führungskräfte Workshops.

Diversity Cockpits oder Score Cards zeigen den Führungskräften auf unterschiedlichen Ebenen die aktuellen Daten und deren Entwicklung in regelmäßigen Abständen auf, so dass Interventionen bei Abweichungen schnell möglich sind. Diese Steuerungssysteme werden meist in Zusammenarbeit mit externen Beratungen aufgebaut und im Unternehmen etabliert. Auch eine Vergleichbarkeit der Daten mit anderen Unternehmen (*Benchmarking*) schafft Orientierung und liefert nützliche Praxisbeispiele.

7 Geeignete Diversity Beratung finden

Welche Diversity-Beratung ist für welches Unternehmen die beste? Bevor einzelne Selektionskriterien für Beratungen entwickelt werden, sollten das Anforderungsprofil und die Zielsetzung für die Beratungsleistung klar definiert sein. Auf Basis formulierter Leistungsanforderungen kann eine geeignete Unterstützung gefunden werden. Die Auswahl von Beratung kann intern wie extern erfolgen und zieht eine klassische Analyse für eine *Make or Buy*-Entscheidung nach sich. Folgende Aspekte sind dabei zu beurteilen und zu berücksichtigen:

- Ist die notwendige Expertise und Kompetenz zum Thema Diversity im Unternehmen vorhanden?
- Stehen mögliche interne Ressourcen bereit, um Diversity Management im Unternehmen einzuführen und umzusetzen?
- Wie wird die Überzeugungsfähigkeit zum Thema Diversity durch interne Ressourcen im Unternehmen eingeschätzt?
- Welche Flexibilität und Nachhaltigkeit in der Umsetzung von Diversity Management sind bei der jeweiligen Entscheidung zu erwarten?
- Welche Kosten entstehen bei der jeweiligen Entscheidung (intern vs. extern)?

Nach dieser Analyse lässt sich differenzieren, welche Leistungen von internen bzw. externen Ressourcen erbracht werden.

Die Identifizierung geeigneter externer Beratungen gestaltet sich komplex. Die Beurteilung der Expertise und Erfahrung des Beratungsunternehmens kann folgende Kriterien umfassen:

- Welche anderen Unternehmen wurden bisher mit welchen Inhalten beraten?
- Wie lange berät das Unternehmen zu Diversity Management?
- Gibt es erfolgreiche Referenzen von anderen Unternehmen?
- Hat das Beratungsunternehmen selbst erfolgreiche Schritte zur Umsetzung von Diversity Management unternommen, zum Beispiel durch die Unterzeichnung der Charta der Vielfalt?[3]
- Wie verbindlich ist das Unternehmen im eigenen Diversity Management? Spiegelt sich in den Produkten des Beratungsunternehmens das Thema Vielfalt wider?
- Hat die Beratung die Kapazität, um die beschriebenen Leistungen im genannten Zeitraum zu erfüllen?

8 Abschluss und Ausblick

Wird das Beratungsfeld zu Diversity Management bald erschöpft sein, oder wird auch in Zukunft ein Beratungsbedarf zu Diversity Management bei Unternehmen bestehen? Im Hinblick auf die demographische Entwicklung und der weiter fortschreitenden Globalisierung wird das Thema Diversity & Inclusion für Unternehmen aktuell bleiben. Programme für eine effiziente Nutzung von Vielfalt und ein wertschätzender Umgang mit dieser Ressource werden auch in Zukunft mitentscheiden, wie erfolgreich Unternehmen sich im Wettbewerb behaupten. Von daher wird der Beratungsbedarf zu Diversity Management sicher nicht weniger werden, sondern eher zunehmen. Allerdings haben sich viele Unternehmen mittlerweile mit dem Thema Diversity grundlegend auseinander gesetzt, so dass der Beratungsbedarf ein anderer sein wird als noch vor wenigen Jahren. Grundlagenarbeit ist kaum noch gefragt, dafür Unterstützung auf dem Weg zu einem professionellen Diversity Management.

Literatur

Becker M, Seidel A (Hrsg) (2006) Diversity Management. Unternehmens- und Personalpolitik der Vielfalt. Schäffer-Poeschel, Stuttgart

Krell G, Ortlieb R, Sieben B (Hrsg) (2011) Chancengleichheit durch Personalpolitik. Gleichstellung von Frauen und Männern in Unternehmen und Verwaltungen. Gabler, Wiesbaden

---

[3] http://www.charta-der-vielfalt.de/.

Genkova P, Ringeisen T (Hrsg) (2016) Handbuch Diversity Kompetenz: Band 1: Hans W. Jablonski: Diversity Management – Chancen für Unternehmen

Rieger C (2006) Die Diversity Score Card als Instrument zur Bestimmung des Erfolges von Diversity Maßnahmen. In: Becker M, Seidel A (Hrsg) Diversity Management – Unternehmens- und Personalpolitik der Vielfalt. Schäffer-Poeschl, Stuttgart

Sieben B, Schimmelpfeng O (2011) Forschungsskizze: Gleichstellungspolitik nach dem AGG. In: Gertraude K (Hrsg) Chancengleichheit durch Personalpolitik. Gabler, Wiesbaden

Hans W. Jablonski ist Experte, Berater und Coach für Unternehmen weltweit zum Thema Diversity und Change Management. Seit mehr als 20 Jahren arbeitet er zum Thema Diversity und war damit einer der ersten spezialisierten Diversity-Manager in Deutschland. Er ist außerdem Mit-Begründer der Unternehmensinitiative Charta der Vielfalt und gilt auf seinem Fachgebiet als ausgewiesener Experte. Bei Presse und Rundfunk ist er ein gefragter Interviewpartner.

Diversity Management im Auditierungsprozess

Vielfalt gestalten – eine Herausforderung für die Qualitätsentwicklung von Hochschulen

Daniela De Ridder

1 Ausgangslage

Vielfalt als Gestaltungsprinzip zu erkennen, dies stellt aktuell eine der zentralen Herausforderungen an Hochschulen dar: Als gesellschaftspolitische AkteurInnen können sie sich nicht den aktuellen Trends entziehen und müssen daher auch auf zahlreiche Anforderungen reagieren, (Bendl et al. 2011) seien es

- die wachsende Bedeutung von veränderten Kompetenzen in der Wissens- und Informationsgesellschaft,
- der verschärfte Wettbewerb und das wachsende Innovationstempo in Wissenschaft und Hochschullandschaft,
- der Bologna-Prozess und die Hochschulautonomie,
- der Fachkräftemangel in zukunftsträchtigen Bereichen sowie eine im europäischen Vergleich niedrige AkademikerInnenquote,
- die Chancengleichheit zwischen den Geschlechtern (Gender Mainstreaming),
- die wachsende internationale Mobilität und zunehmende Migration der Studierenden und Beschäftigten,
- die zunehmende Individualisierung, Veränderungen des Wertekanons und geänderte Lebensstile,
- Lebenslanges Lernen und deutlich veränderte Erwerbsbiographien,
- der steigende Wunsch nach Vereinbarkeit von Studium, Beruf und Familie sowie einer ausgeglichenen Work-Life-Balance oder
- die Veränderung der Altersstruktur und der Generationenwechsel.

D. De Ridder (✉)
CEDIN-Consulting
Vehrter Kirchweg 34a, 49191 Belm, Deutschland
E-Mail: Daniela.Deridder@cedin-consulting.de

Bereits im August 2010 startete daher das Projekt „Ungleich besser! Verschiedenheit als Chance", das – vom Stifterverband für die Deutsche Wissenschaft finanziert – die Idee verfolgte, ein Auditierungsverfahren für Hochschulen unter Diversity-Gesichtspunkten zu entwickeln. Acht Hochschulen wurden ausgewählt und konnten als Pionierhochschulen an dem Verfahren mitwirken und selbst Hinweise für Themen, Handlungsfelder und Qualitätsaspekte liefern. Vorausgegangen war ein Wettbewerb, an dem sich 58 Hochschulen aus 16 Bundeländern beteiligt hatten.

Die ausgewählten Hochschulen waren die:

- Fachhochschule Brandenburg
- Universität Bremen
- TU Dortmund
- Folkwang-Universität der Künste, Essen
- Westfälische Hochschule, Gelsenkirchen
- Evangelische Hochschule Ludwigsburg
- Universität Oldenburg
- Universität Osnabrück

Auf den Erfahrungen dieser Hochschulen fußend, entschied sich die Nordrhein-Westfälische Wissenschaftsministern Svenja Schulze, eine landesweite Auditierung der Hochschulen zu erreichen. Es sei das erklärte Ziel der Landesregierung, so die Ministerin, alle Talente zu nutzen, mehr Bildungschancen zu bieten und dabei alle Potenziale auszuschöpfen. Angestrebt werde, durch die Auditierungsverfahren Kriterien für den produktiven Umgang mit Diversität im Hochschulalltag zu entwickeln. Kooperationspartner des Wissenschaftsministeriums war erneut der Stifterverband für die Deutsche Wissenschaft; durchgeführt werden die Auditierungsverfahren durch CEDIN Consulting.

Teilnehmende Hochschulen in diesem Verfahren sind

- Fachhochschule Aachen
- Fachhochschule Dortmund
- Universität Duisburg-Essen
- Fachhochschule Düsseldorf
- Folkwang Universität der Künste
- FH Köln
- Sporthochschule Köln
- Hochschule Ruhr-West

Die Hochschulen haben diesen zweijährigen Auditierungsprozess im Januar 2013 gestartet. Die Strategie einer diversitätsorientierten Hochschule soll dabei unterschiedliche Handlungsfelder einbeziehen. Von zentraler Bedeutung sind die Felder „Strategie", „Studium und Lehre", „Service und Beratung" sowie „Interne Kommunikation". Unter Rekurs auf die Strategie der Hochschule werden dazu jeweils Instrumente und Maßnahmen entwickelt. Kriterien und Indikatoren für die Beschreibung der Ausgangslage, Ziele, Methoden, Prozesse, Maßnahmen und Instrumente werden diesem Ansatz untergeordnet.

Als Ergebnis verfolgt das Auditierungsverfahren „Vielfalt gestalten in NRW" den Ansatz, die Hochschulen mit einem holistischen Konzept bei einem Veränderungsprozess zu begleiten, der Vielfalt ermöglicht, vorhandene Strukturen produktiv nutzt und eine Kultur der Wertschätzung von Vielfalt schafft. Darüber hinaus sollten die unterschiedlichen Ressourcen der Studierenden und Beschäftigten in den Lernkulturen, Lehrstrukturen und in der gesamten Organisation von Studium und Lehre sowie den flankierenden Service- und Beratungsleistungen der Hochschulen Berücksichtigung finden. Dieses Programm stellt somit auch hohe Anforderungen an die interne Kommunikation der Hochschulleitungen und aller anderen mitwirkenden HochschulakteurInnen.

Inzwischen wurden von mir auch die folgenden Hochschulen auditiert: EZB Business School Bochum, FH Münster, Hochschule Bremen, Hochschule Fulda, Hochschule Koblenz, Hochschule Reutlingen, FH Nürnberg (laufend), Universität Kassel, Universität Homburg, Universität Konstanz (laufend), Universität Leipzig und Universität Mainz.

2 Rahmung

Wenngleich das Prinzip des Diversity Management dem unternehmerischen Kontext entlehnt ist, so soll im Verständnis unseres Diversity-Begriffs die Gestaltung von Vielfalt an Hochschulen diese unterschiedlichen Argumentationslinien zusammenfassen und juristische, soziale, kulturelle und ökonomische Aspekte ausbalancieren: Ein durchdachtes hochschulisches Diversitätskonzept orientiert sich an den Qualitätsmerkmalen von Lehre, Studium und Forschung einerseits sowie den Governanceprinzipien eines verantwortlichen und wirtschaftlichen Handelns anderseits. Diversity Management als Governance-Konzept gehorcht damit keineswegs nur der Idee einer „unternehmerischen Hochschule".

Auch kann nicht zwingend davon ausgegangen werden, dass jene hochschulischen Regelungsmechanismen der akademischen Selbstverwaltung, die währender vergangenen Hochschulreformen geschwächt wurden – etwa bei der verstärkten Orientierung am New Public Management (Schedler und Proeller 2006, S. 47 ff.) – wieder verstärkt werden. Vielmehr versteht sich ein solches Diversity-Management-Konzept als umfassender strategischer Ansatz, der – ausgehend von der Gestaltungsautonomie und der konkreten Ausgangslage vor Ort – eine Veränderung der Hochschulkultur mit sich bringt und dabei gesellschafts- und hochschulpolitische Entwicklungen, strategische Planung und eine sinnvolle Umsetzung miteinander verschränkt.

Innovation und Exzellenz, so die Grundidee, können nur dann entstehen, wenn Heterogenität aufgenommen und multivariate Perspektiven in Lehre, Studium, Forschung und Hochschuladministration angeboten werden. Ohne Top-Down-Strategien kann dies allerdings genauso wenig gelingen wie unter Verzicht von bottom-up-Prozessen, die die Hochschule als partizipative Gesamtstruktur denken. Unabdingbar sind daher Hochschulkultur und Kommunikation als Gegenstrom-Prinzip, bei dem sich alle AkteurInnen gegenseitig ernst nehmen und respektieren.

Von zentraler Bedeutung ist dabei jedoch, dass die Perspektive der Studierenden eingenommen wird und insbesondere die Realisierung des Studienerfolgs in den Blick gerät.

Die Beschäftigung mit Diversity-Management im europäischen Hochschulraum folgt also der Dynamik gravierender sozialer und politischer Veränderungsprozesse. Der gesamtgesellschaftliche Wandel und ein wachsendes Interesse an Bildung machen ja auch vor der Sozialstruktur der Hochschulen nicht Halt. Beispielsweise haben fast alle Studierenden in Deutschland ihre Hochschulzugangsberechtigung bisher über die allgemeine Hochschulreife, die Fachhochschulreife oder die fachgebundene Hochschulreife erworben.

Mit Blick auf den demografischen Wandel, die gewünschte Erhöhung der Studierquote und den bereits jetzt bestehenden Fachkräftemangel in den „MINT"-Fächern[1] ist eine Ausweitung des Hochschulzugangs und deutliche Steigerung des Anteils „nicht-traditioneller" Studierender (Wolter 2011, S. 13) jedoch unumgänglich.

Auch ist die sozio-ökonomische Situation der Studierenden höchst unterschiedlich: So sind zwar ca. ein Fünftel der Studierenden in Deutschland „Arbeiterkinder", zugleich geht jedoch mehr als die Hälfte der Studierenden aufgrund ihrer finanziellen Situation einer Erwerbstätigkeit nach und studiert damit de facto in Teilzeit.

Knapp zehn Prozent der Studierenden wiederum sind BildungsausländerInnen aber nicht einmal ein Fünftel der StudienanfängerInnen hat die Hochschulzugangsberechtigung im Ausland erworben, während der Anteil der Studierenden mit Migrationshintergrund voraussichtlich weiter steigen wird (Bundesministerium für Bildung und Forschung 2010).

Wenn wiederum die Hochschulen auf Konzepte für lebenslangen Lernens setzen, neue Weiterbildungsstudiengänge konzipieren und damit auch berufstätige Studierende gewinnen wollen, wird auch der Anteil der Studierenden mit Kindern und Betreuungs- und Versorgungspflichten weiter zunehmen.

Die Zusammensetzung der Studierenden wird also spürbar heterogener und fordert passende Antworten. Angesichts dieser gesellschaftlichen Herausforderungen verlangt die wachsende Diversität an unseren Hochschulen also nach Kompetenzen, die in ein konzeptionelles und strategisches Vorgehen eingebunden werden. Der spezifische Vorzug des hier entwickelten Auditierungsverfahrens besteht dabei in der pragmatischen Verknüpfung zwischen gesellschafts- und hochschulpolitischen Zielen:

In der ursprünglichen betriebswirtschaftlichen Lesart US-amerikanischer Provenienz (vgl. Aretz und Hansen 2003; De Ridder 2011a, 2011b) zielte Diversity-Management zunächst auf die Entwicklung von Instrumenten, die die Integration unterschiedlicher Zielgruppen ermöglichen sollte. Im Vordergrund stand dabei die Marktorientierung und

---

[1] MINT-Fächer sind in den Bereichen Mathematik, Ingenieur-, Naturwissenschaften und Technik angesiedelt. Im Kontrast hierzu steht das Cluster der GKS-Fächer als Geistes-, Sozial- und Kulturwissenschaften.

Innovationsfähigkeit, die durch heterogene Teams in unternehmerische Entscheidungs- und Leitungsprozesse entstehen sollten:

Unternehmen haben dann Aussicht auf höhere Wertschöpfung, wenn es ihnen gelingt, ihre Produkte, Leistungen und Angebote im Wettbewerb als Alleinstellungsmerkmale zu gestalten und entsprechend zu vermarkten. Eine verstärkte Zielgruppenorientierung bei der Produkt-, Dienstleistungs- und Serviceentwicklung sollte sich dabei wiederum als „Return on Investment" ökonomisch auswirken.

Auch in der Bundesrepublik haben Chancengleichheit und Antidiskriminierung eine hohe Relevanz: Seit nunmehr sechzig Jahren darf auf der Grundlage des Grundgesetzes (nach Art. 3 Abs. 3 GG) niemand wegen seines Geschlechtes, seiner Abstammung, seiner „Rasse", seiner Sprache, seiner Heimat und Herkunft, seines Glaubens, seiner religiösen oder politischen Anschauungen benachteiligt oder bevorzugt werden. Auch wurde diese Vorschrift 1994 durch das Verbot der Benachteiligung aufgrund einer Behinderung ergänzt.

Schon zuvor hatten zahlreiche Landeshochschulgesetze die Aspekte von Frauenförderung und Geschlechtergleichstellung aufgenommen. Zudem erhielt der Staat in Art. 3 Abs. 2 S. 2 GG den Auftrag, die tatsächliche Durchsetzung der Gleichberechtigung von Frauen und Männern zu fördern und auf die Beseitigung bestehender Nachteile hinzuwirken. Zu den rechtlichen Rahmenbedingungen des Diversity-Managements wiederum gehören insbesondere das Allgemeine Gleichbehandlungsgesetz (AGG) und damit das Diskriminierungsverbot in Bezug auf Geschlecht, Ethnie, Alter und Behinderung oder sexuelle Orientierung, Religion und Weltanschauungen.

Gleichwohl sollte jedoch nicht vergessen werden, dass das Konzept des Diversity Management auch sozialpolitische Wurzeln hat: Vor allem bei den sozialen Bewegungen in den USA und Europa standen die Forderungen nach politischer Teilhabe, nach Anerkennungs- und Verteilungsgerechtigkeit stets weit oben auf der politischen Agenda (Krell et al. 2011).

In allen Grund- und Menschenrechtskatalogen ist das Recht auf formale Gleichbehandlung „ohne Ansehen der Person" verankert und somit ein menschheitsgeschichtlicher Meilenstein.

Im Zuge der US-amerikanischen Bürgerrechts- und Frauenbewegung wurden so Maßnahmen zur positiven Diskriminierung gegen Rassismus und Sexismus entwickelt und schließlich erstmals unter der Ägide von Präsident John F. Kennedy als ausbildungs- und arbeitsmarktpolitische Programme umgesetzt („affirmative action") (vgl. Vedder 2006; Klose und Merx 2010). Fortan konnten Minderheiten von ihrem Klagerecht Gebrauch machen, was auf Seiten der Institutionen und Unternehmen dazu führte, zur Klageabwehr Programme, Verfahren und Reglements zur Antidiskriminierung zu entwickeln.

Diese Regelungen konnten jedoch nicht verhindern, dass viele Personengruppen strukturelle Nachteile erleiden mussten, etwa durch Stigmatisierungen, Vorurteile oder Ausgrenzungen: Die Vielfalt an unterschiedlichen Merkmalen wurde lange Zeit als Integrationsproblem betrachtet, das als Kostenfaktor und weniger als Gewinnchance galt.

Die aktuelle gesellschaftliche und ökonomische Entwicklung zeigt, dass eine ausgewogene Heterogenität (nach sozio-ökonomischer und geografischer Herkunft, Geschlecht, sozio-kulturellem Hintergrund, Mentalität, Erfahrungshorizont, Religion, Alter etc.) vor allem zwei Effekte erzielen kann: Optimierung, Innovationsfähigkeit und Exzellenzgewinn durch die Einbeziehung unterschiedlicher Perspektiven und eine Zielgruppenorientierung, die die Relevanz bisher ausgeblendete Personengruppen erkennt.

Diese gewinnbringende Leitidee, die zunächst mehr den ökonomischen Interessen und weniger der Umsetzung von Antidiskriminierungsgesetzen geschuldet zu sein scheint, lässt sich gut auf den Hochschulkontext übertragen. Die Herausforderung besteht nunmehr in der Balance zwischen der täglich herzustellenden Wertschätzung und Unterstützung von Menschen mit unterschiedlichen Voraussetzungen und Fähigkeiten einerseits und andererseits mit einer strategischen Hochschulentwicklungsplanung, die diese Vielfalt als Gewinn erkennt. Dabei gilt es weniger, die Entwicklung und Implementierung immer neuer Spezialprogramme für benachteiligte Zielgruppen zu forcieren, auch wenn diese keinesfalls als „Sonderdienste" abgewertet werden sollen; stattdessen sollte ein Gestaltungskonzept entwickelt und umgesetzt werden, das die Hochschulen in ihrer Ganzheitlichkeit als lernende Organisationen[2] begreift.

3 Von der Idee zur Umsetzung

Vor diesem Hintergrund stellt sich die Frage, mit welchem Verfahren Diversity Management im Rahmen eines Auditierungsprozesses bearbeitet werden kann. Dies soll im folgenden Abschnitt kurz skizziert werden:

Neben den individuellen Beratungen und den ExpertInnen-Inputs, die die Hochschulen für die Projekte in Anspruch nehmen können, werden in einem kollegial arbeitenden Diversity-Forum notwendige Entwicklungsprozesse sowie Governance-, Organisations- und Kommunikationsstrukturen innerhalb der Hochschule reflektiert. CEDIN Consulting übernimmt dabei die Rolle der organisatorischen und inhaltlichen Leitung des Benchmarking-Prozesses, begleitet und berät die Hochschulen bei der Umsetzung der von ihnen ausgewählten Maßnahmen, moderierte die Forumssitzungen und sorgt für fachliche Expertise zum Change-Management, zu Leitungskulturen, zu Fragen der Kommunikation und Partizipation in hochschulspezifischen Strukturen. Gefragt sind Themen wie Prozessentwicklung, Führung und Leitung, Lehrkonzeptionen von der Präsenzlehre bis hin zu Blended und E-Learning und andere didaktische Fragen, Konsequenzen für das Personal- und Liegenschaftsmanagement oder auch zahlreichen psychologischen und technischen Aspekten zum Thema Barrierefreiheit und „Enthinderung" zu bewähren.

Rasch zeigte sich, dass sich die Einführung eines gewinnbringenden Diversity-Management-Konzeptes nur mit der Idee eines kulturellen Wandels an Hochschulen würde realisieren lassen. Führungs- und Leitungskulturen müssen daher von vornherein reflek-

---

[2] Im Sinne des Ansatzes von Peter M. Senge.

tiert, in den Change-Management-Prozess einbezogen und bei den Governancestrukturen bereits in der Analyse berücksichtigt werden.

So gilt es, die Perspektive von Studierenden und Lehrenden einzunehmen, um sowohl die zentralen wie auch die angrenzenden Felder von Studium und Lehre einer Qualitätsentwicklung unterziehen zu können. Im Mittelpunkt der Beratungen steht daher die Frage, wie Durchlässigkeit und Willkommenskultur befördert und zugleich solche Governancestrukturen entwickelt werden können, die die Diversität der Studierenden als Ressource für Innovation berücksichtigen.

Damit einher gingen neben Themen wie der Umgestaltung der Studienorganisation, der Weiterentwicklung von Service- und Beratungsangeboten sowie der Planung und Gestaltung von neuen Lehr- und Lernformaten auch Fragen zu einer besseren Passung zwischen Studierenden und Hochschulen. Hierzu notwendig, ja unabdingbar war die Anforderung, dass sich die Hochschulleitungen selbst in den Prozess einbringen mussten: So gilt als conditio sine qua non, dass ein erfolgreich durchgeführtes Diversity Management „Chefsache" sein muss.

Die Ernte dieses Vorgehens – so zeigen die bisherigen Erfahrungen – ist immens: So erhielten wir in vielen Gesprächen wertvolle Anregungen für die Entwicklung eines bisher singulären Auditierungsverfahrens für Diversity Management an Hochschulen, welches wie wohl kaum ein anderes Prozedere für sich in Anspruch nehmen darf, die Hochschulen in ihren zentralen Kernfeldern intensiv beleuchtet und zugleich in herausragender Weise neue partizipative Strukturen erprobt zu haben. Dies erforderte Mut und die Lust am Experiment für alle Mitwirkenden, denn Change-Management-Prozesse – erst recht wenn sie bisher vernachlässigte Gruppen in den Blick rücken, wie das bei Diversity Management der Fall ist – sind keineswegs trivial, verlaufen sie doch nie ohne Hemmnisse und Barrieren, ohne Backlash (vgl. dazu Wilson 1995) und hohe Erwartungen. Honoriert wird der mutige Angang jedoch auch, etwa durch eine neu entstehende Vertrauenskultur, die Innovation und Kreativität auf befreiende Art ermöglicht – Erfahrungen, die die mitwirkenden Hochschulen unisono teilen werden.

Dies setzt einen weitsichtigen kulturellen Veränderungsprozess voraus, der die Hochschulen im Sinne eines Change-Management-Verfahrens unterstützt und begleitet. Hochschulentwicklungsplanung unter Diversitätsgesichtspunkten bedeutet somit, dass Hochschulen kurz-, mittel- und langfristig ihre Studien-, Forschungs- und Arbeitsbedingungen so planen und gestalten, dass Potenzialentwicklung ermöglicht, Exzellenzgewinn realisiert und Innovationsfähigkeit gewährleistet werden kann. Nur durch einen solchen grundlegenden Perspektivenwandel können Strategien, Prozesse und Maßnahmen zu einer Kultur der Anerkennung, Wertschätzung und Förderung gesellschaftlicher und personaler Vielfalt beitragen.

Zudem ist diese Übertragbarkeit unternehmensorientierter Diversityansätze nicht nur auf das Personalmanagement möglich, sondern auch auf alle Handlungsfelder rund um Studium und Lehre. Definieren die Hochschulen Diversity-Management im Sinne von Bildungsgerechtigkeit und Chancengleichheit von bisher vernachlässigten Potenzialen um, so kann es ihnen gelingen, auf der Grundlage einer wertschätzenden Kultur neben ökonomischen und bildungspolitischen Gesichtspunkten auch Aspekte der Diskriminierungsvermeidung, der Barrierefreiheit, der Gender- und Familienorientierung und der Inklusion in den Veränderungsprozess einzubringen.

Der in diesem Projekt gewählte Ansatz will daher nicht nur Nachteilsausgleich betreiben, sondern gezielt eine neue Stigmatisierung bestimmter Personengruppen vermeiden. Im Sinne der Inklusion[3] soll vielmehr der Blick auf die Gesamtheit der Studierenden und Beschäftigten in ihren Unterschieden und Gemeinsamkeiten gerichtet werden. Dies bedeutet als besondere Chance, dass personelle Vielfalt in den Strukturen und (Fach-)Kulturen der jeweiligen Hochschule angemessen berücksichtigt werden kann, um die Ressourcen von Studierenden und Beschäftigten und ihre unterschiedlichen Potenziale zu heben:

Der Nutzen dieses strukturellen und kulturellen Veränderungsprozesses besteht nunmehr darin, dass die Kernaufgaben der Hochschule optimiert und damit langfristig die Qualität des Studierens spürbar verbessert und die Studierbarkeit deutlich erhöht werden.

Für Studium und bieten Diversity-Konzepte attraktive Entwicklungsmöglichkeiten für Hochschulen:

- Durchlässigkeit und Studierendengewinnung: Angehörige aus bisher vernachlässigten Personenkreisen lassen sich mit Diversity-Management besser rekrutieren. Als eine wesentliche Anforderung der Bildungsgerechtigkeit ließe sich so eine erhöhte Durchlässigkeit („Widening participation") realisieren, weil die Diversität der Studierenden von vorherein wahrgenommen wird. Dies wird zukünftig immer wichtiger, weil sich die studentische Nachfrage deutlich verändert und die bisher dominierenden Studierendengruppen (männlich, inländisch sozialisiert, Studienaufnahme unmittelbar nach dem Abitur, Vollzeitstudium) tendenziell geringer werden.
- Studierendenzufriedenheit, Studienerfolg (vgl. Tinto 1993) und Hochschulbindung: Durch eine gelungene Inklusion aller Studierenden, die Wahrnehmung ihrer Ausgangslagen, Kompetenzen und Interessen, die Sicherung von Studierbarkeit der Studienangebote sowie durch die Schaffung partizipativer und transparenter Strukturen werden Reibungsverluste und Diskriminierung minimiert. So können Motivation und Zufriedenheit der Studierenden gesteigert werden, was sich auch produktiv auf den Studienerfolg auswirken dürfte. Dies wiederum hätte Konsequenzen für Ziel- und Leistungsvereinbarungen.
- Kompetenzgewinn und learning outcome: Die Berücksichtigung der studentischen Diversität in unterschiedlichen Lernsettings und die Herstellung einer adäquaten Lernumgebung (Kolb 1985; Honey und Mumford 1992; vgl. auch Nistor und Schäfer 2005) erlaubt eine Weiterentwicklung der Integration von Kenntnissen, Fähigkeiten und Haltungen. Die Erfahrung in heterogenen Lerngruppen wiederum eröffnet Chancen für ein kritisches Bewusstsein bei Wissensfragen.

---

[3] Inklusion meine ich hier im Sinne der Bourdieu-Schülerin Dominique Schnapper (2007) (vgl. dazu auch Bourdieu 1987, 1993).

- Employability: Gemischt zusammengesetzte Studierendengruppen können anhand unterschiedlicher Lernformate sowie -strategien und unter Rekurs auf ihr Erfahrungswissen zu innovativeren und kreativeren Problemlösungen kommen als homogene Lerngruppen. In ihrem Berufsleben können sich die AbsolventInnen später kritisch mit gegebenen Bedingungen auseinandersetzen und gleichwohl besser auf die Wünsche und Bedürfnisse anderer diversifizierter Anspruchsgruppen einstellen.
- Flexibilität: Aufgrund des hohen Konformitätsdrucks reagieren homogene Studierendengruppen weniger flexibel auf Umweltveränderungen als heterogene Gruppen. Heterogenität kann zudem Betriebsblindheit reduzieren helfen.

Das Diversity-Verständnis des Auditierungsverfahrens geht davon aus, dass die vorhandene Vielfalt der sozialen und kulturellen Ressourcen als Innovations- und Kreativitätspotenziale genutzt und einbezogen werden, anstatt unter ihrer fehlenden Normierbarkeit zu leiden. Soll dies in produktiver Weise geschehen, muss ein Diversity-Management neben personenbezogenen Aspekten allerdings auch verhaltensbezogene Aspekte wie Denkhaltungen, Kommunikations- und Arbeitsstile oder Lernverhalten und -strategien als Diversity-Kompetenz berücksichtigen – auch dies ein Handlungsansatz, den es in die Governancestrukturen zu integrieren gilt.

Zudem beeinflussen Hochschulen durch Lehre und Forschung die sie umgebende Gesellschaft. Während sich bei der Forschung stets die Frage stellt, welchen Beitrag sie zur Lösung gesellschaftlich relevanter Probleme leisten kann, geht es in Lehre und Studium um die Frage, wie Menschen qualifiziert werden können, so dass sie mit ihren Kompetenzen auch zum Gemeinwohl beitragen können. Hochschulische Konzepte wären hierbei dann bspw. Community und Social Outreach[4] oder Angebote des Service Learning, bei denen sich die Hochschulmitglieder im Rahmen von Austauschprogrammen in ihren Kommunen oder bei sozialen oder ökologischen Einrichtungen engagieren. Dem liegt die Idee zugrunde, dass bürgerschaftliches Engagement nachhaltige Lerneffekte erzielen kann; dazu muss jedoch auch der „Lernort" Hochschule erweitert werden.

Auch die prägende Kultur, die die Strategien unterstützt und trägt, gerät in den Fokus der Aufmerksamkeit, was einerseits auf Sensibilisierung und awareness, andererseits auf entsprechende interne Vereinbarungen (z. B. interne Zielvereinbarungen, Leitlinien zur Sicherung guter wissenschaftlicher Praxis) verweist.

In der Synthese dieser unterschiedlichen Argumentationsstränge kann zugleich ein defizitorientierter oder rein ökonomisch orientierter Ansatz vermieden werden. Daher ist das produktive Einbeziehen der Vielfalt erst dann möglich, wenn das wertende Urteil gefällt wurde, dass Diversität zur Erfüllung der Aufgaben der Hochschule nicht nur hilfreich, sondern unerlässlich ist: Wenn Hochschulmitglieder, unabhängig vom Gruppenstatus innerhalb der Hochschule, als eigenverantwortliche AkteurInnen aus Sicht des Hochschul- und Wissenschaftsmanagements wahrgenommen werden, dann verändert sich Diversity-

---

[4] Beispielhaft z. B. die Community Outreach-Aktivitäten der US-amerikanischen Columbia University: http://www.columbia.edu/cu/outreach/ (letzter Aufruf 01/2017).

Management zu einer Gestaltungsaufgabe, die wiederum kreative Vielfalt mit der gewinnbringenden Chance zum innovativen Erkunden und mit neuen Lernprozessen verbindet.

4 Zwischenbilanz

Das hier beschriebene Auditierungsverfahren ist ein Instrument zur Förderung einer strategischen Organisationsplanung und zur Umsetzung eines Diversity-Management-Konzepts an Hochschulen. Ziel des Auditierungsverfahrens ist die Gewinnung von Exzellenz im Sinne einer Qualitätsentwicklung und -sicherung in Studium und Lehre, Wissenschaft und Administration. Dabei werden die Hochschulen darin beraten und bestärkt, Strategien, Strukturen, Angebote, Instrumente und Maßnahmen für diverse Studierendengruppen zu entwickeln und diese Gruppen in den Hochschulalltag zu inkludieren.

Hierzu bedarf es zunächst einer systematischen Analyse, um die an der Hochschule vorhandene Diversität wahrzunehmen und darauf aufbauend Konzepte entwickeln zu können. Abhängig von einer spezifischen strategischen Zielstellung der jeweiligen Hochschule – etwa Studierendengewinnung, Steigerung des Studienerfolgs und Senkung der Abbruchquoten oder die Einhaltung internationaler Standards werden Verzerrungen sichtbar gemacht und lösungsorientierte Umsetzungskonzepte erarbeitet.

Somit werden keineswegs nur Standards für eine an Heterogenität orientierte Strategieplanung von Hochschulen vorgegeben; vielmehr werden Beratung und Anleitung angeboten:

- für das Aufzeigen des Entwicklungspotenzials und die Unterstützung bei der Realisierung zukünftiger Schritte,
- für die systematische Begutachtung der bereits umgesetzten Maßnahmen des Diversity-Managements sowie
- zum schrittweisen Aufbau eines umfassenden Diversity-Managements.

Um nicht in einen Katalog kleinteiliger und unzusammenhängender Maßnahmen zu münden oder lediglich Insellösungen zu entwickeln, muss Diversität in das strategische Zielsystem der Hochschule eingepasst werden. Aus diesem Grund erfordert Diversity-Management an Hochschulen einen stringenten Wandel in den Strukturen und den Kulturen selbst. Im Sinne eines Gegenstromprozesses wurden daher sowohl Hochschulleitung als die zentrale Akteurin der strategischen Ebene der Hochschule als auch die operative Ebene (ProjektleiterInnen, Fachbereiche/Fakultäten, Hochschuladministration und Zentrale Einrichtungen) in den Prozess eingebunden. Zudem müssen die partizipativen Strukturen durch einen engen und regelmäßigen Austausch mit den Studierenden, ihren Interessensvertreterinnen und Studierendeninitiativen gepflegt werden.

Die spezifischen Handlungsfelder sind dabei die relevanten Kategorien für den diversitätsorientierten Change-Management-Prozess. Den jeweiligen Hochschulen oblag die Entscheidung über die Priorisierung der Tätigkeits- und Handlungsfelder sowie die Auswahl geeigneter Maßnahmen und Instrumente. Die Orientierung sollte dabei entlang ihres individuellen Profils erfolgen. Dabei steht im Kern des Ansatzes nicht nur ein strukturell-instrumenteller Verbesserungsprozess, sondern ebenfalls ein kultureller Veränderungsprozess.

Der ursprünglich aus dem strategischen Personalmanagement von Unternehmen kommende Ansatz des Diversity-Managements muss daher systematisch an die Erfordernisse der Hochschulen angepasst und implementiert werden. Zwar sind Hochschulen keine Unternehmen im engeren Sinne, dennoch müssen sie als verantwortungsvolle und lernende Institutionen mit unterschiedlichen Anforderungen verstanden werden – sei es als Bildungseinrichtungen mit Lehr- und Forschungsaufgaben oder auch als gesellschaftspolitische Akteurinnen, die Innovation, Wissens- und Technologietransfer sichern sollen.

Intelligente Konzepte zum Diversity-Management können hierzu einen wichtigen Beitrag leisten, wenn sie an die spezifischen Bedingungen der „Bildungsinstitution Hochschule" adaptiert werden. Dabei muss berücksichtigt werden, dass Hochschulen vielfältige Expertenorganisationen mit unterschiedlichen strukturellen Rahmenbedingungen und Vorerfahrungen sind. Auch in ihren Profilen, in ihrer Geschichte und in ihren gewachsenen Strukturen können sie sich maßgeblichen unterscheiden. Zudem beeinflusst auch die jeweilige Landespolitik die Handlungsspielräume der Hochschulen. Ihre Diversity-Management-Konzepte sollten daher auch auf die jeweilige Ausgangssituation Bezug nehmen. Trotz dieser unterschiedlichen Rahmenbedingungen jedoch gehört zu einer diversitätsorientierten Hochschulentwicklungsplanung die verbindende Idee, ein gemeinsames strategisches und operatives Konzept anzubieten, das die bisherigen Aktivitäten unter einem Dach vereint und weiterentwickelt.

Handlungsleitend ist dabei die zentrale Frage, wie eine Hochschule zukünftig mit Menschen umgehen will, die nicht ins normative Schema, nicht in die gängige Normalitätserwartung der Hochschulen passen. Sollen Ressourcen und Potenziale eingebunden und erschlossen werden, kann das Anderssein von Personen jedenfalls nicht mehr als Abweichen von einer impliziten Norm oder gar als Defizit wahrgenommen werden.

Ausgangspunkte dieses Change-Prozess sind also weniger die Planung und Umsetzung von Einzelmaßnahmen, sondern Vision, Profilbildung und Leitbilder, die wiederum in ein der Hochschule angemessenes Konzept übersetzt werden. Um vorhandene Erfahrungen einbinden zu können, wird der Auditierungsprozess zudem durch ein Diversity-Forum begleitet, das für systematische Lernprozesse und kollegiale Beratung der mitwirkenden Hochschulen genutzt werden soll. Dies ermöglicht den AkteurInnen durch die gemeinsame prozessorientierte Suche nach Good-Practice-Modellen jeweils adäquate Maßnahmen für ihre Hochschulen zu entwickeln und die hochschuleigene Strategie entsprechend zu flankieren.

Unabhängig davon, für welche Akzent- und Schwerpunktsetzungen, für welche Instrumente und Maßnahmen im Kontext von Diversity Management sich Hochschulen entscheiden werden, das hier beschriebene Auditierungsverfahren birgt eine große Chance, zahlreiche Governancestrukturen zu überdenken und neu zu planen, sei es in Richtung Kommunikation und Partizipation, sei es in Bezug auf Qualitätssicherung in Lehre und

Studium (z. B. auch durch Verzicht der Akkreditierung von Studiengängen zugunsten von institutionellen Auditierungsverfahren). In diesem Kontext gilt es auch, zukünftig – und dies stellt aus meiner Sicht eine besondere Herausforderung dar – das gesamte Personalmanagement einer Hochschule einzubeziehen. Hierzu zählen neben der Entwicklung von wissenschaftlichen Karrierepfaden und der Qualitätssicherung in Berufungsverfahren auch solche Personalentwicklungskonzepte oder Einstellungspraxen in der Hochschuladministration, die Diversity Management als Potenzialgewinnung und -pflege betrachten.

Erfreulich wäre es daher auch, wenn Hochschulen den hier genannten guten Beispielen weitere folgen würden, Diversität als aktuelles Gebot der Bildungspolitik erkennen, Strategien und Konzepte bei der Umsetzung nicht nur ideell, sondern auch finanziell flankieren würden. Dies wäre dann sicher auch ein Signal, dass die Wissenschaftspolitik des Bundes und andere wissenschaftsfördernde Institutionen inspirieren dürfte.

Literatur

Aretz H-J, Hansen K (2003) Diversity und Diversity-Management im Unternehmen. LIT Verlag, Münster

Bendl R, Hanappi-Egger E, Hofmann R (Hrsg) (2011) Diversität und Diversitätsmanagement. UTB, Wien

Bourdieu P (1987) Die feinen Unterschiede. Suhrkamp, Frankfurt a. M.

Bourdieu P (1993) Sozialer Sinn – Kritik der theoretischen Vernunft. Suhrkamp, Frankfurt a. M.

Bundesministerium für Bildung und Forschung (Hrsg) (2010) Die wirtschaftliche und soziale Lage der Studierenden in der Bundesrepublik Deutschland 2009. 19. Sozialerhebung des Deutschen Studentenwerks durchgeführt durch HIS Hochschul-Informations-System, Berlin

De Ridder D (2011a) Brauchen Hochschulen ein Diversity-Management? Chancen und Herausforderungen für das Hochschulmanagement. Divers Zeitschrift Für Manag Divers Divers Stud 1:73–81

De Ridder D (2011b) Diversity-Management – Herausforderungen für das Hochschulmanagement? In: Österreichische Qualitätsagentur, Austrian Agency for Quality Assurance (AQA) (Hrsg) Personalmanagement als Schlüssel zur nachhaltigen Hochschulentwicklung. Facultas, Wien, S 107–110

Honey P, Mumford A (1992) The manual of learning styles. Peter Honey, Maidenhead

Jorzik B, Klöckner S, Spelsberg K (2011) Qualitätsentwicklung in der Lehre unter Diversitätsaspekten. Divers Zeitschrift Für Manag Divers Divers Stud 1:33–40

Klose A, Merx A (2010) Positive Maßnahmen zur Verhinderung oder zum Ausgleich bestehender Nachteile im Sinne des § 5 AGG. Eine Expertise im Auftrag der Antidiskriminierungsstelle des Bundes. Antidiskriminierungsstelle des Bundes, Berlin

Kolb DA (1985) Learning style inventory. McBer, Boston

Krell G, Ortlieb R, Sieben B (Hrsg) (2011) Chancengleichheit durch Personalpolitik. Gleichstellung von Frauen und Männern in Unternehmen und Verwaltungen. Gabler, Wiesbaden

Nistor N, Schäfer M (2005) Lernen mit Stil: Empirische Befunde und offene Fragestellungen zur Bedeutung der Lernstile in virtuellen Seminaren. http://www.didacticageografiei.ro/ro/conferinta_2005/4.doc

Schedler I, Proeller K (2006) New public management. Haupt, Stuttgart

Schnapper D (2007) Qu'est ce que l'intégration? Paris

Tinto V (1993) Leaving college – rethinking the causes and cures of student attrition. University of Chicago Press, Washington, DC

Vedder G (Hrsg) (2006) Diversity-orientiertes Personalmanagement. Hampp, München

Wilson JK (1995) The myth of political correctness: the conservative attack on higher eduacation. Duke University Press, Durham

Wolter A (2011) Hochschulzugang und soziale Ungleichheit in Deutschland. In: Heinrich BS (Hrsg) Migration – Integration – Diversity. Dossier Öffnung der Hochschule Chancengerechtigkeit, Diversität, Integration. Heinrich Böll stiftung, Berlin, S 9–15

Dr. Daniela De Ridder studierte nach einem Tageszeitungsvolontariat Sozial- und Kommunikationswissenschaften sowie Romanistik und Kunstpädagogik an der RWTH Aachen, dem Institut Supérieur des Beaux Arts Saint Luc de Liège (Belgien) sowie an der Georg-August-Universität Göttingen. Ihre Promotion in Wirtschafts- und Sozialwissenschaften schloss sie an der Universität Osnabrück ab. Nach langjähriger Tätigkeit in Lehre und Forschung sowie in der Gleichstellungsarbeit und im Hochschulmanagement berät sie heute freiberuflich Hochschulen, Forschungseinrichtungen, Unternehmen und Kommunen. Seit 2013 ist sie Mitglied des deutschen Bundestages in der SPD-Fraktion.